E-Book inside.

Mit folgendem persönlichen Code
können Sie die E-Book-Ausgabe
dieses Buches downloaden.

```
2018b-fx6p5-
6r211-d022s
```

Registrieren Sie sich unter
www.hanser-fachbuch.de/ebookinside
und nutzen Sie das E-Book
auf Ihrem Rechner*, Tablet-PC
und E-Book-Reader.

Der Download dieses Buches als E-Book unterliegt gesetzlichen
Bestimmungen bzw. steuerrechtlichen Regelungen, die Sie unter
www.hanser-fachbuch.de/ebookinside nachlesen können.
* Systemvoraussetzungen: Internet-Verbindung und Adobe® Reader®

Weller/Harmanus
Content Design

Bleiben Sie auf dem Laufenden!

Unser **Computerbuch-Newsletter** informiert Sie monatlich über neue Bücher und Termine. Profitieren Sie auch von Gewinnspielen und exklusiven Leseproben. Gleich anmelden unter

www.hanser-fachbuch.de/newsletter

Hanser Update ist der IT-Blog des Hanser Verlags mit Beiträgen und Praxistipps von unseren Autoren rund um die Themen Online Marketing, Webentwicklung, Programmierung, Softwareentwicklung sowie IT- und Projektmanagement. Lesen Sie mit und abonnieren Sie unsere News unter

www.hanser-fachbuch.de/update

Robert Weller
Ben Harmanus

Content Design

Durch Gestaltung die Conversion
beeinflussen

HANSER

Die Autoren:
Robert Weller
Ben Harmanus

Alle in diesem Buch enthaltenen Informationen, Verfahren und Darstellungen wurden nach bestem Wissen zusammengestellt und mit Sorgfalt getestet. Dennoch sind Fehler nicht ganz auszuschließen. Aus diesem Grund sind die im vorliegenden Buch enthaltenen Informationen mit keiner Verpflichtung oder Garantie irgendeiner Art verbunden. Autoren und Verlag übernehmen infolgedessen keine juristische Verantwortung und werden keine daraus folgende oder sonstige Haftung übernehmen, die auf irgendeine Art aus der Benutzung dieser Informationen – oder Teilen davon – entsteht.

Ebenso übernehmen Autoren und Verlag keine Gewähr dafür, dass beschriebene Verfahren usw. frei von Schutzrechten Dritter sind. Die Wiedergabe von Gebrauchsnamen, Handelsnamen, Warenbezeichnungen usw. in diesem Buch berechtigt deshalb auch ohne besondere Kennzeichnung nicht zu der Annahme, dass solche Namen im Sinne der Warenzeichen- und Markenschutz-Gesetzgebung als frei zu betrachten wären und daher von jedermann benutzt werden dürften.

Bibliografische Information der Deutschen Nationalbibliothek:
Die Deutsche Nationalbibliothek verzeichnet diese Publikation in der Deutschen Nationalbibliografie; detaillierte bibliografische Daten sind im Internet über http://dnb.d-nb.de abrufbar.

Dieses Werk ist urheberrechtlich geschützt.
Alle Rechte, auch die der Übersetzung, des Nachdruckes und der Vervielfältigung des Buches, oder Teilen daraus, vorbehalten. Kein Teil des Werkes darf ohne schriftliche Genehmigung des Verlages in irgendeiner Form (Fotokopie, Mikrofilm oder ein anderes Verfahren) – auch nicht für Zwecke der Unterrichtsgestaltung – reproduziert oder unter Verwendung elektronischer Systeme verarbeitet, vervielfältigt oder verbreitet werden.

© 2018 Carl Hanser Verlag München, www.hanser-fachbuch.de
Lektorat: Sylvia Hasselbach
Copy editing: Kathrin Powik, Lassan
Umschlagdesign: Marc Müller-Bremer, München, www.rebranding.de
Umschlagrealisation: Stephan Rönigk
Gesamtherstellung: Kösel, Krugzell
Printed in Germany

Print-ISBN: 978-3-446-44295-5
E-Book-ISBN: 978-3-446-44535-2

Inhalt

Vorwort von Oli Gardner IX

Einleitung XI

Die Autoren XV

1 Voraussetzungen für erfolgreiches Content Design 1

1.1 Lernen Sie, Ihre Zielgruppe(n) zu verstehen 3

1.2 Definieren Sie Ihre Zielgruppe(n) anhand von Buyer Personas 10

1.3 Machen Sie sich mit der Reise Ihrer Kunden vertraut 13

1.4 Verknüpfen Sie strategische Überlegungen mit praktischer Erfahrung ... 14

1.5 Denken Sie groß, aber beachten Sie die Details 24

    1.5.1 Usability 25

    1.5.2 User Experience 30

2 Grundlagen der Gestaltung 37

2.1 Gestaltgesetze der Wahrnehmung 47

    2.1.1 Gesetz der Prägnanz (Figur-Grund-Wahrnehmung) 51

    2.1.2 Gesetz der Ähnlichkeit 53

    2.1.3 Gesetz der Nähe 57

    2.1.4 Das Gesetz der Geschlossenheit, Gruppierung und Verbundenheit 58

    2.1.5 Gesetz der guten Fortsetzung (Kontinuität) 59

    2.1.6 Gesetz des gemeinsamen Schicksals 61

    2.1.7 Fazit 62

2.2 Farben in der Theorie und Praxis 63

    2.2.1 Grundlagen der Farbtheorie 64

    2.2.2 Wirkung einzelner Farben 66

    2.2.3 Passende Farben wählen 69

    2.2.4 Zusammenfassung: Was Sie über Farben wissen müssen 74

2.3 Fazit 75

3	**Content**	**77**
3.1	Strategische Planung	77
	3.1.1 Help, Hub und Hero Content	78
	3.1.2 Das FISH-Modell	84
	3.1.3 Das Content Polygon	88
	3.1.4 Fazit	96
3.2	Text	98
	3.2.1 Visuelle Textgestaltung	110
	3.2.2 Inhaltliche Textgestaltung	118
	3.2.3 Dokumentation und Anwendung von Gestaltungsregeln	122
	3.2.4 Überschriften	125
	3.2.5 Tipps für lange Texte	133
	3.2.6 Tipps für kurze Texte	135
	3.2.7 Den Erfolg von Text messen	138
	3.2.8 Zusammenfassung	141
3.3	Bild	142
	3.3.1 Relevante Bildplattformen	143
	3.3.2 Übersicht verschiedener Bildtypen	150
	3.3.3 Auswahl und Gestaltung von Bildern	154
	3.3.4 Bilder optimal einsetzen	164
	3.3.5 Zusammenfassung	166
3.4	Video	167
	3.4.1 Relevante Videoplattformen	169
	3.4.2 Grundregeln zur Gestaltung von Video-Content	170
	3.4.3 Drei Wege vom Video zum Verkauf	181
	3.4.4 Videos in Social Media	189
	3.4.5 Webinare als Marketing-Instrument	219
	3.4.6 Zusammenfassung	242

4	**Design**	**245**
4.1	Wie unterscheiden sich Landing Pages von anderen Seiten?	246
4.2	Welchem Zweck dienen Landing Pages?	251
	4.2.1 Click-Through Landing Pages	254
	4.2.2 Landing Pages zur Lead-Generierung	256
4.3	Die fünf Kernelemente einer Landing Page	257
	4.3.1 Nutzenversprechen und Alleinstellungsmerkmal	257
	4.3.2 Hero Shot: Ein Bild oder Video im Kontext Ihres Angebots	260
	4.3.3 Sozialer Beweis (Social Proof)	265
	4.3.4 Weitere Vorteile des Angebots	278
	4.3.5 Der Handlungsaufruf (Call-to-Action)	280
	4.3.6 Fazit: Vier Engel für den Call-to-Action	289
4.4	Welche Design-Prinzipien lassen sich auf Landing Pages anwenden?	291
	4.4.1 Conversion-Centered Design	294
	4.4.2 User Centered Design	306

	4.4.3	Attention-Driven Design	309
	4.4.4	Growth-Driven Design	319
	4.4.5	Zusammenfassung	322
4.5	Weitere Design-Elemente zur Conversion-Optimierung		322
	4.5.1	Overlays	323
	4.5.2	Sticky Bars	325
	4.5.3	In-Line-CTA	326
4.6	Exkurs: E-Mails		328
	4.6.1	So landet Ihre E-Mail im Posteingang	328
	4.6.2	So werden Ihre E-Mails geöffnet	331
	4.6.3	So werden Ihre Links angeklickt	335
	4.6.4	Fazit	338

5 Conversion-Optimierung **339**

5.1	Testen und Optimieren		343
5.2	Optimierung anhand des SEE-THINK-DO-CARE-Framework		344
	5.2.1	Content an Intentionen ausrichten	344
	5.2.2	Passende Distributionskanäle wählen	346
	5.2.3	Kennzahlen zur Erfolgsmessung festlegen	348
5.3	Erfolgsmessung nach dem OKR-Prinzip		351
	5.3.1	OKR bewerten	353
5.4	Grundbausteine der Conversion-Optimierung von Content		354
	5.4.1	Die Analyse	354
	5.4.2	Die Hypothese	355
	5.4.3	Der Optimierungsansatz	356
	5.4.4	Der Test	358
	5.4.5	Das Ausrollen (Roll out)	361
5.5	Bereichsübergreifende Optimierung		362
	5.5.1	Message Match	363
	5.5.2	Erfolgsmessung mit Tracking-Links	368
5.6	Empfehlenswerte Tools zur Conversion-Optimierung		370
	5.6.1	Prozesse und Management	370
	5.6.2	Landing Pages (per Baukasten)	372
	5.6.3	A/B-Testing	373
	5.6.4	Heatmaps	374
	5.6.5	Umfragen und der direkte Draht zu Nutzern	379
5.7	Zusammenfassung		383

6 Danksagungen **385**

7 Die Experten im Buch **389**

8 Lösung des Worträtsels **391**

Index **393**

Vorwort von Oli Gardner

Wir haben alle schon mit dieser einen Person zusammengearbeitet, die darauf besteht, dass sie weiß, was am besten funktioniert, was am besten aussieht und, natürlich, was am besten konvertiert. In Wahrheit hat sie jedoch überhaupt keine Ahnung, wie die geschaffene Nutzererfahrung konvertiert. Diese Person weiß nicht mal, wie sich die kreierte Erfahrung anfühlt.

Sie wissen, wen wir meinen, stimmt's? Sie kennen diese Person, denn, wenn wir ehrlich sind, war jeder von uns schon das eine oder andere Mal selbst derjenige, der alles besser weiß.

Ein Großteil des heutigen Marketings hat ein schwerwiegendes Manko, nämlich fehlendes Einfühlungsvermögen – nicht nur gegenüber Interessenten oder Kunden, sondern auch gegenüber den eigenen Mitarbeitern beziehungsweise Kollegen. Eigenen Studien und Analysen zur Dynamik in Marketing-Teams zufolge gibt es ein fundamentales Problem – und eine spürbare Frustration – zwischen einzelnen Mitgliedern der Teams – seien es Generalisten oder Marketing-Spezialisten, Texter, Designer oder Führungskräfte. Ich glaube, der beste Weg, um dieses Problem zu lösen, ist durch mehr kollaborative Design-Prozesse.

Design zählt.

Das Wort Design ist vielleicht nicht in Ihrer Berufsbezeichnung oder der funktionalen Beschreibung dessen, was Sie tun, enthalten, aber im Grunde sind wir alle Designer. Denken Sie einen Moment darüber nach. Ich spreche nicht nur von Grafikdesign, sondern vor allem vom Design datengetriebener digitaler Nutzererfahrungen. Dafür sind wir alle verantwortlich!

Egal, ob Sie Inhalte für eine E-Mail, Social-Media-Anzeigen für Twitter und Facebook, Overlays für Ihre Website oder Landing Pages für Ihre Marketing-Kampagne erstellen, es gibt immer ein gemeinsames Element: Design.

Die spannende Frage dabei ist, wie wir als Designer von Content und digitalen Erfahrungen erfolgreich sein können.

Der erste Schritt besteht darin, schlechte Gewohnheiten abzulegen. Mitbewerber zu kopieren, blind Design-Trends zu übernehmen, beispielsweise Flat Design, Ghost Buttons, Scrolljacking, Promo Slider oder Confirm Shaming, oder der Beharrlichkeit Ihres Chefs oder Ihrer Kunden nachzugeben, wenn diese sich einfach nur wünschen, »dass es knallt«, sind definitiv der falsche Ansatz. Wir müssen einfach stärker evidenzbasiert arbeiten, und dazu ist Recherche notwendig.

Wenn Marketing-Teams Daten aus Heatmaps, Umfragen, Session Recordings oder Usability Tests gemeinsam sammeln und betrachten, entsteht Empathie. Außerdem erblüht eine Ideenvielfalt, wie sie durch das Arbeiten in Silos unmöglich wäre. Stellen Sie sich eine Welt vor, in der Ihr gesamtes Marketing-Team Lösungen für die Probleme skizziert, die es in den Daten erkennt – so, wie es oft in agilen und Sprint-Prozessen praktiziert wird. Ein Werbetexter ist dann nicht mehr nur Texter, sondern Designer. Online-Marketer lernen den Design-Prozess zu schätzen, sodass Designer endlich für eine ihrer wichtigsten Fähigkeiten gefeiert werden: natürliche Empathie.

Wenn wir zusammenarbeiten, können wir eine Kultur von Design und Optimierung entwickeln, und Empathie fördern.

Lesen Sie dieses Buch und finden Sie heraus, wie Sie digitalen Content konzipieren und visuell gestalten, um die Nutzererfahrung zu optimieren. Erzielen Sie damit höhere Conversions und langfristig größeren Erfolg für Ihr Unternehmen.

Einleitung

Digitales Marketing ist ein Prozess. Sowohl in Hinblick auf die Entwicklung als auch in Bezug auf die Anwendung in Unternehmen. Märkte, Methoden und Ziele ändern sich, wodurch auch *Zielgruppen* und *Nutzer* immer wieder neu definiert werden müssen. Was hingegen konstant bleibt ist die Art und Weise, wie wir Menschen Informationen aufnehmen und verarbeiten, Entscheidungen treffen oder Meinungen bilden. Das macht den Menschen zum wichtigsten Orientierungspunkt im Marketing. Nicht den Werber oder sein Produkt, nicht die Werbebotschaft und auch nicht das Werbemedium. Der Empfänger ist entscheidend.

Sie werden im Verlauf des Buches einiges über die menschliche Wahrnehmung lernen und erkennen, dass Marketing immer stärker durch persönliche Beziehungen und emotionale Anknüpfungspunkte geprägt wird. Der erste Eindruck spielt dabei, wie in der realen Welt auch, eine entscheidende Rolle. Denn es sind nicht die *inneren* Werte – sprich die kommunizierten Informationen – die wir zuerst wahrnehmen, sondern das Erscheinungsbild. Für den ersten Eindruck gibt es bekanntermaßen keine zweite Chance.

Ich selbst habe sowohl Design als auch Marketing studiert, musste mich beruflich aber stets für das eine oder das andere entscheiden. Ich halte es jedoch für grundsätzlich falsch, diese beiden Disziplinen strikt voneinander zu trennen oder gar nur einer der beiden Beachtung zu schenken. *Falsch*, weil das Design zumeist Marketingzwecken dient und umgekehrt Marketingmaßnahmen auch optisch gefallen müssen. Beide Bereiche gehen Hand in Hand, wieso verstehen wir sie also nicht grundlegend als Einheit?

In der Praxis steht oft die Gestaltung im Vordergrund, während die Inhalte – sprich Texte, Bilder und die grundlegende Botschaft etc. – noch nicht definiert sind. Werbemittel entstehen zwangsläufig auf Basis von Blindtexten (wir alle kennen das berühmte »Lorem ipsum«[1]), während die eigentliche Werbebotschaft erst im Nachhinein an den Gestaltungsrahmen angepasst wird. Diese Restriktion, also die Anpassung der Botschaft an den Gestaltungsrahmen, führt in den meisten Fällen zu schlechteren Ergebnissen, als sie durch eine Priorisierung der Inhalte gegenüber des Designs erreichbar wären.

Umgekehrt finden sich sowohl online als auch offline zahlreiche Kommunikationsmittel, die zwar inhaltlich zielführend, in ihrer äußeren Form jedoch keineswegs an die Zielgruppe oder das Medium angepasst sind. Diese Diskrepanz führt dazu, dass Empfänger die Werbe-

---

[1] Lorem ipsum: *https://de.wikipedia.org/wiki/Lorem_ipsum*

botschaft nicht aufnehmen und folglich auch nicht in ihrem Gedächtnis verankern. Auch in diesem Fall erreichen die Resultate nicht das Maximum.

Der Fokus dieses Buches liegt daher auf der Nutzenmaximierung digitaler (Werbe-) Inhalte insbesondere durch die ganzheitliche Konzeption und visuelle Gestaltung.

Es richtet sich sowohl an Gestalter, die im Marketingumfeld arbeiten, als auch an Marketingverantwortliche, die ihre Kommunikation visuell gestalten wollen. Beide können von den Tipps und Tricks des anderen profitieren, stimmen sich derzeit in der Praxis aber viel zu selten ab.

Im Einzelnen spricht das Buch folgende Berufsgruppen an:

- Gestalter (Grafiker, Webdesigner)
- Content-Verantwortliche (Text, Redaktion, Content-Management etc.)
- Marketing-Manager (Brand, Produkt, CRM, Performance, etc.)
- Social-Media-Manager
- Selbständige, die quasi all diese Bereiche verantworten
- Online-Business-Einsteiger und Quereinsteiger

Ich würde es außerdem sehr begrüßen, wenn auch Projektleiter und Manager der »oberen Etagen« dieses Buch lesen. Denn selbst wenn Marketingteams alle notwendigen Kompetenzen vorweisen und theoretisch wissen, wie sie optimale Ergebnisse erzielen, so scheitert es nicht selten an Ressourcen, Strukturen oder Prozessen. Bedenken Sie bitte, dass zwar jeder Kollege Experte auf einem bestimmten Gebiet ist, das aber nicht seinen Tätigkeitsbereich einschränken sollte. Die persönliche und fachliche Entwicklung ist ein ebenso wichtiger Erfolgsfaktor wie die Zusammenarbeit in interdisziplinären Teams. Investieren Sie in Ihre Mitarbeiter und unterstützen Sie sie bei ihrer Arbeit; stehen Sie hinter ihnen und halten Sie ihnen den Rücken frei. So tut jeder das, was er am besten kann.

Trotz aller Bemühungen wird es dieses Buch nicht schaffen, sämtliche Bedürfnisse eines jeden Lesers hundertprozentig zu bedienen. Dennoch soll es eine umfangreiche Informationssammlung und Inspirationsquelle für all jene sein, die sich im Marketing mit Content beschäftigen. Insbesondere Führungskräften soll es den Anstoß geben, vorhandene Arbeitsweisen kritisch zu betrachten und langfristig zu optimieren.

Um den theoretischen Kern dieses Buches um praktische Erfahrungen zu ergänzen, habe ich Ben Harmanus um Unterstützung gebeten. Er hat dieses Buch als Co-Autor maßgeblich mitgestaltet, weshalb »wir« im weiteren Verlauf des Buches auch gemeinsam sprechen.

Darüber hinaus kommen weitere Experten zu Wort, die uns durch ihre langjährige Erfahrung in den unterschiedlichsten Bereichen unterstützen.

Was das Buch bietet

Das Buch besteht aus vier Teilen, wobei wir das Thema Design als Klammer um das Content-Kapitel zweigeteilt haben. Zu Beginn möchten wir Ihnen in Kapitel 1, »Einführung in Content Design«, marketingstrategische Grundlagen näher bringen. Im besten Fall sind Sie mit Personas, Customer Journeys und Konzepten wie Design Thinking schon vertraut. Darauf folgen in Kapitel 2, als Grundlagen der zweiten Kerndisziplin dieses Buches, eine Übersicht der Gestaltgesetze und Basistheorien zur visuellen Gestaltung. Mit Kapitel 3 beginnt wenn Sie so wollen die Praxis, da wir in die Konzeption von Text, Bild und Video als »Kernelemente des Content Marketings« einsteigen. In Kapitel 4 greifen wir diese Elemente im Rahmen der Konzeption und Gestaltung von Webseiten auf und widmen uns zielorientiertem Design im Kontext des Marketings. Das fünfte und letzte Kapitel, die Analyse und Conversion-Optimierung, rundet das Buch mit einem Blick auf die Wirkung (ergo Performance) von Content und Design ab und schließt den Kreislauf des Content Designs.

Themen wie Mobile- oder App-Design, Social Media-Marketing (aus strategischer Sicht) oder Content-Management (vor allem aus technischer Sicht) werden nicht thematisiert.

Weitere Hinweise

- Um eine bessere Lesbarkeit zu gewährleisten, verzichten wir darauf, durchgängig mit männlichen und weiblichen Formen zu arbeiten. Auch bei Berufsbezeichnungen und Ähnlichem mehr nutzen wir nur eine Variante. Dies stellt keinerlei Wertung dar.
- Machen Sie sich beim Lesen Notizen (gerne auch im Buch selbst, hierfür haben wir an einigen Stellen entsprechenden Platz geschaffen) oder arbeiten Sie mit Klebezetteln und anderen Mitteln. Das Buch weist eine sehr hohe Informationsdichte auf, weshalb wir Ihnen empfehlen, relevante Abschnitte zu markieren. Dadurch können Sie jederzeit auf Hinweise zurückzugreifen, die Sie noch nicht umgesetzt haben.
- Dieses Buch ist stellenweise blogähnlich aufgebaut. Das bedeutet, dass wir an einigen Stellen auf andere Kapitel oder weiterführende Beiträge verweisen um nicht den Rahmen zu sprengen. Dies ist dem unterschiedlichen Wissens- aber auch Interessensstand der Leser geschuldet. Sie können somit selbst entscheiden, welches Thema Sie wie vertiefen möchten. Eine Liste mit allen Links aus dem Buch finden Sie auf der Website zum Buch unter *www.contentdesign.info*.

Aktualität, Updates & Kontakt

Digitales Marketing verändert sich stetig und einem Buch wie diesem wird es leider nur schwer gelingen alle Entwicklungen und Änderungen festzuhalten. Wir versuchen dem bestmöglich entgegenzuwirken, indem wir die Gestaltung generell in einem Marketingkontext diskutieren und Ihnen dabei sowohl die Grundlagen, als auch die Feinheiten des Handwerks beibringen. Danach sind Sie in der Lage, die im Buch enthaltenen Tipps flexibel anzuwenden und auf neue Arbeitsbereiche zu übertragen.

In unseren eigenen Blogs werden wir dieses Buch begleiten und inhaltlich kontinuierlich ergänzen. Ebenso diskutieren wir diese und ähnliche Themen in sozialen Netzwerken und würden uns freuen, wenn wir über einen (oder gerne auch mehrere) der folgenden Wege in Kontakt kommen:

- *www.toushenne.de* – Robert veröffentlicht in seinem Blog regelmäßig neue Beiträge und E-Books zu den Themen Content, Marketing und Design. Dort finden Sie auch weitere Informationen zu ihm und seinem Werdegang.
- *www.harmanus.com* – Ben führt Informationen über seine Vorträge, Artikel, Webinare, und E-Books zu den Themen Conversion-Optimierung und Content Marketing auf seiner Referentenwebseite zusammen.
- Wir nutzen beide Twitter (*@toushenne* und *@BenHarmanus*) und freuen uns sehr, auch dort mit Ihnen über Content Design und Marketing zu diskutieren.

Gerne können Sie konkrete Fragen auch direkt per Mail an uns richten. Wir bitten Sie jedoch um Verständnis, wenn unsere Antwort mal ein paar Tage auf sich warten lässt. Außerdem weisen wir darauf hin, dass wir keine kostenlose Beratungsleistung erbringen – weder schriftlich noch telefonisch. Wir bitten auch dafür um Ihr Verständnis, versprechen Ihnen aber gleichzeitig, Sie mit Tipps zu unterstützen wann immer wir können.

Die Autoren

Robert Weller ist Coach für Content-Strategie sowie Blogger und Referent zu diversen Themen des Online-Business. Als Fachbuchautor debütierte er 2015 mit der Neuauflage von »Blog Boosting« (mitp Verlag), das im deutschsprachigen Raum mittlerweile als Standardwerk für Blogger gilt.

Die Leidenschaft für das Bloggen und Schreiben im Allgemeinen entwickelte er während seines Sportmanagement-Studiums, als er freiberuflich als Gestalter tätig war. Er transformierte seine damalige Website relativ früh in einen Blog, um dort über die Bedeutung von Design im Marketing zu schreiben. In den vergangenen Jahren hat sich sein Interesse auf die verschiedenen Anwendungsbereiche von Content ausgeweitet.

Nach seinem zweiten Abschluss als Desktop-Publisher und mit einer zusätzlichen Zertifizierung als Online-Marketing-Manager wurde er 2014 zunächst bei Keller Sports tätig, einem mittelständischen Sport-E-Commerce-Unternehmen in München. Dort entwickelte er durch seine Arbeit in verschiedenen Abteilungen ein umfassendes Verständnis für die unterschiedlichen Marketingdisziplinen – von Performance-Marketing über Suchmaschinenoptimierung bis hin zu Social Media und Content Marketing. Schnell kristallisierte sich der Aufbau eines Online-Ratgebers sowie die Entwicklung eines Influencer-Programms in Kooperation mit Sportlern und Marken wie Asics, Adidas oder New Balance als sein Schwerpunkt heraus.

Danach folgte ein Exkurs in die Agenturbranche zu den webguerillas (inzwischen Teil von Territory), wo er Social-Media- und Content-Strategien für Unternehmen wie PayPal, Telekom, Wrigley, Volvic und Bahlsen entwickelte. 2016 wechselte er wieder auf Unternehmensseite und zeichnete sich für Inbound- und Content-Marketing beim Softwaredienstleister Shore verantwortlich, wo er sowohl das Team als auch die Marketingaktivitäten in diesen Bereichen ausweitete.

Inzwischen hat Robert seine Berufung als Coach für Content-Strategie gefunden und gibt seit 2014 sein Wissen und seine Erfahrung auf Konferenzen und in Seminaren weiter.

Fragen zu den Inhalten des Buches können Sie ihm jederzeit über die diversen Social-Media-Kanäle mit dem Hashtag #ContentDesignBuch stellen. Dort, wie auch auf seiner Website, finden Sie zudem Aktualisierungen zum Buch sowie Informationen über neue Entwicklungen rund um die Themen Content, Marketing & Design.

Beruf: Coach für Content-Strategie & Referent
Website/Blog: www.toushenne.de
Themen: Content-Strategie, Content Design, Online-Marketing
Mission: Unternehmen zu verstehen geben, dass Content ein Vermögensgegenstand ist beziehungsweise sein sollte.
Nächstes Projekt: Sein gesamtes Content-Portfolio überarbeiten
Twitter: www.twitter.com/toushenne
Facebook: www.facebook.com/toushenne
LinkedIn: www.linkedin.com/in/robertmweller/
XING: www.xing.com/profile/Robert_Weller4
E-Mail: robert@toushenne.de

Ben Harmanus baut seit 2015 als Head of Community & Content Marketing die Präsenz des kanadischen Marketing-/Design-Tool-Anbieters Unbounce im deutschsprachigen Raum aus.

Als professioneller Extremsportler in der Disziplin »Aggressive Inline« entdeckte er Ende der 90er Jahre das Internet als Medium, um mit Zielgruppen ohne Umwege und persönlich in Kontakt zu treten. Während seines Studiums (Germanistik und Englische Philologie) realisierte er als Freelancer Dutzende Projekte in der Sport- und Videospiele-Branche, unter anderem für Adidas, Microsoft, Nintendo, EA, Sony und Ubisoft. Er konzipierte, gestaltete und betreute Online-Magazine, Community-Foren, YouTube-Shows und Events, und testete das Web kontinuierlich auf neue Möglichkeiten, Inhalte reichweitenstark zu publizieren.

Sein starker Fokus auf Nutzerverhalten führte ihn 2009 nach Berlin, um für die Marktforschungsagentur I+E BERLIN den Bereich »Konsumentenstudien und Trendcasting« neu zu strukturieren. Zudem verantwortete er 2010 das Rebranding des mittelständischen Unternehmens.

Der Schritt zum datengetriebenen Content Marketing erfolgte 2014 in seiner Tätigkeit als Marketingleiter für Crispy Content, einer Content-Marketing-Agentur mit Kunden wie Viacom oder Red Bull. Es folgte der Wechsel auf die Unternehmensseite zu Helpling, einem von Rocket Internet gegründeten Start-Up. Hier betreute er den Aufbau der Content-Hubs, die Content-Produktion sowie die Koordination der Social Media Manager in zwölf Ländern.

Heute findet er seine Erfüllung darin, relevanten Content zu produzieren, das Nutzererlebnis von Webpages zu optimieren und sich mit der Community darüber auszutauschen. Seit 2014 teilt er sein Wissen und seine Erfahrungen in Marketing-Blogs, Webinaren, Workshops und auf Konferenzen.

Fragen zu den Inhalten des Buches können Sie auch ihm jederzeit über die diversen Social-Media-Kanäle mit dem Hashtag #ContentDesignBuch stellen. Dort, wie auch auf seiner Website, finden Sie zudem Aktualisierungen zum Buch sowie Informationen über neue Entwicklungen rund um die Themen Content, Design & Conversions.

Beruf: Marketing Manager & Referent

Website/Blog: *www.harmanus.com*

Themen: Content Marketing, Content Design, Conversion-Optimierung

Mission: In Unternehmen den Sinn für den Zusammenhang von Content Marketing und Conversions schärfen

Nächstes Projekt: Dreht sich um Marketing Automation, Machine Learning und die Zukunft des Berufsbildes »Online-Marketer«.

Twitter: *www.twitter.com/benharmanus*

Facebook: *www.facebook.com/harmanus*

LinkedIn: *www.linkedin.com/in/harmanus*

XING: *www.xing.de/profile/ben_harmanus*

E-Mail: ben@harmanus.com

1 Voraussetzungen für erfolgreiches Content Design

»Design is not just what it looks like and feels like. Design is how it works.« – Steve Jobs

Es ist noch nicht lange her, dass Alltagsgegenstände eher praktisch als ästhetisch ansprechend sein mussten. Wir kauften jene, die unsere Bedürfnisse bedienten und ihren Zweck erfüllten. Doch mit Marken wie Apple und Produkten wie dem iPod hat sich das schlagartig geändert. Plötzlich mussten Gegenstände, die wir täglich bei uns tragen, modisch sein. Inzwischen werden – optisch, haptisch oder in Hinblick auf die Bedienung – unattraktive Produkte abgelehnt; auch dann, wenn sie anderen funktional/technisch überlegen sind.

Welche Rolle spielt das Design bei Konsumentscheidungen?

Stellen Sie sich vor, Sie stehen am U-Bahn-Gleis und betrachten die Plakatwand gegenüber. Sie erfahren, wo sich der nächste Zahnarzt befindet, wie Sie am schnellsten zur Apotheke kommen und wo Sie online Sprachen lernen können. Sie haben noch zwei Minuten bis der Zug einfährt, also widmen Sie sich dem nächsten Plakat. Der abgebildete Musiker kommt Ihnen bekannt vor und Sie lesen »Konzert«, alle weiteren Informationen bleiben Ihnen jedoch verwehrt – weil die Schrift zu klein ist und der Farbkontrast zu schwach.

Fälle wie dieser sind leider – sowohl online als auch offline – typisch für Werbung, da sich der Anspruch nur zu oft auf die visuelle Gestaltung beschränkt. Die eigentliche Absicht, also die Funktion, den Betrachter zu informieren, tritt dabei in den Hintergrund. Stellt sich da nicht schnell die Frage, ob diese Werbung überhaupt effektiv ist? Was ist wirklich dran am Credo »Form folgt Funktion«? Bleibt Ihnen bei dem Beispiel des Plakats nicht eher der Musiker selbst im Kopf als sein Konzert? Anstatt Karten zu kaufen, gehen Sie in den nächstgelegenen Elektronikfachmarkt oder bestellen das neueste Album direkt vom Künstler online. Und damit verdient nicht der Veranstalter, der die Plakate aufgehängt hat, sondern ein Dritter, der nur bedingt mit der Werbung zu tun hat. Diese verfehlt aus Sicht des Werbers also komplett ihren Zweck.

Das Problem liegt darin, dass sich der Gestalter des Plakats nicht in die Situation des Betrachters versetzt und dessen Bedürfnisse erkannt hat. Die für den Betrachter wichtigen Informationen wie Datum, Ort, Vorverkaufsstellen etc. stehen nicht im Vordergrund der Kommunikation. Im Ergebnis ist das Plakat nicht viel mehr als Dekoration.

»Design in the absence of content is not design, it's decoration.« – Jeffrey Zeldman

Definition von Content und Design

An dieser Stelle wird es Zeit für die Definition von Content und Design. Sie wissen sicherlich mit beiden Begriffen etwas anzufangen, doch womöglich haben wir Sie hinsichtlich Letzterem bereits in die Irre geführt.

In gewisser Weise haben wir Content eben mit Informationen gleichgesetzt, allerdings greift dieses Verständnis noch zu kurz. Content bezeichnet im Allgemeinen alle (Web)Inhalte, sprich Text, Bild, Video und Ton. Der Duden definiert Content weiter als qualifizierten Inhalt und nimmt damit eine Wertung vor. Betrachten wir die Bedeutung des Wortes in anderen Sprachen, wird die Herkunft dieser Wertung deutlich. Aus dem englischen Sprachgebrauch übersetzen wir »content« nämlich mit zufrieden und das spanische beziehungsweise italienische Wort »contento« heißt froh oder glücklich. Webinhalte müssen also per se einen emotionalen Zweck erfüllen. Um es mit Jared Spools Worten zu sagen, ist Content genau das, was der Nutzer in einem bestimmten Moment braucht[1]. Ihre erste Aufgabe als Content Designer besteht darin, Inhalte zu kreieren, die Sie und Ihre Zielgruppe glücklich machen.

Unterschätzen Sie bitte niemals die psychologische Komponente von Content Design – nicht nur in Hinblick auf Emotion, sondern auch auf andere Funktionsbereiche wie Aufmerksamkeit, Wahrnehmung oder Motivation. Je besser Sie Ihr Publikum kennen und je einfühlsamer Sie sind, desto größer ist die Wahrscheinlichkeit, dass dieses sich weiter mit Ihnen und Ihrem Content beschäftigt. Wir werden diesen Aspekt an unterschiedlichen Stellen immer wieder aufgreifen.

> Als weiterführende Lektüre zum Thema Content eignen sich die Bücher »Professionelle Webtexte & Content Marketing« von Michael Firnkes sowie »Think Content!« von Miriam Löffler. Letzteres hat sich mittlerweile als Standardwerk in diesem Bereich etabliert.
>
> Empfehlungen wie diese werden Sie im Verlauf des Buches übrigens immer wieder finden. Wir möchten Ihnen damit die Gelegenheit geben, sich an den Stellen tiefer in die Materie einzuarbeiten, die Sie besonders interessieren.

Für die Definition von Design wollen wir etwas weiter ausholen: Der deutsche Sprachgebrauch zielt im Sinne der Formgebung überwiegend auf gestalterisch-kreative Aspekte ab und verdinglicht Design. Der Begriff stammt jedoch ursprünglich vom italienischen Wort »disegno« ab, das sich mehr auf (erprobte) Vorgänge bezieht. Auch die englische Definition beschränkt sich nicht auf die Gestaltung, sondern umfasst ebenso die Planung und Konzeption.

»Design Exists to Help Users Get and Use Content« – Jared Spool

Dieses erweiterte Verständnis ist die Grundlage des Ihnen vorliegenden Buches. Obwohl wir viel auf die Gestaltung eingehen und durch sie unseren Content optimieren, ist es uns ein Anliegen, dass Sie die Beweggründe einer jeden Veränderung verstehen. An manchen Stellen lösen wir uns nämlich – wenn auch nur gedanklich – von den typischen Methoden des Marketings und lenken den Fokus voll und ganz auf den Nutzer.

---

[1] Spool, Jared, Content and Design Are Inseparable Work Partners, 2016, https://articles.uie.com/content_and_design/

1.1 Lernen Sie, Ihre Zielgruppe(n) zu verstehen

Jeder Nutzer hat Vorlieben, Erwartungen und Bedürfnisse. Wie im klassischen Marketing, gilt es diese auch im Rahmen von Content Design zu identifizieren und zu bedienen. Das beginnt mit dem Verstehen Ihrer Zielgruppe. Genau genommen sogar schon einen Schritt davor, mit dem Verständnis über die grundlegenden Bedürfnisse des Menschen.

Eine wissenschaftliche Grundlage stellt die Bedürfnishierarchie – auch bekannt als »Bedürfnispyramide« (siehe Bild 1.1) – des US-amerikanischen Psychologen Abraham Maslow aus dem Jahr 1943 dar. Sie beschreibt und erklärt menschliche Bedürfnisse und Motivationen in einer hierarchischen Struktur. Maslow selbst gilt als Urvater der humanistischen Psychologie, seine Theorie fand jedoch auch schnell Eingang in die Wirtschaftswissenschaften, insbesondere die Wirtschaftspsychologie. Die Untersuchung des Kaufverhaltens von Menschen liefert vor allem für das Marketing wertvolle Erkenntnisse.

Bild 1.1 Bedürfnispyramide nach Maslow

Die dargestellten Bedürfnisse bauen von unten nach oben aufeinander auf, wobei prinzipiell auch ein Abstieg möglich ist – zum Beispiel bei einem Jobverlust oder einer gescheiterten Beziehung. Maslow ging davon aus, dass das menschliche Verhalten so lange von einem bestimmten Bedürfnis bestimmt wird, bis dieses erfüllt wird. Die ersten vier Stufen definiert er in diesem Kontext als Defizitbedürfnisse, die bei Nichtbefriedigung physische oder psychische Störungen verursachen können (zum Beispiel dauerhaften Angstzustand). Lediglich die oberste Stufe wird von ihm als Wachstumsbedürfnis definiert, das im Grunde nie vollständig befriedigt werden kann.

Unterscheidung zwischen Bedürfnis und Bedarf

Bisher war die Rede vor allem von Bedürfnissen, in der Wirtschaftslehre und insbesondere im Marketing wird jedoch häufig von Bedarf gesprochen. Es ist wichtig, den Unterschied zu verstehen, denn Bedürfnisse sind lediglich Wünsche des Menschen. Von einem Bedarf sprechen wir erst dann, wenn auch die Kaufkraft vorhanden ist, um diese Bedürfnisse – zum Beispiel in Form von Produkten und Dienstleistungen – zu befriedigen. Sobald ein Bedarf am Markt wirksam wird, handelt es sich um eine Nachfrage.

Hat beispielsweise jemand den Wunsch nach einem Auto, handelt es sich dabei um ein Bedürfnis. Verfügt diese Person über genügend Geld, sich ein Auto zu kaufen, besteht Bedarf. Sobald die Person ihren Bedarf am Markt geltend macht, indem sie beispielsweise einen Autohändler aufsucht, entsteht eine Nachfrage. Gleiches passiert online, wenn über die Google-Suche nach »Auto kaufen« oder noch konkreter »VW Golf GTI online kaufen« gesucht wird. Wie hoch eine Nachfrage (via Suchmaschinen) ist, können Sie auch mithilfe von Keyword-Tools wie Googles eigenem Keyword Planner ermitteln (siehe *https://adwords.google.de/keywordplanner*).

Über Erfolg oder Misserfolg im Marketing entscheidet, ob Sie die richtigen Bedürfnisse Ihrer Zielgruppe (in der richtigen Reihenfolge) ansprechen und befriedigen. Dabei leitet sich die Zielgruppe in der Regel aus Ihrem Produkt ab. Als Sportwagenhändler werden Sie weniger die Grund- und Sicherheitsbedürfnisse von Familien thematisieren (etwa über den Preis oder die Sicherheitsausstattung), sondern Ihre Marketing-Kommunikation auf soziale und Individualbedürfnisse erfolgreicher Geschäftsleute konzentrieren – wobei der Stereotyp in diesem Fall wahrscheinlich männlich und alleinstehend ist. Einige Marken fokussieren sich sogar komplett auf einzelne Stufen. Die Allianz-Versicherung zum Beispiel steht für Sicherheit, Red Bull oder Nike für Selbstverwirklichung.

Beim Content Design werden idealerweise alle Bedürfnisebenen nach Maslow berücksichtigt, um dadurch möglichst viele Personen anzusprechen (abgesehen von der untersten, die natürlich nicht durch Web-Content beeinflusst werden kann).

- **Sicherheit** spielt eine Rolle bei der Einschätzung durch den Konsumenten, ob der Urheber des Contents seriös wirkt, oder ob es sich möglicherweise um einen Betrüger handelt.
- **Liebe und Zuneigung** sind entscheidend, wenn es darum geht, das Vertrauen des Konsumenten zu gewinnen. Leere Versprechungen und Werbefloskeln werden völlig anders aufgefasst als authentische und empathisch klingende Aussagen.
- **Wertschätzung** wird häufig durch die Wortwahl beurteilt. Wird dem Konsumenten das Gefühl vermittelt, dass er auf Augenhöhe zum Unternehmen steht – ganz im Sinne des Mottos »Kunde ist König« – oder gewinnt dieser eher den Eindruck, dass es dem Unternehmen nur um den finanziellen Gewinn geht?
- Das Bedürfnis der **Selbstverwirklichung** erfüllt Content dann, wenn er den Konsumenten bei der Entwicklung seiner individuellen Persönlichkeit unterstützt.

Der Blick über das Produkt hinaus auf die Bedürfnisse des Menschen ist wichtig, um die eigene Marke zu definieren. Die vergangenen Jahre haben uns nämlich gelehrt, dass Menschen nicht nur unterbewusst auf Design reagieren. Es ist ihnen sogar so wichtig, dass sie darüber sprechen – vor allem dann, wenn es nicht ihren eigenen Vorstellungen entspricht. Die Fälle GAP, Pepsi oder BP haben gezeigt, wie heftig Menschen schon auf die Neugestaltung eines Logos reagieren, wenn das Design ihrer Meinung nach nicht zum Image beziehungsweise den wahrgenommenen Wertvorstellungen des Unternehmens passt. Eine sehr anschauliche Gegenüberstellung alter und neuer Firmenlogos, inklusive der wirtschaftlichen – das heißt vor allem finanziellen – Auswirkung des Rebrandings, finden Sie unter *http://bit.ly/cd_rebrandings*.

Die Bedeutung von Werten, Motiven und Emotionen

Zusätzlich zur Bedürfnistheorie möchten wir Ihnen das Limbic® Modell vorstellen. Neben den Vitalbedürfnissen Sexualität, Nahrung und Schlaf – vergleichbar mit den Grundbedürfnissen Maslows –, bestimmen demnach die folgenden drei Kern-Emotionssysteme das menschliche Denken und Handeln:

- **Balance** (Sicherheit, Stabilität, Ordnung)
- **Dominanz** (Macht, Status, Durchsetzung)
- **Stimulanz** (Neugier, Erlebnishunger, Belohnung)

Da diese Motiv- und Emotionssysteme bei jedem Menschen individuell ausgeprägt sind, hat die Gruppe Nymphenburg um den Psychologen Dr. Hans-Georg Häusel sieben Kundentypen, sogenannte Limbic® Types, abgeleitet (siehe Bild 1.2)[2]:

1. **Traditionalist/-in** – Geringe Zukunftsorientierung, Wunsch nach Ordnung und Sicherheit

2. **Harmonierer/-in** – Hohe Sozial- und Familienorientierung, geringere Aufstiegs- und Statusorientierung, Wunsch nach Geborgenheit

3. **Offene (Genießer/-in)** – Offenheit für Neues, Wohlfühlen, Toleranz, sanfter Genuss

4. **Hedonist/-in** – Aktive Suche nach Neuem, hoher Individualismus, hohe Spontaneität

5. **Abenteurer/-in** – Hohe Risikobereitschaft, geringe Impulskontrolle

6. **Performer/-in** – Hohe Leistungsorientierung, Ehrgeiz, hohe Statusorientierung

7. **Disziplinierte** – Hohes Pflichtbewusstsein, geringe Konsumlust, Detailverliebtheit

Eine detailliertere Beschreibung der Limbic® Types sowie eine Angabe über das dominierende Motiv- beziehungsweise Emotionssystem finden Sie in Tabelle 1.1. Dort gibt es auch einen achten Typ, sogenannte »Gleichgültige«, bei dem kein System dominiert und daher eine Einordnung in die Limbic® Types nicht möglich ist.

---

[2] Gruppe Nymphenburg, Ihre Zielgruppe(n) neuropsychologisch segmentiert, *http://www.nymphenburg.de/limbic-types.html*

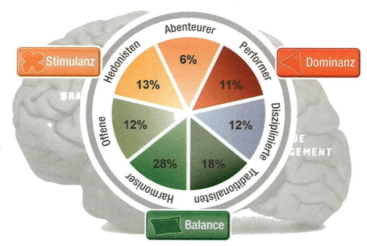

Bild 1.2 Die Limbic® Types der Gruppe Nymphenburg (Bildquelle: Limbic® Types Fact Sheet, best for planning 2016[3])

Nach eigenen Angaben hat sich Limbic® »innerhalb weniger Jahre […] zu einem bedeutenden Instrument und Denkansatz in den Bereichen Motiv- und Kaufanalysen, gehirngerechte und verständliche Markenpositionierung, Zielgruppensegmentierung, Alters- und Geschlechtermarketing, Umsetzung der Markenpositionierung und Verkaufstraining entwickelt. Viele erfolgreich international und national agierende Unternehmen – vom Großkonzern über den Mittelständler bis hin zum Kleinbetrieb – nutzen Limbic® als gemeinsames Denk- und Handlungsmodell in verschiedensten Branchen und allen Bereichen des Marketings und des Managements«[4].

 Die oben beschriebenen sieben Limbic® Types sind keineswegs von Natur aus gegeben. Sie dienen lediglich als Kompromiss zwischen der notwendigen Differenzierung und Detailgenauigkeit sowie der einfachen Verständlichkeit und der pragmatischen Umsetzbarkeit in der Marketing-Praxis. Dabei beziehen sie sich vor allem auf den Business-to-Consumer-Bereich (B2C). Im Business-to-Business-Bereich (B2B) wird überwiegend mit vier Typen gearbeitet (Innovative, Performer, Bewahrer, Bequeme), um näher an die Vertriebspraxis heranzurücken. Dort wird mit den vier sogenannten Limbic® Sales Types gearbeitet (siehe Bild 1.3)[5]:

---

[3] Limbic®-Types, Menschen, best for planning, http://www.b4p.media/fileadmin/b4p/upload/insights/download/Limbic__Types_Fact_Sheet_2016.pdf (Download am 01.09.2017)

[4] Gruppe Nymphenburg, Die Limbic® Types in b4p best4planning, http://www.b4p.media/menschen/ (als PDF-Download)

[5] Gruppe Nymphenburg, Machen Sie Ihre Verkaufsmannschaft fit fürs emotionale Verkaufen, http://www.nymphenburg.de/limbic-sales.html

Bild 1.3 Die vier Limbic® Sales Types (Bildquelle: Gruppe Nymphenburg)

Außerdem sei an dieser Stelle erwähnt, dass sich Emotionssysteme im Laufe des Lebens verändern können und auch das Geschlecht bei der Einordnung eine Rolle spielt. Alle Details hierzu finden Sie auf der Webseite der Gruppe Nymphenburg unter *www.nymphenburg.de* unter dem Punkt »Markenberatung & Limbic®«.

Im Rahmen des Content Designs setzen wir voraus, dass Sie sich mit den Motiven und soziodemografischen Merkmalen Ihrer Zielgruppe(n) beschäftigen, denn diese beeinflussen die Gestaltung Ihres Contents – nicht nur visuell, sondern auch inhaltlich und strukturell. Je besser Sie Ihr Design an Ihre Zielgruppe anpassen, desto effektiver wird Ihr (Content) Marketing werden.

Tabelle 1.1 Limbic® Types und ihre Eigenschaften[6]

Limbic® Types	Dominierendes Motiv- und Emotionssystem	Beschreibung
Traditionalist/-in	Balance-System • Sicherheit • Ruhe • Harmonie	• Prüft alles sehr genau • Detailverliebt • Ängstlich • Vorsichtig • Pessimistisch ggü. Neuem • Typischer Stammkunde • Richtet sich nach dem Massengeschmack • Sparsam (größere Ausgaben=potenzielle Risiken) • Kauft zunehmend Heimatprodukte
Harmonierer/-in	Balance-System • Sicherheit • Ruhe • Harmonie	• Nahezu alle Punkte der Persönlichkeitsbeschreibung des Traditionalisten treffen auch bei dem/der Harmonierer/-in zu

---

[6] Quelle: Häusel, Hans-Georg; Brain View: Warum Kunden kaufen; S. 99–106; 2009.

Limbic® Types	Dominierendes Motiv- und Emotionssystem	Beschreibung
		<ul><li>Unterscheidet sich von dem/der Traditionalisten/-in durch die ausgeprägten Sozial-Module »Bindung« und »Fürsorge«</li><li>Besonders wichtig hier: Geborgenheit und Sicherheit der Familie</li><li>Hat überwiegend Interesse an Garten-, Heim-, Herd- und Haustierprodukten</li></ul>
Offene (Genießer/-in)	Mischung aus: Balance-System <ul><li>Sicherheit</li><li>Ruhe</li><li>Harmonieund Stimulanz-System</li><li>Neue Erlebnisse</li><li>Entdeckungen</li><li>Belohnung</li><li>Neugier</li><li>Individualität</li></ul>	<ul><li>Optimistisch</li><li>Bevorzugt Produkte, die hohen Genusswert versprechen, die Fantasie anregen und zum Träumen anregen</li><li>Achtet auf Qualität</li><li>Verwöhnen steht im Vordergrund</li><li>Liebt das Einkaufen</li><li>Präferiert Markenprodukte mit Erlebnisfaktor</li><li>Kontaktfreudig</li><li>Erlebnis mit der Familie ist für ihn wichtig</li><li>Preis steht nicht im Vordergrund, dennoch achtet er auf seine Ausgaben (viel Genuss für wenig Geld)</li><li>Herkunft von Produkten ist von Bedeutung</li><li>Kennzeichnet sich auch durch den Kauf von Wellnessprodukten und Dienstleistungen mit Wohlfühlcharakter aus</li></ul>
Hedonist/-in (»Hidoi« = Freude, Vergnügen, Lust)	Stimulanz-System <ul><li>Neue Erlebnisse</li><li>Entdeckungen</li><li>Belohnung</li><li>Neugier</li><li>Individualität</li></ul>	<ul><li>Genussorientierter Mensch</li><li>Denkt ungern nach</li><li>Laute, schrille, extravagante und individuelle Produkte wecken seine Aufmerksamkeit</li><li>Qualität und Herkunft der Produkte spielen keine Rolle</li><li>Beschäftigt sich als Erster mit neuen Produkten und Trends</li><li>Modeaffin</li><li>Klassische Impulskäufer (kauft viel und gerne, egal ob er das Produkt oder nicht)</li><li>Findet sich sehr häufig in Suchtstationen wieder</li><li>Sehr optimistisch geprägt</li><li>Einkaufsstätten-Treue ist gering</li><li>Verdrängt das Risiko</li><li>Eigener Körper dient als Gestaltungs- und Erlebniszone zur öffentlichen Darstellung</li><li>Großes Interesse an Mode- und Kosmetikprodukten</li></ul>
Abenteuer/-in	Mischung aus: Stimulanz-System <ul><li>Neue Erlebnisse</li><li>Entdeckungen</li><li>Belohnung</li><li>Neugier</li><li>Individualitätund Dominanz-System</li><li>Hoher Status</li><li>Macht und</li><li>Kontrolle</li></ul>	<ul><li>Genussorientierter Mensch</li><li>Starkes Durchsetzungsvermögen</li><li>Kämpfernatur</li><li>Profilieren steht im Vordergrund</li><li>Muss besser, schneller und stärker als Andere sein</li><li>Nicht qualitätsorientiert</li><li>Spaß ist ein wichtiges Produktmerkmal</li><li>Keine Einkaufsstätten-Treue</li><li>Führt seinen Körper oft an die Grenzen seiner Leistungsfähigkeit</li></ul>

Limbic® Types	Dominierendes Motiv- und Emotionssystem	Beschreibung
		• Bevorzugt Sportarten mit Adrenalin-Kick • Hält sich nicht gerne an Regeln • Produkte müssen befreien oder die Leistung steigern • Alkoholische Produkte spielen eine große Rolle • Liebt Rabattaktionen und reduzierte Ware
Performer/-in	Mischung aus: Stimulanz-System • Neue Erlebnisse • Entdeckungen • Belohnung • Neugier • Individualitätund Dominanz-System • Hoher Status • Macht undKontrolle	• Größter Unterschied zum Abenteurer: Das Fehlen der fröhlichen Dopamin-Komponente des Stimulanz-Systems. Diese ist beim Abenteurer reichlich vorhanden. • Performer/-in hat einen großen Ehrgeiz und ist sehr zielstrebig • Einkaufsorte und Produkte, die für Cleverness stehen und einen hohen Status versprechen, spielen eine große Rolle • Profilieren steht im Vordergrund • Kauft Produkte, die überlegene Leistung, technische Perfektion und/oder Status versprechen • Der/die Performer/-in versteht es, sich durch Luxus von Anderen abzuheben • Discounter werden aber nicht gemieden. Hier werden Produkte gekauft, die unbemerkt verwendet werden können (Salz, Mehl etc.) • Produkte die die Außenwelt zu sehen bekommen könnte, müssen hingegen teuer sein und einen gewissen Status vermitteln
Disziplinierte	Balance-System • Sicherheit • Ruhe • Harmonie	• Begegnet der Welt pessimistisch und misstrauisch • Sucht keine Abwechslung • Genuss spielt nur eine geringe Rolle • Kauft nur das, was er wirklich braucht • Verachtet Überraschungen • Qualität und Sicherheitsaspekte spielen eine wichtige Rolle • Er braucht eine gewisse Weile, bevor er Kaufentscheidungen trifft • ER führt regelmäßig Preisvergleiche durch • Die Funktion der Produkte steht im Vordergrund • Sucht nur wenige Einkaufsstätten auf und auch nur jene, die er kennt • Sparsamkeit steht im Vordergrund
Der/die Gleichgültige	Keines	• Ist nicht ängstlich und neugierig • Ist nicht auf der Suche nach einem höheren Status • Ist kein auffälliger Mensch • Kauft ohne Anspruch an Qualität oder Innovation Massenprodukte • Ist beruflich nicht erfolgreich und hat dementsprechend auch nur ein geringes Budget für den Konsum

1.2 Definieren Sie Ihre Zielgruppe(n) anhand von Buyer Personas

Noch zielgerichteter und damit wirkungsvoller wird Ihr Content werden, wenn Sie Ihre Zielgruppen nicht nur grundlegend verstehen, sondern diese einen Schritt weiter mittels sogenannter »Buyer Personas« definieren.

Der Unterschied zwischen Zielgruppen und Buyer Personas besteht darin, dass Erstere die Gesamtheit der Personen darstellt, die Sie mit einer Marketing-Maßnahme ansprechen möchten. Die Zielgruppenbestimmung dient als Basis einer Marktsegmentierung und berücksichtigt im Wesentlichen soziodemografische sowie psychografische Merkmale (dazu gleich mehr). Der Nachteil dieser oberflächlichen Definition ist das Risiko einer fortbestehenden Heterogenität des beschriebenen Personenkreises. Ozzy Osbourne und Prince Charles sind in dieser Hinsicht ein gern verwendetes Beispiel, denn auf beide trifft die Beschreibung »männlich, geboren in Großbritannien, verheiratet mit Kindern und beruflich erfolgreich« zu. Dennoch würden Sie die beiden hoffentlich nicht mit derselben Marketing-Kommunikation ansprechen.

Im Vergleich dazu sind Buyer Personas semi-fiktive, das heißt zum Teil auf Daten basierende Vorstellungen eines idealen Kunden. Personas werden im Laufe der Zeit und mit wachsender Kundenintelligenz stetig um wohl begründete Vermutungen und Informationen zu Demografie, Verhaltensmustern, Motivationen und Zielen erweitert.

Der amerikanische Experte für Kunden-Insights und Personas, Tony Zambito (*www. tonyzambito.com*), definiert Buyer Personas – insbesondere für den B2B-Sektor anhand von sieben W-Fragen:

> *»Buyer personas are research-based archetypal (modeled) representations of who buyers are, what they are trying to accomplish, what goals drive their behavior, how they think, how they buy, and why they make buying decisions. (Today, I now include where they buy as well as when buyers decide to buy.)«*

1. Wer sind Ihre Nutzer beziehungsweise Käufer?
2. Was versuchen Ihre Kunden – durch den Kauf von Produkten beziehungsweise die Inanspruchnahme von Dienstleistungen – zu erreichen?
3. Welche Ziele bestimmen das Verhalten Ihrer Kunden?
4. Wie denken Ihre Kunden?
5. Warum entscheiden sich Ihre Kunden für den Kauf (oder eben dagegen)?
6. Wo kaufen Ihre Kunden?
7. Wann kaufen Ihre Kunden?

Mit diesen Fragen decken Sie alle wichtigen Informationsbereiche ab: Neben soziodemografischen Merkmalen fließen psychografische, ökonomische und eben auch psychologische Merkmale in die Definition Ihrer Buyer Personas ein (siehe Bild 1.4).

- **Demografische Daten** umfassen persönliche Merkmale wie Alter, Geschlecht, Wohnort, Familienstand, Haushaltsgröße oder die aktuelle Lebensphase.
- **Sozioökonomische Merkmale** beschreiben zum Beispiel Bildungsgrad, Beruf, Einkommen, Besitz, Liquidität beziehungsweise Kreditwürdigkeit etc.

- **Psychografische Merkmale** beziehen sich auf Interessen, Aktivitäten, Freizeitgestaltung, Lebensstil, Einstellung (zum Beispiel Überzeugungen, Handlungstendenzen), Motivation und die eigene Meinung.
- **Verhaltensspezifische Merkmale**, die insbesondere im B2C-Markt eine Rolle spielen, sind beispielsweise Preissensibilität, Markentreue, Aufgeschlossenheit gegenüber Werbung und Konsumangeboten, (Internet-)Affinität oder die Nutzung sozialer Medien.

Hintergrund	Frank Founder	Hobbies und Interessen
• Geschäftsführer der Founder GmbH, die er vor 30 Jahren gegründet hat. • Diplom an der Universität Mannheim • Seit 32 Jahren verheiratet mit drei Kindern (30, 28 und 25 Jahre)		• Wall Street Journal, Financial Times und Forbes (online) lesen. • Zeit (mit seiner Frau) am nahe gelegenen See verbringen. • News von seinen Kindern hören. • Darts spielen.
Ängste	**Demographie**	**Herausforderungen**
• Der technologischen Entwicklung nicht folgen zu können und „nutzlos" zu sein. • Zerfall seiner Firma nach seinem Ausstieg in die Rente. • Keinen Nachfolger zu finden, auf den er durch seine Firma stolz sein kann.	• Männlich • 61 Jahre alt • Haushaltseinkommen: 256.000 Euro • Besitzt sein eigenes Einfamilienhaus am Stadtrand, wo er mit seiner Frau und seinem jüngsten Kind wohnt.	• Kunden nicht an Mitbewerber verlieren, die neuere Technologie verwenden. • Selbst auf dem Laufenden bleiben, was neue Technologien, Methoden und Angebote anbelangt. • Qualifizierte Mitarbeiter finden, um seine Firma weiter auszubauen und perspektivisch zu übergeben.
Abneigungen	**Ziele**	
• Eine neue Website erstellen lassen, obwohl sie erst fünf Jahre alt ist. • Wie soll mir eine Website (passiv) dabei helfen, mein Geschäft auszuweiten?	• Hohe Mitarbeiterzufriedenheit und niedrige Fluktuationsrate. • Einen geschmeidigen Übergang in die Rente.	

www.toushenne.de
Quelle/Vorbild: SingleGrain

Bild 1.4 Beispiel einer relativ detaillierten Buyer Persona

Im B2B-Sektor spielen andere Informationen eine Rolle, da sich etwa ökonomische und verhaltensspezifische Angaben auf ein gesamtes Unternehmen beziehen, statt auf Einzelpersonen. Zusätzlich sind Informationen zur Organisation (Unternehmensgröße, Marktanteil etc.) relevant, und personenbezogene Charakteristika werden außerdem häufig in Bezug auf Entscheidungsträger berücksichtigt (Informationssammlung, Zeitdruck, Innovationsfreude etc.). Ein passendes Template stellt Tony Zambito unter *http://bit.ly/cd_personacanvas* zur Verfügung. Ergänzend beschreibt er dort unter anderem Einflussnehmer auf die Kaufentscheidung sowie Kanäle und Content, die Ihre Kunden während des Entscheidungsprozesses nutzen. Auch Angaben über den gesamten Kaufprozess, den Ihre Kunden quasi vom Erstkontakt bis hin zum Kaufabschluss durchlaufen, spiegeln sich darin wider.

 Es ist sehr wichtig, dass Sie zwischen *Nutzer* und *Käufer* Ihrer Produkte oder Dienstleistungen unterscheiden. Es kann durchaus der Fall sein, dass Sie sich beim Marketing an eine andere Zielgruppe wenden als an diejenigen, die das beworbene Produkt schließlich nutzen werden. Carsten Koller, Online-Marketing-Manager bei morefire, erklärt diesen Unterschied anhand der folgenden zwei Beispiele:

> »Treppenlifte werden z. B. überwiegend von älteren Menschen verwendet. Gekauft werden diese allerdings häufig von deren Kindern. Hier wäre es daher sinnvoll, informativen Content zu erstellen, welcher den Kindern nützliche Informationen zu Treppenliften bietet und auch dort auffindbar ist, wo diese sich aufhalten. Umgekehrt ist es beispielsweise bei Kinderspielzeug. Hier werden die Kinder über unterschiedliche Contentformate angesprochen. Die Käufer sind auf Drängen der Kinder aber dann die Eltern.«[7]

Die Datensammlung und das Aufbauen von Buyer Personas braucht Zeit. Es ist völlig normal, dass Sie mit sehr wenigen Informationen beginnen – speziell bei neuen Kontakten oft nur mit einer E-Mail-Adresse und vielleicht dem Namen. Um diese Datenbank zu erweitern, stehen Ihnen jedoch diverse Möglichkeiten zur Verfügung, die Sie innerhalb Ihres (Content-)Marketings nutzen können:

- Kunden-, Experten- und Zielgruppenbefragungen sowie Feedback aus der Öffentlichkeit
- Marktforschung und -beobachtung (einschließlich Trends)
- Content-Analysen
- Social Media-Analysen
- Keyword-Recherchen (inklusive einer Unterscheidung nach Suchintention, etwa *Navigation*, *Information* oder *Transaktion*)

Darüber hinaus haben Sie höchstwahrscheinlich auch Ihre ganz eigenen Quellen, um weitere Informationen zu aggregieren.

Lesen Sie mehr zur Gestaltung von Buyer Personas (inklusive einer Vorlage zum Download) in Roberts Blog unter *www.toushenne.de/buch/buyer-personas*.

Zusammenfassend ist die Definition von Buyer Personas für Content Design besonders in zweierlei Hinsicht wichtig:

1. **Um Ihren Content zu konzipieren.** Ohne das Wissen um die Interessen und persönlichen Bedürfnisse Ihrer Zielgruppen bleibt die Auswahl der richtigen Themen, Formate und Plattformen ein Ratespiel mit gelegentlichen Glückstreffern.
2. **Um Ihren Content visuell ansprechend aufzubereiten.** Nur wenn Sie wissen, wie Ihre Zielgruppen auf bestimmte Gestaltungselemente reagieren und welche (Konsum)Vorlieben diese haben, können Sie Ihren Content in Hinblick auf Ihre eigenen Ziele optimieren.

Nicht zuletzt deshalb legen wir Ihnen auch ans Herz, sich mit der Reise Ihrer Kunden zu beschäftigen.

---

[7] Koller, Carsten, Marktsegmentierung und Zielgruppenanalyse im (Content) Marketing, 2014, *https://www.more-fire.com/blog/marktsegmentierung-und-zielgruppenanalyse-im-content-marketing/*

1.3 Machen Sie sich mit der Reise Ihrer Kunden vertraut

Nicht jeder Interessent kauft sofort, nachdem er von einem Produkt erfahren hat. In der Regel beschäftigt er sich zunächst mit dem Produkt und informiert sich beispielsweise über den Nutzen, das Preis-Leistung-Verhältnis und Alternativen – sowohl online als auch offline. Die sogenannte »Customer Journey« (auch »Buyer's Journey« oder »User Journey«) beschreibt verschiedene Phasen (im Englischen »stages«), die ein Kunde bis zur Kaufentscheidung durchläuft – wobei das Ziel der Reise nicht zwangsläufig der Kauf sein muss, sondern abhängig von den Marketing- beziehungsweise Unternehmenszielen zum Beispiel auch die Anmeldung zum E-Mail-Newsletter sein kann. In gewisser Weise dient die Customer Journey als roter Faden Ihres Marketings, insbesondere dann, wenn Sie in die Personalisierung und Automatisierung einsteigen.

In ihren Grundzügen ist die Customer Journey an das AIDA-Modell angelehnt (Näheres dazu in Kapitel 4). Diese Verknüpfung ist wichtig, um zu verstehen, welche Funktion beziehungsweise welches Ziel Content entlang der Customer Journey erfüllt. Früher wurde der Erfolg – also die Conversion (zum Beispiel der Kaufabschluss) – zu 100 Prozent dem ersten oder letzten Kontakt zugesprochen. Diese Methode lässt allerdings keine sinnvolle Optimierung und Budgetierung von Marketing-Maßnahmen für einzelne Touchpoints zu. Das wäre jedoch sinnvoll, da eben jeder Content an jedem einzelnen Kontaktpunkt einen wichtigen Beitrag leistet – ganz im Sinne der vier Phasen des AIDA-Modells.

Diese tatsächliche Customer Journey vollständig nachzuvollziehen, kann schnell zur Sisyphusarbeit werden. Glücklicherweise leisten gängige Web-Analyse-Tools wie etracker oder Google Analytics Abhilfe und stellen derartige Conversion-Pfade sehr anschaulich dar. In Google Analytics finden Sie diese Informationen unter **Conversions → Multi-Channel-Trichter → Top-Conversion-Pfade**.

Weitere Hilfestellung zur Identifikation von Touchpoints und der Definition von Customer Journey Maps finden Sie im Usabilityblog[8] sowie bei Gründerszene[9].

Wir beziehen uns im weiteren Verlauf dieses Buches auf das Customer Journey-Modell von HubSpot (siehe Tabelle 1.2), da es im Vergleich zu anderen Modellen sehr verständlich gehalten ist und lediglich auf drei Phasen basiert:

---

[8] Jacobsen, Jens, Customer Journey, User Experience, Maps und der umfassende Blick auf den Nutzer, *https://www.linkbird.com/de/media/planbarer-content-marketing-erfolg-linkbird-content-service/*
[9] Zeidler, Stephanie, Mit Customer-Journey-Mapping die Kundenzufriedenheit steigern, *http://www.gruenderszene.de/allgemein/mit-customer-journey-mapping-die-kundenzufriedenheit-steigern*

Tabelle 1.2 Die drei Phasen der Customer Journey (Quelle: Frei übersetzt aus Buyer Journey Quick Reference Guide von HubSpot[10])

Journey Stage	Awareness (Aufmerksamkeit)	Consideration (Abwägung)	Decision (Entscheidung)
Nutzerverhalten	Der Nutzer hat ein Problem beziehungsweise eine potenzielle Chance erkannt.	Der Nutzer hat sein Problem identifiziert und kann es benennen.	Der Nutzer hat seine Problemlösungsstrategie definiert und weiß, wie er weiter vorgeht.
Informationsbedarf	Der Nutzer bevorzugt neutrale Informationen von Drittanbietern, die dabei helfen, sein Problem zu identifizieren.	Der Nutzer ist darum bemüht, sämtliche Lösungsalternativen zu recherchieren und zu verstehen.	Der Nutzer ist an weiterführenden Informationen wie Empfehlungen oder Bewertungen interessiert, um seine Tendenz zu bestätigen und eine Entscheidung treffen zu können.

Ihre Herausforderung besteht demnach darin, dem potenziellen Kunden die zu seiner aktuellen Situation passenden Informationen bereitzustellen.

■ 1.4 Verknüpfen Sie strategische Überlegungen mit praktischer Erfahrung

Das größte Potenzial von Content Design entfaltet sich mittel- bis langfristig. Wir wollen daher zuerst den Weg zur strategischen Herangehensweise vorstellen, bevor wir mit Ihnen in die Praxis einsteigen.

In diesem Zusammenhang tauchen immer wieder die Begriffe Inbound Marketing und Content Marketing als offensichtliche Teildisziplinen des Marketings auf. Eine klare Trennung gibt es per Definition jedoch nicht wirklich, da vor allem Letzteres noch keinem Standard folgt. Beide Konzepte basieren auf Seth Godins Idee des Permission Marketings (die er in seinem gleichnamigen Buch 1999 zu Papier brachte) und stehen dem bis dato weit verbreiteten Interruption Marketing entgegen. Aus der klassischen Betriebswirtschaftslehre kennen Sie diese Unterscheidung womöglich unter den Begriffen »Push« und »Pull«. Während Interruption Marketing Kunden in ihrem Handeln unterbricht (*to interrupt*), will Permission Marketing Unternehmensbotschaften nur dann platzieren, wenn der Empfänger bereit dazu und damit einverstanden ist (*to permit*). Permission Marketing gibt Wahlmöglichkeiten und respektiert die bereits erwähnten persönlichen Bedürfnisse von Menschen.

Diesen Gedanken griffen sowohl Joe Pulizzi als auch Darmesh Shah und Brian Halligan auf. Pulizzi gründete im Jahr 2008 das Content Marketing Institute (*www.contentmarketinginstitute. com*), während Shah und Halligan nahezu zeitgleich ihre Marketing-Automatisierungsplattform HubSpot (*www.hubspot.com*) darauf aufbauten. Daher rührt auch die direkte Assoziation

---

[10] Julie, Spatola, The Marketer's 3 Step Guide: Mapping Your Content to the Buyer's Journey, 2013, *https://offers. hubspot.com/julie-spatola-buyers-journey-content-mapping*

von Inbound Marketing mit Vertriebs- und Umsatzzielen, einschließlich der Generierung von Kontakten (sogenannten »Leads«). Strategisches Content Marketing zielt hingegen auch auf andere Marketing-Ziele wie etwa die Markenbildung oder Bekanntheitssteigerung ab.

Inbound Marketing

Der Inbound Marketing-Prozess ist standardisiert und verläuft üblicherweise entlang der vier Phasen »Attract«, »Convert«, »Close« und »Delight« (siehe Bild 1.5)[11].

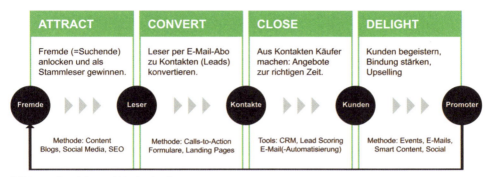

Bild 1.5 Der Inbound Marketing-Prozess

Der erste Schritt ist darauf ausgerichtet, Zielgruppen in einem sehr frühen Recherche-Moment – dem Zero Moment of Truth[12] – mit hilfreichen Inhalten anzusprechen und ihr Interesse beziehungsweise ihre Aufmerksamkeit zu gewinnen. Dieser Moment ist entscheidend, denn Ihre potenziellen Kunden recherchieren intensiv, bevor sie eine Kaufentscheidung treffen – einen Großteil davon natürlich online. Da sie dabei sehr viele Quellen und Meinungen heranziehen, ist es wichtig, dass Sie mit Ihrem Content in Suchmaschinen (über Ihre Website oder Ihren Blog) und an anderen relevanten Orten auffindbar sind, beispielsweise in Social Media, Bewertungsportalen oder im Falle von E-Commerce in Preisvergleichsportalen. Wie bereits erwähnt, entscheiden maßgeblich die Bedürfnisse und Vorlieben Ihrer Zielgruppe darüber, in welchem Umfeld Sie Ihren Content platzieren.

Im zweiten Schritt ist ein aktives Handeln des Nutzers das Ziel Ihrer Bemühungen, sei es eine Empfehlung Ihres Contents über Social Media oder die Anmeldung zu Ihrem Newsletter. Diese Handlung ist notwendig, um den direkten Kontakt – das heißt eigentlich den Dialog – zum Interessenten herstellen zu können. Wird der Interessent nicht aktiv, verbleibt er weiterhin in der ersten Phase, bis Sie ihn durch die Bereitstellung weiterer Inhalte schließlich *konvertieren* können.

In der Praxis haben sich zur Conversion sogenannte Calls-to-Action, das heißt klickbare Handlungsaufforderungen (meist in Button-Optik), bewährt. Eine andere Möglichkeit sind konkrete Angebotsseiten, sogenannte Landing Pages (siehe Kapitel 4), die das Ziel haben, eine bestimmte Handlung des Nutzers hervorzurufen – typischerweise zum Zweck des Erhalts personenbezogener Daten (Leads).

---

[11] HubSpot, Inbound-Methodik, *http://www.hubspot.de/inbound-marketing*
[12] Google, Winning the Zero Moment of Truth, *https://www.thinkwithgoogle.com/research-studies/2011-winning-zmot-ebook.html*

1 Voraussetzungen für erfolgreiches Content Design

 Leads mittels Content Upgrades generieren

Eine besonders effektive Methode, um Leads zu generieren, sind sogenannte »Content Upgrades«. Das sind spezifische Bonusinhalte, die der Nutzer *innerhalb eines bestimmten Kontexts* im Austausch für personenbezogene Daten herunterladen kann, beispielsweise eine PDF-Checkliste als Ergänzung zu einem Blogartikel zu ein und demselben Thema. Dadurch sind sie effektiver als die bekannteren »Lead Magnets«, die eher generisch sind und oft global auf einer Seite angeboten werden, sprich ohne direkten Zusammenhang zum Content. In Roberts Blog unter *www.toushenne.de/buch/content-upgrades* erfahren Sie mehr zu dieser Methode.

Nachdem Ihnen Interessenten ihre Kontaktdaten überlassen haben, sind diese erfahrungsgemäß empfänglicher für marken- und produktbezogene Angebote. Ihr Ziel in dieser dritten Phase des Inbound-Marketing-Prozesses ist daher die Kundengewinnung. Wie lange es dauert, bis ein Kontakt genug Informationen von Ihnen erhalten hat, um sich für Sie beziehungsweise Ihre Produkte zu entscheiden, variiert von Fall zu Fall. Die Chance auf einen Abschluss ist durch die vorherige direkte Kommunikation im Allgemeinen jedoch deutlich größer als es etwa bei einem Verkaufsangebot beim Erstkontakt der Fall ist – eben weil die Interessenten Sie bereits kennen und Vertrauen aufgebaut haben.

Vertrauen ist in diesem Zusammenhang das passende Stichwort, um die vierte Phase zu beschreiben. Nachdem Sie Neukunden gewonnen und von Ihrem Produkt oder Ihrer Dienstleistung überzeugt und begeistert haben, ist es das Ziel, sie zu Fürsprechern Ihrer Marke zu machen. Das schaffen Sie, indem Sie sich auch nach dem Kaufabschluss weiterhin für die Bedürfnisse Ihrer nun Kunden interessieren und ihnen auch künftig mit hilfreichen Informationen – das heißt Content – zur Seite stehen. Denken Sie immer daran: Die Neukundenakquise ist weitaus teurer als die Bindung bestehender Kunden[13].

Der pragmatische Ansatz von Inbound Marketing macht es zu einem effektiven und immer beliebter werdenden Tool im Online-Marketing. Gleichzeitig ist das jedoch ein großer Nachteil, denn es verleitet viele Unternehmen dazu, direkt mit der Produktion und Verbreitung von Content zu beginnen, ohne sich im Vorfeld Gedanken über die langfristigen Ziele ihres Contents beziehungsweise ihres Marketings zu machen.

Die Autoren Tanja Josche und Sascha Tobias von Hirschfeld weisen darauf auch in ihrem Buch hin: *»Wenn Sie Ihre Kunden mit nutzwertigen Inhalten bei der Lösung ihrer Probleme unterstützen, so ernten Sie dafür nicht nur Aufmerksamkeit, sondern legen den Grundstein für solide Kundenbeziehungen. Die Herausforderung besteht darin, eine auf Ihre individuelle Situation abgestimmte, tragfähige Strategie zu entwickeln, die die Rahmenbedingungen schafft, um effizient und zielgerichtet Inhalte zu identifizieren, produzieren und publizieren, um Erfolg zu messen und Abläufe zu optimieren.«*[14]

---

[13] *Saleh*, Khalid, Customer Acquisition Vs. Retention Costs – Statistics And Trends, *http://www.invespcro.com/blog/customer-acquisition-retention/*

[14] Von Hirschfeld, Sascha & Josche, Tanja, Lean Content Marketing. Groß denken. Schlank starten., 2015, S. 44

Strategisches Content Marketing

Während Inbound Marketing ein taktisches beziehungsweise operatives Konzept ist, betont strategisches Content Marketing (SCOM) als Framework, wie es maßgeblich durch Mirko Lange entwickelt wurde (siehe Bild 1.6)[15], die strategische Vorarbeit.

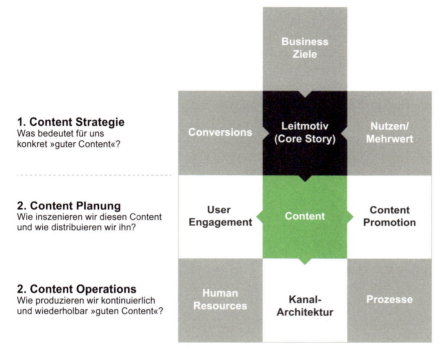

Bild 1.6 Das Framework für strategisches Content Marketing

Das gesamte Konzept im Detail zu erläutern, würde den Rahmen sprengen, daher möchten wir die zehn Teilaspekte nur kurz erläutern:

1. **Ziele** – Den Auftakt der Konzeption macht die Zieldefinition in Hinblick auf Zielgruppen, Businessziele, Strategieziele und taktische Ziele.
2. **Nutzen** – Definieren Sie zu Beginn den funktionalen und emotionalen Nutzen Ihres Contents (ähnlich, wie Sie es womöglich schon mit Ihren Produkten getan haben) und beschreiben Sie die Customer Journey.
3. **Conversion** – Definieren Sie Ihren Sales Funnel und führen Sie sich vor Augen, wie Sie Interessenten mithilfe von Handlungsaufforderungen und Lead-Nurturing-Maßnahmen im Trichter nach unten bewegen. Anhand welcher Leistungsindikatoren, sogenannter »Key Performance Indicators (KPI)«, wollen Sie Ihren Erfolg messen?
4. **Story** – Die Story ist das Herz des SCOM-Frameworks und beantwortet die Frage(n) *Warum?* In diesem Abschnitt formulieren Sie Ihr Mission Statement, Ihre Kernthemen und positionieren Ihren Content zum Markt (insbesondere gegenüber Ihren Mitbewerbern).

---

[15] Lange, Mirko, Think better, not more. Strategisches Content Marketing mit dem SCOM Framework, *http://de.slideshare.net/talkabout/strategisches-content-marketing-zu-nachhaltigem-erfolg-mit-dem-scom-framework*

5. **Content** – Ist die Vorarbeit bis hierhin erledigt, können Sie Ihren Content hinsichtlich Format, Individualisierung und konkreter Inszenierung planen. Ein Redaktionsplan ist in dieser Phase die erste Schnittstelle zum späteren operativen Tagesgeschäft.

6. **Kanal-Architektur** – Auf die Planung folgt die Festlegung der Publikationsplattformen. Welche haben Sie bereits zur Verfügung und wie werden Sie Ihre eigenen Kanäle mit Dritten verknüpfen?

7. **Promotion** – Die Verbreitung Ihres Contents kann unterschiedlich vonstattengehen: Durch Paid, Owned und Earned Media – und natürlich auch durch Social Media, wenn Sie diese Kategorie denn separat aufführen möchten.

8. **User Engagement** – Definieren Sie, wie intensiv sich Nutzer mit Ihrem Content beschäftigen sollen und wie die Interaktion aussehen soll (Klicks, Kommentare, Empfehlungen etc.).

Das Content-Team und die Prozesse bilden als Punkt neun und zehn die Basis Ihres strategischen Content Marketings. Das Team benötigt gewisse Kompetenzen und Tools, Prozesse sichern Sie in Bezug auf die Qualitätssicherung, die Erfolgsmessung, laufende Optimierungen und die Widerholbarkeit beziehungsweise Skalierbarkeit Ihrer Bemühungen ab.

Wie Sie sehen, ist das Vorgehen beim Content Marketing deutlich umfangreicher und auch theoretischer, aber langfristig betrachtet halten Sie dadurch besser die Spur, was die Produktion relevanter Inhalte anbelangt. Wir empfehlen Ihnen, sich nicht zwischen Inbound und Content Marketing zu entscheiden, sondern beide Konzepte zu kombinieren. Theoretische Vorüberlegungen sowie die Definition von Strukturen und Prozessen sind wichtig, aber warten Sie nicht zu lange mit der Umsetzung, sondern sammeln Sie möglichst früh eigene Erfahrungen und Daten.

Diese praktische Arbeit funktioniert erfahrungsgemäß vor allem dann gut, wenn interdisziplinäre Teams existieren und Personen mit unterschiedlicher Expertise kollaborieren. Im Idealfall beschäftigen sich ohnehin mehrere Personen innerhalb des Unternehmens mit Content Marketing, einschließlich der strategischen und operativen Planung, Produktion und Publikation sowie der Vermarktung und Optimierung.

In diesem Zusammenhang möchten wir Ihnen kurz die Konzepte des *Design Thinking* sowie des *agilen Ansatzes* vorstellen, die Ihnen bei dieser – vor allem organisatorischen – Herausforderung behilflich sein können.

Agile Vorgehensweisen

Jeff Sutherland, Mitbegründer der agilen Methodik *Scrum*, vergleicht Strategie und Praxis mit den Worten »… that planning for combat is important, but as soon as the first shot is fired, your plans go up in smoke«. Obwohl er die strategische Planung nicht abwertet, betont er die Notwendigkeit einer gewissen Flexibilität und vielleicht sogar Spontanität in der praktischen Umsetzung und beschreibt damit im Grunde den Kern der agilen Arbeitsweise.

Unser Freund und Kollege, Agile-Coach Babak Zand, fragt seine Kunden und Kollegen immer wieder nach ihren Assoziationen zum Begriff »Agilität«. Viele Antworten darauf mit »mehr Aufgaben, die das Team schneller abarbeiten kann«. Dem würden wir und auch Babak nicht uneingeschränkt zustimmen, weshalb wir ihm an dieser Stelle Platz für eine kurze Ausführung machen.

Dürfen wir vorstellen?

Babak Zand ist Scrum-Master und Agile-Coach bei Pixum. Als Scrum-Master begleitet er das Content-Marketing-Team von Pixum bei der Umsetzung ihrer Content-Strategie, als Agile Coach unterstützt er das Unternehmen bei der Einführung und Umsetzung von agilen Strukturen und Prozessen.

@Nadine Kuhn Fotografie

„Es stimmt, dass ein gut funktionierendes agiles Team im Laufe seiner Entwicklung im Vergleich mehr Aufgaben erledigen kann als ein konventionelles Team, das sich im Laufe eines Projektes mehrmals neu zusammenstellt. Das liegt an der gemeinsamen Erfahrung und der daraus entstehenden Lernkurve eines agilen Teams. Aber es kostet Zeit und Geld ein agiles Team nachhaltig aufzubauen und erfordert einige strukturelle Veränderungen im Unternehmen. Angefangen bei der *Unternehmenskultur* (Transparenz und Offenheit), über die *Personalpolitik* (Einführung neuer Personalstellen beziehungsweise Weiterbildungsprogrammen) bis hin zum Thema *Leadership* (mehr Autonomie bei der Erfüllung von strategischen Geschäftszielen). Es funktioniert erfahrungsgemäß nur selten, eine Methodologie wie Scrum einzuführen, ohne die erwähnten strukturellen Voraussetzungen zu schaffen.

Wenn Sie sich mit dem Gedanken beschäftigen, agile Methoden in Ihrem Unternehmen zu implementieren, dann müssen Sie auch die agilen Werte leben. Ohne diese werden die entsprechenden Methoden nur ein lebloser Körper sein, der langfristig zu enttäuschten Geschäftsführern und demotivierten Mitarbeitern führt.

Reduzieren Sie den Wert von »Agilität« nicht nur auf den operativen Output, also die erledigte Arbeit. Wie Jeff Sutherland im genannten Zitat andeutet, unterstützen Sie agile Methoden auch als Orientierungshilfe bei eingeschränkter Sicht, sodass Sie das große Ziel nicht aus den Augen verlieren. Oder wie es Robert und Ben weiter vorne im Buch formuliert haben, dienen agile Methoden dazu, theoretische Vorüberlegungen mit praktischem Handeln zu verbinden.

Durch das iterative Vorgehen nähern Sie sich Schritt für Schritt einem Ergebnis an, das Sie im Vorfeld grob umrissen haben und das mit jedem Schritt konkretere Form annimmt. Jedes Zwischenergebnis wird getestet, einem ausgewählten Personen- beziehungsweise Nutzerkreis präsentiert und bewertet. Durch dieses schnelle Feedback können Sie gut beurteilen, ob Sie sich mit Ihrer Idee auf dem richtigen Weg befinden oder vom Kurs abgekommen sind. Sie sind damit in der Lage, innerhalb eines geschützten Prozesses neue Ideen flexibel umzusetzen und zu testen. Was funktioniert, wird in die nächste Iteration übernommen, was nicht funktioniert, legen Sie ad acta.

Ein zweiter Vorteil, den auch Robert und Ben ansprechen, ergibt sich durch die interdisziplinären Teams, die miteinander kollaborieren. Allerdings funktioniert das in der Praxis nicht immer, weil Unternehmen die eben erwähnten agilen Voraussetzungen (Transparenz,

Offenheit, Autonomie) nicht oder nur unzureichend erfüllen. In der Theorie gibt es autonome, interdisziplinäre Teams die innerhalb ihrer Gruppe selbständig in der Lage sind, komplexe Aufgaben zu lösen. Diese stehen durch eine Verbindungsperson – in Falle des Scrum-Frameworks mithilfe eines sogenannten »Product Owners« – in ständigem Kontakt mit den anderen Anspruchsgruppen und erledigen ihre Aufgaben nach den Prioritätskriterien des Kunden.

In der Praxis haben wir aber oft mit Mitarbeitern zu tun, die sich mehr Freiräume wünschen, sowie Geschäftsführern, die sich noch (zu) stark in den operativen Ablauf der Lösungsfindung einmischen. Das bremst den agilen Fluss und hindert agile Teams daran, im eigenen Lernprozess Fortschritte zu machen. Letztlich wirkt sich das negativ auf die Leistungsfähigkeit und den Gesamterfolg aus. Das ist einer der Gründe, warum agile Projekte oft nicht über die Pilotphase hinauskommen.

Sind die Voraussetzungen jedoch geschaffen, eignet sich die agile Umsetzung sehr wohl für Content Marketing, da es sich bei der Arbeit mit Content um eine kontinuierliche Weiterentwicklung handelt. Robert vergleicht diese Arbeit in einem seiner Artikel auch mit klassischem Portfoliomanagement (siehe *www.toushenne.de/buch/portfolio-management*).

Mithilfe der agilen Methode nutzen Sie für Ihre Content-Strategie bewährte Strukturen und Prozesse, um Ihre Ideen für die Umsetzung zu testen und weiterzuentwickeln. Oder um bei Sutherlands Zitat zu bleiben: Sie entwerfen einen Schlachtplan und sind in der Lage, nach Abfeuern des ersten Schusses flexibel auf das Kampfgeschehen reagieren zu können."

Design Thinking

> *»Design thinking is a human-centered approach to innovation that draws from the designer's toolkit to integrate the needs of people, the possibilities of technology, and the requirements for business success.«* – Tim Brown, CEO von IDEO

Mehr aus der Richtung der Gestaltung beziehungsweise des (Industrie-)Designs als aus dem Projektmanagement, kommt der Ansatz des Design Thinkings; gegründet von David Kelley, Terry Winograd und Larry Leifer von der Standford University. Der Grundgedanke von Design Thinking besteht darin, dass insbesondere interdisziplinäre Teams innovativ sind. Der Prozess zielt darauf ab, möglichst unterschiedliche Erfahrungen, Meinungen und Perspektiven in Hinblick auf eine Aufgabenstellung zusammenzubringen. Dabei steht eine systematische Herangehensweise im Vordergrund, die sich vor allem an den Nutzerwünschen und -bedürfnissen orientiert – ähnlich wie »User Centered Design«, auf das wir in Kapitel 4, Abschnitt 4.4.2 genauer eingehen. Um diesem Anspruch gerecht zu werden, ist eine stetige Rückkopplung zwischen dem Problemlöser und seiner Zielgruppe elementar. Das ermöglicht eine ständige Kontrolle der eigenen Arbeit in Bezug auf die Machbarkeit, Tragfähigkeit und besonders die Erwünschtheit eines Produkts beziehungsweise einer Lösung.

Das Modell wird in verschiedene Stufen oder Phasen gegliedert, die je nach Quelle in ihrer Zahl variieren. Wir bevorzugen das folgende sechsstufige Modell (siehe Bild 1.7), da uns der letzte Schritt essenziell für Content Marketing erscheint. Schließlich wollen wir Content nicht nur kundennah und möglichst *lean* entwickeln, sondern am Ende auch publizieren und erfolgreiche Konzepte durch ergänzende Marketing-Maßnahmen skalieren.

Der Begriff »lean« (auf Deutsch *schlank*) beziehungsweise das damit verbundene Konzept »Lean Management« bezeichnet ähnlich wie agiles Management eine Sammlung von Prinzipien und Methoden zur Prozessoptimierung und effizienten Gestaltung der gesamten Wertschöpfungskette in Unternehmen. Im Kern geht es auch hier um die Produktion und den Release eines sogenannten »minimum viable product«, also einem Produkt (ergo Content) in kleinstmöglichen aber für den Nutzer brauchbaren Umfang, sodass damit schnell Feedback und Erfahrung gesammelt werden kann, um das Produkt sozusagen im laufenden Betrieb stetig zu verbessern. Die Verschwendung von Zeit und Ressourcen soll damit vermieden werden. Wir empfehlen Ihnen hierzu das Buch »The Lean Startup« des Silicon-Valley-Entrepreneurs Eric Ries, der als Erfinder der Lean-Startup-Methode gilt.

1. **Empathize**: Der Prozess des Einfühlens in die Zielgruppe (engl. to empathize), um ein Verständnis für deren Probleme, Wünsche und Bedürfnisse zu erlangen. Das funktioniert durch die Beobachtung von Nutzern, beispielsweise auf Ihrer Webseite, aber auch persönliche Gespräche in Form von direkten oder indirekten Interviews. Wichtig dabei ist, dass Sie genau beobachten, was Ihre Nutzer sehen, denken, tun und wollen. Fragen Sie sich etwa, was Ihre Nutzer davon abhält, etwas Konkretes zu tun oder wo sie in der Vergangenheit bereits negative Erfahrungen gemacht haben – im Umgang mit ähnlichen Produkten, Dienstleistungen beziehungsweise Dienstleistern oder Systemen, sprich Webseiten.

2. **Define**: Der nächste Schritt ist die Konsolidierung aller Informationen und das Herausarbeiten von Auffälligkeiten. Durch diese Übersicht decken Sie Potenzial für Verbesserungen auf.

3. **Ideate**: Danach beginnen Sie die Explorationsphase mit einem Brainstorming, um Ideen zu entwickeln (engl. to ideate), die die herausgestellten Probleme lösen könnten. Spätestens jetzt kommt Ihr gesamtes Team zusammen, um diese Aufgabe gemeinsam zu erarbeiten. Regeln für diese Zusammenarbeit finden Sie in der folgenden Hinweisbox.

4. **Prototype**: Das Brainstorming endet immer in »greifbaren« Prototypen Ihrer besten, das heißt vielversprechendsten Ideen. Im digitalen Bereich sind diese natürlich nicht haptisch, aber dennoch nutzbar. Wenn Sie beispielsweise ein neues Produkt mithilfe einer Landing Page vermarkten wollen, dann entwerfen Sie diese zunächst in einem Wireframe. Holen Sie sich dann Feedback aus dem Team und programmieren Sie einen rudimentären, aber klickbaren Prototyp. Ziel dieser Phase ist Ihre Beurteilung, ob Aufwand und Nutzen für die Umsetzung einzelner Ideen in einem guten Verhältnis zueinander stehen.

5. **Test**: Jetzt, wo Sie ein nutzbares Produkt entwickelt haben, steht einem »echten« Test nichts mehr im Wege. Konfrontieren Sie (einen Teil Ihrer) Nutzer mit Ihrem Prototypen und beobachten Sie ihr Verhalten. Erreichen Sie mit Ihrer Landing Page das gewünschte Ziel? Oder haben Nutzer Probleme bei der Orientierung und Bedienung der Seite? Mit diesen Erkenntnissen könnten Sie entweder an die »saubere Umsetzung« Ihres Prototypens gehen oder sich mit Ihrem Team erneut auf die Suche nach geeigneten Lösungen machen.

6. **Implement**: Zu guter Letzt ist die Entwicklung nützlicher Produkte nur ein Teil des Ganzen. Die Realisierung Ihrer Vision ist der eigentlich wichtige Aspekt, denn Sie wollen durch ebendiese Lösungen das Leben Ihrer Zielgruppe positiv und vor allem nachhaltig beeinflussen. Auch das ist ein (Mehr)Wert, den Ihr Produkt haben sollte und den Sie – insbesondere im Rahmen Ihres Marketings – kommunizieren müssen. Wie hat es der Leadership-Experte und Buchautor Simon Sinek so schön formuliert: *»People don't buy what you do; people buy why you do it.«*

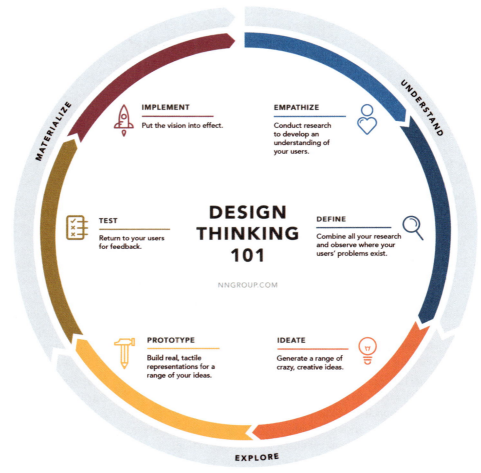

Bild 1.7 Das Design Thinking Modell der Nielsen Norman Group[16]

---

[16] Nielsen Norman Group, Design Thinking 101, *https://www.nngroup.com/articles/design-thinking/*

Design Thinking definiert sich neben dem Prozess auch durch flexible Raumkonzepte und eigene Werte. Erstgenannte nehmen eine wichtige Rolle ein, wenn es um die Arbeitsweise im Team geht: Niemand sitzt allein vor seinem Computer, sondern alle befinden sich im selben Raum, arbeiten im Stehen, schreiben und zeichnen auf Whiteboards oder basteln – ganz klassisch mit Schere und Papier! Freiraum sorgt dabei sozusagen für den nötigen kreativen Spielraum.

Die bekannten Werte des Design Thinkings beziehen sich vor allem auf die Brainstorming-Phasen und reglementieren die Zusammenarbeit:

- Arbeite visuell
- Nur einer spricht
- Fördere verrückte Ideen
- Übe keine Kritik
- Quantität ist wichtig
- Bleib bei einem Thema
- Baue auf den Ideen anderer auf

Sollten Sie sich dazu entscheiden, mit Design Thinking Methoden zu arbeiten, so passen Sie den beschriebenen Prozess Ihren Umständen an – egal ob inhaltlich, hinsichtlich der Räume oder in Bezug auf das Team. Wichtig ist, dass Sie nach jeder Phase ein brauchbares Ergebnis erzielen, sei es eine Entscheidung, ein Prototyp oder ein implementierbares Produkt, beispielsweise publizierbarer Content.

Verbringen Sie nicht zu viel Zeit mit der Planung und Konzeption von Content, sondern rücken Sie eine effiziente Produktion in den Vordergrund. Auf diese Weise können Sie schneller publizieren und herausfinden, ob Sie mit Ihrem Content wirklich die gewünschten Ziele erreichen. Iterieren Sie diesen, bis Sie ein zufriedenstellendes Ergebnis erreichen. »Publish and pray«, wie es in der Praxis gerne bezeichnet wird, ist kein erfolgversprechender Ansatz. Verstehen Sie Content als Investitionsgut, mit dem Sie kontinuierlich arbeiten. Robert beschreibt diese Idee als »Content Portfolio Management«, wo es darum geht, nicht immer nur mehr zu produzieren, sondern das bereits Produzierte auch kontinuierlich zu optimieren (siehe *www.toushenne.de/ buch/portfolio-management*).

In anderen Modellen – etwa dem ursprünglichen aus Stanford – fehlt die Implementierung, und es wird stattdessen eine weitere Stufe des Verstehens an zweiter Stelle beschrieben. Allen gleich ist jedoch der stetige **Wechsel von Divergenz und Konvergenz**, das heißt Phasen mit Fokus auf die Quantität und Ideenvielfalt und Phasen mit Fokus auf die Verdichtung und Zusammenführung von Informationen und Ideen. Weitere Merkmale sind das **iterative und visuelle Arbeiten** (möglichst in jeder Phase), wodurch der Fortschritt kontinuierlich und anschaulich dokumentiert wird und sich das Team leichter schrittweise an die ideale Lösung annähern kann.

Insgesamt wird durch das Testen von Prototypen frühzeitig die **Nutzbarkeit** des Contents gewährleistet, wodurch sich langfristig die Wahrscheinlichkeit erhöht, dass Ihre Zielgruppe mit dem Content interagieren wird. Dieser Aspekt ist nicht zu unterschätzen, denn sowohl die inhaltliche Tiefe und Breite als auch die Suchmaschinenoptimierung stoßen als offensichtliche Treiber des Content Marketing Erfolgs eher früher als später an ihre Grenzen. Spielraum bleibt Ihnen dann vor allem in der Gestaltung des Nutzenerlebnisses, der sogenannten User Experience, deren Teilbereich die Usability, also ebenjene Nutzbarkeit, ist. Auch zu diesem Thema möchten wir Ihnen nachfolgend einen Überblick geben.

1.5 Denken Sie groß, aber beachten Sie die Details

Denken Sie an Ihre Lieblingswebseite(n) und führen Sie sich vor Augen, warum Sie diese so gerne besuchen. Womöglich zählen Sie Aspekte wie den inhaltlichen Mehrwert, die angenehme Optik und die einfache Bedienung auf. Vielleicht achten Sie aber auch auf Dinge wie die Seitenladezeit, die Navigation oder die Aktualität. Was es auch ist, Sie fühlen sich dort wohl und kehren deshalb regelmäßig zurück.

In Fachkreisen bezeichnen wir dieses Nutzererlebnis als »User Experience« (UX). Diese beschreibt die Erfahrung, die ein Benutzer mit einer Website oder einer mobilen App insgesamt macht, sowie die Gefühle, die er dabei empfindet. Dabei wird UX oft mit *Usability* (Nutzbarkeit) gleichgesetzt, das ist so jedoch nicht korrekt. Letztere ist, in Anlehnung an den Architekten Vitruv, der den Begriff des Nutzererlebnisses prägte, neben der Zugänglichkeit (*Accessbility*) und Ästhetik beziehungsweise Schönheit, nur ein Teilbereich. Speziell in Bezug auf Content Marketing wird oft auch der Nutzwert (*Utility*) von Inhalten und Funktionen für die Zielgruppe als Teilaspekt ergänzt. Im Folgenden wollen wir uns auf eine nähere Betrachtung der User Experience und Usability beschränken. Der Nutzwert wird ohnehin an vielen Stellen in diesem Buch auftauchen, und die Zugänglichkeit ist eher ein technischer Aspekt des Webdesigns, der etwas außerhalb des Content Design-Kontexts steht.

 Der römische Architekt Marcus Vitruvius Pollio (oder auch nur »Vitruv«) lebte im ersten Jahrhundert vor Christus, weshalb seine Arbeit damals natürlich noch keinen Bezug zu Webseiten hatte. Der Grundgedanke des Nutzererlebnisses stammt aus dem ersten seiner insgesamt zehn Bücher über die Prinzipien der Architektur. Darin definiert er die Hauptanforderungen an die Architektur als *Firmitas* (Festigkeit oder Stabilität), *Utilitas* (Nützlichkeit) und *Venustas* (Schönheit) und betont, dass diesen Kategorien gleichermaßen Rechnung getragen werden muss.

1.5.1 Usability

Der Begriff Usability setzt sich aus den englischen Begriffen *to use* (benutzen, verwenden) und *the ability* (die Fähigkeit) zusammen und lässt sich so gesehen als »die Fähigkeit, etwas zu benutzen« übersetzen – in diesem Fall eine Website oder Content im Allgemeinen. Der englische Begriff Usability hat sich im deutschsprachigen Raum aufgrund seiner Komplexität nach zahlreichen fehlgeschlagenen Übersetzungsversuchen durchgesetzt. Jakob Nielsen kommt mit seiner Umschreibung jedoch sehr nahe ran: »*Usability ist der Grad an Qualität, in welchem ein Benutzer die Interaktion mit etwas erlebt – sei es eine Website, eine Software oder irgendetwas anderes, was der Benutzer auf die eine oder andere Art und Weise bedienen kann*«. Gemäß der Norm DIN ISO-9241-11 – eine Definition aus dem Bereich der Software-Ergonomie – definiert sich die Usability als »*das Ausmaß, in dem ein System durch bestimmte Benutzer in einem bestimmten Nutzungskontext genutzt werden kann, um bestimmte Ziele effektiv, effizient und zufriedenstellend zu erreichen*«. Dabei spielen beispielweise die Ladezeit einer Webseite, die Fehleranfälligkeit, die Anzahl der notwendigen Klicks bis zum Ziel oder schlicht das subjektive Empfinden des Benutzers eine entscheidende Rolle. Die Krux an der Usability ist, dass sie nur auffällt, wenn sie fehlt. Verläuft alles reibungslos und wie erwartet, nehmen wir sie nicht wahr – was sie jedoch nicht weniger wichtigmacht. Silvana Borsutzky veranschaulicht die ISO-Norm anhand eines Beispiels aus dem E-Commerce:

> »*Sie möchten in einem Online-Shop eine CD bestellen, wissen aber nicht, wie Sie diese Aufgabe lösen können. Die Website bietet hierzu keine nützliche Hilfefunktion an (mangelnde Vollständigkeit). Sie geben in der Suchmaske des Online-Shops den CD-Titel ein, klicken auf »Suchen« und erhalten etwa 1000 Treffer aus den Rubriken CDs, Bücher, Geschenkartikel ... (mangelnde Genauigkeit).*

> ■ *Die Effizienz beschreibt, mit welchem zeitlichen Aufwand der Nutzer seine Aufgabe auf der Website lösen kann. Sie ist sehr stark von der Navigation der Website abhängig, aber auch von technischen Parametern wie Ladezeiten und der Performanz des Webservers.*

> ■ *Die Zufriedenheit beschreibt das subjektive Empfinden des Nutzers, sein Erleben der Interaktion, wie es bereits Jakob Nielsen definierte.*

> ■ *Der Nutzungskontext spielt eine zentrale Rolle bei der Definition, Entwicklung und Bewertung der Usability einer Website. Er beinhaltet auf der einen Seite den Benutzer (Eigenschaften, Erwartungshaltung, Gefühlswelt, Ziele und Aufgaben) und auf der anderen Seite die Kommunikationsabsichten des Website-Anbieters und die Zielsetzung der Website.*

> ■ *Ein Nutzer, der beispielsweise auf der Suche nach puren Informationen ist, wird Animationen als nervig und störend empfinden. Auch wenn diese aus Sicht des Unternehmens den Kommunikationsabsichten förderlich sind, können sie de facto die gesamte Zielsetzung der Website ins Wanken bringen. Umgekehrt kann die gleiche Technik aber auch begeistern, wenn der Nutzer Spaß und Unterhaltung sucht.*«[17]

Im Kontext des Web- und Content Designs sollte es Ihr eigener Anspruch sein, die Lieblingsseite vieler Benutzer zu werden. Steve Krug, Usability-Experte und Autor des Buches »Don't make me think!«, welches mittlerweile als Standardwerk zum Thema Web-Usability gilt, bezeichnet dies als *eine Frage der Höflichkeit*. Geht es nach ihm, sollte ein Benutzer keine Denkarbeit leisten müssen, um eine Webseite zu verstehen. Denn »*wenn etwas zu schwer zu*

---

[17] *Borsutzky, Silvana, Web Usability – eine Einführung, http://www.scoreberlin.de/usability-artikel/web-usability/*

benutzen ist, benutzt man es nicht«. Da stimmen ihm Jakob Nielsen und Hoa Loranger, die Autoren des Buches Web-Usability zu. Sie behaupten: *»Wenn die Nutzer einen Gegenstand weder nutzen möchten noch können, bräuchte er eigentlich gar nicht zu existieren«.* Robert formuliert dies im Rahmen seiner Content Design-Vorträge gerne so:

Content der nicht genutzt wird, nützt nichts.

Langfristig betrachtet ist die Usability ein Erfolgsfaktor für Ihre Website – sowohl in Hinblick auf die zunehmende Zahl von wiederkehrenden Besuchern (Stammlesern) als auch die insgesamt steigenden Besucherzahlen und letztendlich daraus resultierenden Einnahmen. Stephanie Eck, Online Marketing- & Usability-Verantwortliche bei Seokratie, veranschaulicht diese Wertschöpfungskette sehr schön in ihrem Artikel über Web-Usability (siehe Bild 1.8)[18]:

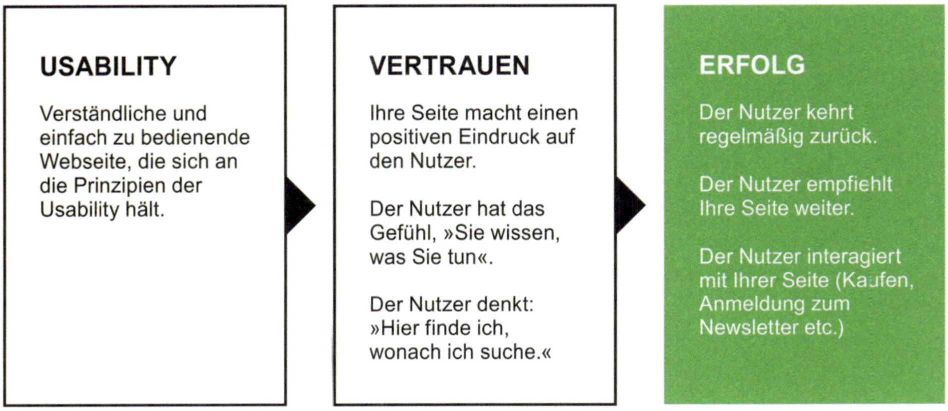

USABILITY	VERTRAUEN	ERFOLG
Verständliche und einfach zu bedienende Webseite, die sich an die Prinzipien der Usability hält.	Ihre Seite macht einen positiven Eindruck auf den Nutzer. Der Nutzer hat das Gefühl, »Sie wissen, was Sie tun«. Der Nutzer denkt: »Hier finde ich, wonach ich suche.«	Der Nutzer kehrt regelmäßig zurück. Der Nutzer empfiehlt Ihre Seite weiter. Der Nutzer interagiert mit Ihrer Seite (Kaufen, Anmeldung zum Newsletter etc.)

Bild 1.8 Die Wertschöpfungskette guter Usability im Web

Um die Usability Ihrer Webseite zu verbessern hilft ein Wechsel der Perspektive. Versetzen Sie sich in Ihre Zielgruppe beziehungsweise in den Benutzer Ihrer Webseite hinein und betrachten Sie Ihre Webseite, als hätten Sie sie noch nie zuvor gesehen. Stellen Sie sich nun vor allem die folgenden beiden Fragen:

- Worum geht es hier? Mit welchem Thema beschäftigen sich diese konkrete Seite und die Website insgesamt? Kommunizieren Sie diese Antwort eindeutig durch Ihr Content Design?

- Welchen Mehrwert liefert Ihre Startseite? Auf diese legt Steve Krug in seinem Buch besonders viel Wert, denn wir alle haben es uns angewöhnt, nach dem Einstieg auf eine uns unbekannte Webseite zunächst die Startseite aufzusuchen, um uns zu orientieren. Gelingt dem Benutzer dies auf Ihrer aktuellen Startseite?

Wie Sie diese Fragen durch Content Design beantworten, zeigen wir Ihnen im weiteren Verlauf dieses Buches. Die Grundlage hierfür bilden die zehn bereits 1995 von Jakob Nielson definierten Heuristiken des User Interface Designs, die die Bedeutung der visuellen Gestaltung als *Schnittstelle zwischen Mensch und Maschine* betonen.

---

[18] Eck, Stephanie, Was ist Web-Usability und warum ist sie wichtig?, 2015, *http://www.seokratie.de/web-usability-grundlagen/*

1. **Sichtbarkeit des Systemzustandes**: Der Benutzer soll stets in angemessenem Umfang und innerhalb annehmbarer Zeit informiert sein, was aktuell passiert.

2. **Übereinstimmung zwischen System und Wirklichkeit**: Das System soll die Sprache (und Sprachform) des Benutzers sprechen und ihm bekannte Wörter, Sätze und Konzepte anstelle von Fachtermini verwenden. Alle Informationen sollen in natürlicher Art und Weise sowie logischer Reihenfolge dargestellt werden.

3. **Benutzerkontrolle und -freiheit**: Der Benutzer macht bei der Bedienung häufig Fehler und benötigt daher einen deutlich gekennzeichneten Ausweg, um seine Auswahl ohne langen Dialog rückgängig zu machen. Insbesondere die Funktionen *Rückgängig* und *Wiederholen* sollen vom System unterstützt werden.

4. **Konsistenz und Standards**: Der Benutzer soll nicht über unterschiedliche Terminologien stolpern, die dieselbe Sache beschreiben. Das System sollte Plattformkonventionen folgen, und gleiche Sachverhalte oder Aktionen sollten einheitlich dargestellt werden (zum Beispiel klickbare Elemente wie Buttons).

5. **Prävention von Fehlern**: Ein umsichtiges Design, das das Auftreten von Fehlern verhindert ist immer besser als gute Fehlermeldungen. Mehrdeutigkeit und Unübersichtlichkeit sollten vermieden werden.

6. **Erkennen statt erinnern**: Objekte, Aktionen und Optionen sollten sichtbar sein. Der Benutzer sollte sich nicht an eine Dialogreihenfolge erinnern müssen. Instruktionen für den Systemgebrauch sollten stets erkennbar oder leicht auffindbar sein, wenn sie benötigt werden.

7. **Flexibilität und Effizienz**: Beschleunigungen oder Abkürzungen (zum Beispiel Tastenkürzel) können – von Laien unbemerkt – die Geschwindigkeit der Benutzung für erfahrene Anwender erhöhen. Der Benutzer sollte diese zudem selbst gestalten können; ergo über die Nutzung der Tastenkürzel frei entscheiden und diese gegebenenfalls sogar individuell definieren können.

8. **Ästhetik und minimalistisches Design**: Dialoge sollten keine irrelevanten oder selten benötigten Informationen enthalten, da jede zusätzliche Informationseinheit mit der ursprünglichen konkurriert und ihre relative Sichtbarkeit mindert. Informationen sollten außerdem so kurz und gehaltvoll wie möglich sein. Sie kennen womöglich das Sprichwort:»So viel wie nötig, aber so wenig wie möglich«.

9. **Erleichterte Fehlererkennung, -diagnose und -korrektur**: Fehlermeldungen sollten in einfacher Sprache formuliert sein, das Problem präzise beschreiben und den einfachsten Lösungsweg aufzeigen.

10. **Hilfe und Dokumentation**: Es kann notwendig und hilfreich sein, eine Dokumentation des Systems bereitzustellen. Diese sollte leicht zu finden und zu durchsuchen sein, auf die Aufgabe des Benutzers fokussiert sein und eine genaue Anleitung bereitstellen, die den Anwender möglichst schnell zum Ziel führt. Sie kennen die Art der Dokumentation beispielsweise aus FAQ-Seiten, Hilfeportalen oder typischen »Knowledge Bases« (Wissensdatenbanken).

Der Usability-Experte Mario Janschitz ergänzt: *»Heuristiken sind einfache (und ungenaue) Lösungen für Probleme, angelernte und oft benutzter [sic] Muster, anhand derer sich Benutzer während der Bedienung einer Software zurechtfinden können. Daher sind Heuristiken auch kulturellen Eigenheiten unterworfen und werden somit zu Regeln, um die Usability zu erhöhen«.*

Gleichzeitig warnt er davor, diesen Regeln blind zu vertrauen: *»Es gibt Usability-Heuristiken, die sich etabliert haben, obwohl sie sich negativ auf das Anwendererlebnis auswirken [...].«*[19]

Weiterführende Informationen zu Heuristiken und vor allem visuelle Inspiration für Ihr User Interface und Webdesign finden Sie beispielweise auf *http://ui-patterns.com/* und *http://www.uxbooth.com/*. Über einhundert weitere Richtlinien für Ihre Website finden Sie in Nielsens Buch »Homepage Usability« (2002) und auch das bereits erwähnte Buch »Don't make me think!« von Steve Krug ist des Lesens definitiv wert. Seine Kernaussagen und Empfehlungen sind unter anderem:

- Schaffen Sie eine klare visuelle Hierarchie.
- Regeln Sie das (visuelle) Rauschen herunter.
- Teilen Sie Ihre Website in klar definierte Bereiche.
- Wir lesen keine Webseiten, wir überfliegen sie nur.
- Wir treffen keine optimalen Entscheidungen.
- Wir befassen uns nicht damit, *wie* etwas funktioniert, sondern versuchen es direkt zu benutzen.

Eine gute Zusammenfassung dieser und weiterer, teilweise wissenschaftlicher Quellen stellt der Entwickler Jens Oliver Meiert auf seiner Webseite unter *http://bit.ly/cd_meiert* bereit.

Usability-Checkliste

Die Usability Ihrer Website spielt nicht nur eine allgemeine Rolle bei der Bindung Ihrer Besucher, sondern auch in Hinblick auf Ihre Marketing- und Business-Ziele, die sich beispielsweise anhand einer Conversion Rate messen lassen. Die folgende Liste soll Ihnen dabei helfen, grobe Usability-Fehler auf Ihrer Website aufzudecken, um sie künftig zu vermeiden. Nicht jeder Aspekt wird Ihre Website unbedingt betreffen und nicht jeder Punkt wird für Sie in gleichem Maße zu einer Verbesserung führen. Uns ist es an dieser Stelle jedoch wichtig, dass Sie potenzielle Schwachstellen kennen, sie analysieren und die Auswirkungen einzelner Veränderungen regelmäßig testen.

1. Wichtige Elemente sollten Sie prominent platzieren und durch die Gestaltung visuell von anderen Bereichen hervorheben.
2. Gruppieren Sie verwandte, das heißt zusammengehörige Elemente beispielsweise durch eine gemeinsame Überschrift oder visuelle Eingrenzung (siehe Kapitel 2) und gestalten Sie die einzelnen Bereiche einheitlich.
3. Grenzen Sie einzelne Seiten und Seitenbereiche deutlich voneinander ab und machen Sie dem Benutzer klar, womit sich die jeweiligen Abschnitte beschäftigen.
4. Stellen Sie sicher, dass die Navigation auf allen Seiten identisch ist, sowohl in ihrer Funktion als auch in ihrer Gestaltung.

---

[19] Janschitz, Mario, Das kannst du zwar so machen, aber dann isses halt scheiße: Warum Usability bestimmte Regeln braucht, 2015, *http://t3n.de/news/usability-heuristiken-598304/*

5. Kennzeichnen Sie klickbare Elemente deutlich durch eine funktionsbeschreibende Gestaltung (siehe Bild 2.13 in Kapitel 2).
6. Reduzieren Sie (visuelles) Rauschen durch die Reduktion des Designs auf ein Minimum, sodass sich der Benutzer intensiv und fokussiert mit den Inhalten Ihrer Webseite beschäftigen kann. Insbesondere auf Ihrer Homepage sollten Sie den Benutzer bei der Orientierung und Navigation Ihrer Inhalte unterstützen.
7. Reduzieren Sie den Content – insbesondere Text – auf ein Minimum und führen Sie den Benutzer schnellstmöglich an sein (und Ihr) Ziel.
8. Stellen Sie eine einfach zu bedienende Suchfunktion zur Verfügung, die nach Möglichkeit ausschließlich aus einem Eingabefeld und einem Aktionsbutton (oder Icon) besteht.
9. Machen Sie dem Benutzer stets klar, wo auf Ihrer Website er sich aktuell befindet – etwa durch das Hervorheben der ausgewählten Seite innerhalb der Navigation oder die Integration einer »Breadcrumb Navigation«.
10. Heben Sie Handlungsaufforderungen visuell hervor. Nutzen Sie dafür eine (Kontrast) Farbe, die Größe und die Positionierung im Raum.
11. Bemühen Sie sich um das Vertrauen Ihrer Besucher: Platzieren Sie beispielsweise Symbole für gewonnene Auszeichnungen/Ehrungen oder Sicherheitszertifikate im direkt sichtbaren Bereich Ihrer Website und nutzen Sie Kundenstimmen, um Besucher von Ihrer Glaubwürdigkeit zu überzeugen. In Kapitel 4 werden wir diesbezüglich weiter ins Detail gehen.
12. Vergewissern Sie sich, dass wichtige Informationen wie Kontaktdaten oder Preise leicht auffindbar sind.
13. Gestalten Sie Formulare möglichst benutzerfreundlich und fragen Sie nie mehr Informationen ab, als wirklich notwendig.
14. Befindet sich ein Benutzer auf der Zielgeraden zu seinem (und Ihrem) Ziel, hat er beispielsweise den Warenkorb in Ihrem Online-Shop aufgerufen und ist bereit, den Checkout-Prozess zu starten, minimieren Sie jegliche Ablenkung um dafür zu sorgen, dass er sein Ziel möglichst schnell und einfach erreicht.
15. Hören Sie niemals auf zu testen. Sollten Sie noch nicht damit angefangen haben, so tun Sie dies umgehend. Beginnen Sie Ihr Testing mit den Punkten 1 bis 14.

Ein visuelles Format dieser Liste finden Sie auf der Webseite von Pole Position Marketing[20]. Weitere Tipps zur Optimierung der Usability Ihrer Website finden Sie zum Beispiel unter *www.userium.com*, *www.usabilityblog.de* und im Blog von CrazyEgg *(www.blog.crazyegg.com),* wo Experten wie Neil Patel (Mitgründer von CrazyEgg und KISSmetrics) oder Sabina Idler (Gründer von UXkids und Head of Product bei Usabilla) ihre Erfahrungen teilen.

---

[20] deGeyter, Stony, Convert More Website Visitors & Make Your Site Easier to Use [Infographic], https://www.polepositionmarketing.com/emp/conversion-optimization-and-usability-checklist/

1.5.2 User Experience

Die User Experience besteht, gemäß der Norm DIN ISO 9241-210, aus »*Wahrnehmungen und Reaktionen einer Person, die aus der tatsächlichen und/oder der erwarteten Benutzung eines Produkts, eines Systems oder einer Dienstleistung resultieren. [...] Dies umfasst alle Emotionen, Vorstellungen, Vorlieben, Wahrnehmungen, physiologischen und psychologischen Reaktionen, Verhaltensweisen und Leistungen, die sich vor, während und nach der Nutzung ergeben«*. Die User Experience ist demnach nicht nur auf den Zeitraum der Benutzung beschränkt, sondern geht auch auf die subjektiven Empfindungen eines Benutzers davor und danach ein (siehe Bild 1.9). Der Begriff selbst stammt vom Kognitionswissenschaftler Dr. Donald Norman, der auch als Erstes die Bedeutung von User Centered Design beschrieb (Näheres dazu in Kapitel 4). Daneben existieren viele andere Beschreibungen der User Experience beziehungsweise UX Design, denn fast jeder Experte hat seine ganz eigene Definition. Beispiele von den Verantwortlichen bei Google, Dropbox oder Jawbone finden Sie unter *http://bit.ly/cd_uxdefinitionen*.

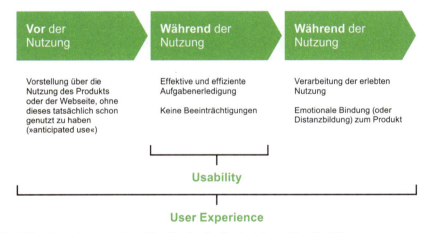

Bild 1.9 User Experience vs. Usability (Quelle: ProContext Consulting GmbH)

Für die User Experience sind neben der Usability auch die Gestaltung und die Reaktion der Website auf eine Interaktion wichtig. Wir fassen dies oft als »Look and Feel« zusammen. Erfüllen Content und Design die Erwartungen und erreicht der Benutzer sein Ziel – beispielsweise bestimmte Informationen zu einem Produkt finden und es bequem kaufen können – schnell und einfach, so ist seine Erfahrung positiv. Der sogenannte »Joy of Use« wirkt wie eine Belohnung für den Benutzer, weshalb er sich an Ihren Content, Ihr Design und wahrscheinlich sogar Ihre Marke erinnern und im besten Fall wiederkehren wird, um dieses Erlebnis erneut zu suchen. Für Sie als Betreiber wirkt sich die User Experience ebenfalls positiv aus. Um nur einige Beispiele zu nennen, profitieren Sie durch ...

- die subjektive Qualitätssteigerung Ihres Contents und Ihrer Produkte beziehungsweise Dienstleistungen,
- weniger Serviceanfragen aufgrund der erleichterten Bedienung Ihrer Website und dadurch nachhaltig sinkende Kosten für den First-Level-Support,
- eine steigende Zahl von Neukunden, die aufgrund von Empfehlungen – ausgelöst durch positive Nutzungserlebnisse – zu Ihnen kommen,

- eine steigende Conversion Rate dank der zielorientierten Benutzerführung und vereinfachten Navigation.

Ein sehr anschauliches Modell, das (fast) den gesamten Wirkungsbereich der User Experience in seiner Gesamtheit darstellt, ist das CUBI User Experience Model von Corey Stern.[21] Seine Nachkonstruktion zahlreicher preisgekrönter Interaction-Design-Projekte legte ein Gleichgewicht zwischen Content (C) und Interaktion (I) offen, welches er im Zusammenhang mit Nutzer- (U für »User«) und Unternehmenszielen (B für »Business«) genauer betrachtete (siehe Bild 1.10).

Stern beschreibt in seinem Modell neben diesen vier Aspekten allerdings weitere, *tiefgreifende* Schnittstellen. Das sind auf zweiter Ebene, als direkte Schnittstellen zwischen jeweils zwei Aspekten, die sogenannten »Prozessfaktoren« Kommunikation, Reaktion, Aktion und Transaktion. Auf dritter Ebene, als Schnittstellen zwischen jeweils drei Aspekten, beschreibt Stern die sogenannten »Experience Factors« Verständlichkeit, Nützlichkeit, Nutzbarkeit und Branding, als Anforderungen an eine *effektive* User Experience.

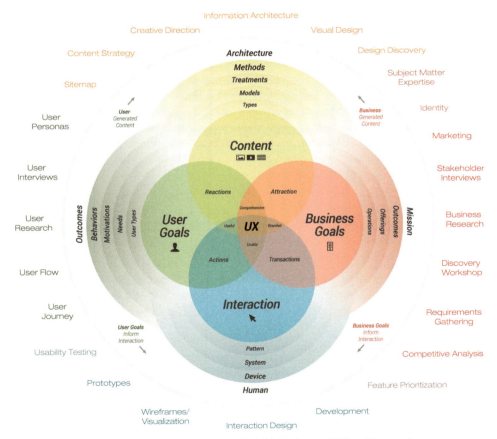

Bild 1.10 Corey Sterns CUBI User Experience Model (v1.1, August 2016, cubiux.com)

---

[21] Stern, Corey, CUBI: A User Experience Model for Project Success, *http://uxmag.com/articles/cubi-a-user-experience-model-for-project-success*

Eigentlich könnten Sie an dieser Stelle das Buch zuklappen (tun Sie es bitte nicht). Denn allein dieses Modell sollte Ihnen verdeutlichen, dass Content und Design einander beeinflussen und besonders im Kontext des Marketings mit Blick auf Unternehmensziele voneinander abhängen. Leider ist die vierte Komponente – der Nutzer – bei vielen Marketing-Verantwortlichen in den letzten Jahren scheinbar in Vergessenheit geraten; oder zumindest das Verständnis für die Zusammenhänge. Wir möchten Ihnen daher dringend dazu raten, sich näher mit den Details dieses Modells zu beschäftigen (unter *www.cubiux.com*). Sie werden dann nämlich auf Bereiche treffen, die Sie bereits kennen. Ob das nun Personas und User Journeys sind, die Content-Strategie, Visual Design oder Wettbewerbsanalysen. Das Ganze ist mehr als die Summe seiner Teile. Content funktioniert nicht ohne Design, braucht aber stets konkrete Ziele.

Nicht selten fehlen diese Ziele jedoch, denn wir stoßen immer wieder auf Webseiten, deren Betreiber – beziehungsweise Designer – nicht einmal die grundlegenden Fragen des **User Experience Design s** beantwortet haben:

1. Wie kann die Seite dem Benutzer einen Mehrwert bieten?
2. Ist die Bedienung für den Benutzer einfach und intuitiv?
3. Hat der Benutzer Spaß bei der Bedienung?

Grund dafür ist womöglich die Tatsache, dass die Antworten zum Teil tief im Detail stecken und mit zunehmender Komplexität (einer Website) umso schwieriger zu beantworten sind. Das erfordert intensive Analysen, doch nicht jedes Unternehmen kann oder will einen dedizierten UX-Designer finanzieren. Argumente sind die zusätzlichen Kosten, die schwierige Messbarkeit und die notwendige Integration einer weiteren Person im Gestaltungsprozess. Doch auch hier gilt unserer Meinung nach dieselbe Devise wie beim Content: Betrachten Sie den Aufwand nicht als Kosten, sondern als Investition. Als Investition, die sich auf lange Sicht auszahlt.

Und was die Messbarkeit anbelangt, so gibt es durchaus einige Wirkungsindikatoren, die auf das UX-Design zurückzuführen sind. Etwa die Zeit, die ein Benutzer auf Ihrer Website verweilt und sich mit Ihrem Angebot beschäftigt. Messen lässt sich das beispielsweise anhand der Aufenthaltsdauer, der Anzahl der aufgerufenen Seiten pro Besuch, der Absprungrate oder der Conversion Rate.

Darüber hinaus wirkt UX-Design auch auf die Markenwahrnehmung, wobei es deutlich schwieriger ist, diesen Nachweis zu erbringen. Am effektivsten lässt sich dies wohl durch eine gezielte Befragung oder zumindest Beobachtung der Nutzer bestimmen.[22]

Der Beruf des UX-Designers

… ist *in der Regel* (die es nicht gibt) wahrscheinlich genauso abwechslungsreich wie der des Content Marketing Managers. Zu den Aufgaben gehören unter anderem

- die (Weiter)Entwicklung von Personas sowie die Beobachtung und Befragung von Nutzern (»User Testing«),

---

[22] Wörmann, Michael, Messung von User Experience, 2013, *http://serviceplanblog.com/de/2013/06/messung-von-user-experience/*

- die Konzeption von Webseiten mittels Wireframes, inklusive der Definition von User Flows, Interaktionen und der Informationsarchitektur, sowie die anschließende Gestaltung von Prototypen/Click Dummies.
- die Definition von Design Patterns sowie die Website-Optimierung, beispielsweise mittels A/B- oder multivarianten Tests,
- Content Management (insbesondere dann, wenn kein Content (Marketing) Manager diese Aufgabe übernimmt) und die Ausarbeitung von Content Styleguide.

Insgesamt können Sie sich UX-Designer wohl wie ein Schweizer Taschenmesser vorstellen: Multifunktional und immer gut zu gebrauchen. Behandeln Sie sie aber auch genauso pfleglich, damit sich die Investition auszahlt!

Typische UX-Design-Fehler

Sofern Sie nun nicht das Privileg eines UX-Experten in Ihren eigenen Reihen genießen, können Sie dennoch von ihnen lernen; insbesondere von ihren Fehlern. Die Verhaltenspsychologin, Autorin und UX-Spezialistin Dr. Susan Weinschenk geht in ihrem Artikel im UX Magazine[23] den fünf häufigsten Fehlern auf den Grund (weitere Fehler lesen Sie beispielsweise unter *http://uxmyths.com/*):

Fehler 1: Kein Auge für Details – Große Entscheidungen wie die Seitenstruktur oder das Design-Raster sind wichtig, aber mindestens genauso viel Aufmerksamkeit sollten Sie auch den kleinen Dingen schenken – sogenannten »Micro Interactions« (nicht zu verwechseln mit »Micro Conversions«). Das gilt insbesondere für interaktive Elemente wie Buttons und Formulare, aber auch die Seitenladezeit oder Hilfe-Dialoge.

Fehler 2: Die Startseite im Fokus – Falls Sie viel Wert auf Ihre Startseite legen, sind Sie einer von vielen. Aber lohnt sich dieser Aufwand? Wie viele Nutzer Ihrer Website fangen wirklich vorne an? Der Großteil Ihrer Besucher landet durch Marketing- und Social-Media-Kampagnen eher auf einer dedizierten Landing Page und klickt sich nur in den seltensten Fällen »zurück«; was auch gar nicht unbedingt in Ihrem Sinne wäre, schließlich wollen Sie Conversions erzielen. Schenken Sie daher jeder Einstiegsseite dieselbe Aufmerksamkeit, ob das nun die Startseite oder eine Landing Page ist.

Fehler 3: Text über alles – Haben wir schon die Bedeutung visueller Informationen betont? Für viele Marketing-Verantwortliche ist Text – vor allem im Kontext des Content Marketings – die primäre Form der Kommunikation. Doch die wirkungsvollste ist sie sicherlich nicht mehr, denn Lesen kostet Zeit. Zeit, die nur noch die wenigsten von uns haben oder sich für »Marketing Content« nehmen. Durch visuelle Medien lassen sich Informationen nicht nur leichter aufnehmen, Sie werden es dadurch sogar einfacher haben, Ihre Zielgruppe auf einer emotionalen Ebene zu erreichen und dadurch einen bleibenden Eindruck zu hinterlassen.

---

[23] Weinschenk, Dr. Susan, The Five Worst UX Mistakes Websites Make, *http://uxmag.com/articles/the-five-worst-ux-mistakes-websites-make*

Fehler 4: Design für die falsche Generation – Technologie die unser Leben zwischen dem achten und zehnten Lebensjahr dominiert, prägt unser Verständnis von »Technologie«, wodurch gleichzeitig generationsübergreifende Unterschiede in Bezug auf die Definition entstehen. Für Baby Boomer muss Technologie helfen. Für die Generation X muss Technologie helfen und Spaß machen. Millennials würden diese Technologie schon gar nicht mehr als solche bezeichnen. Im Kontext des UX-Designs heißt das, dass wir je nach Zielgruppe schlichtweg alles testen müssen, um herauszufinden, was für unsere Zielgruppe(n) funktioniert.

Fehler 5: Multi-Screen ignorieren – Noch immer werden Webseiten mit der Vorstellung gestaltet, dass sie von einer am Schreibtisch sitzenden Person am Bildschirm betrachtet werden. Dieser Stereotyp entspricht aber keineswegs mehr dem aktuellen Stand der Zeit. Wenn wir surfen, sind wir unterwegs. Wir nutzen Smartphones und Tablets und nicht selten sogar beides zur gleichen Zeit. Während Responsive Webdesign bereits zum Standard geworden ist, so sind Multi-Screen-Erfahrungen noch eher selten anzutreffen.

In diesem Zusammenhang stehen wir außerdem vor einer weiteren Herausforderung: Lange Zeit war die Website unsere einzige Möglichkeit, Content zu publizieren. Mittlerweile stehen uns dafür unzählige Plattformen zur Verfügung, und es besteht die Chance (oder das Risiko?), dass unser Content auch innerhalb eines völlig neuen, von uns nicht intendierten Kontexts auftaucht. Ein Blog lässt sich beispielsweise nicht nur im Blog selbst lesen, sondern auch via RSS- oder E-Mail-Abonnements verfolgen – sowohl in vollem Umfang als auch nur in Bruchstücken. Sie haben dieses Phänomen vielleicht schon selbst erlebt: Google zeigt seit geraumer Zeit konkrete Informationen von Webseiten direkt in den Suchergebnissen an. Geben Sie »Angela Merkel« in die Suchleiste an, erhalten Sie neben der bekannten Ergebnisliste eine erste Kurzübersicht auf der rechten Seite (siehe Bild 1.11). Übrigens auch per Smartphone. Google nutzt sogenannte *strukturierte Daten*, um die User Experience des Suchenden zu verbessern, indem die Intention des Suchenden antizipiert und erste Vorschläge ausgeliefert werden. Wer weiß, vielleicht wollten Sie wirklich wissen, wann Frau Merkel geboren wurde …?

Das eigentliche Problem, das damit für uns einhergeht, ist die fehlende Garantie dafür, dass der Nutzer unseren Content im Kontext der restlichen Website erlebt. Content muss daher bis in seine kleinste Form funktionieren – unabhängig von der Website als übergreifendes System.

Die Diskussion um die grundsätzliche Notwendigkeit einer Website ist bereits in vollem Gange. Die einen sind der Meinung, dass eine Website unabdingbar für das eigene Online-Marketing ist, andere hingegen sprechen sich komplett dagegen aus und beziehen sich dabei auf hochfrequentierte Kommunikations- und Content-Distributionsplattformen wie Facebook, YouTube & Co. Wir messen der Website weiterhin eine hohe Bedeutung zu, würden aber tatsächlich im Einzelfall entscheiden, welche Plattform sich am besten als Content Hub (siehe Abschnitt 3.1) eignet. Im Endeffekt zählt, dass Ihre Botschaft von Ihrer Zielgruppe wahrgenommen wird, egal über welche Plattform.

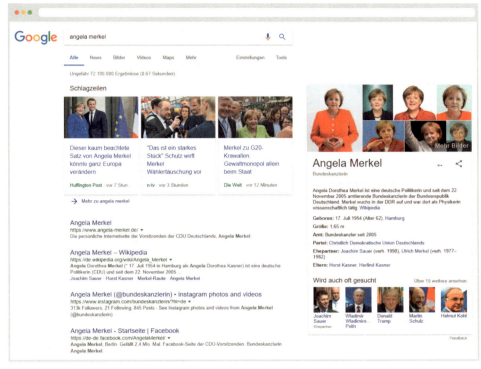

Bild 1.11 Google zeigt zur Suchanfrage passende Informationen direkt an

Unser abschließender Rat in diesem Zusammenhang ist deshalb folgender: Betrachten Sie Ihren Content nicht ausschließlich in seiner Vollständigkeit, sondern verstehen Sie ihn als Molekül, das Sie in einzelne Atome zerlegen und diese unabhängig von der ursprünglichen Verbindung wiederverwenden können. Im Marketing sprechen wir häufig von »Content Atomization« oder »Micro Content«. Um den Rahmen nicht zu sprengen, verweisen wir an dieser Stelle auf Roberts Ausführungen zu diesem Thema unter *www.toushenne.de/buch/micro-content*. Der springende Punkt für Ihr Content Design ist der, dass Sie nicht nur einen Artikel schreiben, ein Video produzieren oder eine Webseite gestalten, sondern eine Vielzahl verschiedener Einzelteile. Auf diese gehen wir allerdings erst später in den Kapiteln 3 und 4 näher ein. In Kapitel 2 zeigen wir Ihnen zunächst die Grundlagen der Gestaltung als Grundlage des Content Designs. Wenn Sie die menschliche Wahrnehmung verstehen, die Gestaltgesetze kennen und wissen, wie Farben wirken, sind Sie in der Lage, das volle Potenzial Ihres Contents auszuschöpfen.

2 Grundlagen der Gestaltung

»Die Sprache der visuellen Kommunikation folgt ebenso klaren Konventionen wie die gesprochene und geschriebene Sprache. Wer sich nicht an offizielle wie inoffizielle Konventionen der Kommunikation hält, der kann sagen und schreiben, was er will – im besten Fall wird es keiner verstehen. Im schlimmsten Fall hingegen führt falsches Kommunizieren zu Missverständnissen, die der eigentlichen Intention zuwiderlaufen.« – Martin Hahn[1]

Wissen Sie, welche Nation das Finale der letzten Fußball-Weltmeisterschaft *verloren* hat? Oder wer der *zweite* Mann auf dem Mond war? Auch im Marketing, besonders in Bezug auf Marken, gilt das Prinzip »the winner takes it all«. Wir erinnern uns nur an die Nummer Eins – unsere Lieblingsmarke – und vergessen schnell, wer an zweiter oder dritter Position steht. Dieser Effekt basiert auf einer simplen Effizienzhandlung unseres Gehirns. Bei bekannten beziehungsweise bevorzugten Marken kommt es im Gehirn zu einer sogenannten »kortikalen Entlastung«. Dabei werden die Hirnareale deaktiviert, die zum Nachdenken dienen, und jene aktiviert, die intuitive Entscheidungen regulieren. Dabei verbraucht das Gehirn nur zwei Prozent der gesamten Körperenergie im Vergleich zu 20 Prozent während des Nachdenkens.

Diese neuronale Reaktion ist auf die unterschiedlichen Funktionsweisen unseres Gehirns zurückzuführen. Dort arbeiten das **implizite System** (auch »System 1« oder »Autopilot« genannt) sowie das **explizite System** (auch »System 2« oder »Pilot« genannt). Letzteres arbeitet seriell und mit 40 bis 50 Bits pro Sekunde vergleichsweise langsam. Es ist überwiegend für komplexere Denkprozesse zuständig (Arbeitsgedächtnis). Das implizite System hingegen verarbeitet Sinneseindrücke und Emotionen und ist für intuitive Entscheidungen und spontanes Verhalten verantwortlich. Mit einer Verarbeitungsgeschwindigkeit von zehn Millionen Bits pro Sekunde sind es dabei die Augen, die es uns erlauben, binnen weniger Millisekunden ein Urteil über das Gesehene zu fällen. Der erste visuelle Eindruck – und damit die Gestaltung – ist demzufolge erfolgsentscheidend. Harvard-Professor Gerald Zaltman geht sogar davon aus, dass bis zu 95 Prozent einer Kaufentscheidung durch das implizite System gesteuert werden (siehe Bild 2.1).

---

[1] Hahn, Martin, Webdesign: Das Handbuch zur Webgestaltung, Rheinwerk Design (ehem. Galileo Design), Bonn, 2014

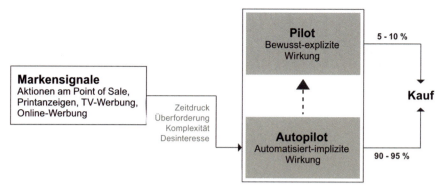

Bild 2.1 Dominanz des ersten Systems bei Kaufentscheidungen (basierend auf einer Vorlage von Dr. Christian Scheier[2])

Es ist also wichtig, Konsumenten auf einer emotionalen Ebene anzusprechen, um das implizite System zu aktivieren. Studien belegen sogar, dass intuitiv getroffene Entscheidungen die Zufriedenheit mit dem Kauf deutlich steigern, während reflektierte Entscheidungen häufig eine geringere Zufriedenheit zur Folge haben.[3]

 Dominanz des impliziten Systems

Das erste System dominiert übrigens vor allem dann, wenn wir unter Zeitdruck stehen, mit Informationen überlastet sind, kaum interessiert oder unsicher hinsichtlich einer Entscheidung sind. Wenn Sie sich schon im Vorfeld mit Marketing beschäftigt haben, dann erkennen Sie hier Parallelen zu bekannten Marketing-Prinzipien wie der zeitlichen Verknappung von Angeboten. Diese basieren auf demselben Prinzip.

Für die visuelle Marketing-Kommunikation bedeutet das, möglichst schnell und einfach zu verarbeitende Informationen bereitzustellen. Großflächige Bilder sind dabei nur einer der jüngeren, wenngleich wirkungsvollen Design-Trends (siehe Bild 2.2 und Bild 2.3).

Ein weiterer Grund, warum die visuelle Übermittlung von Informationen wichtig ist, beschreibt der *Picture Superiority Effect* – ein Lern- beziehungsweise Erinnerungseffekt. Sie kennen sicherlich das bekannte Sprichwort: »Ein Bild sagt mehr als tausend Worte«. Dieses kommt nicht von ungefähr, denn gemäß des Picture Superiority Effects erinnern wir uns an visuell übermittelte Informationen weitaus besser als an Textbotschaften. Studien zufolge können wir selbst nach drei Tagen noch 65 Prozent der visualisierten Informationen wiedergeben, wohingegen die Erinnerung an reine Textinhalte bereits nach einem Tag zu 90 Prozent verflogen ist.[4]

---

[2] Scheier, C. & Held, D., *Neuromarketing - über den Mehrwert der Hirnforschung für das Marketing*. In: Kreutzer, R./Merkle, W. (Hrsg.): Die neue Macht des Marketing - Marketing zwischen Emotion, Innovation und Präzision, Gabler 2007

[3] Dijksterhuis et al., 2006, S. 1006; Wilson/Schooler, 1991, S. 184

[4] Stenberg, G., Conceptual and perceptual factors in the picture superiority effect. European Journal of Cognitive Psychology, Vol 18(6), 2006

2 Grundlagen der Gestaltung 39

Bild 2.2 Air France nutzt für die Aktionswebseite »Traveling the World« kontinuierlich wechselnde Fullscreen-Bilder und -Videos und macht damit definitiv Lust auf Reisen
(*www.aftravelingtheworld.com*)

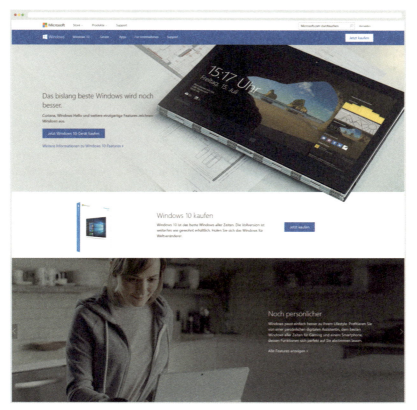

Bild 2.3 Microsoft bewirbt seine Produkte großflächig und mit lebensnahen Fotos
(*www.windows.com*)

Durch die visuelle Gestaltung unterscheiden sich Unternehmen von Mitbewerbern und generieren Aufmerksamkeit. Viele bekannte Unternehmen werden allein durch ihre Bildmarken oder, im Idealfall, sogar ausschließlich durch ihre Farbgebung identifiziert. Erkennen Sie die einzelnen Marken in Bild 2.4? Schreiben Sie den jeweiligen Markennamen darunter.

Bild 2.4 Markante Logos lassen sich auch ohne den Markennamen und teilweise sogar nur anhand ihrer Farben einem Unternehmen zuordnen
(Lösung: DHL, Google, Telekom, Mercedes, Nike, Audi)

Warum das Erscheinungsbild – abgesehen vom erzeugten Wiedererkennungswert – eine so bedeutsame Rolle für das Marketing innehat, hat verschiedene Gründe.

Der Halo-Effekt

Der Halo-Effekt (das englische Wort »halo« bedeutet Heiligenschein) beschreibt eine sozialpsychologische Wahrnehmungsverzerrung. Sie besteht darin, bekannte Eigenschaften einer Person oder Sache auf andere unbekannte – und auch unabhängige – Eigenschaften zu übertragen. Solche Beurteilungsfehler fallen sowohl positiv als auch negativ aus und beeinflussen den Gesamteindruck aufgrund einzelner wahrgenommener Eigenschaften unverhältnismäßig. Empfinden wir beispielsweise eine Person als attraktiv, so stufen wir sie häufig auch als intelligent und sympathisch ein. Oder gefällt uns das Logo eines Unternehmens, so steigt unbewusst unsere Bereitschaft, Produkte dieses Unternehmens zu kaufen.

Diese Form der Wahrnehmung ermöglicht es uns, spontane Entscheidungen zu treffen. Betrachten wir nur einen einzigen Aspekt, so »kennen« wir direkt alle anderen. Meist wählen wir hierfür den optischen Eindruck, da sich dieser schnell und ohne großen Aufwand bewerten lässt. Auf mobilen Endgeräten beispielsweise, ist es neben der Optik vor allem die Ladegeschwindigkeit einer Webseite, die über Erfolg oder Misserfolg entscheidet. Der erste Eindruck entscheidet in jeder Hinsicht über die übrige Wahrnehmung, sei es in Bezug auf die Benutzbarkeit, die dargebotenen Informationen oder die Vertrauenswürdigkeit insgesamt. Gut gestaltet ist halb verkauft.

Seien Sie sich außerdem über den Dominoeffekt dieses Phänomens bewusst. Punkten Sie mit dem ersten Eindruck Ihrer Webseite, bleibt der Nutzer länger. Schaffen Sie es im Anschluss jedoch nicht, diesen durch eine intuitive Bedienung oder werthaltige Inhalte zu überzeugen, so ist er schneller wieder weg, als Ihnen lieb ist. Umgekehrt kann es passieren, dass selbst die besten Inhalte einem Nutzer nicht imponieren, da der erste Eindruck negativ ausgefallen ist. Die entscheidende Frage ist, welche Kriterien »attraktives« Design definieren.

Harmonie, Kontrast und Freiräume

Damit unsere Webseite – und auch jedes andere Werbemedium – positiv wahrgenommen wird, nutzen wir bei ihrer Gestaltung die visuelle Wirkung von Formen und Farben. Zwar lässt sich über Geschmack bekanntlich streiten, doch in puncto **Harmonie** und **Kontrast** herrscht Einigkeit. Das Gefühl von Harmonie entsteht, wenn alle Gestaltungselemente geordnet sind, das heißt klar zueinander in Bezug stehen. Im Webdesign entsteht diese Harmonie in erster Linie durch Gestaltungsraster. Aber auch die konsequente Anwendung identischer Bildproportionen, aufeinander abgestimmte Schriften oder die immer gleiche Positionierung bestimmter Elemente verstärken den harmonischen Gesamteindruck.

Gegensätze und Kontraste sind in gewisser Weise die notwendigen Gegenspieler von Harmonie und Ordnung, ohne sie wirkt ein Design schnell langweilig. In der Praxis werden Kontraste vor allem durch unterschiedliche Größenverhältnisse – etwa bei der Schrift oder benachbarten Elementen – sowie Farben erzeugt. Die Website von Evernote *(www.evernote.com)* werden Sie in diesem Buch häufiger als Beispiel antreffen, denn dort wird vieles richtig gemacht. In Bild 2.5 (eine Einstiegsseite von Evernote) erkennen Sie starke Kontraste sowohl bei der Farbgebung als auch bei den verwendeten Texten – besonders in ihrer Schriftgröße.

Bild 2.5 Evernote nutzt starke Kontraste, um Benutzer auf spezielle Elemente (hier vor allem Buttons) aufmerksam zu machen

Da wir viele Webseiten großer Unternehmen als Beispiele verwenden, kann es durchaus passieren, dass diese bei Ihrem Aufruf anders aussehen als hier im Buch dargestellt. Das kann mehrere Gründe haben, unter anderem:

- Es existieren verschiedene Varianten einer Seite, die das Unternehmen hinsichtlich ihrer jeweiligen Conversion Rate mittels A/B- oder multivarianten Tests miteinander vergleicht (dazu in Kapitel 5 mehr), oder die Seite wurde in der Zwischenzeit vollständig überarbeitet.

- Ihnen wird im Rahmen von Personalisierungsmaßnahmen auf Basis Ihres Surfverhaltens (beispielsweise vorherige Besuche derselben Website) eine andere Seite ausgespielt als uns beim Erstellen dieses Buches.

Wir hoffen, dass Sie unsere Anmerkungen dennoch nachvollziehen können. Gegebenenfalls hilft die Nutzung des Inkognito-Modus Ihres Browsers, um lokal gespeicherte Cookies und andere Einstellungen zu ignorieren.

Das Stichwort *Freiraum* führt uns zu einem weiteren wichtigen Gestaltungsmittel: Dem als »Whitespace« oder »Blank Space« (da dessen Farbe letztendlich irrelevant ist) bezeichneten Abstand beziehungsweise Kontrast zwischen einzelnen Elementen. Der Architekt Ludwig Mies van der Rohe (1886 – 1969) sagte einst: *»Weniger ist mehr«* und spielte damit auf eine reduzierte Gestaltung im Sinne der Nützlichkeit an. »Schön ist, was funktioniert«, lautet ein Grundgedanke der Bauhausbewegung, der van der Rohe ebenfalls angehörte. Diese Gedanken klingen zunächst wie belanglose Floskeln, sie haben ihre Bedeutung jedoch nicht verloren. Denn wie bereits beschrieben, sind Informationen dem Nutzer nur dann hilfreich, wenn sie sich bequem konsumieren lassen. Gestaltung sollte nicht der Funktion zuwiderlaufen. Als Gestaltungselement genutzter Freiraum erfüllt in dieser Hinsicht gleich mehrere Funktionen:

- Whitespace hilft dem Nutzer dabei, sich auf einer Webseite zu orientieren und die Informationen leichter zu verarbeiten. Ein Sinnbild für die Verwendung von Whitespace ist Apple (*www.apple.com*, siehe Bild 2.6). Das Unternehmen weiß seine Produkte durch minimalistisches Design und unter Zuhilfenahme einer luxuriös anmutenden Farbkombination in Szene zu setzen (mehr über die Bedeutung von Farben in Abschnitt 2.2). Ein weiteres Beispiel ist *www.google.de*, die quasi als einziges gestalterisches Element – abgesehen vom Logo und der eigentlichen Suchmaske – Whitespace nutzt.

- Durch Whitespace, der als farbneutrale Fläche definiert ist, sehen vorhandene Farben lebendiger aus. Das verstärkt ihre Wirkung und hebt kolorierte Elemente noch stärker hervor. Außerdem erhalten Sie dadurch die Möglichkeit, Farbabstufung als Gestaltungsmittel zu verwenden. Wie das Beispiel *www.squareup.com* zeigt (siehe Bild 2.7), können Sie durch die Verwendung von Freiraum sogar Elemente auf Hintergründe derselben Farbe platzieren, ohne den Fokus zu verlieren. Weitere gute Beispiele sind das gleich noch in anderem Kontext folgende Metropolitan Museum of Art sowie die Lebensmittelkette REWE (*www.rewe.de*).

2 Grundlagen der Gestaltung 43

Bild 2.6 Apple präsentiert Produkte inmitten von Nichts und erzeugt dadurch eine gewisse Eleganz

Bild 2.7 Square nutzt Farben und Freiraum, um unsere Aufmerksamkeit auf die entscheidenden Elemente zu lenken

- Generell ist jedoch nicht nur der Abstand zwischen größeren Elementen entscheidend (»Macro Space«), sondern vor allem der Freiraum zwischen kleinen Elementen wie Textabsätzen, Zeilen und sogar einzelnen Buchstaben (»Micro Space«). Durch den geschickten Einsatz dieses *passiven* Freiraums lassen sich nicht nur längere Textabschnitte ansprechend gestalten, sondern auch ganze Webseiten. Das Metropolitan Museum of Art (*http://metmuseum.org*) ist ein tolles Beispiel, um zu veranschaulichen, wie groß der Anteil der Typografie am gesamten Design einer Webseite sein kann (siehe Bild 2.8). Näheres zur Gestaltung Ihres Text-Contents erfahren Sie in Kapitel 3.

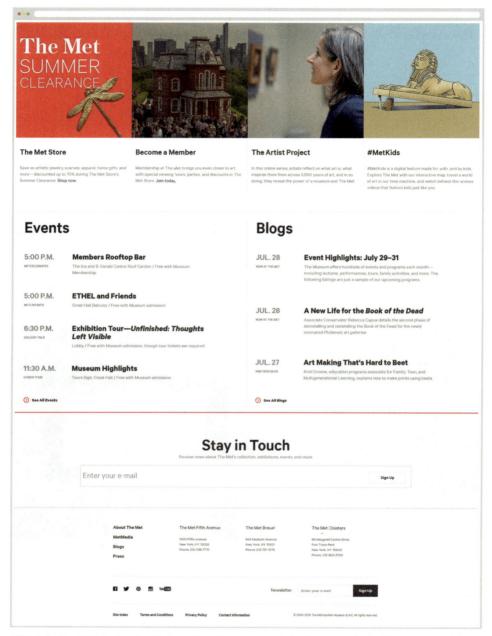

Bild 2.8 Das Webdesign des Metropolitan Museums wird durch typografische Elemente dominiert

Anders als es zunächst den Anschein hat, ist Whitespace keine Platzverschwendung. Er sorgt dafür, dass sich Gestalter beziehungsweise die Betreiber von Webseiten mehr Gedanken über das Ziel ihrer Seiten machen und sich dann auf wenige, dafür wirklich wichtige Elemente beschränken. Denken Sie nochmals daran, was Mies van der Rohe sagte und berücksichtigen Sie dann auch den nächsten Punkt in Ihren Überlegungen.

Das Hick'sche Gesetz

Das Hick'sche Gesetz besagt, dass wir umso mehr Zeit für eine Entscheidung benötigen, je größer die Anzahl der uns zur Verfügung stehenden Optionen ist. Dieses Gesetz findet besonders bei der Gestaltung von Landing Pages Anwendung, aber auch auf solchen Seiten, die primär der Conversion von Nutzern dienen (dazu mehr in Kapitel 4). Betrachten wir erneut das Beispiel von Evernote, so springen uns auf den ersten Blick die prominente Überschrift und der darunter liegende Registrierungs-Button ins Auge. Dem Nutzer fällt es leicht, sich für den Klick auf den Registrierungs-Button zu entscheiden – sofern er vor keinem großen Bildschirm sitzt und mit den verschiedenen Preismodellen konfrontiert wird. Auch Wunderlist (www.wunderlist.com) beachtet das Hick'sche Gesetz und bietet dem Nutzer, abgesehen von der unscheinbaren Navigation oben links, lediglich zwei beziehungsweise drei unterschiedliche Handlungsmöglichkeiten (siehe Bild 2.9) an. Wie sich der Nutzer entscheidet, dürfte dem Unternehmen ziemlich egal sein, denn sie alle bedeuten dasselbe, nämlich, dass der Nutzer das Produkt verwendet.

Bild 2.9 Wunderlist bietet dem Nutzer nur zwei Optionen: Registrieren oder Herunterladen

Fokuspunkte

Wohin das Auge wandert ist kein Zufall. Dieser Weg ist abhängig von unserer Gewohnheit, visuelle Informationen aufzunehmen, und wird unter anderem durch kulturelle Faktoren geprägt. Zum Beispiel lesen wir hier im Westen von links nach rechts, während in Teilen Asiens von oben nach unten und von hinten nach vorne gelesen wird. Nichtsdestotrotz können wir den Blick des Betrachters durch die Gestaltung lenken, nämlich durch die Verwendung sogenannter Fokuspunkte, also Bereiche von signifikanter (gestalterischer) Bedeutung. Praktisch stehen Ihnen dazu verschiedene Möglichkeiten zur Verfügung:

- Reduktion des Designs auf die wesentlichen beziehungsweise einzig wichtigen Elemente – wie beispielsweise die Suchfunktion bei Google.
- Platzieren wichtiger Elemente in der »Mitte« des goldenen Schnitts, einem auf Basis der Fibonacci-Reihe berechneten Punkts (siehe Bild 2.10). Dadurch wirkt die gesamte Komposition harmonischer.

Bild 2.10 Anhand der Fibonacci-Reihe lässt sich der Fokuspunkt innerhalb eines Bilds im goldenen Schnitt bestimmen

- Dominante Gestaltung eines bestimmten Elements, insbesondere durch die Verwendung von Freiraum oder starker Kontraste in Form, Farbe oder Größe. Der Fokuspunkt liegt in Bild 2.11 auf der Kreisform, dennoch wandert Ihr Blick danach höchstwahrscheinlich auf die grünen Quadrate; und das trotz der identischen Größe und Anordnung der übrigen schwarzen Quadrate.

Bild 2.11 Form- und Farbkontraste erzeugen ebenso Fokuspunkte wie unterschiedliche Farben

- Räumliche Anordnung sowie die physische Beziehung einzelner Elemente zueinander (Nähe, Isolation, Ähnlichkeit etc.). Wären in Bild 2.11 beispielsweise nur schwarze Quadrate vorhanden und zwei lägen näher aneinander, dann würde sich Ihr Blick sofort auf diese Anomalie richten.
- Klare Linienführung mit Linien, die entweder ein Raster bilden oder auf einen gemeinsamen Bildpunkt zulaufen.

Auf die angesprochenen Verhaltensmuster gehen wir in Kapitel 3 näher ein. Wieso diese Gestaltungstechniken wirken, lässt sich an dieser Stelle allerdings schon anhand der Gestaltgesetze erklären.

2.1 Gestaltgesetze der Wahrnehmung

»Das Ganze ist etwas anderes als die Summe seiner Teile«, so lautet die Kernaussage der Gestalttheorie. Dieser wissenschaftlichen Metatheorie sind Gestaltungsprinzipien entsprungen, die unsere Art der Wahrnehmung berücksichtigen – und sogar unser Erleben und Handeln beeinflussen. Beim Sehen beispielsweise nehmen wir zuerst ein Gesamtbild wahr, bevor wir einzelne Bestandteile definieren. Wir erkennen eine Webseite als Ganzes, bevor wir Elemente wie Logo, Navigation, Inhalt etc. wahrnehmen. Die Idee dieser *Gestalt* wird dabei von mehreren Grundgedanken gestützt, die sich in den eigentlichen Gestaltgesetzen widerspiegeln:

- **Emergenz (Auftauchen):** *»Emergenz bezeichnet das Phänomen, dass sich bestimmte Eigenschaften eines Ganzen nicht aus seinen Teilen und auch nicht aus seiner Summe erklären lassen, sondern aus dem Zusammenwirken der Teile selbst hervorgebracht werden.«*[5] In einem Bild erkennen wir auf den ersten Blick oft nur Formen und Farben. Einzelne Objekte erscheinen erst nach und nach bei genauerer Betrachtung. Manchmal geht dieses Phänomen mit einem Aha-Erlebnis überein, was wir im Marketing zu unseren Gunsten nutzen können. Was erkennen Sie in Bild 2.12?

Bild 2.12 Dieser Dalmatiner von R. C. James ist ein gutes Beispiel für die ganzheitliche Wahrnehmung einer Gestalt

---

[5] Lambers, Prof. Dr. phil. Helmut, *http://www.scriptboard.de/Scriptfiles/Systemtheorie.pdf*

Die Natur ist das beste Vorbild für Erscheinungen oder besser gesagt die Tarnung. Denn das kritische Element zur Identifikation eines Objekts ist der Umriss. In Bild 2.12 erkennen Sie, nachdem Sie den Umriss identifiziert haben, einen Dalmatiner. Aber haben Sie zuvor sein Ohr, seine Pfoten oder seine Beine wahrgenommen? Wahrscheinlich nicht. Sie alleine sind auch keine uns bekannten Formen, die wir als solche erkennen und benennen können. Die Hundegestalt taucht aus den einzelnen Punkten auf.

Aus unserer Erfahrung heraus verknüpfen wir bestimmte Formen oder Farben mit Funktionen. Erst dadurch wissen wir, was wir vor uns haben. Einen Button so ausgefallen zu gestalten, dass der Nutzer ihn nicht mehr als solchen erkennt, hat also beispielsweise keinen Zweck. Dem linken Objekt in Bild 2.13 sprechen Sie wahrscheinlich eine Funktion – nämlich die Klickbarkeit – zu, doch wie steht es um das mittlere Objekt? Und rechts sehen Sie einen sogenannten Ghost Button, ein Design-Trend, der immer öfter Anwendung findet. Ein Trend, der sich nur gemeinsam mit der zunehmenden Erfahrung des Nutzers verbreiten kann. Bis dahin gestalten Sie Ihre Buttons lieber so, dass auf den ersten Blick ersichtlich ist, dass sie klickbar sind.

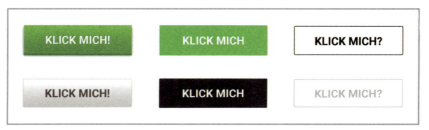

Bild 2.13 Buttons in bekannter 3D-Optik, im Flat-Design und als Ghost Buttons (von links nach rechts)

- **Reifikation (Vergegenständlichung):** Häufig *sehen* wir Objekte, die es nicht gibt. Wir modellieren sie gedanklich, um ein Bild zu vervollständigen. Zum Beispiel denken wir uns in Bild 2.14 den Umriss eines Dreiecks beziehungsweise Vierecks, welche eigentlich nicht existieren:

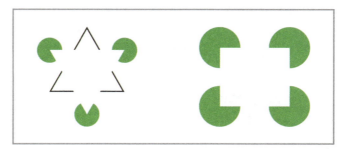

Bild 2.14 Weder das »Dreieck von Kanizsa« noch das Viereck existieren wirklich, wir modellieren sie gedanklich

Dieses Phänomen der menschlichen Wahrnehmung steht in engen Zusammenhang mit dem Gestaltgesetz der Geschlossenheit (siehe Abschnitt 2.1.4). Beim Content Design nutzen wir es, um die Gestaltung auf ein Minimum zu reduzieren und Freiräume als Gestaltungsmittel zu nutzen. Das hilft uns, Webseiten optisch zu strukturieren, ohne beispielsweise ein Raster durch Linien wirklich physisch vorgeben zu müssen. Allein durch die Anordnung anderer Elemente entlang virtueller Linien schließen wir gedanklich die Lücke und verstehen das Raster auch ohne Hilfestellung. Betrachten Sie diesbezüglich erneut das Beispiel des MET Museums, und Sie werden erkennen, was wir meinen. Auch in Logos werden negative Flächen gerne als Gestaltungselement verwendet. Erkennen Sie die Bedeutung der Freiflächen in den Logos in Bild 2.15?

Bild 2.15 Reifikation in bekannten Markenlogos: Erkennen Sie den Pfau im NBC-Regenbogen und den FedEx-Pfeil zwischen dem E und x?

- **Multistabilität:** Was wir sehen, fixieren wir in unserem Gedächtnis, doch sobald wir dasselbe als etwas anderes ansehen, speichern wir diesen neuen Eindruck ab. Doch obwohl wir nicht mehrere Objekte zugleich sehen können, sondern immer nur ein einziges, ist »*Sehen [...] nicht nur ein Vorgang passiver Wahrnehmung, sondern ein intelligenter Prozess aktiver Konstruktion*« (Donald Hoffman). Sie sehen in Bild 2.16 links eher einen Quader als Striche auf einer zweidimensionalen Fläche, oder? Aber welche Ausrichtung hat der Quader?

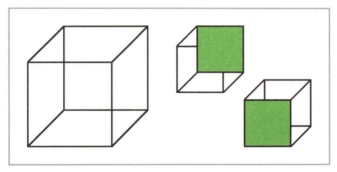

Bild 2.16 Der Necker-Würfel entkoppelt Sehen und Wahrnehmen, denn das Objekt bleibt unverändert, doch die Orientierung im gedachten Raum ändert sich ständig

Beim Content Design gilt es, dieses Phänomen möglichst zu vermeiden, um dem Betrachter ein klares und vor allem eindeutiges Bild zu vermitteln. Unser Verstand versucht, Unsicherheit zu vermeiden und wird eine, häufig die zuerst wahrgenommene, Variante bevorzugen. Wollen wir den (ersten) Eindruck eines Nutzers ändern, müssen wir ihm eine alternative Betrachtungsweise aufzeigen und daran arbeiten, diese in seinem Gedächtnis zu festigen. Auch so manch einem großen Unternehmen täte dies gut. Wissen Sie, welches wir meinen (siehe Bild 2.17)?

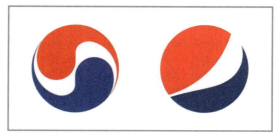

Bild 2.17 Mit welchem Unternehmen assoziieren Sie das linke Logo? Tatsächlich Korean Airlines, oder doch zunächst Pepsi (rechtes Logo)?

- **Beständigkeit:** Selbst wenn (dreidimensionale) Objekte unterschiedlich dargestellt sind, etwa rotiert oder deformiert, können wir sie als dieselben identifizieren (siehe Bild 2.18). Diese Fähigkeit ermöglicht es uns, Ähnlichkeiten und Unterschiede zu erkennen.

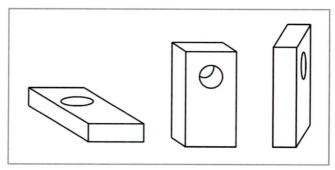

Bild 2.18 Wir erkennen gleiche Objekte, auch wenn sie verdreht oder verzerrt sind

Auf Content Design hat dieses Phänomen weniger Einfluss als die vorhergehenden, es wird jedoch häufig für Captcha-Tests verwendet, da Maschinen diese Wahrnehmungsfähigkeit fehlt.

 Captcha-Tests

Die Abkürzung *Captcha* steht für »**C**ompletely **A**utomated **P**ublic **T**uring test to tell **C**omputers and **H**umans **A**part«. Captcha-Tests werden zur Spam-Vermeidung (vor allem in Formularen) eingesetzt. Durch die erforderliche manuelle Eingabe der Lösung durch den Nutzer wird vermieden, dass automatisch durch Roboter generierte Eingaben übermittelt werden.

Die eigentlichen Gestaltgesetze folgen einem einfachen Prinzip: Stehen Elemente in einer Relation zueinander, so werden sie als zusammenhängend wahrgenommen. Die Gesetze beziehen sich entweder auf die Relation oder auf die Gruppierung.

2.1.1 Gesetz der Prägnanz (Figur-Grund-Wahrnehmung)

Grafische Objekte nehmen wir niemals isoliert wahr, sie befinden sich immer in einem Umfeld. Wir nehmen sie entweder als Figuren wahr, die im Fokus liegen, oder als Hintergrund. Dieses Prinzip ist wichtig, weil wir uns an Fokuspunkten entlanghangeln, um das Gesehene möglichst schnell zu begreifen und uns zu orientieren. Egal, ob auf einer Webseite, in einem E-Mail-Newsletter oder einem gedruckten Prospekt. Wir differenzieren quasi zwischen wichtigen und unwichtigen Elementen; zwischen Elementen, denen wir unsere Aufmerksamkeit widmen und Elementen, die wir getrost ignorieren können. Beim Content Design streben wir (in der Regel) eine stabile Figur-Grund-Beziehung an, sodass auf den ersten Blick ersichtlich ist, was Figur und was Hintergrund ist, also was Inhalt und was Gestaltung beziehungsweise Struktur ist. Die wichtigsten Merkmale für eine stabile Beziehung sind:

- Der Grund ist endlos; setzt sich hinter der Figur fort.
- Der Grund ist formlos, während die Figur eine eindeutige, erkennbare Form besitzt.
- Der Grund ist positionslos und erscheint weiter weg als die Figur, die eine feste Position zu haben scheint.

Figuren setzen sich beispielsweise durch Kontrast, Farbe, Kontur, Textur oder Bewegung vom Hintergrund ab. Sie sind in ihrer Form meist eindeutig, während sich Hintergründe formlos (oft flächendeckend) fortsetzen.

Ist die Figur-Grund-Relation nicht eindeutig, ergeben sich alternative Interpretationsmöglichkeiten. Das Design wird dadurch vielleicht reizvoller, lässt aber auch Missverständnisse zu. Im Marketing-Kontext wirken sich diese üblicherweise negativ aus (beispielsweise auf die Conversion Rate). Ein typisches Beispiel instabiler Figur-Grund-Beziehungen ist der »Rubin'sche Kelch« (siehe Bild 2.19, links), eine Kippfigur benannt nach dem dänischen Psychologen Edgar Rubin: Betrachten Sie die weiße Fläche, erkennen Sie einen Becher, schauen Sie auf die schwarze Fläche, sehen Sie gegenüberliegende Profile zweier Gesichter. Die anderen beiden Darstellungen demonstrieren, wie stark ein Objekt von seinem Umfeld beeinflusst wird. Oder hätten Sie gedacht, dass die beiden grünen Quadrate genau gleich groß sind?

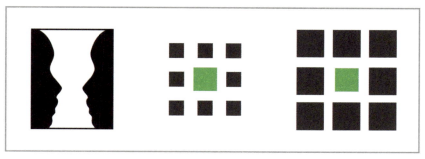

Bild 2.19 Die Wahrnehmung einer Figur hängt stark von ihrem Umfeld ab

Im Webdesign sind Figur-Grund-Beziehungen deutlich komplexer, denn nur selten besteht eine Webseite aus *einer* Figur und *einem* Hintergrund. Viel wahrscheinlicher ist das Zusammenspiel unterschiedlicher Fokuspunkte auf verschiedenen Hintergründen, die einer Webseite, trotz ihrer Zweidimensionalität, Tiefe verleihen. Das Prinzip betrifft aber auch einzelne Details eines Weblayouts.

- **Navigation:** Bild 2.20 zeigt links ein verständliches Menü, da sich der Text (als Figur) deutlich vom Hintergrund absetzt. Rechts hingegen sind Struktur und Inhalt ungleich schwieriger zu differenzieren, denn beide bestehen lediglich aus Linien derselben Farbe, ohne erkennbaren Hintergrund. Wir nehmen in dieser Konstellation doppelt so viele Elemente wahr als in der linken und tun uns mit der Identifikation der wichtigen Elemente, nämlich den klickbaren Links, deutlich schwerer.

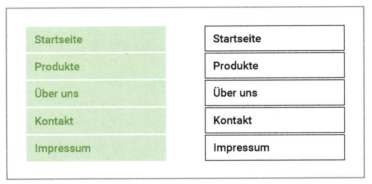

Bild 2.20 Elemente sind leichter zu verstehen, wenn sich Figur und Grund deutlich in Form und Farben unterscheiden

- **Links und Buttons:** Bild 2.21 zeigt zwei unterschiedlich gestaltete Hyperlinks innerhalb eines Textes. Die Unterstreichung als Kennzeichen für eben jene Funktionalität ist uns aufgrund der weitverbreiteten Verwendung bereits bekannt. Auch anhand der Farbgebung erkennen wir mittlerweile klickbare Textbausteine. Aber hätten Sie auf einer entsprechend gestalteten Website erkannt, dass Sie, wie rechts im Bild, auch auf die ausgeschriebene Internetadresse klicken können? Wohl eher nicht, denn es fehlt der visuelle Hinweis auf die Funktion.

> Dieser Text ist belanglos, er dient ausschließlich der Demonstration visuell hervorgehobener Links, deren Funktion dadurch sofort deutlich wird. Ohne diese Hervorhebung weiß der Betrachter nicht, ob (und selbst wenn, wo) sich hier ein klickbares Element befindet.
>
> Daran ändert auch die Tatsache nichts, dass eine Internetadresse wie www.toushenne.de ausformuliert ist. Ohne Textauszeichnung, also ohne individuelle Gestaltung ist noch immer nicht ersichtlich, dass der Nutzer beim Klick darauf tatsächlich dorthin geleitet wird.

Bild 2.21 Auch Textlinks brauchen Gestaltung, um ihre Funktion zu verdeutlichen

Eine ähnliche Wirkung in Hinblick auf die Gestaltung von Buttons kennen Sie bereits aus Bild 2.13. Da ein Mausklick dem Drücken eines realen Objekts mit dem Finger gleichkommt, verstehen wir die Funktion eines dreidimensional wirkenden Buttons schneller.

- **Hierarchie einzelner Objekte:** Wie in Bild 2.22 erkennbar, lassen sich durch die geschickte Verwendung von Schatten beziehungsweise Schattierungen und Transparenzen Tiefen erzeugen. Sie erleichtern zum einen die Unterscheidung von Figur und Grund (meistens) und unterstützen den Betrachter zum anderen bei der Gewichtung einzelner Elemente.

Bild 2.22 *vo2-group.com* spielt mit Form, Farbe und Position einzelner Elemente

Mit all diesen Wahrnehmungsprinzipien können wir die Aufmerksamkeit des Betrachters steuern. Es gibt viele Beispiele, die darin erfolgreich sind. Empfehlenswert ist diese Kreativität jedoch nur dort, wo wir ausschließlich um Aufmerksamkeit bemüht sind. Sobald unsere Webseite die Konvertierung von Besuchern zum Ziel hat, sollten wir den Fokus auf die gewünschte Handlung legen. Ausgefallene Gestaltungselemente lenken vom Ziel ab.

2.1.2 Gesetz der Ähnlichkeit

Das Gesetz der Ähnlichkeit besagt, dass wir ähnliche Elemente als zusammengehörig wahrnehmen. Diese Ähnlichkeit kann durch unterschiedliche Faktoren gegeben sein, etwa die Farbe, Größe, Form, Textur, Position, Orientierung etc. Je mehr Gemeinsamkeiten einzelne Elemente aufweisen, desto stärker werden sie als Einheit wahrgenommen (siehe Bild 2.23, Bild 2.24 und Bild 2.25).

Bild 2.23 Obwohl die Größen unterschiedlich sind, unterscheiden Sie hier wahrscheinlich zwei Gruppen aufgrund der Form

Bild 2.24 Sind Farbe und Form hingegen ähnlich, werden Sie aufgrund der Größe unterscheiden

Bild 2.25 Ganz ohne Gemeinsamkeiten fällt die Unterscheidung schwer

Anders als im Kontext der Figur-Grund-Wahrnehmung können wir durch die (farbliche) Gestaltung von Links mehrere Elemente kategorisieren, um sie beispielsweise kontextuell zu trennen – etwa interne von externen Links oder unterschiedliche Kategorien. Die in Bild 2.26 dargestellte Webseite von Red Bull nutzt dazu nicht nur die Link-Farbe, sondern auch andere Schriftauszeichnungen wie Größe oder Fettschrift. Was meinen Sie, welche Elemente in diesem Ausschnitt klickbar sind?

Bild 2.26 Auf *www.redbull.de* werden Links unterschiedlich gestaltet

Weitere Auszeichnungsmöglichkeiten sind Unterstreichung, farbliche Untermalung, Sperrung, Verwendung von Versalien, Kapitälchen oder kursiver Schrift. Mehr zur Typografie erfahren Sie in Kapitel 3. Insgesamt dient die typografische Ausgestaltung – wie auch die Anordnung oder räumliche Nähe (dazu gleich mehr) – der Strukturierung von Inhalten. Tatsächliche Strukturelemente wie Trennlinien oder Flächen werden damit hinfällig, und wir können das Design auf ein Minimum reduzieren – und dadurch den eigentlichen Inhalt weiter in den Fokus rücken. Im Beispiel des Porsche Newsrooms (*https://newsroom.porsche.com/de.html*, siehe Bild 2.27) enthalten die dargestellten Trennlinien Sektionsüberschriften. Ohne diese Information wären die Linien als reines Gestaltungselement überflüssig, da durch das Zusammenspiel mit den übrigen Elementen und die Einhaltung der Gestaltgesetze ohnehin eine klare Struktur entsteht.

Ein weiterer Aspekt der Ähnlichkeit ist die stringente Organisation von Inhalten. Durch eine klare Struktur verstehen Nutzer schneller, welche Funktion einzelne Elemente erfüllen und in welchem Kontext sie gruppiert sind. Im Porsche Newsroom wird beispielsweise die rechte Spalte deutlich vom Hauptbereich abgetrennt und durch die geringere Breite in ihrer Bedeutung abgeschwächt. Innerhalb des Hauptbereichs wird zwar mit Spalten derselben Breite gearbeitet, um das Vier-Spalten-Raster einzuhalten, doch werden zusammengehörige Elemente innerhalb dessen gruppiert. Diese Gruppierung erfolgt zum Beispiel durch

- **Hintergründe**, wie die Grau hinterlegten 360°-Beiträge,
- **Schematisierung**, wie die mehrfach verwendete Bild-Überschrift-Text-Kombination der Nachrichtenbeiträge, oder
- **übergeordnete Elemente**, wie die Trennlinie samt Überschrift »Weitere News« (die zwei Rasterspalten zusammenfasst).

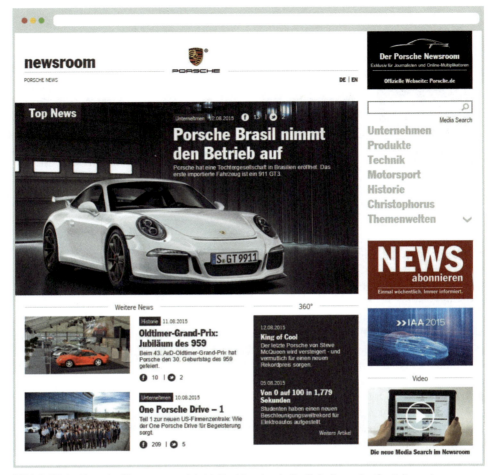

Bild 2.27 Im Porsche Newsroom entsteht Struktur durch die Einhaltung der Gestaltgesetze

 Ein Raster muss nicht zwangsläufig für den Nutzer bewusst erkennbar sein. Im Endeffekt dient es dazu, einer Webseite Struktur zu geben und die Orientierung durch (physische oder eben nur als solche wahrgenommene) Führungslinien zu erleichtern. Im Falle des Porsche Newsrooms erkennen wir die Spaltenaufteilung, obwohl keine einzige vertikale Trennlinie vorhanden ist. Diese Wahrnehmung entsteht durch das zugrundeliegende Raster und den geschickten Einsatz von Whitespace beziehungsweise kontrastierenden Flächen.

Ebenfalls unter das Gesetz der Ähnlichkeit fallen Icons. Dieser Begriff ist griechisch und heißt übersetzt »Symbol« oder »Sinnbild«. Im Computerbereich sind damit vor allem kleine Piktogramme gemeint, die innerhalb einer Software oder eines (Web)Interfaces eine bestimmte Funktion symbolisieren. Sie können jedoch auch einen weiteren gestalterischen

Mehrwert leisten und zur Wiedererkennung beitragen. Adobe ist in diesem Zusammenhang ein Paradebeispiel, denn das Unternehmen gibt allen Produkten ein Icon im selben Stil (siehe Bild 2.28) und erzeugt dadurch im Grunde eigene Marken. Mittlerweile werden Icons wie diese, das heißt zwei umrahmte Buchstaben, sofort mit der Marke assoziiert. Unabhängig davon, ob die Buchstaben tatsächlich für ein Adobe-Produkt stehen oder die Farben einem der Produkte entsprechen.

Bild 2.28 Adobe *iconisiert* seine Produkte und erzeugt dadurch einen extrem hohen Wiedererkennungswert

2.1.3 Gesetz der Nähe

Elemente, die in unmittelbarer Nähe zueinanderstehen, werden als Einheit wahrgenommen. Dadurch bilden wir uns schnell einen Eindruck über vorhandene Beziehungen. Ein gutes Beispiel sind Abbildungen und die dazugehörige Beschriftung. Steht diese nicht in unmittelbarer Nähe zum Bild, wird dem Betrachter der Zusammenhang nicht klar. Betrachten Sie Bild 2.29 und überlegen Sie, wie sich Ihre Wahrnehmung derselben (!) Elemente von der mittleren zu einer der äußeren Varianten verändert.

Bild 2.29 Durch räumliche Nähe entstehen Beziehungen

Diese Gestalt mag simpel erscheinen, doch sie ist sehr wirkungsvoll und kann andere Gesetze überlagern. Welche Elemente in Bild 2.30 würden Sie gruppieren? Die nahe zusammenliegenden, oder die mit gleicher Farbe?

Bild 2.30 Links ist die Trennung durch Farbe und Nähe deutlich, aber wie gruppieren Sie die Elemente rechts?

Über diese relative Gewichtung sollten Sie sich im Klaren sein, um bei der Gestaltung Ihrer Webseite die Wahrnehmung einzelner Elemente zu steuern. Zwischenraum wird zum Gestaltungselement und hilft dem Betrachter, Informationen zu ordnen. Dies kann besonders bei (gruppierten) Navigationselementen hilfreich sein, etwa, wenn Sie mit Dropdown-Menüs arbeiten oder eine große Anzahl an Links zur Verfügung stellen.

2.1.4 Das Gesetz der Geschlossenheit, Gruppierung und Verbundenheit

Elemente, die von einem gruppierenden Element – zum Beispiel einer Rahmenlinie oder einem einheitlichen Hintergrund – zusammengefasst werden, nehmen wir als Einheit wahr. Immer wenn wir ein komplexes Arrangement unterschiedlicher Elemente sehen, wie etwa eine Webseite, suchen wir uns zuerst bekannte Muster heraus, um die Informationen schneller beziehungsweise leichter zu verarbeiten. Das kann die Unterscheidung von Header, Informationsbereich und Seitenleiste sein oder schlicht die Trennung von Text und Hintergrund. Je deutlicher diese Bereiche voneinander getrennt sind, desto besser. Vor allem Online-Shops setzen auf dieses Gestaltgesetz, da sie teilweise sehr viele Informationen auf einmal kommunizieren müssen (siehe Bild 2.31).

Bild 2.31 Die Produktansicht von *www.otto.de* ist visuell in drei Bereiche gegliedert, was die Informationsaufnahme erleichtert

Auf diese Art und Weise ergänzen wir auch fehlende Informationen, wobei »fehlend« hier nur die Folge unserer Interpretation ist. Häufig werden Informationen bewusst weggelassen, beispielsweise beim Logo-Design. Je weniger Informationen fehlen, desto leichter können wir Formen gedanklich komplettieren – oder *schließen* – und desto besser funktioniert auch das Gesetz der Geschlossenheit. Fehlen zu viele Informationen, erkennen wir womöglich keine Formen und können die Informationen nicht verarbeiten. Beim »Dreieck von Kanizsa« in Bild 2.14 dürfte Ihnen das ohne Probleme gelungen sein und auch im Porsche

Newsroom in Bild 2.27 haben Sie sicherlich verschiedene Einheiten erkannt. Aber betrachten Sie nun folgende Logos in Bild 2.32. Was Sie in ihnen erkennen, ist genau genommen nicht vorhanden, Ihr Gehirn füllt die Lücken selbständig aus. Das IBM-Logo zum Beispiel besteht eigentlich nur aus unterbrochenen horizontalen Linien, nicht aus Buchstaben. Ähnlich verhält es sich auch mit den anderen beiden.

Bild 2.32 Logos, die sich negativer Flächen bedienen und sich auf unsere Fähigkeiten verlassen, Formen gedanklich zu vervollständigen

Zu guter Letzt wollen wir Ihnen durch den Vergleich in Bild 2.33 noch beweisen, dass **miteinander verbundene Elemente** stets als Einheit wahrgenommen werden, egal wie nah nicht verbundene Elemente beieinander liegen oder wie ähnlich sie sich in Hinblick auf Form oder Farbe sind.

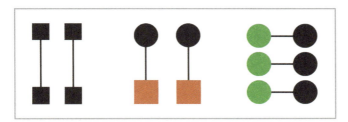

Bild 2.33 Miteinander verbundene Elemente werden als Einheit wahrgenommen, egal wie sehr sie sich unterscheiden

2.1.5 Gesetz der guten Fortsetzung (Kontinuität)

Betrachten Sie Bild 2.34. Wie die meisten anderen Menschen auch, führen Sie wahrscheinlich in der ersten und zweiten Darstellung – trotz der Farbunterschiede – die Linien im Schnittpunkt entsprechend ihrer bisherigen Linienführung fort. In der rechten Darstellung überlagert das Gesetz der Gleichheit jedoch den Effekt aufgrund der schwachen Kontinuität in Kombination mit der Verwendung von Farbe.

Bild 2.34 Gestaltgesetze können sich gegenseitig beeinflussen, sowohl positiv als auch negativ

Das denkbar einfachste Beispiel für dieses Gesetz sind Textzeilen. Nur durch die Anordnung der Wörter auf einer gedachten Linie (hier spielt außerdem das Gesetz der Nähe eine Rolle) und die Wiederholung dieser Anordnung in weiteren Zeilen wird ein Text als solcher lesbar. Würden wir auf dieses Schema verzichten, könnten wir die daraus resultierende Wolke aus Wörtern oder gar einzelnen Buchstaben wohl nur schwer verstehen. Denken Sie an Ihre Tageszeitung und wie Wörter beziehungsweise Texte darin angeordnet sind.

Das Gesetz der guten Fortsetzung kann noch mächtiger und vor allem sinnvoller sein, insbesondere bei der Datenvisualisierung. Das kommt im Kontext des Marketings nicht selten vor – sowohl intern als auch extern, beispielsweise in Form von Infografiken. Welches Balkendiagramm in Bild 2.35 verstehen Sie schneller?

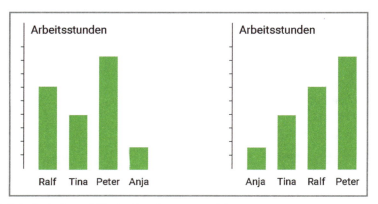

Bild 2.35 Gute Fortsetzung hilft, das Gesehene zu verstehen

Durch die *lineare Ordnung* von Informationen begreifen wir schneller den Kontext. Nicht ohne Grund orientiert sich die Gestaltung von Webseiten an festen Rastern – beispielsweise die Trennung von Hauptteil und Seitenleiste. Ein anderes Beispiel sehen Sie in Bild 2.36 und Bild 2.37. Beide zeigen den Status innerhalb des Check-out-Prozesses in Online-Shops, hier am Beispiel von *www.cyberport.de* und *www.o2online.de*. Durch die horizontale Anordnung, die Nummerierung und die farbliche Markierung wird dem Nutzer sofort klar, in welchem Status er sich aktuell befindet und welche Schritte noch vor ihm liegen.

Bild 2.36 In Online-Shops wird der Nutzer auch visuell durch den Check-Out-Prozess begleitet

Bild 2.37 O2 nutzt mit dem *Statusbalken* ein bekanntes und gelerntes Format

2.1.6 Gesetz des gemeinsamen Schicksals

Das Gesetz des gemeinsamen Schicksals befasst sich mit Ähnlichkeiten in dynamischen Darstellungen und ist daher primär bei der Gestaltung von bewegten Bildern beziehungsweise aufeinander aufbauenden Bilderstrecken relevant. Tendenziell nehmen wir Elemente, die sich gleichzeitig bewegen (hinsichtlich Zeit, Ziel, Richtung, Geschwindigkeit, Transformation etc.), als Einheit wahr; oder zumindest gehen wir davon aus, dass diese in einer engeren Beziehung zueinander stehen als mit anderen (statischen) Elementen.

Es liegt nun leider in der Natur des gedruckten Buches, dass wir Ihnen hierfür kein anschauliches Beispiel geben können, doch Sie finden genug Beispiele in Ihrem direkten Umfeld. Wie reagieren Sie beispielsweise, wenn Sie, zusammen mit anderen Verkehrsteilnehmern, eine Straße entlangfahren und plötzlich ein Auto aus einer Ausfahrt auftaucht? Sie nehmen es sofort wahr und treten reflexartig auf die Bremse. Beim Gesetz des gemeinsamen Schicksals geht es auch um Synchronizität. Die Fahrzeuge vor beziehungsweise hinter Ihnen nehmen Sie kaum wahr, denn sie verhalten sich ähnlich wie Sie selbst – sie fahren mit gleicher Geschwindigkeit geradeaus. Das Auto in der Einfahrt bricht jedoch aus diesem Fluss aus. Es kreuzt Ihre Bewegungsrichtung und fährt mit einer anderen (hoffentlich geringeren) Geschwindigkeit. Dieses asynchrone Verhalten reicht aus, um Ihre Aufmerksamkeit zu erhalten.

Beim Webdesign ist dieses Prinzip besonders effektiv, wenn Sie bestimmte Informationen solange verborgen halten wollen, bis sie innerhalb des Kontexts relevant werden. Tool-Tipps sind vielleicht das beste Beispiel hierfür (siehe Bild 2.38), oder auch per JavaScript gesteuerte »Accordion«-Elemente (wie sie etwa in Roberts Kompendium zu sehen sind; siehe *www.toushenne.de/kompendium.html*).

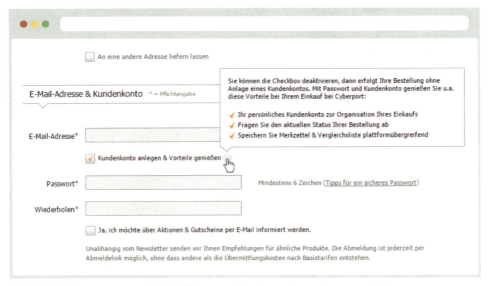

Bild 2.38 Cyberport verwendet Tool-Tipps um Hinweise in Formularen zu platzieren

2.1.7 Fazit

Wir würden diesen Abschnitt am liebsten um viele weitere Beispiele ergänzen und noch tiefer ins Detail gehen, doch wir haben unser Ziel hoffentlich schon jetzt erreicht: Sie verstehen nun, dass die Wahrnehmung Ihres Contents maßgeblich von dessen Gestaltung abhängt. Hinzu kommt ein weiterer Faktor, den Sie kaum beeinflussen können: Die individuelle Erfahrung eines jeden einzelnen Nutzers. Seien Sie kreativ und innovativ, verwenden Sie aber gleichermaßen bekannte und anerkannte Normen, um Ihrer Zielgruppe die Nutzung zu vereinfachen. Zu diesen Normen zählen zum Beispiel das grundlegende Layout Ihrer Webseite (also die Einteilung in Header, Body und Footer) oder Symbole, denen alle Nutzer dieselbe Bedeutung zuschreiben – etwa das Haus-Icon als Verknüpfung zur Startseite oder der Briefumschlag zur Kontaktaufnahme. Können Sie in Bild 2.39 die richtigen Paare bilden?

Bild 2.39 Bekannte Icons und ihre Bedeutung

Verstehen Sie die Gestaltgesetze und lernen Sie visuell mit Ihren Nutzern zu kommunizieren. Die Prinzipien lehren Sie, welche (Gestaltungs-)Elemente notwendig beziehungsweise sinnvoll und welche überflüssig sind. In diesem Sinne werden Sie sie sicherlich auch berücksichtigen, wenn Sie Ihr Content Design analysieren, testen und optimieren (siehe Kapitel 5).

Merkliste: Gestaltungsgrundlagen

1. **Gesetz der Prägnanz:** Wir nehmen Elemente niemals isoliert wahr, sondern unterscheiden sie immer von ihrem Umfeld.
2. **Gesetz der Ähnlichkeit:** Elemente, die einander ähnlich sind, nehmen wir als zusammengehörend wahr.
3. **Gesetz der Nähe:** Elemente, die näher aneinander liegen, nehmen wir als zusammengehörend wahr.
4. **Gesetz der Geschlossenheit:** Wir bevorzugen geschlossene Strukturen und ergänzend deshalb fehlende Informationen gedanklich.

5. **Gesetz der guten Fortsetzung:** Wir nehmen Linien so wahr, als würden sie dem einfachsten Weg folgen und nicht an einem Schnittpunkt plötzlich die Richtung wechseln.
6. **Gesetz des gemeinsamen Schicksals:** Elemente, die sich in dieselbe Richtung bewegen, nehmen wir als Einheit wahr.

Sofern Sie an dieser Stelle doch noch tiefer in die Gestaltung einsteigen möchten, empfehlen wir Ihnen die Lektüre einschlägiger (Web)Design-Literatur, wie beispielsweise
- »Webdesign – Das Handbuch zur Webgestaltung« (Martin Hahn),
- »Das Design-Buch für Nicht-Designer« (Claudia Korthaus),
- »Grundkurs Grafik und Gestaltung« (Claudia Korthaus) oder
- »Grundkurs Gutes Webdesign« (Björn Rohles).

■ 2.2 Farben in der Theorie und Praxis

Die Bedeutung von Farben beschreibt Julie Neidlinger vortrefflich in einem Artikel über die Psychologie der Farben: *»Color is a cue that gets your audience to see what you want them to see, feel what you want them to feel, and to do what you want them to do. How you use color also affects the usability – whether they can read it or not – of your content. Color can change your message.«*[6]

Nicht nur als Gestalter sollten Sie sich mit Farben beschäftigen, sondern auch als Marketer. Farben haben einen großen emotionalen und psychologischen Einfluss auf das menschliche Gehirn. Wie Sie wissen, beeinflusst die Optik unsere (Konsum)Entscheidungen mitunter am stärksten, während andere Sinneseindrücke nur eine nachgelagerte Rolle spielen. Laut Leatrice Eiseman, Direktorin des Pantone Farbinstituts *(http://www.pantone.com/pci)*, rührt das daher, dass wir beim Einkaufen, sprich kurz vor einer Konsumentscheidung, emotional eingestimmt sind und auf Farben besonders stark reagieren. Verschiedene Studien sprechen in Bezug auf Kaufentscheidungen von einer neunzigprozentigen Abhängigkeit von der Farbe. Durch ihre Farbgebung wecken Produkte überhaupt erst unsere Aufmerksamkeit. Was meinen Sie, warum Apple damals den iPod in so vielen verschiedenen Farben angeboten hat? Es war kein Zufall, dass schon nach kurzer Zeit quasi jeder einen MP3-Spieler sein Eigen nennen konnte. Entspricht etwas hingegen nicht unseren Farbpräferenzen, werden wir es nicht kaufen oder konsumieren. Hier besteht eine enge Verknüpfung zu unserem Emotions- und Werteraum (Stichwort Limbic® Map, siehe Abschnitt 2.2.4).

Die entscheide Frage, die wir uns stellen müssen ist die, welche Farbpräferenzen unsere Zielgruppen jeweils haben. Finden wir hierauf keine direkte Antwort, gilt es, sie anhand von Tests (und gegebenenfalls auch empirischen Erhebungen) zu ermitteln. Ein erster

---

[6] Neidlinger, Julie, The Ultimate Guide To Using Color Psychology In Marketing + Free Color Schemes, *http://bit.ly/cd_CoSchedule*.

Ansatzpunkt für die Gestaltung sind jedoch gängige Farbassoziationen, durch die wir der Wahrnehmung unserer Marke eine grobe Richtung geben können. Denn einzelne Farben erzeugen unterschiedliche Resonanzen. Bevor wir in die Psychologie der Farben eintauchen, möchten wir Ihnen einen kurzen Überblick über die Grundlagen der Farbtheorie geben.

2.2.1 Grundlagen der Farbtheorie

Wenn wir Sie jetzt nach den Grundfarben fragen, antworten Sie wahrscheinlich mit Blau, Rot und Gelb. Sie liegen damit völlig richtig, beziehen sich damit aber – womöglich unbewusst – auf ein bestimmtes **Farbsystem**. Beim Drucken nutzen wir die Grundfarben Cyan, Magenta und Gelb (zuzüglich Schwarz als »Key Colour«, daher auch die Bezeichnung CMYK). Im Vergleich dazu entstehen Farben digital durch »Mischen« der Farben Rot, Grün und Blau. Als Basis für die weitere Betrachtung soll der folgende Farbkreis dienen:

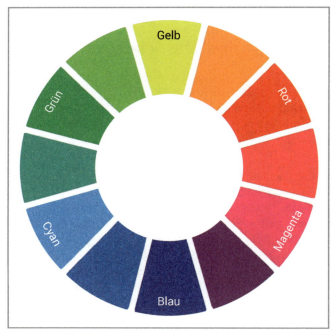

Bild 2.40 In diesem Farbkreis ergeben die Mischfarben aus dem jeweiligen Farbsystem die Grundfarben des anderen

Der CMY-Farbraum ist ein subtraktives Farbmodell, das heißt, je mehr Farben wir vermischen, desto mehr Licht wird absorbiert und desto dunkler erscheinen uns die Farben – bis hin zu schwarz. Farbe erfordert immer Licht. Dinge, die wir betrachten, müssen entweder angestrahlt werden (zum Beispiel von der Sonne) oder selbst leuchten – wie es Monitore tun. Diese besitzen einen RGB-Farbraum, der aus den drei Lichtfarben Rot, Grün und Blau mit jeweils unterschiedlichen Wellenlängen besteht.

Die RGB-Grundfarben werden optisch vermischt (das heißt farbliches Licht wird addiert), bis das Auge die einzelnen Komponenten nicht mehr wahrnehmen kann. Bei einem Display sind die einzelnen Lichtquellen – die Pixel – so klein, dass wir sie ab einem gewissen Abstand nicht mehr als solche wahrnehmen und die drei Farben nicht mehr unterscheiden können. Leuchten alle drei Farben mit voller Helligkeit (siehe Bild 2.41, ganz links), sehen wir Weiß. Schwarz sehen wir genau dann, wenn kein Licht leuchtet, also wenn das Display oder einzelne Pixel ausgeschaltet sind (siehe Bild 2.41, ganz rechts). Farbe sehen wir nur dann, wenn Pixel teilweise, das heißt nur eine der drei Farben, oder nicht alle, in voller Stärke leuchten.

Bild 2.41 Die fünf Farbsteuerungsmöglichkeiten eines Pixels

Definition von Farben im Web

Im Web werden Farben anhand einzelner Werte für rotes, grünes und blaues Licht definiert. Die Farbzuweisung erfolgt durch einen sechsstelligen Hexadezimalcode, oder kurz »Hex-Code«, der beispielsweise so aussieht: #7AC142 (das ist das Grün von *www.toushenne.de*). Die ersten beiden Werte nach der Raute stehen für Rot, die mittleren für Grün und die letzten beiden für Blau. Die Werte rangieren zwischen den Ziffern 0 und 9 sowie den Buchstaben A bis F, die den dezimalen Zahlen 10 bis 15 entsprechen. Demnach besitzt jeder Farbwert 16 × 16 = 256 Zustände (das entspricht 8 Bit), woraus sich insgesamt 256 × 256 × 256 = 16 777 216 mögliche Farben definieren lassen.

Kleine Werte bedeuten wenig Licht, hohe Werte viel Licht. FF ist der Zustand für Weiß (beziehungsweise volle Lichtstärke), 00 der Zustand für Schwarz, das heißt Licht aus. Unter *http://yizzle.com/whatthehex/* können Sie testen, ob Sie das Prinzip verstanden haben. Bild 2.42 zeigt die wahrgenommenen Farben der obigen Pixel-Einstellungen.

Bild 2.42 Die RGB-Grundfarben

Bei der Farbgestaltung per CSS können Sie neben den üblichen Hex-Codes auch Zahlen- oder Prozentangaben machen, beispielsweise:

```
h1 { color: rgb(255,0,0); }
```

oder

```
h1 { color: rgb(100%,0%,0%); }
```

Falls Sie auch die Deckkraft eines Elements per CSS steuern möchten, können Sie unter Verwendung des RGBa-Modells (mit einem zusätzlichen alpha-Kanal) einen zusätzlichen Wert für die Transparenz ergänzen. Für eine Deckkraft von zehn Prozent (das entspricht einer Transparenz von 90 Prozent), sähe der CSS-Befehl so aus:

```
h1 { rgb(255,0,0,0.1) }
```

Wie Sie sehen, ist Farbe eine Wissenschaft für sich. Die Physik trägt einen Großteil zur Aufklärung bei, wir ersparen Ihnen jedoch die Details über Wellenlängen, Reflexionen und Lichtbrechung und verweisen Sie bei Interesse an Markus Wäger und sein Buch »Grafik und Gestaltung«. Wichtig ist zu verstehen, dass Farbe ein Ergebnis unserer menschlichen Wahrnehmung ist. So individuell wie unsere Wahrnehmung von Farben ist, so wirken sie auch sehr unterschiedlich. Hinzu kommt, dass wir Farben selten losgelöst von ihrer Umgebung, sondern immer in Wechselwirkung mit anderen Farben und Formen wahrnehmen.

2.2.2 Wirkung einzelner Farben

Farben besitzen unterschiedliche Bedeutungen und wecken entweder natürliche oder psychologische und kulturelle Assoziationen. Natürliche Assoziationen sind allgemeingültig, zum Beispiel Grün für Natur, Gelb für die Sonne oder Blau für den Himmel. Psychologische und kulturelle Assoziationen variieren in unterschiedlichen Teilen der Welt. Während im Westen beispielsweise der Tod die Farbe Schwarz trägt, so ist es in anderen Ländern (vor allem in Afrika) die Farbe Weiß. Dieses gilt in unserer Hemisphäre jedoch eher als Friedensfarbe; Sie wissen sicher, wofür eine weiße Fahne steht. Einen Überblick über die Bedeutung von Farben in verschiedenen Kulturen finden Sie unter *http://bit.ly/cd_Farben*.

Darüber hinaus verknüpfen wir Farben auch mit Emotionen. W. Gerrod Parrott zum Beispiel klassifiziert insgesamt über einhundert verschiedene Emotionen und kategorisiert sie nach primären, sekundären und tertiären Emotionen[7]. Robert Plutchik hingegen identifiziert in seiner Emotionstheorie acht Grundemotionen, die vier gegensätzliche Paare bilden. In einem dreidimensionalen Kegelmodell (siehe Bild 2.43) leitet er weitere Emotionen mit geringer werdender Intensität ab, die sich zur Spitze hin immer schlechter voneinander unterscheiden lassen.[8]

---

[7] Parrott, W., Emotions in Social Psychology, Psychology Press, Philadelphia, 2001
[8] Plutchik, R. The Nature of Emotions. American Scientist, Volume 89, 2001

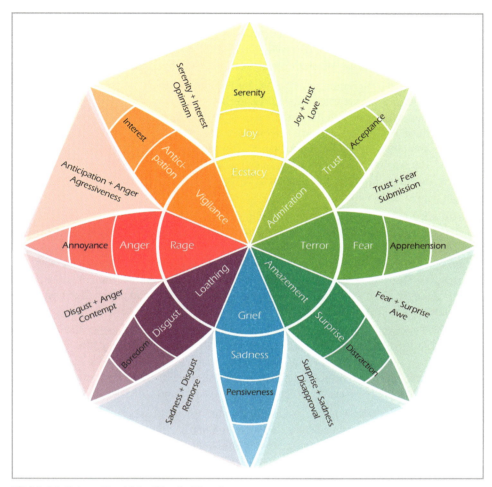

Bild 2.43 Robert Plutchik's »Wheel of Emotions«

Die in diesem Modell verwendeten Farben stehen allerdings in keinem Zusammenhang mit den jeweiligen Emotionen. Die typischen Farbassoziationen sind andere:

- **Rot** steht für Leben, Liebe, Leidenschaft, Hitze und Kraft, ist aber durch unsere gesellschaftliche Prägung gleichzeitig ein Warnsignal – denken Sie an Ampeln oder Stoppschilder. Rot steht für Aufregung (zum Beispiel bei Red Bull), Dynamik und Dringlichkeit (wie bei Media Markt). Rote Dinge erscheinen uns wichtig, so wie ein roter Teppich. Kaum eine Farbe ist so kontrovers und kann sowohl negative als auch positive Emotionen auslösen. Rot erhöht sogar nachweislich den menschlichen Stoffwechsel, die Atemfrequenz und den Blutdruck, seien Sie also vorsichtig bei der Verwendung! Üblicherweise wird die Farbe eher als Akzentfarbe genutzt, um beispielsweise Buttons und Hinweise zu gestalten, die Aufmerksamkeit erregen sollen.
- **Orange** ist eine lebendige, energetische Farbe und steht einerseits für Mut, Spaß und Erfolg, andererseits für Freundlichkeit und Kreativität. Orange wird häufig als Sekundärfarbe für Handlungsaufforderungen verwendet, wie Sie im weiteren Verlauf noch erfah-

ren werden. Marken wie Fanta setzen voll auf diese Assoziation, da Orange gerade in der Außenwerbung eine hohe Sichtbarkeit erzielt. Besonders als Kontrastfarbe zu kalten Farben wie Blau erzeugt Orange das volle Potenzial. Achten Sie jedoch darauf, es eher als Grund- beziehungsweise Akzentfarbe einzusetzen, nicht aber für Text.

- **Gelb** ist die Farbe der Sonne, der Wärme, der Freude und des Optimismus. Sinnbilder für diese Bedeutung sind Marken wie IKEA oder Nikon. Gelb symbolisiert jedoch auch das Unstete und wirkt erregend (im eher negativen Sinne). Nicht umsonst tragen viele Warnsignale diese Farbe. Da Gelb eine leuchtende Farbe ist, wird sie häufig mit gedeckteren Farben kombiniert, beispielsweise Blau (Lufthansa) oder Schwarz (Deutsche Post oder UHU). Ähnlich wie Orange dient sie dabei überwiegend als Hintergrundfarbe, ist für unser Auge aber in hoher Konzentration vergleichsweise schwer zu erfassen und führt schnell zu einem »Sehschmerz«.

- **Grün** wird mit Natur, Wachstum, Harmonie und Gesundheit assoziiert, was sich viele Lebensmittelmarken wie Knorr oder Heineken, aber auch diverse Bio-Marken zunutze machen wollen. Diese Farbe ist für unser Auge am einfachsten wahrzunehmen und wirkt sehr entspannend, weshalb sie auch in der Wellness-Branche häufig verwendet wird. Insgesamt ist Grün eine sehr positiv wahrgenommene Farbe, die in Hinblick auf Buttons sehr gerne geklickt wird – sofern sie nicht als Hauptfarbe, sondern nur für bestimmte Elemente verwendet wird.

- **Blau**, so Eiseman, ist sowohl in Europa als auch in Asien und Nordamerika die beliebteste Farbe. Die Farbe steht für Vertrauenswürdigkeit, Sicherheit, Professionalität und Loyalität – kein Wunder also, dass Facebook, Twitter, LinkedIn etc. genau diese Farbe gewählt haben. Auch PayPal, große deutsche Banken und Automobilhersteller vertrauen auf Blau. Im Gegensatz zu Rot verlangsamt Blau den Stoffwechsel und wirkt beruhigend.

  Differenzieren Sie jedoch genau, wo Sie Ihr Produkt vermarkten beziehungsweise welche Zielgruppe Sie ansprechen möchten. In Japan zum Beispiel gilt Blau als Farbe für Fehlverhalten und löst eher negative Assoziationen aus. Außerdem ist Blau eine kalte Farbe und passt daher nicht zu jedem Unternehmen beziehungsweise dessen Markenbotschaft.

- **Violett** wirkt – besonders in Pastelltönen – beruhigend und ist die Farbe der Könige und des Adels sowie passend dazu ein Zeichen von Luxus. Als Mischform von Rot und Blau hat Violett eine ambivalente Wirkung und kann diese in die eine oder andere Richtung der beiden Farben kippen.

 Violett ist übrigens eine der wenigen Farben, die bei Männern eine eher negative Wirkung hat, wenn es um Sympathie oder Konsumentscheidungen geht. Gleiches gilt für Orange und Braun, die auch bei Frauen auf Ablehnung stoßen – zusätzlich zu Grau. Eindeutig bevorzugt werden Grün und Blau (siehe Bild 2.44).

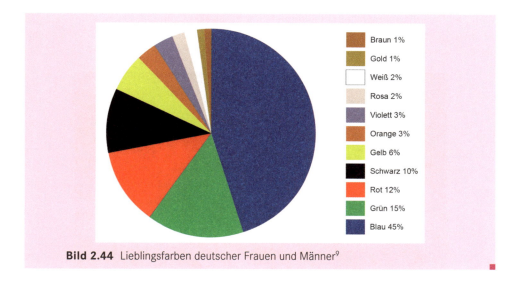

Bild 2.44 Lieblingsfarben deutscher Frauen und Männer[9]

- **Schwarz** steht auf der einen Seite eindeutig für Qualität, Luxus und Eleganz (denken Sie an Nike, Adidas, Audi oder Jaguar), auf der anderen Seite aber auch für Leere, Angst und das Böse. Als unbunte Farbe harmoniert Schwarz mit jeder anderen – solange der Kontrast stark genug ist – und wird im Webdesign daher gerne als Strukturfarbe eingesetzt, um unauffällig Ordnung zu schaffen; denken Sie zurück an das Beispiel des Porsche Newsrooms in Bild 2.27. Außerdem gilt Schwarz als Standardfarbe für Texte, zumal *Schwarz auf Weiß* eine hohe Glaubwürdigkeit genießt.
- **Weiß** symbolisiert Reinheit, Unschuld und Perfektion. Ein Sinnbild hierfür ist Apple. Weiß wird allerdings auch, wie Sie bereits wissen, zur Isolation verwendet und kann in manchem Kontext negative Emotionen auslösen. In den meisten Fällen wird Weiß als Hintergrundfarbe verwendet, da sie sich ähnlich wie Schwarz mit nahezu jeder anderen Farbe gut kombinieren lässt.

Führen Sie die Liste beliebig fort, mit Gold, Braun oder auch Pink. Inspiration finden Sie unter *http://bit.ly/cd_Farbassoziationen* und *http://bit.ly/cd_Farbpsychologie*. Quasi jede Farbe hat mittlerweile eine Bedeutung, über die Sie sich vor der Gestaltung Ihrer Marke bewusst sein sollten. Denn Ihre Farbwahl richtet sich idealerweise nach der Wirkung, die sie erzeugen wollen. Verstehen Sie die Liste aber bitte nur als grobe Orientierung und testen Sie verschiedene Farben selbst. Vor allem dann, wenn Sie mit mehr als einer Farbe arbeiten möchten (oder sogar müssen).

2.2.3 Passende Farben wählen

Grundlage für die Farbwahl ist das Wissen um die Zielgruppe (siehe Kapitel 1). Da hier, wie oben beschrieben, viele Emotionen involviert sind, sollten Sie die emotionale Wirkung der Farben Ihrer Marke mit den Bedürfnissen Ihrer Zielgruppe in Einklang bringen. Mark Lingk führt in seinem Artikel unter *http://bit.ly/cd_Farbwahl* Food- und Reiseblogs als Beispiele auf.

---

[9] Quelle: Heller, Eva, Wie Farben auf Gefühl und Verstand wirken, 2000

Während Erstere Lust auf ferne Orte, Natur, Sonne und weiße Strände machen, gelten Letztere als Inspirations- und Motivationsquelle für neue und ausgefallene Rezepte. Die Farbgebung dieser Blogs sollte daher genau diese Wirkung unterstützen (siehe Bild 2.45).

Bild 2.45 Ihr Content, insbesondere Fotos, definiert die farbliche Gestaltung Ihrer Marke

Wählen Sie Ihre Hauptfarbe mit Bedacht und wägen Sie ab, ob eine farbneutrale Gestaltung mit Farbakzenten vielleicht sinnvoller ist als eine knallbunte Seite. Dominiert eine Farbe zu stark, kann dies ihre Wirkung negativ beeinflussen. Wählen Sie außerdem eine Sekundär- und gegebenenfalls Tertiärfarbe, um Ihr Design optisch abwechslungsreicher zu gestalten und den Effekt von Farbkontrasten gezielt zu nutzen.

Farben kombinieren

Für die Wahl einer passenden Zweitfarbe nehmen wir erneut den Farbkreis zu Hilfe:

- Nutzen Sie als zweite Farbe die im Farbkreis gegenüberliegende Sekundärfarbe (Komplementärkontrast). Für Rot ist das Cyan, für Gelb Blau und für Grün Magenta. Durch ihre Gegensätzlichkeit erzeugen diese Farbkombinationen eine Spannung, die bestimmte Designelemente in den Fokus rückt.

  Achten Sie bei der Verwendung von Farbkontrasten auch auf einen möglichst hohen Kontrast (siehe Bild 2.46). Dieser ist fast wichtiger als die eigentliche Farbkombination. Prüfen Sie Ihre gewählte Farbkombination in Hinblick auf die allgemeingültigen Web Content Accessibility Guidelines (WCAG) mit Tools wie dem »WebAIM Color Contrast Checker«, zu finden unter *http://bit.ly/cd_WebAIM*.

  Den stärksten Farbkontrast bildet – nach Schwarz-Weiß – die Kombination der Grundfarben Blau und Gelb. Auch die Mischfarben bieten einen lebendigen, jedoch nicht mehr ganz so stark überdrehten Kontrast. Der Komplementärkontrast von Magenta und Grün ist, zumindest für Text-Hintergrund-Kombinationen, kritisch. Je geringer der Hell-Dunkel-Kontrast zweier Farben ist, desto weniger sollten Sie diese als Vorder- und Hintergrundfarben einsetzen. Greifen Sie in einem solchen Fall lieber auf eine neutrale Tertiärfarbe zurück, wie es beispielsweise Robert in seinem Blog *www.toushenne.de* tut. Er nutzt dort Grün und Orange, kombiniert sie jedoch immer nur einzeln mit Grau oder Weiß (Bunt-Unbunt-Kontrast). Ihre Farbwahl sollte sich ohnehin nicht nur auf Texte und Hintergründe beschränken, sondern sich in allen Bildern und Grafiken wiederfinden.

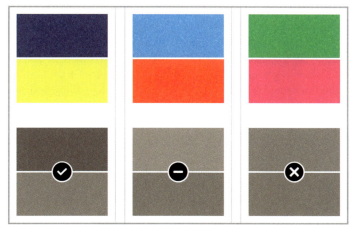

Bild 2.46 Nicht jede Farbkombination weist einen hohen Kontrast auf

- Bei drei Farben greifen Sie auf dasselbe Prinzip zurück, gehen im Farbkreis (siehe Bild 2.47) jedoch jeweils eine Mischfarbe weiter von der Komplementärfarbe weg. Anstelle der sogenannten *Primärtriade* Rot-Gelb-Blau bilden Sie teilkomplementäre Farbharmonien, sogenannte Sekundär- beziehungsweise Tertiärtriaden. Für Rot wären das beispielsweise die Farben Himmelblau und Türkis. Innerhalb unseres zwölfteiligen Farbkreises lassen sich daraus zwölf komplementäre Farbendreiklänge ableiten.

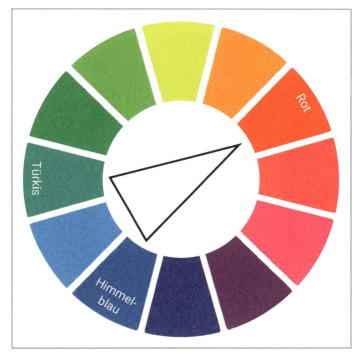

Bild 2.47 Teilkomplementäre Farbharmonien

- Weitere harmonische Farbkombinationen sind analoge Farben, die nebeneinander auf einem zwölfteiligen Farbkreis liegen (insgesamt drei Farben), sowie monochromatische Farben, wobei es sich genau genommen nur um einen einzigen Farbton in verschiedenen Helligkeits- und Sättigungsstufen handelt (Qualitätskontrast). Gut zusammen passen außerdem im Farbkreis geometrisch zueinander positionierte Farben – sei es im erwähnten Dreieck oder im Rechteck beziehungsweise Quadrat wie in Bild 2.48). Sie finden diese vielen verschiedenen Möglichkeiten auch in einer sehr übersichtlichen Infografik bei KISSmetrics unter *http://bit.ly/cd_FarbenKISSmetrics*.

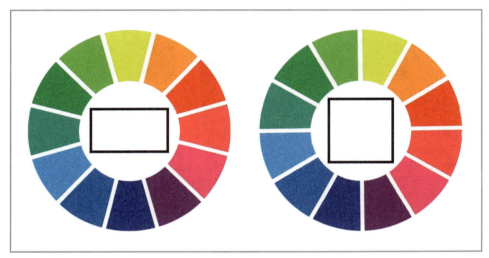

Bild 2.48 Geometrisch definierte Farbharmonien im Rechteck und Quadrat

2.2.3.1 Online-Tools zur Farbwahl

Bei der Farbwahl können Sie sich entweder auf bewährte Schemata verlassen (einhundert Farbharmonien finden Sie beispielsweise im Blog von Canva unter *http://bit.ly/cd_Canva-Farben*) oder mit entsprechenden Tools eigene Farbkombinationen kreieren. Hierfür bieten sich »Adobe Color CC« (siehe Bild 2.50), erreichbar unter *http://bit.ly/cd_AdobeColor*, »Paletton« (siehe Bild 2.49), erreichbar unter *http://bit.ly/cd_Paletton*, oder auch »Color-Hexa«, zu erreichen unter *http://bit.ly/cd_ColorHexa*, an.

Adobe Color bietet Ihnen dazu die Möglichkeit, ein eigenes Foto hochzuladen und Ihre Farbpalette daraus abzuleiten. Sofern Sie bereits erste Bilder vorliegen haben, die Sie unbedingt zur Gestaltung nutzen möchten, wäre dieses Vorgehen wohl das einfachste. Generell würden wir Ihnen empfehlen, Moodboards als Inspirationsquellen zu pflegen. Nutzen Sie Plattformen wie Pinterest *(www.pinterest.com)*, um Ihre Gedanken visuell festzuhalten. Erstellen Sie dort beispielsweise Boards für unterschiedliche Gefühlslagen oder für unterschiedliche Farben. Auch die Farb- und Bildwelt Ihrer Mitbewerber oder Ihrer Zielgruppe können Sie dort erkunden und sammeln. Dadurch haben Sie schnell passendes Material zur Hand, wann immer Sie neuen Content produzieren.

2.2 Farben in der Theorie und Praxis

Bild 2.49 Das Web-Tool Paletton unterstützt Sie bei der Auswahl passender Farbharmonien

Bild 2.50 Adobe Color hilft Ihnen bei der Farbwahl auf Basis eigener Bilder

Bei einigen Tools und auf vielen Webseiten (zum Beispiel *www.colourlovers.com*) liegen Farben in einem bestimmten Größen- beziehungsweise Mengenverhältnis vor beziehungsweise werden Ihnen so empfohlen (siehe Bild 2.51). Das ist keine Willkür oder Zufall, sondern in den meisten Fällen auf einen Quantitätskontrast zurückzuführen. Dieser basiert auf dem Schlüssel, den Johannes Itten im Rahmen seiner Farblehre entwickelt hat. Er definiert, in welchem Verhältnis zwei Farben zueinander stehen müssen, um zu harmonieren.

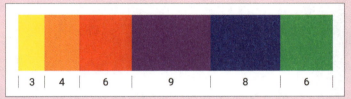

Bild 2.51 Johannes Itten's Schlüssel eines harmonischen Farbkontrasts, proportional grafisch dargestellt

2.2.4 Zusammenfassung: Was Sie über Farben wissen müssen

1. Sie kennen den Unterschied zwischen dem RGB- und CMY-Farbmodell.
2. Sie verstehen Hex-Codes und sind in der Lage, digital mit Farben umzugehen.
3. Sie kennen die Wirkung einzelner Farben und können spontan entscheiden, welche Farbe am besten zu Ihrem Content passt.
4. Sie wissen, wie Sie Farben harmonisch kombinieren und haben stets das passende Tool zur Hand.
5. Sie pflegen Moodboards, um künftig schnell passende Farbkombination definieren zu können.

 Emotions- und Farbräume angleichen

Nutzen Sie Ihr Wissen um Ihre Zielgruppe! Mithilfe von Bild 2.52 können Sie beispielsweise die passenden Farbräume auf Basis der Limbic® Types auswählen.

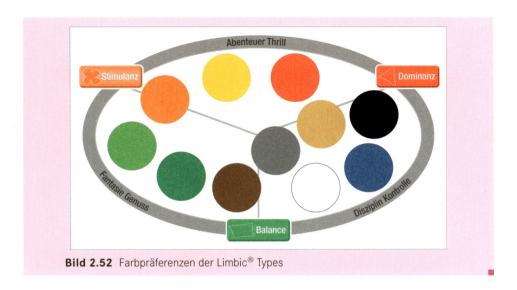

Bild 2.52 Farbpräferenzen der Limbic® Types

■ 2.3 Fazit

Die Gestaltungsgrundlagen zu kennen, ist hilfreich, um Content in Zukunft von vorn herein auch visuell zu konzipieren; das wird nämlich leider häufig vergessen und führt zu unschönen Ergebnissen. Wie genau Sie die Gestaltgesetze und das theoretische Wissen um Farben in der Praxis anwenden, erklären wir Ihnen ohne weitere Umschweife in den folgenden Kapiteln 3 und 4.

3 Content

Nach dem Check der Voraussetzungen und einem Ausflug in die Gestaltung wollen wir Sie nun mit Content vertraut machen, bevor wir beide Bereiche in der Praxis kombinieren. Sie sind sozusagen nur noch ein theoretisches Kapitel vom »handwerklichen« Content Design entfernt!

Ziel dieses Kapitels ist es, Ihnen die verschiedenen strategischen und praktischen Content-Formate vorzustellen und Ihnen ein Verständnis über ihre jeweiligen Stärken und Schwächen zu geben. Die strategische Komponente ist vor allem für Ihren Content-Mix in Hinblick auf Ihre Marketingziele wichtig. Die Eigenheiten der unterschiedlichen praktischen Formate zu kennen, hilft Ihnen, die für Ihre Ziele passenden auszuwählen und damit Ihren Content-Marketing-Erfolg zu maximieren.

◼ 3.1 Strategische Planung

Bei *strategischen* Content-Formaten beziehen wir uns auf die Marketinggrundlagen aus Kapitel 1. So verschieden wie Ihre Marketingziele, so unterschiedlich sollte auch Ihr Content sein, um diese zu erreichen. Denn nicht alle Formate wirken gleichermaßen und sind deshalb auch nicht für jede Aufgabenstellung geeignet. Schon früh waren im Content Marketing Diskrepanzen zwischen Zielgruppenbedürfnissen beziehungsweise -interessen und den Zielen der agierenden Unternehmen sichtbar. Über die Ursachen lässt sich streiten, viel wichtiger ist aber ohnehin, dass Sie verstehen, mit welchem Content Sie Ihre Ziele erreichen können – sei es die Umsatzsteigerung, eine größere Markenbekanntheit oder ein besserer Kundenservice.

Dafür beleuchten wir nachfolgend drei Modelle, die sich dieser Herausforderung annehmen. Im Kern sind sie sehr ähnlich, unterscheiden sich aber in einigen markanten Details. Letztendlich liegt es an Ihnen, zu entscheiden, ob und mit welchem Sie arbeiten möchten. Falls Sie die Gelegenheiten haben, empfehlen wir Ihnen, alle drei auszuprobieren und die Unterschiede selbst zu erfahren.

3.1.1 Help, Hub und Hero Content

Das erste Modell stammt von Google – genauer gesagt aus dem »YouTube Creater Playbook for Brands« *(http://bit.ly/google_playbook)* – und gilt im ursprünglichen Sinne als Empfehlung für eine erfolgreiche Content-Strategie für die Videokanäle von Marken. Schnell wurde dieses Konzept aber auch auf andere Kanäle und letztendlich die gesamte Content-(Marketing-)Strategie übertragen.

Das Modell basiert auf Vorüberlegungen zu Ihren Zielgruppen sowie auf einer Auswahl zu Ihrer Marke passender Themen (siehe Kapitel 1). Ihr Content liegt idealerweise in der Schnittmenge von Nutzerinteressen und Ihrem Nutzenversprechen. Um diese Themenwelten zu realisieren und durch werthaltigen Content das Interesse Ihrer Zielgruppe zu erregen, empfiehlt Google einen Mix aus drei sich ergänzenden Content-Formaten, namentlich Help, Hub und Hero Content.

- Mit **Help Content** sprechen Sie genau die Bedürfnisse Ihrer Zielgruppe an und beantworten deren Fragen schnellstmöglich – Sie lösen eben ein Problem Ihrer Nutzer. Orientieren Sie sich für die Auswahl Ihrer Themen an gängigen Suchanfragen (Betonung auf *Fragen*), die Sie über entsprechende Keyword Research Tools ermitteln können, und liefern Sie ohne Umschweife die gesuchten Informationen. Ein typisches Beispiel für Help Content sind kompakte Videoanleitungen (bekannt als »How to«-Videos) und andere On-Demand-Inhalte wie FAQ oder Wissensdatenbanken; sogenannte »Knowledge Bases« oder »Resource Pages«. Ein Blick auf den YouTube-Kanal von Hornbach, insbesondere »Die Hornbach Möglichkeiten« (siehe *http://bit.ly/hornbach_yt*) vermittelt ein gutes Bild von Help Content (siehe Bild 3.1).

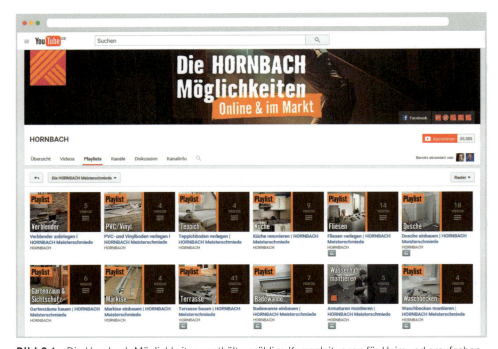

Bild 3.1 »Die Hornbach Möglichkeiten« enthält unzählige Kurzanleitungen für Heimwerkeraufgaben

Eine wichtige Eigenschaft von Help Content ist seine dauerhafte Relevanz. Im Marketing sprechen wir hier von *immergrünem*, sogenanntem »Evergreen Content«, an dem ein dauerhaftes Interesse besteht. Diese Inhalte sind maximal für Suchmaschinen beziehungsweise die Suchanfragen der Zielgruppen optimiert und an die entsprechenden Plattformen angepasst; manch einer sucht vielleicht lieber über Google, andere wählen den direkten Weg über YouTube oder sogar Amazon, wenn es um Produktinformationen oder Preisvergleiche geht.

Der absolute Umfang einzelner Inhalte ist beim Help Content nicht erfolgsentscheidend. Wichtiger ist, dass Sie die Fragen beziehungsweise Suchintentionen der Nutzer beantworten. So umfangreich wie nötig, aber eben auch so kurz wie möglich. Etablieren Sie sich parallel als Experte in diesem Bereich, schließlich wollen Sie mit Ihrem Content glaubwürdig wirken. Unternehmen profitieren dann vor allem durch das Gesamtvolumen, was wiederum am Beispiel von Hornbach deutlich wird. Einzelne Videos sind dort teilweise kürzer als eine Minute, in Summe sind es aber über zweihundertfünfzig Stück. Hornbach beantwortet damit also über zweihundertfünfzig Fragen, die sicherlich ein ansehnliches Suchvolumen aufweisen und dem Unternehmen eine ordentliche Portion Aufmerksamkeit garantieren.

■ **Hub Content** (angelehnt an das englische Wort »hub« für Knotenpunkt oder Zentrum) beschreibt Inhalte, die Sie in regelmäßigen Abständen publizieren. Ihr Ziel ist, einmalige Besucher, die über Help Content eher zufällig auf Sie gestoßen sind, zum Wiederkehren und Abonnieren Ihres Contents zu bewegen. Episodische Formate und Serien eignen sich hierfür besonders gut, egal ob Sie diese im Blog, Ihrem Podcast oder über YouTube veröffentlichen. In der Regel sollten Sie hierbei sowieso mit entsprechenden Push-Maßnahmen die Verbreitung über Social Media & Co. ankurbeln.

Der Clou am Hub Content ist die Kreation einer unverwechselbaren, einzigartigen Persönlichkeit – als Marke oder durch das Casting einer oder mehrerer Personen. Beispiele für Marken-Hubs sind die Online-Magazine »Curved« von O2 beziehungsweise der E-Plus-Gruppe *(https://curved.de/)*, »Turn On« von Saturn *(www.turn-on.de)* oder »featured« von Vodafone (*www.vodafone.de/featured/*). Eine bekannte Person aus dem Marketing-Umfeld, die dieses Format bedient, ist Rand Fishkin von Moz *(www.moz.com)*. In wöchentlichen »Whiteboard Fridays« diskutiert er diverse Aspekte der Suchmaschinenoptimierung (siehe Bild 3.2).

Entscheidend für den langfristigen Erfolg eines solchen Serienformats ist neben der Konsistenz – und deswegen sprechen wir das Thema im Rahmen dieses Buches an – die visuelle Gestaltung. Denn je mehr Wiedererkennungsfaktoren Sie dem Konsumenten anbieten (Name, Logo, Hashtag, Farbe, Gesicht, Setting etc.), desto wahrscheinlicher ist es, dass er sich langfristig an Sie und Ihren Content erinnert und ihn auch außerhalb des ihm bekannten Kontexts – etwa einer anderen Plattform – erkennen wird. Eine aktive Kommunikation Ihrer Publikationsfrequenz hilft übrigens sehr, um Konsumenten dahingehend zu *erziehen*.

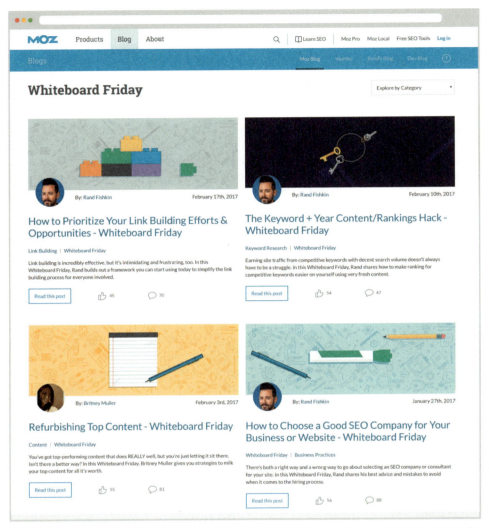

Bild 3.2 Der »Wizard of Moz« Rand Fishkin diskutiert jeden Freitag einen spezifischen Aspekt der Suchmaschinenoptimierung

- **Hero Content**, als das größte und aufwendigste Format in Googles Modell, übertrifft die anderen beiden in seiner Wirkung bei Weitem und verspricht große Sprünge in Ihrem Community-Wachstum und hinsichtlich anderer Ziele, wie etwa die Lead-Generierung oder Brand Awareness. Ein populäres Beispiel von Red Bull stellen wir Ihnen im Rahmen des nächsten Modells vor, dieses übertrifft aber womöglich sogar die Vorstellungen von Google selbst. Denn ursprünglich schlägt Google die Live-Übertragung von Events, viralen Videos oder Online-Expertengespräche – auch mit Influencern Ihrer Zielgruppen – als Hero Content vor.

Ein Kommentar zu »viralen« Videos

Robert hat in seiner Agenturzeit immer wieder den Wunsch nach viralen Videos gehört. Wie weit (und schnell) sich ein Video – oder auch anderer Content – im Endeffekt verbreitet, ist aber kaum programmierbar. Auch Media-Investments stoßen früher oder später an ihre Grenzen. Nichtsdestotrotz können Sie einiges dafür tun, um die *Wahrscheinlichkeit einer viralen Verbreitung* zu steigern. Dabei spielt nicht zuletzt das Wissen um Ihre Zielgruppe sowie die kanalübergreifende Aufbereitung eine wichtige Rolle. Warum wir Menschen überhaupt Content teilen, lesen Sie in Roberts Artikel unter *www.toushenne.de/buch/virales-marketing*.

Da die Konzeption und Produktion sehr aufwendig sind, benötigen Sie für Hero Content einen gewissen Planungszeitraum. Es bietet sich daher an, diese Form von Content mit Feier- oder Thementagen, wichtigen Kongressen oder Konferenzen beziehungsweise planbaren sozialen oder kulturellen Großereignissen zu verknüpfen. Ob Sie die olympischen Spiele, eine internationale Fußballmeisterschaft oder den Super Bowl wählen, liegt ganz an Ihnen beziehungsweise an den Vorlieben Ihrer Zielgruppen und dem thematischen Fit zu Ihrem Unternehmen. Insbesondere der Super Bowl ist über die vergangenen Jahre ein Garant für Hero Content in Form von (mehr oder weniger) viralen Werbespots geworden. Diese gehen einige Wochen vor und teilweise auch noch nach dem Mega-Event durch die Medien.

Dass viele Unternehmen von diesem riesigen, internationalen Interesse profitieren wollen, ist wenig verwunderlich. Interessant ist aber zu beobachten, dass sich auf der ersten Suchergebnisseite für den Begriff »super bowl ads« gleich drei Webseiten tummeln, die alle Werbespots der vergangenen Jahre aggregieren und sonst nichts (siehe Bild 3.3). Wohl gemerkt neben den zu erwartenden Seiten wie der offiziellen Website der National Football League, dem Online-Magazin Forbes und Wikipedia. Warum sich solche einfachen Webseiten für ihre Betreiber lohnen, erklären wir Ihnen gleich anhand eines anderen Modells.

Sofern Ihnen die Mittel zur Verfügung stehen, spricht nichts dagegen, Ihr ganz eigenes Event zu veranstalten. Von einer einfachen Pressekonferenz zur Vorstellung eines neuen Produkts bis hin zu einer mehrtägigen Roadshow oder einem jahrelang akribisch vorbereiten Sprung aus dem Weltall ist alles denkbar. Je kreativer, spektakulärer und interessanter für Ihre Zielgruppen, desto besser.

Auch bei Hero Content sind Kooperationen ein wichtiger Erfolgsfaktor; vielleicht sogar noch wichtiger als bei anderen Formaten. Denn arbeiten Sie beispielsweise mit reichweitenstarken Medien oder Influencern zusammen, spart Ihnen das womöglich Geld für die Promotion. Das können Sie dann wiederum an anderer Stelle investieren (inhaltliche Ausgestaltung, Inszenierung oder Ähnliches) und bewirken dadurch vielleicht den ausschlaggebenden Unterschied zu Ihren Mitbewerbern.

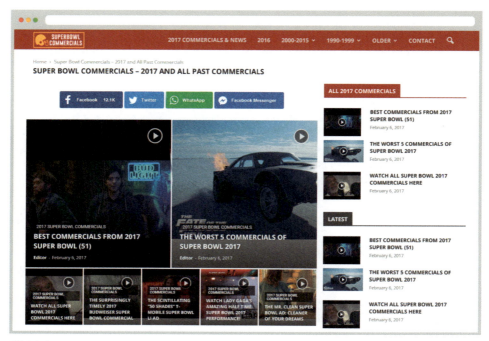

Bild 3.3 *www.superbowl-commercials.org* sammelt alle Werbespots der vergangenen Jahre

Insgesamt können Sie sich das Help Hub Hero-Modell als Pyramide vorstellen (siehe Bild 3.4). Während Help Content – früher übrigens auch als »Hygiene«-Content bezeichnet – die breite Basis Ihres Content-Portfolios[1] ausmacht, bildet Hero Content die Spitze. Durch diese Darstellung wird zwar die Menge einzelner Content Assets veranschaulicht, lassen Sie sich von dieser Verteilung aber nicht in Hinblick auf das dafür jeweils notwendige Budget beirren. In der Praxis ist das Investment in die drei unterschiedlichen Content-Formate eher gleichverteilt oder sogar der Pyramide entgegengesetzt. Bedenken Sie außerdem, dass Sie durch die Produktion von Hero Content sehr viele Möglichkeiten haben, um Bruchstücke dessen als Hub oder Help Content zu verwenden.

Beschränken Sie sich daher nicht auf ein einzelnes Content-Format. Zum einen lassen sich mit ihnen jeweils unterschiedliche Ziele verfolgen (siehe Bild 3.5), zum anderen entfalten sie ihr volles Potenzial erst im Zusammenspiel. Denn was haben Sie beispielsweise von der großen Aufmerksamkeit durch Hero Content, wenn Sie darüber hinaus nichts zu bieten haben? Auf der anderen Seite bringt Ihnen die unerlässliche Produktion von Help und Hub Content auch nicht viel mehr, wenn Sie nicht gelegentlich die Werbetrommel für Ihr Angebot und Ihre Marke rühren.

---

[1] Siehe auch Roberts Artikel zum Thema Content-Portfolio-Management unter *www.toushenne.de/buch/content-portfolio-management*

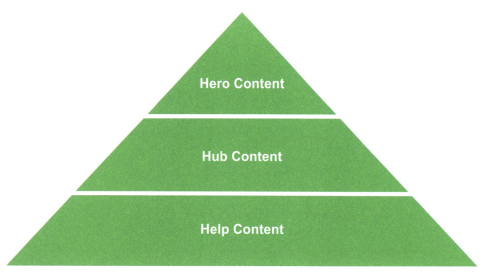

Bild 3.4 Das Help Hub Hero-Modell von Google als Pyramide

	Help	Hub	Hero
Aufmerksamkeit generieren			✓
Kaufentscheidung beeinflussen	✓	✓	
Fürsprechen (Fans) gewinnen	✓	✓	✓
Positionierung der Marke	✓	✓	✓
Online-Reputation-Management	✓		

Bild 3.5 Gut zu wissen: Help, Hub und Hero Content wirken unterschiedlich

Es erfordert wohl ein wenig Übung, um die Balance zu finden. Aber mit einer konsequenten Planung – zum Beispiel mithilfe eines Redaktionsplans – und der stetigen Reflexion Ihrer Inhalte werden Sie sicher schnell ein Gespür für die verschiedenen Formate entwickeln.

 Googles Content-Modell dient zunächst als grobe Orientierung für den Einstieg in strategisches Content Marketing. Es ist jedoch nicht detailliert beziehungsweise allgemein genug (es wurde schließlich speziell für YouTube entwickelt), um als Leitfaden für die Umsetzung zu dienen. Diese Aufgabe erfüllt das nächste Modell deutlich besser.

3.1.2 Das FISH-Modell

Der Grundgedanke des von Mirko Lange *(www.talkabout.de)* entwickelten FISH-Modells (siehe Bild 3.6)[2] ist ebenfalls der, dass Content bestimmte Aufgaben erfüllen kann beziehungsweise muss – sowohl für den Produzenten als auch für den Konsumenten. Anders als bei Googles Ansatz sind diese unterschiedlichen Aufgaben aber pro Content-Format möglichst präzise voneinander abzugrenzen. Denn teilweise ist es so, dass sich Aufgaben gegenseitig behindern oder zumindest beeinflussen. Sie werden es beispielsweise schwer haben, mit ein und demselben Content sowohl Vertrauen zu gewinnen als auch gleichzeitig Leads zu generieren.

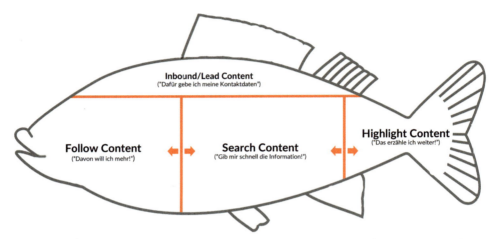

Bild 3.6 Das FISH-Modell zur strategischen Kategorisierung von Content (Quelle: Mirko Lange)

Eine Gemeinsamkeit beider Modelle ist hingegen die Typisierung von Content; entsprechend der möglichen Ziele (siehe Tabelle 3.1). Das FISH-Modell definiert die vier folgenden Typen:

1. F für »**Follow Content**« – In diese Kategorie fallen alle Inhalte, durch die Sie nachhaltig Reichweite in Ihren Kernzielgruppen aufbauen und den kontinuierlichen Kontakt zu ihnen aufrechterhalten können. Das fördert langfristige Beziehungen und stärkt das Vertrauen, das Nutzer in Sie und Ihre Marke haben.

   Bieten Sie Ihren Nutzern bei der Bereitstellung von Follow Content die Möglichkeit an, diesen beziehungsweise Ihre gesamte Unternehmenskommunikation zu abonnieren – per Facebook Like, Twitter Follow, Newsletter etc. Nur so sichern Sie sich einen dauerhaften Zugang zu Ihren Interessenten. Für die Publikation empfiehlt Lange Kanäle, bei denen die Nutzer im »Konsummodus« sind, also vor allem Social Media und Ihrem Online-Magazin oder Corporate Blog.

2. I für »**Inbound Content**« – Content dieser Art soll vertriebliche Anfragen in Form von Leads generieren, insbesondere Business-to-Business. Dafür hat sich in der Praxis bildender, also Wissen vermittelnder Content bewährt, woraus im Idealfall eine Nachfrage nach Ihrer Unterstützung für die Umsetzung entsteht.

---

[2] Lange, Mirko, Das „FISH Modell" und der „Content RADAR" – zwei Strategie-Tools für's Content Marketing, http://www.talkabout.de/das-fish-modell-und-der-content-radar-zwei-geniale-tools-fuer-content-marketing/

Typischerweise ist Inbound Content exklusiv, das heißt nur für jene Personen zugänglich, die bereit sind, dafür mit persönlichen Daten zu bezahlen. Das bedeutet mindestens Ihre E-Mail-Adresse, je nach Umfang und Aufwand aber auch weitere Details zu Ihrer persönlichen oder beruflichen Situation (abhängig von der Branche). Besonders für vertriebsorientierte Unternehmen ist diese Art der Lead-Generierung enorm wichtig, denn sie funktioniert quasi passiv, sobald der Content einmal produziert ist. Ist dieser für Suchmaschinen optimiert und hat er das Potenzial, von sich aus Aufmerksamkeit zu erregen, dann stehen die Chancen gut, dass sich darüber Interessenten bei Ihnen (an) melden.

3. S für »**Search & Sales Content**« – Diese Art Content gleicht dem Help Content aus dem vorherigen Modell mit dem Ziel, akute Informationsbedürfnisse bestmöglich zu befriedigen. Sie generieren damit organischen Traffic aus der Suche (steigende Sichtbarkeit), verbessern Ihre Reputation und machen damit vielleicht sogar direkte Verkäufe über Ihre Website.

   Oberste Priorität dieser Inhalte hat die Beantwortung tatsächlich gestellter Fragen Ihrer Zielgruppen. Diese lassen sich mithilfe der gängigen Keyword-Recherche-Tools identifizieren und auch durch eine entsprechende Suchabfrage ermitteln – etwa anhand der Google-Suchvorschläge und verwandter Suchanfragen (siehe Bild 3.7). Auch ein Blick auf die Arbeit Ihrer Mitbewerber kann helfen.

   Bedenken Sie aber auch, dass Ihre Zielgruppe wahrscheinlich nicht nur über Google sucht. Vor allem YouTube und Amazon sind in den letzten Jahren zu wichtigen Anlaufstellen für Nutzer geworden. Doch nicht auf beiden suchen sie dasselbe. Amazon surfen Nutzer primär zur Produktsuche und zum Preisvergleich an, weshalb Sie grundlegend von einer Kaufintention ausgehen können. Bei YouTube verhält es sich anders. Hier sind Nutzer vorwiegend im Konsummodus; sei es zur Unterhaltung oder zur Informationsbeschaffung. Natürlich geht es hier auch mal um Produkte, aber eine direkte Kaufintention sollten Sie dem Nutzer nicht unterstellen.

4. H für »**Highlight Content**« – Ob Highlight oder Hero, die Aufgabe dieses Content-Typs ist immer dieselbe: Aufmerksamkeit erregen, Begeisterung wecken und die Wahrnehmung Ihrer Marke (zum Beispiel als Kompetenz- oder Sympathieführer) maßgeblich positiv beeinflussen. Da sich diese Inhalte – so zumindest die Intention – viral verbreiten, potenziert sich Ihre Reichweite und rechtfertigt damit die hohen Produktions- und Seeding-Kosten.

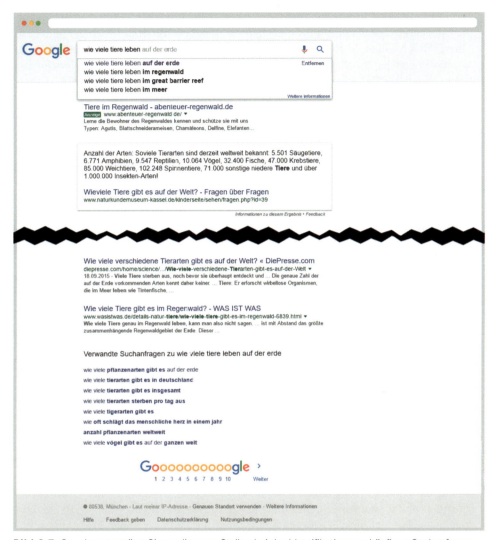

Bild 3.7 Google unterstützt Sie an diversen Stellen bei der Identifikation von häufigen Suchanfragen

Tabelle 3.1 Das FISH-Modell im Detail

	Follow	Inbound	Search und Sales	Highlight
Ziel	Nachhaltig Reichweite und Bindung zu Zielgruppen aufbauen und dadurch langfristig an Sympathie und Vertrauen gewinnen	Direkte, vertriebsrelevante Nachfrage erzeugen, die durch Lead Nurturing-Maßnahmen verfolgt werden kann	Positionierung der Marke als Kompetenzträger und Serviceanbieter; gegebenenfalls auch direkter Abverkauf (je nach Suchintention)	Hohe Aufmerksamkeit erregen und sich schnell (viral) verbreiten, um dadurch das Image zu verbessern und Kompetenzführerschaft zu behaupten

	Follow	Inbound	Search und Sales	Highlight
Nutzen (für den Konsumenten)	Regelmäßige Inspiration und Unterhaltung	Ansätze zur Lösung eines komplexen, akuten Problems	Antwort auf ganz bestimmte Fragen, nach denen aktuell aktiv gesucht wird	Mischung aus allem; sehr hoher funktioneller und/oder emotionaler Nutzen
Inszenierung	Funktioneller oder emotionaler Nutzen muss schnell erkennbar sein, aber auch (transmediales) Storytelling	Tiefgründig mit hohem funktionalem Nutzen und zusätzliches Wertversprechen (weiterer exklusiver Content), um Conversion zu forcieren	Kurz und kompakt und ohne Umschweife schnell auf den Punkt, ergo die Antwort auf die gestellte Frage	Unterhaltung durch transmediales und interaktives Storytelling sowie außergewöhnliche (kreative) Ideen
Frequenz und Qualität	Hohe Frequenz und Regelmäßigkeit unbedingt notwendig; vordergründiger Nutzen ausreichend	Qualität wichtiger als Quantität; funktioniert sowohl einmalig als auch regelmäßig	Neuer Content ist nicht alternativ, sondern kumulativ, da Lebensdauer sehr lang und Relevanz stets gegeben; gegebenenfalls Aktualisierung notwendig	Qualität ist ausschlaggebend und in Kombination mit gutem Seeding wertvoller als die Quantität
Promotion und Seeding	Nicht notwendig, da Follower nicht zwangsläufig auch durch diesen Content angelockt werden	Breite Promotion und gezieltes Seeding sinnvoll, da die Wirkung (Anzahl und Qualität generierter Leads) gut nachweisbar ist	Suchmaschinenwerbung ist hilfreich, die aktive Beantwortung von Fragen direkt am jeweiligen Ort (Social Media, Foren etc.) ist aber mindestens genauso wichtig	Aktive Promotion und gezieltes Seeding absolut notwendig, vor allem, um zu Beginn den (Schnee)Ball ins Rollen zu bringen
Bevorzugte Kanäle und Content-Formate	Social Media, Messenger, Blogs, Magazine oder Newsletter	Eigene Website, insbesondere Landing Pages (siehe Kapitel 4), aber auch in Fremdmedien (Presse, Gastartikel etc.), über die Sie Content wie Whitepaper, Webinare oder Case Studies anbieten	News, Informationen, (Check)Listen auf der eigenen Website (Blog oder Shop), um den Schritt zum Verkauf möglichst kurz zu halten	Quasi alle Kanäle mit eigener Website als Content Hub für verschiedene Formate (vor allem Video und multimediale Inhalte); oft eine Microsite (siehe Beispiel Red Bull), um durch kommerziellen Kontext kein Misstrauen zu erzeugen

Kritik am FISH-Modell

Mirko Lange beseitigt mit seinem Modell einige Schwachstellen des Help Hub Hero-Modells und bemüht sich insbesondere um eine klare Abgrenzung zur eindeutigeren Erfolgsmessung. Die Kategorisierung, die er dabei vornimmt, ist detaillierter als die von Google und stellt einen guten Kompromiss zwischen Vollständigkeit und Umsetzbarkeit dar.

3.1.3 Das Content Polygon

Das dritte Modell, das wir Ihnen vorstellen, wurde von Robert entwickelt. Das »Content Polygon« dient ebenfalls der grundlegenden Kategorisierung von Content. Die einzelnen Kategorien dienen jeweils unterschiedlichen Zwecken, die auch auf unterschiedliche Art und Weise analysiert und anhand individueller Leistungskennzahlen bewertet werden können. Anders als das FISH-Modell besteht das Polygon insgesamt aus sechs verschiedenen Content-Formaten (siehe Bild 3.8), wobei natürlich nicht jedes Unternehmen Content in jeder Kategorie produzieren muss.

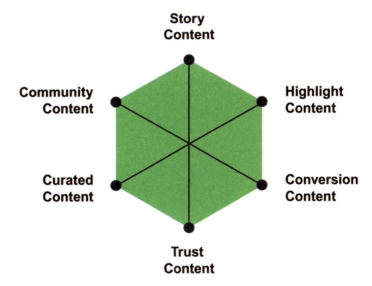

Bild 3.8 Das vollständige neutrale Content Polygon

- **Curated Content:** Joe Pulizzi, einer der Gründer von Content Marketing als Begriff und Marketing-Disziplin, definiert das Kuratieren von Content frei übersetzt als »*Organisation von externen, wertvollen Inhalten innerhalb einer Nische und Präsentation dieser in einer ansprechenden Art und Weise an eine spezifische Nutzergruppe.*« Content zu kuratieren heißt, Inhalte verschiedenster Autoren zu einem bestimmten Thema an einem zentralen Ort – etwa einer Website – für eine bestimmte Zielgruppe aufzubereiten. Aufbereiten im

Sinne von Aggregieren, Destillieren (zum Beispiel in einem »Best of«-Format), Aufbereiten (beispielsweise visuell als Infografik), Chronologisieren oder der Hervorhebung einzelner besonderer Content Assets.

Ein typisches Beispiel für kuratierten Content sind sogenannte Roundup-Artikel, wie etwa die »Social Web News« von Christina Gallinaro (siehe Bild 3.9, online unter *https://bit.ly/cd_swn*), die eine Auswahl der besten (oder kreativsten, außergewöhnlichsten etc.) Inhalte innerhalb eines bestimmten Zeitraums auflisten.

Bild 3.9 »Roundup«-Listen sind ein beliebtes Format der Content-Kuration

Ziel von kuratierten Inhalten aus Sicht des Unternehmens ist die Positionierung als wertvolle Informationsquelle (und dadurch langfristig als Thought Leader) sowie die Vertrauensbildung. Entscheidend ist eine konsequente, kontinuierliche Kuration. Der Leser profitiert von diesem Format insofern, als dass er sich die Recherche sparen kann. Anstatt das gesamte Internet nach Informationen durchforsten zu müssen, kann er sich darauf verlassen, hier den besten Content präsentiert zu bekommen – zur schnellen Verarbeitung aufbereitet. Sie erinnern sich an die Webseiten mit allen Super Bowl Ads der vergangenen Jahre? Nun, genau dieses Prinzip hier nutzen die jeweiligen Betreiber und etablieren sich als »The Place to go«, wenn es um die Werbespots zum alljährlichen Mega-Event geht.

Als praktisches Content-Format bieten sich vorrangig Listen an. Als Plattformen kommen Blogs, Pinterest oder explizite Content-Aggregationsplattformen wie *List.ly*, *Scoop.it* oder *Paper.li* in Frage.

- **Story Content:** Konsistenz und Kontinuität sind wichtige Faktoren für die langfristige Bindung Ihres Publikums. Regelmäßige Content Updates (in Abgrenzung zu immer neuen Produktionen) sind der Schlüssel zu einer wachsenden Community. Neben kuratierten Inhalten bieten sich hierfür besonders in mehrere Teile gegliederte oder im großen Ganzen zusammenhängende Geschichten an. Diese können vom aufwendig produzierten (Werbe)Video bis hin zu einfachen Social Media Posts ganz unterschiedliche Formen annehmen, wobei visuelle Inhalte in Summe natürlich deutlich besser funktionieren.

Gute Beispiele für Story Content sind unter anderem die TV-Werbeformate der Telekom (Familie Heins, siehe www.telekom.de/start/magenta-eins/familie-heins) und Check24 (»2 unvergleichliche Familien«, siehe www.check24.de/tv-werbung). Ein großer Nachteil dieser Formate sind die Produktionskosten und die Notwendigkeit, Reichweite einzukaufen, um genügend Aufmerksamkeit auf den Content zu lenken (Push-Prinzip). Während die Telekom als Pionier dieses Werbeformats ihren Vorsprung nicht wirklich nutzt, ist Check24 sehr bemüht, die Geschichte durch weiterführende Informationen und eine interaktive Webseite zu vertiefen (siehe Bild 3.10). Zudem punkten sie mit einer deutlich höheren Frequenz und – so meinen wir zumindest – einem höheren Unterhaltungswert. Noch konsequenter wäre es jedoch im Sinne des Content Marketings, wenn sie auch innerhalb der TV-Spots das Content-Format bewerben würden, anstelle der eigenen Produkte. Aber auf diese Art können sie das Media-Investment wohl nicht ausreichend rechtfertigen.

Bild 3.10 Das Serienformat von Check24: »2 unvergleichliche Familien«

Um es mit den Worten von Lars Cords (Chief Content Officer der Agentur Scholz & Friends) zu sagen – der dieses Format mit Scheherazade's Geschichten aus Tausendundeiner Nacht vergleicht – geht es bei Story Content darum: »... statt punktuelle Einzelmeister [Hero Content] mit Schwarzbrot-Kommunikation [Hub Content] zu kombinieren ... muss die Kommunikationsbranche ... den Anspruch haben und erfüllen, viel agiler als bislang kontinuierlich so kreativ anregenden und Nutzen stiftenden Content zu produzieren, dass er Begehrlichkeit schafft und sich seine Nachfrage selber sucht. ... Die Geschichten, Bilder und Inhalte müssen so gut sein, dass die Zielgruppen monatlich, wöchentlich, täglich wieder-

kommen und auf die Fortsetzung warten. Wir müssen kreativ begeistern und thematischen Nutzen stiften, sprich: relevant sein. Jeden Tag.«[3]

- **Trust Content:** Die dritte Kategorie des Polygons sind vertrauensbildende Inhalte. Durch sie können sich Unternehmen als Kompetenzführer etablieren, indem sie die Rationalität des Nutzers ansprechen, um diesem beispielsweise das Gefühl zu vermitteln, er habe durch den Konsum der Inhalte etwas gelernt. »Educational Content« (bildende Inhalte) ist daher ein gängiger Begriff, der von anderen Autoren und Marketingexperten wie etwa John Jantsch *(www.ducttapemarketing.com)* oder Brian Clark *(www.copyblogger.com)* verwendet wird, um diese Form von Content zu beschreiben. Wir glauben allerdings, dass diese Bezeichnung der Sache nicht gerecht wird. Denn während bildende Inhalte gut geeignet sind, um Vertrauen aufzubauen, so gibt es viele weitere Inhalte, die dieses Ziel ebenfalls erreichen, ohne zu bilden. Unter anderem Kundenstimmen, sogenannte »Testimonials«, oder auch Bewertungen anderer Nutzer. Die Meinungen anderer beeinflussen uns so stark wie kaum etwas anderes. Freunde und Familie natürlich am stärksten, aber bevor Sie Produkte über Amazon & Co. kaufen lesen Sie wahrscheinlich auch Rezensionen anderer Käufer und machen Ihre Kaufentscheidung von diesen Aussagen abhängig. Auf diese und weitere vertrauensbildende Maßnahmen – es muss nämlich nicht zwangsläufig Content im Sinne von Artikeln, Whitepaper etc. sein – gehen wir in Kapitel 4, Abschnitt 4.3.3 noch näher ein.

- **Conversion Content:** Wie der Name bereits vermuten lässt, geht es in dieser Kategorie um die Nutzerkonvertierung – im ersten Schritt vor allem von unbekannten Besuchern zu Leads. Diese Kategorie ist mit dem Inbound Content des FISH-Modells vergleichbar. Ohne einen triftigen Grund werden Ihre Besucher aber nur ungern persönliche Informationen preisgeben, die Sie zu Marketingzwecken nutzen können. Bieten Sie ihnen daher einen fairen Handel in Form von (exklusivem) Content an. Praktische Formate wie E-Books, Worksheets und Checklisten eignen sich erfahrungsgemäß besonders gut, da sie den Nutzer bei dem Thema unterstützen, mit dem er sich im Augenblick beschäftigt. Findet ein Nutzer auf Ihrer Website beispielsweise Rezepte für sein Mittagessen, dann könnten Sie ihm ein Content Upgrade (siehe Definition auf Seite 16) mit Dessert-Tipps anbieten. So praktiziert es unter anderem der »Onlineshop für Küche und Genuss« Springlane *(www.springlane.de)*, der seine Artikel im Magazin um passende Content-Angebote ergänzt (siehe Bild 3.11).

---

[3] Cords, Lars, Was Content-Marketer von Scheherazade lernen können, *http://www.horizont.net/agenturen/kommentare/Gastbeitrag-von-Lars-Cords-Content-fuer-Tausendundeine-Nacht-135431*

Bild 3.11 Springlane sammelt durch weiterführende Content-Angebote E-Mail-Adressen seiner Nutzer

- **Highlight Content:** Die fünfte Content-Kategorie ist vergleichbar mit dem Hero-Konzept von Google und dem identischen Typ des FISH-Modells. Es stellt in gewisser Weise eine Kombination mehrerer Formate dar. Der Nutzer wird sowohl emotional angesprochen als auch unterhalten und mit nützlichen Informationen versorgt. Highlight Content ist typischerweise sehr umfangreich und aufwendig produziert und bis ins Detail ansprechend gestaltet. Dieser Aufwand lohnt sich, weil derartiger Content meistens die gesamte Customer Journey abdecken und damit eine sehr breite Zielgruppe ansprechen kann. Es liegt jedoch auch in der Natur der Sache, dass Unternehmen solche Highlights nicht regelmäßig oder zumindest nur in sehr kleiner Stückzahl produzieren können.

Ein Beispiel für Highlight Content aus dem Marketingumfeld sind die alljährlichen Studien zu Googles Ranking-Faktoren von Searchmetrics (siehe *https://bit.ly/sm_studie*). Das Unternehmen bereitet die Ergebnisse sowohl ausführlich im PDF-Format auf, die dem Nutzer im Austausch für persönliche Daten zum Download bereitstehen, als auch in Form einer Infografik sowie mehreren Blog-Artikeln, Präsentationen und Social Media-Beiträgen. Diese Art der Konfektionierung für unterschiedliche Plattformen und sogar Branchen (siehe Bild 3.12) ist eine absolute Notwendigkeit, um die maximale Verbreitung zu gewährleisten. Ergänzend unterstützt Searchmetrics die eigentliche Studie durch Trust Content in Form von Testimonials und einer Konsistenz über mehrere Jahre hinweg (die Studie gibt es seit 2012).

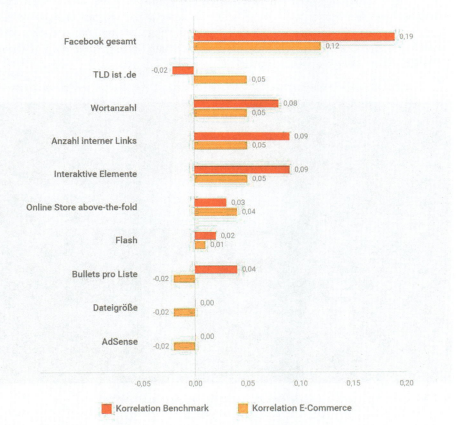

Bild 3.12 Searchmetrics Inforgrafik zu E-Commerce Ranking-Faktoren 2017[4]

---

[4] Searchmetrics, E-Commerce Ranking-Faktoren 2017, http://www.searchmetrics.com/de/knowledge-base/ranking-faktoren-e-commerce/

Ein noch extremeres, aber dadurch deutlich bekannteres Beispiel ist »Red Bull Stratos« (www.redbullstratos.com, siehe Bild 3.13), bei dem Skydiving-Profi Felix Baumgartner einen Fallschirmsprung vom Rande des Weltalls aus startet. Die Kosten für ein derartiges Projekt sind natürlich immens und suchen ihresgleichen, die Resultate aber auch. Denn Red Bull positioniert sich damit punktgenau im Bereich Extremsport und zieht enorm viel Aufmerksamkeit auf sich, spricht aber gleichzeitig eine viel breitere Zielgruppe an. Schließlich produziert das Unternehmen begleitenden wissenschaftlichen Content, etwa zur Schallgeschwindigkeit, Meteorologie und der Atmosphäre, sowie Content zur eingesetzten Technologie. Selbstverständlich wird die gesamte Aktion in einer Geschichte verpackt, die Felix Baumgartner und Red Bull als Protagonisten in den Jahren der Vorbereitung begleitet. Der Nutzer kann so tief in die Mission eintauchen, dass er sich womöglich selbst schon als Teil des Teams fühlt und damit eine enge Verbundenheit zur Marke Red Bull empfindet. Die Videoperspektive beim eigentlichen Sprung durch die Helmkamera ist da fast schon nur noch das i-Tüpfelchen.

Bild 3.13 Red Bull Stratos – Ein Marketing Highlight, das seinesgleichen sucht

Sich nur auf diese Kategorie zu beschränken, lohnt sich allerdings nicht. Natürlich ist das Potenzial riesig, aber eben auch die Aufwände – sowohl finanziell als auch zeitlich. Zu groß wären in den meisten Fällen die zeitlichen Abstände zwischen den einzelnen Highlights, in denen die Aufmerksamkeit wieder sinkt und Nutzer das Interesse verlieren. Außerdem ist Aufmerksamkeit nicht gleichzusetzen mit Umsatz oder Gewinn. Und ohne diesen werden Sie wohl kaum weitere Produktionen rechtfertigen können.

- **Community (Contributed) Content:** Die letzte Kategorie des Content Polygons umfasst all jene Inhalte, die nicht vom Unternehmen selbst produziert werden, sondern von den Nutzern. Dieser ist quasi nicht planbar und entsteht auch nur dann, wenn sich ein Unternehmen bereits durch andere Maßnahmen ein positives Markenbild verdient hat und sich infolge dessen eine eigene Community geformt hat. Diese Form von Content hat einen sehr hohen Wert, da sie in der Produktion logischerweise sehr günstig ist und bei anderen Nutzern wiederum ein größeres Vertrauen genießt als die unternehmenseigenen Inhalte. Wir empfehlen Ihnen daher, sich aktiv mit dem Aufbau und der Pflege einer Community zu beschäftigen. Das steigert langfristig die Loyalität ihrer Mitglieder beziehungsweise Ihrer Kunden und kann Sie in diversen Bereichen – von der Marktforschung über die Produktentwicklung bis hin zur Distribution Ihrer Inhalte (etwa mithilfe eines spezifischen Hashtags) – unterstützen.

 Das Content Polygon ist ein sehr flexibles Modell, weshalb Robert die vorangegangenen Erläuterungen gerne als den »aktuellen Stand« bezeichnet. Anwender sollen es für ihre eigenen Zwecke oder Veränderungen im Markt anpassen können. Auch Sie sind hiermit herzlich zur Diskussion unter *www.toushenne.de/buch/content-polygon* eingeladen.

Ein Polygon im Einsatz kann nun, wie der Name vermuten lässt, verschiedene Formen haben. Das eingangs gezeigte Polygon ist eben nur der neutrale Zustand. Bild 3.14 zeigt eine weitere Variante einer möglichen Kategorisierung Ihres Content-Portfolios.

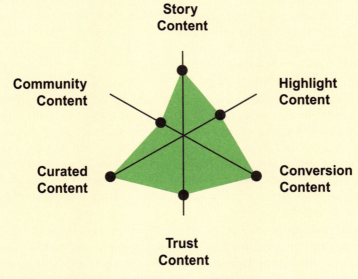

Bild 3.14 Alternative Ausprägung des Content Polygons

3.1.4 Fazit

Alle drei Modelle eignen sich gut zur strategischen Planung unterschiedlicher Content-Formate. Wir wollen keines als besser oder schlechter darstellen, denn jedes hat seine eigenen Stärken und Schwächen und eignet sich dementsprechend besser oder schlechter für bestimmte Anwendungsfälle. Machen Sie sich auch klar, dass Ihre Nutzer diese Kategorisierung nicht unbedingt erkennen und wertschätzen werden. Letztendlich ist Content auch nur ein Mittel von vielen, um Aufmerksamkeit in Business Value zu transformieren.

Entscheiden Sie sich situativ für das passende Modell, und halten Sie sich nicht zwanghaft an die hier dargestellten Details. Es geht nicht um starre Strukturen, sondern um Anregungen, wie Sie Ihre Arbeitsweise verbessern können. Passen Sie die Modelle im Detail für Ihre Zwecke an und experimentieren Sie. Dadurch ist eine gesunde Entwicklungsrichtung gewährleistet, aber Sie bremsen sich nicht selbst durch zu strikte Vorgaben aus.

Praktische Umsetzung

Zuletzt wollen wir Ihnen noch den Unterschied zu *praktischen* Content-Formaten aufzeigen. Damit sind die eigentlichen produzierten Inhalte gemeint. Während es nur einige wenige strategische Formate gibt, so ist die Zahl der praktischen Content-Formate deutlich höher. An dieser Stelle sei gleich erwähnt, dass wir in der folgenden Auflistung keine Vollständigkeit anstreben, sondern uns primär auf die gestaltbaren Formate beschränken. Auditive Formate lassen wir deshalb außen vor und fokussieren uns auf die drei Formate Text, Bild und Video. Diese unterscheiden sich in diversen Aspekten, wie etwa der Produktion und ihrer Wirkung. Nach einem kurzen Überblick nutzen wir die nächsten Seiten, um die Besonderheiten dieser drei Formate zu beleuchten.

- **Text:** Wenn wir lesen, versetzen wir uns in die Lage des Autors oder des Protagonisten. Wir *erleben* das Gelesene und versuchen uns damit zu identifizieren. Dabei sind dieselben Hirnareale aktiv, als würden wir etwas tatsächlich (physisch) erleben. Text-Content eignet sich daher gut, um Beziehungen zu Zielgruppen aufzubauen und ihr Vertrauen zu gewinnen. Text eignet sich auch gut, um erzählerisch die eigene Expertise zu demonstrieren und Erfahrungen zu teilen. Darüber hinaus ist es ein adäquates Format, um Fragen der Konsumenten schnell zu beantworten und Informationen zu Produkten oder Dienstleistungen zu kommunizieren.

  Entsprechend vielfältig sind auch die Gestaltungsmöglichkeiten: Vom einfachen Textblock auf Ihrer Webseite über detaillierte Produktbeschreibungen im Onlineshop, bis hin zu Blog-Artikeln, Whitepaper, E-Books, Video-Transkripten oder Pressemitteilungen. Text hat viele (verschiedene) Gesichter, die Sie sich zunutze machen sollten. Denn obwohl die Produktion sehr einfach ist, so ist auch die Gefahr sehr groß, die Aufmerksamkeit des Konsumenten schnell wieder zu verlieren.

- **Bild:** Grafische Inhalte unterstützen den Konsumenten, das Gesehene schnell zu begreifen und sich länger daran zu erinnern. Bildformate sind demnach prädestiniert, um komplexe Daten oder Ideen zu veranschaulichen, und sie sind ein probates Mittel, um die Aufmerksamkeit der Zielgruppen zu erregen – sei es in Form von Schaubildern und Diagrammen, Infografiken oder ausgeklügelten Präsentationen. Darüber hinaus werden grafische Inhalte häufiger über Social Media geteilt als andere, vor allem textbasierte Inhalte.

Gleichermaßen können Sie kreative Bildformate wie Fotos, Illustrationen und Collagen in Ihre Kommunikation integrieren, um das geschriebene Wort zu untermalen; um das Gesagte um eine visuelle Komponente zu ergänzen. Auch das hilft dem Konsumenten beim Begreifen Ihrer Botschaft und wirkt sich positiv auf die Wiedererkennung und die Erinnerungswahrscheinlichkeit aus.

- **Video:** Von Animationen über Videoanleitungen bis hin zu Brand- und Culture-Videos (»Making of ...«, »Behind the scenes«, Livestreams etc.) oder Webinaren – Bewegt-Bild-Formate sind extrem wirkungsvoll und gehören in jedes Content-Portfolio. Allein durch die Präsenz von Bewegungen, Körpersprache, Intonation und der Sprache allgemein verstärken sie die emotionale Verbindung zum Konsumenten. Wohlgemerkt, ohne dass dieser *aktiv konsumieren* muss, sprich eigene geistige Energie investieren muss, um die Botschaft zu verstehen.

- **Mischformen und interaktive Inhalte:** Durch die Kombination von Text, Grafiken und Videos sowie die direkte Einbindung des Konsumenten durch optionale oder sogar obligatorische Handlungen werden mehrere Hirnareale aktiviert. Das resultiert in einer steileren Lernkurve und langanhaltender Erinnerung. Aus dem einfachen Konsum wird eine *Erfahrung* (Stichwort: User Experience, siehe Kapitel 1).

  Machen Sie sich die Wirkung von multimedialem und interaktivem Content in Form von Web-Infografiken, Umfragen, Quizzen etc. zunutze. Schaffen Sie es dann noch, diesen zu personalisieren (etwa durch die persönliche Auswertung eines Tests), steigt die Wahrscheinlich deutlich an, dass Nutzer diesen Content über Social Media & Co. weiterempfehlen werden.

Sie kennen vielleicht das Sprichwort »Tell me and I forget, teach me and I may remember, involve me and I learn«. Es fasst die ursprüngliche Ausführung des chinesischen Confucius-Philosophen Xunzi in seinem Buch *Ruxiao* sehr treffend zusammen, der sagte:

> *»Not having heard something is not as good as having heard it; having heard it is not as good as having seen it; having seen it is not as good as knowing it; knowing it is not as good as putting it into practice.«*[5]

Setzen Sie dieses Verständnis in Zusammenhang mit Ihrem Content, wird Ihnen die Bedeutung und Notwendigkeit unterschiedlicher Content-Formate hoffentlich klar. In den folgenden Abschnitten wollen wir die einzelnen Formate noch näher beleuchten – gemeinsam mit erfahrenen Experten aus Unternehmen wie Zalando oder Facebook.

---

[5] Popik, Barry, „Tell me and I forget; teach me and I may remember; involve me and I will learn", 2012, *http://www.barrypopik.com/index.php/new_york_city/entry/tell_me_and_i_forget_teach_me_and_i_may_remember_involve_me_and_i_will_lear/*

Ein Tipp zur Content-Planung

Bevor Sie loslegen, haben wir noch eine Bitte: Wir beobachten sehr häufig, dass Unternehmen mit einer konkreten Idee in die Produktion hinein starten, sich aber um potenzielle »Begleiterzeugnisse« keine Gedanken machen. Was wir damit meinen sind (große) Ideen, die auf ein einzelnes Ergebnis, etwa einen TV-Werbeclip, zugespitzt werden und sich die Content-Produktion darauf beschränkt. Dass während der Dreharbeiten aber weiteres Material anfällt, aus dem zusätzlicher Content produziert werden könnte, übersehen die meisten. Dadurch fließt viel Geld in ein einziges Video, das Sie kaum anders nutzen können, als für den ursprünglich vorgesehenen Zweck und dem vordefinierten Kanal. Stellen Sie sich nun vor, was Sie zusätzlich erreichen könnten, wenn Sie ergänzenden Content in Form von »Making of«-Videos und -Fotos, »Behind the scenes«-Videos und -Fotos oder auch Outtakes hätten. Ganz zu schweigen von den zahlreichen Zitaten, Witzen und vielleicht sogar verbalen Pannen vom Set. Genau das ist Content für Social Media und würde Ihren Zweck definitiv unterstützen.

Legen Sie in diesem Sinne niemals Scheuklappen an, sondern überlegen Sie sich schon während der Planungsphase, welche weiteren Content-Produkte parallel zu Ihrem eigentlichen Vorhaben entstehen können. Oft können Sie mit nur wenig zusätzlichem Aufwand enorm viel herausholen.

Lesen Sie mehr über die effiziente Content-Produktion und -Wiederverwertung unter *www.toushenne.de/buch/content-recycling*.

3.2 Text

Wenn über Content im Web gesprochen wird, dann denken die meisten Menschen zu allererst an Textinhalte. Das ist wenig verwunderlich, schließlich gibt es davon wohl am meisten.

»Text ist überall. Text ist die am meisten verbreitete Content-Form im Web. Wir suchen danach in Artikeln, Blogs, Rezensionen, Produktbeschreibungen usw. Wir brauchen Text, der uns sagt, wie wir etwas bestellen können oder welches Video wir uns gleich ansehen. Wir verfassen selbst Texte auf Social-Media-Plattformen, in Blogs etc. Text führt und leitet, informiert und bestätigt, vermittelt und verbindet.«[6]

Grund dafür sind unter anderem die im Vergleich zu beispielsweise Bild- und Video-Content (dazu in den Abschnitten 3.3 und 3.4 mehr) vergleichsweise niedrigen Produktionskosten. Doch auch Text ist nicht gleich Text.

Zum einen gibt es im Kontext des Content Marketings viele verschiedene Textformate: Von (Blog)Artikeln und Produktbeschreibungen, über umfangreiche E-Books und Whitepaper,

---

[6] *Halvorson, Kristina & Rach, Melissa, Content Strategy for the Web, 2. Auflage, New Riders, Berkeley, California, 2012*

bis hin zu maximal optimierten E-Mail- und Anzeigentexten. Und auch diese Liste ist nicht vollständig; schon gar nicht, wenn wir klassische Online-Pressemeldungen, Website-Texte oder gar Chats berücksichtigen wollen. Zum anderen unterscheiden sich Web-Texte in ihrer Güte.

Marketing-Texte beispielsweise bewegen den Leser zu einer Handlung, indem sie in ihm ein Bedürfnis nach »mehr« wecken – mehr Informationen, mehr im Sinne der Quantität oder schlicht mehr im Sinne des vermarkteten Produkts selbst. Diese Handlung kann bereits unmittelbar und online geschehen, etwa in Form eines Klicks auf einen dargebotenen Link, eine Empfehlung über Social Media-Plattformen oder den Kauf im Onlineshop des Werbers.

Ein Text mit journalistischem Anspruch hingegen überzeugt durch eine fundierte Recherche der enthaltenen Informationen und einer daraus resultierenden Glaubwürdigkeit und Authentizität, einer hohen sprachlichen und grammatikalischen Qualität und einer korrekten Trennung zwischen redaktionellen und werblichen Aspekten. Wir sprechen letzteren Aspekt hier übrigens ganz gezielt an, da es im Content Marketing leider genügend Fälle gibt, in denen es für den Leser beziehungsweise Konsumenten nicht ersichtlich ist, was denn nun »Content« und was Werbung ist. Beim »Native Advertising« verschwimmen die Grenzen ja bekanntlich sehr stark (siehe Hinweisbox).

Der Vollständigkeit halber soll an dieser Stelle auch der weitverbreitete »SEO-Text« nicht unerwähnt bleiben, wenngleich wir diesem persönlich keine große Bedeutung mehr beimessen; zumindest nicht pauschal gesprochen. Die Optimierung von Texten ausschließlich durch die Integration bestimmter Keywords beziehungsweise Keyword-Kombinationen bewirkt mittlerweile keine überraschenden Verbesserungen mehr in Hinblick auf die Position in den Suchergebnisseiten von Google & Co. Suchmaschinen sind inzwischen deutlich intelligenter geworden und berücksichtigen zur Bewertung von Webseiten viele weitere Faktoren, etwa:

- die Anzahl eingehender Verweise von internen und externen Webseiten sowie eine Gewichtung Letzterer, je nachdem für wie »wertvoll« die Domain erachtet wird,

- die Interaktionsrate von Nutzern auf der Webseite; gemessen anhand von Kennzahlen wie der Aufenthaltsdauer, der Absprungrate oder die Anzahl der Erwähnungen in sozialen Medien,

- die technische Performance einer Webseite bezüglich ihrer Seitenladegeschwindigkeit, insbesondere auf mobilen Endgeräten: seit 2017 wirkt sich auch die Sicherheit der gesamten Website, beispielsweise durch eine SSL-Verschlüsselung, positiv auf die Platzierung in den Suchergebnissen aus.

Informationen zu weiteren sogenannten *Ranking-Faktoren* finden Sie in einschlägigen Branchenmagazinen wie *www.moz.com* oder *www.backlinko.com* (beide in englischer Sprache) sowie in alljährlichen Studien von SEO-Tool-Anbietern wie Searchmetrics[7]. Tiefer wollen wir an dieser Stelle nicht in das Thema einsteigen, sondern konzentrieren uns wieder auf den schriftlichen Content. Es kommen nämlich weitere Aspekte hinzu, die Sie im Vergleich zu Offline-Texten bedenken sollten.

---

[7] Searchmetrics, Rebooting Ranking-Faktoren Google.de, *http://www.searchmetrics.com/de/knowledge-base/ranking-faktoren/*

- Die Art, wie Ihre Botschaften zu Ihren (potenziellen) Kunden kommen, hat sich verändert. Wo Sie früher Flyer aktiv verteilt, Plakate an prominenter Stelle aufgehängt oder Broschüren direkt an mögliche Interessenten geschickt haben, so holen sich Konsumenten diese Informationen eher selbst. Aus einer Push- wird eine Pull-Kommunikation und Sie damit zunächst zu einem (fast) passiven Anbieter von Informationen.

- Die Bereitstellung von Informationen geht insgesamt deutlich leichter und schneller von der Hand, da etwa langwierige Druckschleifen entfallen. Auch Korrekturen können direkt vorgenommen werden, ohne die bisherige Produktion komplett ersetzen zu müssen. Wir warnen jedoch davor, sich von dieser Bequemlichkeit verleiten zu lassen und Quantität über Qualität zu stellen! Natürlich kann es sinnvoll sein, mit weniger Aufwand in den Markt einzusteigen und möglichst schnell Erfahrung zu sammeln, um dann kontinuierlich besser zu werden. Das darf aber nicht bedeuten, dass Sie dabei einen schlechten ersten Eindruck riskieren – etwa durch Rechtschreibfehler, mangelhafte Recherche oder eine schlechte Aufbereitung. Die Qualität muss von Beginn an möglichst hoch sein, sonst bekommen Sie die Chance erst gar nicht, es beim nächsten Mal besser zu machen.

- Aktualität ist diesem Kontext ebenfalls ein wichtiger Faktor. Sie signalisiert dem Konsumenten ein gewisses Maß an Fortschritt Ihrerseits und animiert ihn zur Wiederkehr. Insbesondere vor dem Hintergrund des Social Media Booms müssen wir die Notwendigkeit aktueller und damit relevanter Nachrichten wohl nicht weiter umschreiben. Das gilt im Übrigen auch für Online-Magazine und Blogs, die durch neue Inhalte an Attraktivität gewinnen und Google damit ebenfalls positive Signale senden.

- Die Konkurrenz ist ohnehin nur wenige Klicks entfernt, und es ist dem Leser jederzeit möglich, Informationen aus mehreren Quellen gleichzeitig zu konsumieren und zu vergleichen. Seien Sie daher lieber von vorn herein transparent und freizügig mit Informationen, und liefern Sie die Informationen, die der Nutzer sucht. Schaffen Sie es beispielsweise mit praktischen Tipps, einer ansprechenden Aufmachung und einer allgemein hohen Benutzerfreundlichkeit noch eine Schippe draufzulegen, dann lassen Sie mit ziemlich großer Wahrscheinlichkeit die Konkurrenz im virtuellen Regen stehen. Apropos: Denken Sie stets daran, dass auch Ihre Mitbewerber jederzeit bei Ihnen abschauen können. Behalten Sie sie gut im Auge und vergewissern Sie sich regelmäßig, dass Ihr Content zumindest ein kleines bisschen besser ist.

- Besser wird Ihr Content-Angebot unter anderem durch eine Personalisierung, die dank der zunehmenden Anzahl entsprechender Technologien immer einfacher zu realisieren ist. Sie müssen nicht alle Informationen gleichzeitig anbieten und den Nutzer überfordern, aber Sie sollten in der Lage sein einzuschätzen, wann er welche Informationen braucht und diese *gezielt an ihn* kommunizieren. Zudem war Online-Kommunikation schon immer dialogisch, weshalb Sie stets ein offenes Ohr für Ihre Nutzer haben und den Dialog proaktiv suchen und fördern sollten. Direktes, ehrliches Feedback gibt Ihnen häufig wertvolle Impulse zur Optimierung Ihres Contents.

- Generell bieten Online-Texte im Vergleich zu ihrem gedruckten Pendant gewisse Interaktionsmöglichkeiten. Das kann ein von Ihnen bewusst integrierter, anklickbarer Verweis auf eine andere Webseite oder die Druckversion der aktuellen Seite sein. Das können aber auch diverse Funktionen des Browsers beziehungsweise des Endgeräts des Nutzers sein. So kann inzwischen beispielsweise die Notwendigkeit von Social Media Sharing Buttons auf mobilen Webseiten grundlegend infrage gestellt werden, da die meisten Smartphones eine entsprechende integrierte Funktion anbieten und der Nutzer diese in den meisten Fällen (aus Gewohnheit oder Bequemlichkeit) bevorzugt.

Insgesamt lässt sich die Qualität eines Textes also anhand seines bidirektionalen Mehrwerts bewerten. Das klingt selbstverständlich, doch viele Unternehmen schenken lediglich ihrem eigenen Nutzen Beachtung. Sie verfolgen mit ihrem Content das Ziel, den Leser positiv in seiner Meinung zum Unternehmen zu beeinflussen und ihn dadurch über kurz oder lang als Kunden zu gewinnen. Aber inwiefern profitiert der Leser? Er investiert schließlich Zeit in den Konsum und hat eine gewisse Erwartungshaltung. Das kann, wie bereits erwähnt, eine reine Informationsbeschaffung sein, aber auch Unterhaltung ist ein nicht zu unterschätzender Mehrwert, den Sie mit Ihrem Content liefern können.

Native Advertising

Beim Native Advertising, also der kontextsensitiven Werbung, werden werbliche Medieninhalte in einem redaktionellen Umfeld platziert. Die Idee der Native Ads beruht auf dem freiwilligen Konsum der beworbenen Inhalte, weil der Nutzer ein echtes Interesse an ihnen hat. Daraus resultiert allerdings auch eine Erwartungshaltung, die weit über klassische Werbebotschaften hinausgeht. Der Nutzer verspricht sich in der Regel einen konkreten Mehrwert – sei es eine gesuchte Information oder schlicht Unterhaltung.

Dabei werden native Anzeigen hinsichtlich ihres Designs an die sie umgebende Plattform angepasst, wodurch sie sich besser in das Gesamtbild integrieren als übliche Banner-Anzeigen und dadurch die User Experience nicht negativ beeinflussen. Ihre Wirkung ist dementsprechend deutlich stärker, da der Nutzer sie nicht direkt als Werbung wahrnimmt und von vornherein ignoriert (ein Phänomen, das als »Banner Blindness« bezeichnet wird).

Aber Achtung: Eine Kennzeichnungspflicht nativer Werbung als solche besteht natürlich trotzdem; beispielsweise mittels des Zusatzes »Anzeige« oder »Werbung«.

Weiterführende Informationen zu unterschiedlichen Formaten, Tools und erfolgreichen Beispielen derartiger Werbung finden Sie im Online-Magazin von OnPage.org[8], in der Online-Ausgabe der t3n[9] (die übrigens auch auf diesem Wege monetarisiert wird, siehe Bild 3.15) sowie unter *www.nativeadvertising.com*.

---

[8] Ryte Wiki, Native Advertising, *https://de.ryte.com/wiki/Native_Advertising*
[9] *Petersen*, Melanie, Native Advertising: 20 kreative Beispiele besonders gelungener Kampagnen, *http://t3n.de/news/native-advertising-beispiele-ads-655641/*

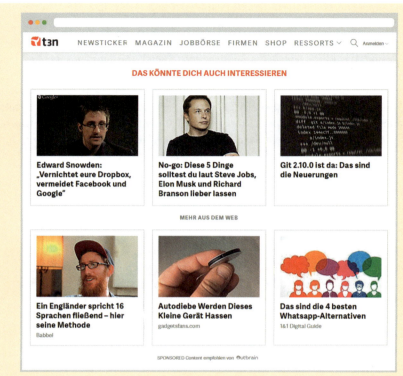

Bild 3.15 Native Advertising im Online-Magazin t3n: Die drei unteren Artikel sind Werbung, gekennzeichnet durch die Angabe »Sponsored Content«.

Die t3n nutzt übrigens die Native-Advertising-Plattform *www.outbrain.com*, die neben *www.plista.com*, *www.taboola.com* und *www.zamenta.com* zu den größten Anbietern zählt. Entscheidend für die Wahl des passenden Anbieters ist das »Distribution Network«, also das Netzwerk an Webseiten, sprich Publishern, die das jeweilige Tool integriert haben und damit ihre Reichweite zur Verfügung stellen. Explizit erwähnt sei an dieser Stelle auch der Anbieter *www.teads.tv*, der sich auf native Video-Formate spezialisiert hat.

Sie stimmen sicherlich zu, wenn wir behaupten, dass Nutzer möglichst wenig Zeit mit der Informationssuche im Internet verbringen wollen. Für unsere Web- und Werbetexte gilt daher der Grundsatz, möglichst schnell auf den Punkt zu kommen. Es braucht – um es mit den Worten von Profi-Texterin Miriam Löffler zu sagen – keinen langen Spannungsbogen, der durch eine ausgeklügelte Dramaturgie aufgebaut wird[10]. Ein gut strukturierter Text folgt in seinem Aufbau eher dem Prinzip einer umgekehrten Pyramide (»Inverted Pyramid«, siehe Bild 3.16).

---

[10] Löffler, Miriam, Think Content!, 1. Auflage, Galileo Press, Bonn, 2014, S. 473

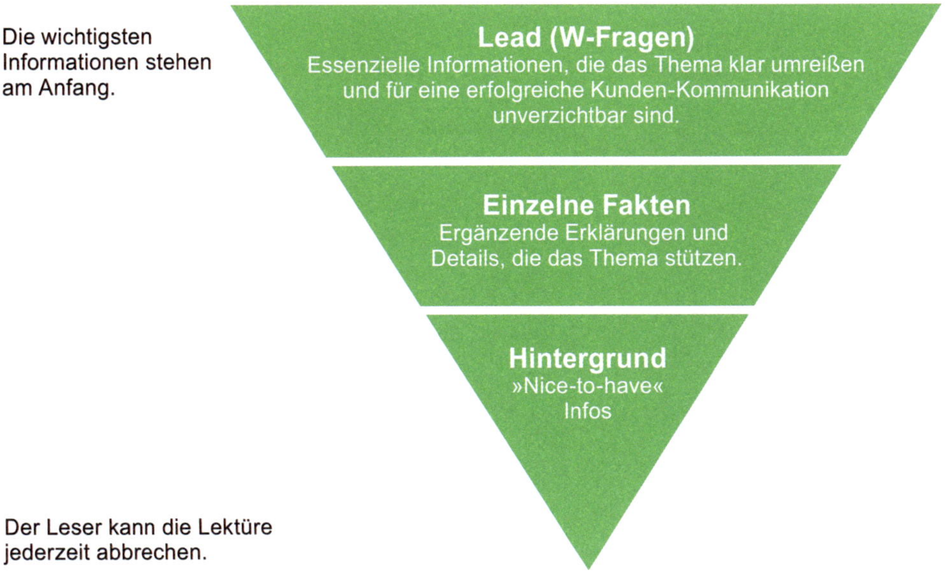

Die wichtigsten Informationen stehen am Anfang.

Lead (W-Fragen)
Essenzielle Informationen, die das Thema klar umreißen und für eine erfolgreiche Kunden-Kommunikation unverzichtbar sind.

Einzelne Fakten
Ergänzende Erklärungen und Details, die das Thema stützen.

Hintergrund
»Nice-to-have«
Infos

Der Leser kann die Lektüre jederzeit abbrechen.

Bild 3.16 Die umgekehrte Pyramide – eine gute Orientierung für den Aufbau von Online-Texten

Nutzer *lesen* online sowieso keine Texte, behauptet zumindest Jakob Nielsen. Was glauben Sie, wie viele Leser einen Text wirklich von Anfang bis Ende lesen? Nicht einmal jeder fünfte![11] Texte werden eher überflogen, als Wort für Wort gelesen. Im Englischen wird häufig von »text processing«, also Textverarbeitung, gesprochen. Das trifft es ziemlich gut, zumal wir die *Verarbeitungsgeschwindigkeit* – im Gegensatz zur individuellen Lesegeschwindigkeit – aktiv durch unsere Textgestaltung beeinflussen können. Laut einer Studie der Nielsen Norman Group aus dem Jahr 2006 liest der Mensch auf drei verschiedene Arten:

- Beim sogenannten »Skimming« (abgeleitet von »to skim«, dem englischen Wort für *blättern*) betrachten wir eine Seite mehr, als dass wir den Inhalt bewusst erfassen. Dabei lesen wir nur zufällig vereinzelte Wörter. Dieses Verhalten zeigt sich vor allem dann, wenn uns eine Seite gänzlich unbekannt ist und wir uns zunächst einen Überblick über das verschaffen wollen, was uns vorliegt.

- Beim gezielten »Scanning« von Texten springen wir von einer Sektion zur nächsten auf der Suche nach ganz konkreten Informationen. Dabei lesen wir zwar auch eher nur einzelne Wörter, scannen den vorliegenden Inhalt aber fast systematisch (von oben nach unten und von links nach rechts, siehe Bild 3.17). Dieses Verhalten ist zum Beispiel typisch für die Betrachtung der Google-Suchergebnisseiten.

- Beim intensiven Lesen passiert das, was Sie sicherlich selbst schon beim Lesen eines fesselnden Romans erlebt haben: Sie verfallen in eine Art Trance und lesen, und lesen, und lesen, bis irgendwann entweder ein Kapitel endet und Ihr Lesefluss unterbrochen wird oder sie plötzlich den Umschlagtext lesen. Dieses Verhalten ist ein deutliches Zeichen für unser Interesse am Text und zeigt sich am deutlichsten an der Zeit, die wir mit Lesen verbringen.

---

[11] Nielsen, Jakob, Be Succinct! (Writing for the Web), *https://www.nngroup.com/articles/be-succinct-writing-for-the-web/*

> Wir **lesen nicht** jedes einzelne Wort. Wir fixieren eher bestimmte Wörter und ergänzen den Rest gedanklich.
>
> Wir lesen nicht **jedes einzelne** Wort. Wir fixieren eher bestimmte Wörter und ergänzen den Rest gedanklich.
>
> Wir lesen nicht jedes einzelne Wort. **Wir fixieren** eher bestimmte Wörter und ergänzen den Rest gedanklich.
>
> Wir lesen nicht jedes einzelne Wort. Wir fixieren eher **bestimmte Wörter** und ergänzen den Rest gedanklich.
>
> Wir lesen nicht jedes einzelne Wort. Wir fixieren eher bestimmte Wörter und **ergänzen den Rest** gedanklich.

Bild 3.17 Beim Scannen springt unser Auge in sogenannten Sakkaden[12] von einem Fixationspunkt zum nächsten

Alle diese Formen des Lesens hat die Nielsen Norman Group durch den Einsatz von Heatmaps visualisiert (siehe auch Kapitel 5). Daraus entstand das bis heute viel zitierte »F-shaped pattern«, also das wie der Buchstabe F geformte Muster (siehe Bild 3.18). Dieses entsteht, weil wir beim Lesen (von links nach rechts) schon die nächste Zeile antizipieren und uns quasi bremsen müssen, direkt in die nächste Zeile zu springen. Dieses Hin und Her zwischen horizontaler und vertikaler Bewegung erzeugt das F-Muster.

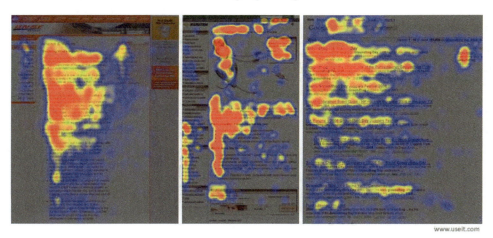

Bild 3.18 Beispiel eines »F-shaped reading pattern« (Quelle: Normal Nielsen Group[13])

Aufgrund dieses Leseverhaltens sind einige derzeit gängige Konventionen entstanden. Etwa die Positionierung des Logos oben links (siehe Punkt 1 in Bild 3.19). Denn das ist einer der wenigen Orte, die garantiert angesehen werden. Dass sich daran eine Navigation in horizon-

---

[12] Zimmermann, Urs, Definition: Sakkade, Eye Tracking Kompetenzzentrum, *http://eyetracking.ch/glossar-sakkade/*
[13] Nielsen, Jakob, F-Shaped Pattern For Reading Web Content, *https://www.nngroup.com/articles/f-shaped-pattern-reading-web-content/*

taler Richtung nach rechts anschließt, leuchtet Ihnen mithilfe dieses Hintergrundwissens wohl auch ein (Punkt 2). Aber sind Sie sich auch dessen bewusst, dass die Gestaltung der Navigation schon hier eine entscheidende Rolle spielt? Je unscheinbarer sie ist, desto eher ziehen Nutzer entlang des F-Musters weiter (Punkte 3 und 4). Wenn Sie jedoch schon in der Navigation wichtige Keywords platzieren und diese visuell hervorheben, findet der Nutzer vielleicht schon, was er sucht. Er klickt dann direkt weiter, ohne sich den Rest Ihrer Webseite überhaupt angesehen zu haben. Stellen Sie sicher, dass Sie dieses Verhalten bewusst steuern.

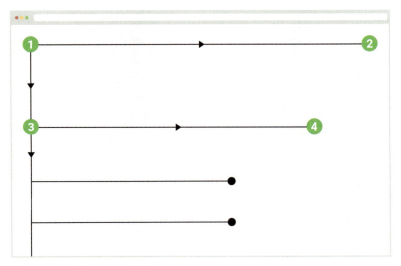

Bild 3.19 Das grobe Schema des F-Musters

Eine Webseite ausschließlich nach diesem Schema zu gestalten, birgt die Gefahr, dass der Nutzer sehr früh abspringt, wenn er nicht das findet, was er sucht. Die Theorie, dass er diesem Verlauf so lange folgt, bis er fündig wird, zeigt sich in der Praxis nur selten. Bewährt hat sich hingegen, nach diesen ersten vier Versuchen dem Nutzer »auf die einfache Art« etwas Nützliches zu bieten, aus dem Schema auszubrechen. Angenommen Punkt 3 im vorgegangenen Bild kennzeichnet Ihre Überschrift und Punkt 4 ein passendes Bild (oder umgekehrt): Wie hoch stehen Ihre Chancen, die Aufmerksamkeit des Lesers durch einen ergänzenden Teaser-Text zugewinnen, wenn ihn weder Überschrift noch Bild interessieren? In den meisten Fällen können Sie sich den Teaser-Text sparen und ihm stattdessen alternativen Content anbieten. Sie können dieses Prinzip auf großen Portalen wie die Süddeutsche Zeitung oder SPIEGEL ONLINE beobachten. Nach einigen vertikal chronologisch sortierten Kombinationen von Bild, Überschrift und Teaser-Text folgt, wie in Bild 3.20 zu sehen, eine kompakte, horizontale Liste mit weiteren Content-Empfehlungen. Die Publisher hoffen spätestens damit, das Interesse ihrer Leser zu gewinnen.

Bild 3.20 Eine horizontale Layout-Variante in Ergänzung zum F-Muster (Screenshot: sueddeutsche.de)

Alternativ dazu, oder genau genommen als Kurzversion dessen, wird in Bezug auf die vier Punkte von einem Z-Muster gesprochen, das als Grundstruktur für Webseiten mit nur wenig Content oder, wie im Beispiel von Evernote (siehe Bild 3.21), für den direkt sichtbaren Bereich einer Seite eingesetzt werden kann.

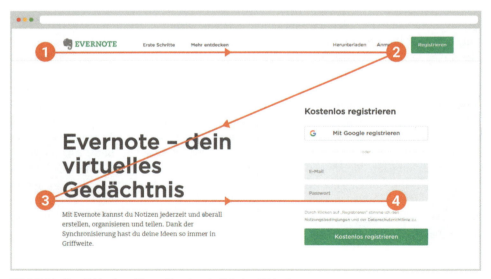

Bild 3.21 Das Z-Muster: Alternativ oder als Teil des F-Musters

Doch zurück zu Text-Content, bevor wir weiter ins Webdesign abdriften. Darauf kommen wir in Kapitel 4 wieder zurück. Es dürfte klargeworden sein, dass das F-Muster nicht nur, aber eben auch für Text gilt. Dass wir im Allgemeinen kaum lesen, sondern eher von einem Punkt zum nächsten springen, heißt nicht, dass Webtexten überhaupt keine Beachtung geschenkt wird. Aber es ist offensichtlich, dass online andere Umstände vorherrschen als im Print-Bereich, und sich das Leserverhalten deutlich unterscheidet:

- Insbesondere durch die steigende mobile Nutzung bewegen sich Nutzer immer häufiger von oben nach unten, ohne die horizontale Bewegung. Ob beziehungsweise inwieweit sich dieses Verhalten auch auf die Nutzung am Bildschirm auswirken wird, bleibt abzuwarten. Bisherige Beobachtungen sprechen dagegen, aber erste konzeptionell-gestalterische Reaktionen in diese Richtung gab es bereits mit der Entstehung von einseitigen Webseiten, sogenannten »Onepagern« (siehe Bild 3.22). Auf diesen ist – bis auf seiteninterne Ankerlinks – quasi keine Navigation per Klick möglich, aber auch nicht nötig. Der Leser kann die gesamte Website per Maus-Rad oder Wisch-Geste bedienen.

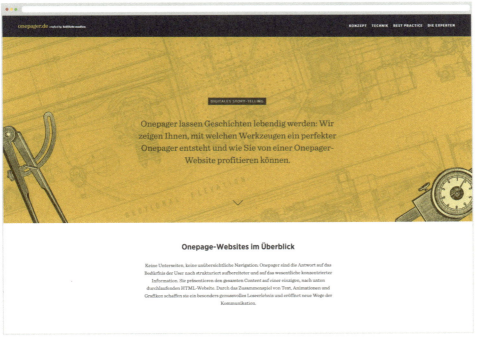

Bild 3.22 Die Betreiber von *www.onepager.de* bieten alle wichtigen Informationen (fast) auf einer einzigen Seite

Hilfreiche Tipps zur Konzeption derartiger Webprojekte finden Sie im Blog des Homepage-Baukasten-Anbieters Jimdo unter *https://bit.ly/cd_jimdo*. Inspiration für Ihre Gestaltung finden Sie beispielsweise unter *https://onepagelove.com*.

- Falls Sie sich schon mal gewundert haben, wieso viele Unternehmen Whitepaper, E-Books und einfache Printversionen ihrer Webinhalte als druckfähige PDF bereitstellen, dann sollten Sie Folgendes wissen: Unsere Konzentration nimmt beim Lesen am Bildschirm schneller ab, als beim Lesen auf Papier. Ursache hierfür sind die Lichtimpulse, die vom

Bildschirm ausgehen. Es ist demnach durchaus nachvollziehbar, dass Leser bestimmte Inhalte lieber in gedruckter Form konsumieren – ganz besonders die ältere Generation (nicht, weil sie angeblich so schlecht sehen und Computer nicht bedienen können, sondern weil sie es so gewöhnt sind und noch immer so bevorzugen).

Übung: Wie schnell verstehen Sie einen Text?

Maximal zehn Sekunden haben Sie Zeit, um das Interesse eines Lesers zu gewinnen.[14] Machen Sie selbst den Test: Wie viele Informationen können Sie innerhalb dieser Zeit aus dem Text in Bild 3.23 herauslesen? Schreiben Sie nachfolgend stichpunktartig auf, was Ihnen in Erinnerung geblieben ist.

> Er hörte leise Schritte hinter sich. Das bedeutete nichts Gutes. Wer würde ihm schon folgen, spät in der Nacht und dazu noch in dieser engen Gasse mitten im übel beleumundeten Hafenviertel? Gerade jetzt, wo er das Ding seines Lebens gedreht hatte und mit der Beute verschwinden wollte! Hatte einer seiner zahllosen Kollegen dieselbe Idee gehabt, ihn beobachtet und abgewartet, um ihn nun um die Früchte seiner Arbeit zu erleichtern? Oder gehörten die Schritte hinter ihm zu einem der unzähligen Gesetzeshüter dieser Stadt, und die stählerne Acht um seine Handgelenke würde gleich zuschnappen? Er konnte die Aufforderung stehen zu bleiben schon hören. Gehetzt sah er sich um. Plötzlich erblickte er den schmalen Durchgang. Blitzartig drehte er sich nach rechts und verschwand zwischen den beiden Gebäuden.

Bild 3.23 Unformatierte Texte, wie dieser, gewinnen selten die Aufmerksamkeit des Lesers

Übung zu Bild 3.23 (unstrukturierter Text)

Notieren Sie hier die Informationen, die Sie sich aus dem Text in Bild 3.23 gemerkt haben.

_____

_____

_____

_____

_____

Wiederholen Sie das Spiel nun mit einem Text, der visuell gestaltet wurde (siehe Bild 3.24). Wir würden wetten, dass Sie mehr notieren können als zuvor. Um Lerneffekte zu vermeiden, handelt es sich beim folgenden Text um einen völlig anderen.

---

[14] Nielsen, Jakob, How Little Do Users Read?, *https://www.nngroup.com/articles/how-little-do-users-read/*

> **Hunger**
>
> Stufe für Stufe schob sie sich die Treppe hinauf.
>
> Pizza Funghi Salami. Die Pilze hatten **sechs Monate in einem Sarg** aus Blech, abgeschattet vom Sonnenlicht, eingeschläfert in einer Sosse aus Essig, billigem Öl und verschiedenen Geschmacksverstärkern, geruht. Es war nur ein Augenblick, in dem sie die Welt erblickt hatten, dann verschwanden sie wieder in einem **450 Grad heissen Ofen**.
>
> Die Pizza ruhte auf ihrer rechten Hand, und in ihrer Linken hielt sie eine jener nichtssagenden Plastiktüten. Wie fast jeden Abend hatte sie noch das **weisse Häubchen aus dem Krankenhaus** auf dem Kopf.
>
> Das Fettgewebe ihrer Schenkel verspürte einen **Heisshunger** auf das müde Öl, das bei jedem Schritt sanft auf den Salamischeiben schaukelte.

Bild 3.24 Visuell strukturierte Texte sind schneller und mit weniger kognitivem Aufwand zu erfassen und gewinnen allein dadurch an Sympathie

Übung zu Bild 3.24 (strukturierter Text)

Notieren Sie hier die Informationen, die Sie sich aus dem Text in Bild 3.24 gemerkt haben.

_____

_____

_____

_____

_____

_____

Wie Sie sehen, sind strukturierte Texte deutlich leichter zu verarbeiten. Durch die visuelle Gestaltung verringern wir die notwendige kognitive Belastung, »um zu begreifen, was da steht«. Stattdessen *lenken* wir den Blick des Betrachters, wodurch er kaum bewusst lesen muss, sondern das Gesamtbild *wahrnehmen* kann. Das Mindeste, was Sie tun können, ist Ihrem Leser den Konsum möglichst einfach machen. Nutzen Sie die folgenden Tipps, um Ihre Texte sowohl inhaltlich als auch visuell zu gestalten. Letzteres ist wichtig, denn auch ein Text wird auf den ersten Blick als Ganzes visuell wahrgenommen, noch bevor der erste Satz gelesen wird. Der erste Eindruck zählt.

3.2.1 Visuelle Textgestaltung

»Schrift ist sichtbare Sprache« – Erik Spiekermann

Über Typografie – abgeleitet von den griechischen Wörtern »týpos« (Gestalt) und »grá-phein« (Schreiben) – gibt es viel zu erzählen, wir wollen den Rahmen jedoch nicht sprengen. Die klassische Typografie beschäftigt sich unter anderem auch mit der Zeichensetzung (Gedankenstriche, Anführungszeichen etc.), Zahlenschreibweisen und sogar der Wahl des passenden Papiers. Relevant für Content Design sind allerdings eher die Gestaltaspekte wie Schriftarten, Laufweiten, Zeilenlänge und -abstand, Satzarten und natürlich die Größe.

Ein Text besteht zwar aus mehr als nur Buchstaben, aber wussten Sie, dass die Reihenfolge der Buchstaben innerhalb eines Wortes für das Verständnis nicht ausschlaggebend sind? Vorausgesetzt zumindest, wir verwenden dem Leser bekannte Wörter – was wir in Bezug auf Kapitel 1, Abschnitt 1.1 und 1.2 ohnehin tun sollten – und stellen sicher, dass der erste und letzte Buchstabe korrekt sind. Unser Gehirn knan flahcse Biegffre dnencoh vrehesten. Verrückt, oder?

Ja und nein, denn auch hierbei unterstützen wir unser Gehirn auf visuelle Art und Weise. Zum einen grenzen wir Wörter durch Leerzeichen voneinander ab, sodass unser Gehirn mit einer kleineren Anzahl an Buchstaben jonglieren muss. Zum anderen ordnen wir alle Buchstaben in Zeilen, wodurch der Leser intuitiv die bekannte Leserichtung von links nach rechts und von oben nach unten einschlägt und so den Gesamtkontext schneller begreift.

Sie haben sicher selbst schon einmal Worträtsel wie in Bild 3.25 gelöst. Das ist umso einfacher, je weniger Möglichkeiten Sie haben, um Worte zu formen. Müssen Sie die Buchstaben nur horizontal von links nach rechts reihen, lösen Sie das Rätsel wahrscheinlich in sehr kurzer Zeit. Was aber, wenn Sie auch Begriffe von rechts nach links oder sogar diagonal in beide Richtungen schreiben dürfen? Klar, Sie brauchen länger, weil es mehr Möglichkeiten gibt. Es ist aber auch deshalb schwieriger, weil wir die Wörter nicht mehr *sehen*. Probieren Sie es aus!

A	C	O	N	T	E	N	T	Y	H	P	T	E	X	T
B	P	C	B	I	L	D	X	D	E	S	I	G	N	O
S	N	I	C	O	N	F	T	O	L	Z	B	U	C	H
A	E	T	F	G	E	S	T	A	L	T	U	N	G	P
T	P	I	X	E	L	X	G	A	L	H	C	S	M	U
Z	T	A	S	Y	F	A	R	B	R	A	U	M	X	I
L	I	S	T	E	T	K	N	U	P	T	E	X	T	E
P	S	C	H	R	I	F	T	F	A	R	B	E	L	N
N	M	Z	E	I	L	E	N	A	B	S	T	A	N	D
E	S	O	E	S	F	P	Y	R	A	M	I	D	E	U
S	T	R	U	K	T	U	R	A	N	M	P	L	X	N
E	O	I	L	E	S	E	R	I	C	H	T	U	N	G
L	F	Z	E	I	C	H	E	N	Y	T	K	N	U	P
O	F	L	A	T	T	E	R	S	A	T	Z	R	G	V
K	E	S	T	S	U	C	H	B	E	G	R	I	F	F

Bild 3.25 Finden Sie alle 27 Begriffe in diesem Worträtsel! Die Lösung finden Sie am Ende dieses Buches.

Da wir schon das Vokabular, Zeilen und die Leserichtung angesprochen haben, wollen wir die Liste an potenziell gestaltbaren Textelementen erweitern. Denn es gibt viele weitere Ansatzpunkte für visuelle Anreize:

- **Schriftfarbe** – Die Schriftfarbe oder genauer gesagt, Sie haben sicherlich gut aufgepasst, der Kontrast zwischen Schrift und Hintergrund ist ein wichtiger Aspekt der Textgestaltung. Je stärker dieser Farbkontrast, desto einfacher ist der Text zu lesen. Ein schwacher Kontrast wirkt sich negativ auf die Usability aus …

  - weil Leser sich anstrengen müssen, um den Text zu entziffern. Das mindert nebenbei das Vertrauen, das Leser in Ihre Texte haben.

  - der Leser einzelne (für ihn relevante) Begriffe nicht mehr so schnell wahrnehmen kann und deshalb mehr Zeit braucht, um die gesuchten Informationen zu finden. Experimente haben außerdem gezeigt, dass sich Nutzer in solchen Fällen selbst die Schuld dafür geben und dadurch an Selbstvertrauen verlieren.[15] Solch einen negativen Einfluss wollen Sie definitiv nicht auf Ihre Nutzer ausüben!

  - weil Ihr Text bei Sonneneinstrahlung auf mobilen Geräten nicht mehr lesbar ist.

  Außerdem kann es passieren, dass Nutzer Ihrem Text bei einem zu geringen Kontrast überhaupt keine Beachtung mehr schenken. Denn erinnern Sie sich an die Gestaltungsregeln zurück: Ausgegraute Texte verlieren ihren Aufforderungscharakter und signalisieren Inaktivität. Der Leser stuft ihn von vorn herein als unwichtig ab und konzentriert sich auf andere Bereiche. Das trifft auf Fließtext, der den Großteil des Contents auf einer Webseite ausmacht, natürlich weniger zu als auf kürzere Textabschnitte oder einzelne Textelemente. Dennoch kann Ihnen genau das die Conversion kosten. Das World Wide Web Consortium (W3C) definiert den Kontrast von Texten übrigens als Erfolgskriterium und bietet unter *https://bit.ly/cd_w3contrast* neben einer detaillierten Erklärung (inklusive Bezug auf DIN-Normen) konkrete Tipps und Tools zur Umsetzung an.

  Praktisch ist ein zu krasser Kontrast allerdings unangenehmer für die Augen, weshalb eine Abschwächung derzeit voll im Trend liegt. Sie müssen also einen Mittelwert finden, der zu Ihrer Zielgruppe passt. Erschwerend kommt hinzu, dass Sie die *Farbausgabe* nicht hundertprozentig sicherstellen können. Denn jeder Nutzer hat einen anderen Monitor und andere Farbeinstellungen. Ein helles Grau kann dadurch fast weiß wirken, umgekehrt wirkt ein dunkles Grau vielleicht schwarz. Bei Farben ist das weniger kritisch, solange die Farbkontraste stark genug sind (Sie erinnern sich an Kapitel 2, Abschnitt 2.2.3), vorteilhaft für Ihr Markenbild ist das aber nicht. Stilmittel, wie die Schriftgröße oder Textauszeichnungen, wirken sich ebenfalls – sowohl positiv als auch negativ – auf diesen Kontrast aus. Prüfen Sie Ihr Gesamtwerk dahingehend sehr genau, bevor Sie den Stift, das heißt die Tastatur, weglegen.

- **Schriftart und -schnitt** – Das Gesamtbild eines Textes wird maßgeblich von den verwendeten Schriftarten dominiert. Lesbarkeit ist einer der wichtigsten Faktoren bei der Wahl der richtigen Schriftart. Es gilt auch hier der Grundsatz: Weniger ist mehr. Zum einen, weil das Gesetz der Kontinuität greift, zum anderen, weil Ihr Design viel ordentlicher wirkt, wenn Sie sich für zwei oder maximal drei Schriftarten entscheiden. Große Unternehmen wie Audi (»Audi Type«), Intel® (» Intel® Clear«) oder Airbnb (»Air«) lassen sich

---

[15] Sherwin, Katie, Nielsen Norman Group, Low-Contrast Text Is Not The Answer, *https://www.nngroup.com/articles/low-contrast/*

sogar ganz eigene anfertigen. Allerdings ist das wohl ein Luxus, den sich nicht jeder von uns leisten will, geschweige denn muss oder finanziell gesehen überhaupt kann.

Ein zweiter Faktor neben der Lesbarkeit sind Assoziationen. In gewisser Weise erzählt jede Schriftart eine Geschichte. Viele wurden schließlich für ganz spezielle Zielgruppen oder spezielle Bereiche entwickelt. Oder haben Sie etwa kein konkretes Bild im Kopf, wenn Sie die Schrift in Bild 3.26 sehen – auch ohne dass wir sandbraune Farben oder eine Holztextur verwenden, Sie den Geruch von Blei in der Nase haben oder leise das Lied vom Tod hören?

Wanted: Playbill

Bild 3.26 Die Schriftart Playbill weckt die Assoziation zu Cowboys und dem Wilden Westen

Im Printbereich wird typischerweise die Serifen-Schrift bevorzugt, da sie den Leser sanft in seiner horizontalen Leserichtung unterstützt und den Lesevorgang beschleunigt. Das konnte beim digitalen Einsatz allerdings nicht nachgewiesen werden, zumal wir digital nicht außerschließlich Fließtext und somit strikt von links nach rechts lesen. In der Praxis wird häufig eine serifenlose Schrift wie Arial, Helvetica oder Open Sans mit einer Serifen-Schrift wie Times New Roman oder Garamond kombiniert. Dabei wird die eine oft für Überschriften genutzt, die andere für Fließtext.

 Eine umfangreiche Liste mit Paarungsvorschlägen, sortiert nach Anwendungsbereichen wie »Fashion Retail« oder »Lifestyle Magazine«, finden Sie in der Design School von Canva unter *https://bit.ly/cd_canvafonts*. Immer häufiger finden sich diese unterschiedlichen Schnitte sogar innerhalb einer einzigen Schriftfamilie. Über *https://fonts.google.com* finden Sie eine große Auswahl frei verfügbarer Schriften, inklusive einer Übersicht aktuell populärer Kombinationen.

Mit Tools wie »Webfonter« (erreichbar unter *http://webfonter.fontshop.com/*) können Sie alternative Schriften live auf Ihrer Webseite simulieren. So können Sie sich die passenden Fonts für Überschriften und Fließtext heraussuchen, ohne vorher den Quellcode Ihrer Webseite anpassen zu müssen.

- **Schriftgröße** – Die Größe der Schrift ist ein Aspekt, dem viele Unternehmen bei ihrer schriftlichen Kommunikation zu wenig Beachtung schenken. Zum einen sollte sich diese nach der Zielgruppe richten, etwa Menschen mit Sehschwäche, zum anderen nach dem verwendeten Gerät. Leider ist es noch keine gängige Praxis, die Schriftgröße auf Webseiten explizit für mobile Endgeräte anzupassen. Responsive Webdesign ist hier das Stichwort. Die Schriftgröße sollte für Fließtext bei mindestens 16 Pixeln liegen.

Ähnlich verhält es sich in E-Mails, die teils noch kritischer sind als die eigene Website, oder bei Text innerhalb von Abbildungen. Da diese meist als pixelbasierte Bilddatei angelegt sind, skalieren sie nicht verlustfrei und können daher in manchen Fällen nicht einwandfrei dargestellt werden. Die bessere Alternative für freistehende Abbildungen wie Icons oder Logos sind vektorbasierte Dateien (sogenannte »SVG-Dateien«[16]), die sich ohne Qualitätsverlust vergrößern oder verkleinern lassen. Mit Bildern befassen wir uns in Abschnitt 3.3 genauer.

- **Struktur** – Obwohl die Struktur grundlegend eher der inhaltlichen Textgestaltung dient, können wir durch sie trotzdem visuelle Reize geben. Beginnen Sie einen Text beispielsweise immer mit einer Überschrift, um dem Leser den Einstieg zu erleichtern. Stellen Sie aber sicher, dass die Gestaltung der unterschiedlichen Überschriften auch der Informationshierarchie entspricht. Der Titel sollte größer sein als Zwischenüberschriften, diese wiederum größer beziehungsweise prägnanter als der übrige Text.

Auf den Titel folgt in der Regel ein kurzer Absatz, der als Einleitung dient und dem Leser einen Überblick verschafft. Häufig wird dieser Absatz visuell durch eine eigene Schriftart oder einen anderen Schriftschnitt vom darauffolgenden Text abgehoben. Gegliedert durch prägnante Zwischenüberschriften – diese sind wichtig, um den Leser beim Scannen des Textes zu unterstützen und zu lenken – teilen Sie schließlich den übrigen Text ebenfalls in Absätze auf. Nach dem Gesetz der Gruppierung (siehe Kapitel 2, Abschnitt 2.1.4) können wir solche Einheiten nämlich leichter verarbeiten.

- **Absatzlänge und Spaltenbreite** – Ob es eine ideale Länge für Absätze gibt, wollen wir an dieser Stelle nicht diskutieren. Was vielen von uns jedoch in der Schule beigebracht wurde, gilt online definitiv nicht mehr. Die Textgestaltung wird zunehmend dialogisch, es kann also ruhig einmal ein einzelner Satz einen Absatz bilden; als würden Sie beim Sprechen eine kurze Pause einlegen und die Reaktion Ihres Gegenübers beobachten.

Damit einher geht auch die Entscheidung über die **Satzart**. In Printpublikationen finden Sie üblicherweise den Blocksatz, sofern es sich um längere, zusammenhängende Texte handelt (beispielsweise in Büchern). Das markanteste Merkmal ist die Bündigkeit zu beiden Seiten des Textes, wodurch dieser optisch aufgeräumter wirkt. Online hat sich dieser gegenüber dem Flattersatz jedoch nicht durchgesetzt, weil dies zulasten eines einheitlichen Schriftbilds gehen kann. Zum einen wird beim Blocksatz die Laufweite einzelner Wörter oder der Abstand zwischen ihnen variiert, wodurch Löcher im Text entstehen können (siehe Bild 3.27, linker Kasten). Das sieht nicht schön aus und beeinträchtigt die Lesbarkeit. Andernfalls werden Wörter getrennt, was den Lesefluss ebenfalls behindert; vor allem bei vielen Trennungen hintereinander. Zum anderen wird die visuelle Begrenzung des Textbereichs ohnehin durch das Layout sichergestellt (siehe Bild 3.27, rechter Kasten).

---

[16] Wikipedia, Scalable Vector Graphics, *https://de.wikipedia.org/wiki/Scalable_Vector_Graphics*

Bild 3.27 Blocksatz (links) im Vergleich zu Flattersatz (rechts)

 Vermeiden Sie die Kombination zu vieler Satzarten, das wirkt schnell unaufgeräumt und unseriös. Wir empfehlen Ihnen, zumindest für Textbereiche, eine linksbündige Formatierung. Das entspricht am ehesten dem natürlichen Lesefluss und stellt auch bei unterschiedlichen Zeilenlängen sicher, dass sich der Leser problemlos zurechtfindet. Achten Sie aber, soweit möglich, auf einen *optisch rhythmischen* Flattersatz, bei dem sich lange und kurze Zeilen abwechseln.

Setzen Sie zentrierten Text (sogenannter »Axial- oder Mittelachsensatz«) sparsam ein und nur wenn das übrige Design ausreichende Struktur beiträgt. Typische Anwendungsbereiche sind Überschriften, Gedichte oder kleine Printformate wie Flyer und Einladungskarten.

Von rechtsbündigem Text raten wir Ihnen in den meisten Fällen ab. Das verstößt einfach gegen zu viele Konventionen und hat keine praktischen Vorteile. Auch der Formsatz, den wir hier nur der Vollständigkeit halber erwähnen, findet bei Webtexten quasi keine Anwendung.

Wichtiger als die Höhe eines Absatzes ist dessen Breite. Denn ist eine Zeile zu lang, fällt es dem Leser schwer, die Konzentration zu behalten und beim Springen in der richtigen Zeile weiterzulesen. Zudem bewegt sich gegebenenfalls der Kopf mit, wodurch das Lesen physisch anstrengender wird. Ist die Zeile hingegen zu schmal, stört das ständige Hin und Her den Lesefluss und verführt dazu, schon vor Ende der aktuellen Zeile in die nächste zu springen. Als allgemeiner Richtwert für Web-Texte gelten fünfzig bis fünfundsiebzig Zeichen pro Zeile für die Anzeige auf Desktop-Monitoren sowie dreißig bis vierzig Zeichen auf mobilen Endgeräten.

- **Zeilenabstand** – Ebenso wichtig wie die Gliederung eines längeren Textes in kleinere Abschnitte sind der Absatz- und Zeilenabstand. Wir unterscheiden dabei den optischen Durchschuss vom tatsächlichen Zeilenabstand, der von der Grundlinie aus gemessen wird (siehe Bild 3.28). Beide Abstände beeinflussen die wahrgenommene Helligkeit eines Textes (den sogenannten Grauwert) und somit auch die Wirkung auf den Leser gemäß Kapitel 2, Abschnitt 2.2.2.

Bild 3.28 Im Vergleich: Optischer Durchschuss und Zeilenabstand

Die Faustregel aus wissenschaftlichen Publikationen, den eineinhalbfachen Zeilenabstand in Relation zur Schriftgröße zu nutzen, hat sich auch online bewährt. Allerdings gilt das überwiegend für Fließtext. Die Abstände zwischen Absätzen sowie der Zeilenabstand zwischen mehrzeiligen Überschriften sollte individuell angepasst werden. Nach dem Gesetz der Nähe gilt: Je kleiner der Abstand, desto eher werden die Elemente – ob Zeilen oder Absätze – als zusammenhängend wahrgenommen. Dasselbe trifft übrigens auch auf Wort- und Zeichenabstände zu.

Maximale Lesbarkeit

Für ein gutes Schriftbild kommt es auf mehrere Faktoren an. Neben der Schriftgröße und dem Zeilenabstand – zwei Werte, die wahrscheinlich jeder von uns schon mal bewusst justiert hat – sind das vor allem die Spaltenbreite beziehungsweise die Zeichen pro Zeile (die sogenannten »Characters per Line, kurz CPL). Durch Ihr Corporate Design oder andere Vorgaben liegen in der Regel ein oder zwei dieser Werte bereits vor, sodass Sie die anderen daran anpassen können. Hinterfragen Sie trotzdem, woher die Ausgangswerte stammen. Häufig war es schlicht der Designer, der sich für den ersten Wert entschieden und die restlichen daran angepasst hat. Optimal ist so ein Ergebnis leider nur in den wenigsten Fällen. Besser ist es, wenn Sie sich hierfür beispielsweise an den goldenen Schnitt beziehungsweise den »Golden Ratio«, also das Verhältnis zweier Zahlen zueinander, halten. Webdesigner Chris Pearson (WordPress-Nutzer kennen ihn womöglich aufgrund seines Thesis Themes) hat eigens dafür einen »Golden Ratio Typography Calculator« entwickelt, siehe *https://pearsonified.com/typography/*. Dieser berechnet auf Basis Ihrer Ausgangswerte die übrigen im goldenen Schnitt – etwa wie breit Ihre Spalten bei einer vorgegebenen Schriftgröße sein sollten. Probieren Sie es aus! Testen Sie doch einmal, ob die Schriftgröße auf Ihrer Webseite zur Spaltenbreite passt.

- **Textauszeichnungen** – Wie Sie vielleicht schon bemerkt haben, haben wir das jeweilige Stilmittel zu Beginn eines jeden Aufzählungspunkts fett hervorgehoben. Auch das unterstützt den Leser beim Scannen eines Textes. Weitere Auszeichnungsmöglichkeiten sind das Unterstreichen von Wörtern sowie die Kursivschreibweise. Ersteres hat sich insbesondere bei Webtexten vor allem für Hyperlinks eingebürgert, während Letzteres gerne für Zitate oder einzelne Wortbetonungen innerhalb eines Satzes genutzt wird. Wir empfehlen Ihnen auch, sich prinzipiell an diese Konventionen zu halten, denn dadurch muss der Leser nichts Neues – nämlich Ihr Textauszeichnungssystem – erlernen, sondern kann auf bekannte Muster zurückgreifen. Übertreiben sollten Sie es mit der Auszeichnung von Wörtern ohnehin nicht, denn gemäß dem Gesetz der Kontinuität, ist ein Text vor allem dann leicht zu lesen, wenn sich die Typografie nicht verändert. Außerdem, woher weiß der Leser bei zu viel hervorgehobenen Passagen, welche denn nun die wirklich wichtigen sind?

Die richtigen Begriffe markieren

Neben der Menge sind natürlich die ausgezeichneten Begriffe an sich wichtig. Versetzen Sie sich für diese Aufgabe unbedingt in die Lage des Lesers, um nicht Gefahr zu laufen, lediglich die aus *Ihrer* Sicht wichtigen Begriffe hervorzuheben. In solchen Fällen kann es schnell passieren, dass Sie beispielsweise bei einer Produktbeschreibung auf Ihrer Webseite die vielen Probleme betonen, die Sie mit Ihrem Produkt beheben. Das ist prinzipiell nicht verkehrt. Aber wenn Sie viel Negatives visuell hervorheben, dann beeinflusst das auch den ersten Eindruck, den ein Leser von Ihnen und Ihrem Produkt erhält. Und der sollte natürlich nicht negativ sein.

- **Aufzählungen** – Ein weiteres Mittel, um Informationen zu gruppieren, sind Aufzählungen wie diese hier. Dadurch kann der Leser den gesamten Text sehr schnell überfliegen und verstehen, worum es sich innerhalb der einzelnen Listenabschnitte handelt. Er kann sich dabei die für ihn relevanten Stellen herauspicken und muss sich nicht durch den gesamten Text arbeiten, um an die für ihn interessanten Informationen zu gelangen. Gemäß dem Gesetz der Kontinuität signalisieren Listen außerdem Ansatzpunkte für den Wiedereinstieg. Denn Listen sind meistens thematisch in sich geschlossene Textabschnitte und signalisieren dem Leser (sofern er an der Aufzählung nicht interessiert ist), dass er nach dem letzten Listenpunkt wieder zu lesen beginnen sollte.

Um den visuellen Effekt von Listen zu verstärken beziehungsweise zu ergänzen, können Sie sowohl die Listensymbole (siehe Kapitel 2, Abschnitt 2.1.7) als auch die einzelnen Einträge gestalten. Je nachdem, welche Aussage Sie treffen oder welchen Eindruck Sie vermitteln wollen, können Sie dafür Farben und Icons nutzen, wie wir das beispielhaft in Bild 3.29 dargestellt haben.

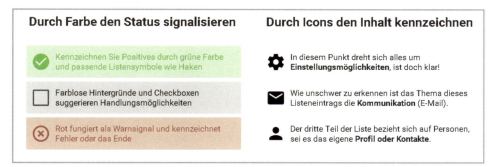

Bild 3.29 Die bewusste Gestaltung von Listen unterstützt deren Aussagekraft

- **Grafische Gestaltung** – Zu guter Letzt haben Sie natürlich die Möglichkeit, Ihren Text grafisch zu gestalten. Etwa, indem Sie einzelne Wörter farbig hinterlegen (so wie wir es analog mit Textmarkern tun) oder spezifische Passagen, etwa Ihre Handlungsaufforderung, in Button-Optik gestalten. Dadurch wird der Text visuell stärker gewichtet und springt dem Leser schneller ins Auge. Mäßigen Sie jedoch den Gebrauch, denn eine Inflation solcher Elemente untergräbt Ihre Autorität und führt dazu, dass der Leser Sie eher gänzlich ignoriert.

Das perfekte Schriftbild

Zum Schluss wollen wir nochmals betonen, dass es das *perfekte* Schriftbild nicht gibt. Schon allein aus dem Grund, dass es sich am einzelnen Leser orientiert, wir aber niemals eine so homogene Zielgruppe haben werden, als dass sich ihre Anforderungen und Vorlieben decken. Falls Sie also das Bedürfnis verspüren, trotz optimaler Textgestaltung an den bis hierher erwähnten Stellschrauben drehen zu wollen, dann tun Sie das! Testen Sie es aus. Spielen Sie mit mehreren Varianten und entscheiden Sie selbst, welches »Bild« am besten funktioniert. So dynamisch wie das World Wide Web ist, so sollte sich auch unsere Gestaltung kontinuierlich anpassen. Die Zeiten, in denen eine Website fünf oder sogar zehn Jahre unangetastet Bestand hat, sind lange vorbei.

Checkliste für die visuelle Textgestaltung

Schreiben Sie Texte nicht einfach nur, gestalten Sie sie!

- Sie wissen, welche Auswirkungen die Farbe auf die Wahrnehmung hat – wählen Sie die Schriftfarbe mit Bedacht.
- Sorgen Sie für ein einheitliches Schriftbild, indem Sie sich für ein oder zwei Schriften entscheiden und in der Größe konsistent bleiben.
- Geben Sie Ihrem Text eine erkennbare Struktur und unterstützen Sie diese mithilfe einer passenden Satzart.
- Nutzen Sie die Wirkung von Whitespace, indem Sie Ihren Text in Absätze gliedern und den Zeilenabstand justieren.

- Zeichnen Sie wichtige Begriffe aus, um die Aufmerksamkeit auf sie zu lenken.

- Erleichtern Sie dem Leser die Informationsaufnahme durch Aufzählungen.

- Ergänzen Sie Ihren Text durch Bilder.

- Erfinden Sie das Rad nicht neu! Lassen Sie sich von anderen erfolgreichen, ähnlichen Webprojekten inspirieren, zum Beispiel unter *https://typ.io/*, *http://typeinspire.com/* oder *www.awwwards.com/websites/typography/*. Auch das umfassende Werk »Professional Web Typography« von Danny Truong (*https://prowebtype.com/*) können wir Ihnen nur wärmstens empfehlen.

Denken Sie bei der visuellen Gestaltung Ihrer Texte immer an den Leser. Dieser ist ungeduldig, sucht höchstwahrscheinlich ganz konkrete Informationen und ist von Ihrer Konkurrenz nur wenige Klicks entfernt. Neben der visuellen Gestaltung ist die Usability eines Textes eng mit dessen Verständlichkeit verknüpft. Der nächste Abschnitt thematisiert daher die inhaltliche Gestaltung beziehungsweise Konzeption von Texten im Kontext des Marketings.

3.2.2 Inhaltliche Textgestaltung

Wir werden Sie im Rahmen dieses Buches nicht zum Profi-Texter machen können, wollen Ihnen aber zumindest einen Überblick über die Grundregeln erfolgreicher (Web)Texte geben. Das notwendige Basiswissen hierfür haben Sie sich in Abschnitt 3.1 schon angeeignet. Denn natürlich orientieren sich Ihre Texte an Ihrer übergreifenden (Content)Marketing- und Markenstrategie und berücksichtigen konkrete Ziele, Zielgruppen und Ihre Customer Journey.

Die folgenden Aspekte sind nicht geordnet, denn wie ein Text entsteht, ist von Autor zu Autor unterschiedlich und für das Ergebnis kaum von Bedeutung. Schlussendlich zählt nur das hoffentlich positive Nutzererlebnis.

- Geben Sie Ihren Texten eine **klar erkennbare Struktur**. Dieser Aufbau kann von Text zu Text variieren, sollte aber für den Leser verständlich sein und ihn beim Lesen unterstützen. Struktur geben Sie einem Text, indem Sie ihn, wie bereits erwähnt, durch Zwischenüberschriften und Absätze gliedern. Der Leser nutzt diese expliziten und impliziten Informationen, um einen Text zu navigieren. Ergänzend können Sie etwa Einleitung, Hauptteil und Schluss auch als solche kenntlich machen, indem Sie passende Wörter verwenden. Derartige Trigger-Worte sind für die Einleitung beispielsweise »zu Beginn«, »Als erstes« oder »Zunächst«, für den Schluss bieten sich »Zusammenfassend«, »Fazit« oder auch »Abschließend« an. Tauchen diese schon in der dazugehörigen Überschrift auf, ist es noch einfacher für den Leser, die für ihn relevanten Textstellen schon auf den ersten Blick zu identifizieren.

- Der nächste wichtige Aspekt ist die **Länge der Sätze** (und Wörter, wobei Sie darauf nicht uneingeschränkt Einfluss haben). Wie wir gleich in Abschnitt 3.2.7 erklären, haben diese beiden Faktoren – wissenschaftlich erwiesen – großen Einfluss auf die Lesbarkeit, ergo die Verständlichkeit eines Textes. Die Faustregel lautet: Je kürzer, desto besser. Wobei sich auch das natürlich stets an Ihrer Zielgruppe orientieren sollte. Schließlich bevorzugen sicherlich bestimmte Gruppen von Lesern anspruchsvollere Texte, die eine geistige Herausforderung darstellen.

Hier spielt auch die Wortwahl an sich eine Rolle, denn häufig gibt es verschiedene Begriffe für dieselbe Aussage; zum Beispiel »Option« (sechs Zeichen) oder »Möglichkeit« (elf Zeichen). Entscheiden Sie sich in solch einem Fall immer für die Variante, die auch Ihre Zielgruppe nutzt, im Zweifelsfall jedoch schlicht für die kürzere/einfachere. Dasselbe gilt auch für Fachbegriffe. Verwenden Sie nur diejenigen, die Ihre Zielgruppe versteht, oder erklären Sie sie beim ersten Erscheinen. Letzteres erzeugt langfristig einen Lerneffekt, der sich, so Roberts Erfahrung, auch sehr positiv auf die Markenwahrnehmung auswirkt. Der Leser freut sich nämlich, hier etwas zu lernen; und kommt gerne wieder.

Diese Komplexität hat im Übrigen auch visuellen Einfluss. Denn je schneller der Leser Wörter, Sätze und ganze Abschnitte auf den ersten Blick beim Überfliegen begreifen kann, desto eher kann er sich für beziehungsweise gegen einen zweiten Blick entscheiden.

Wägen Sie in diesem Zusammenhang auch ab, wann Sie Abkürzungen verwenden. Bekannte Kurzschreibweisen wie »z. B.« oder »etc.« verkürzen einen Text, ohne die Verständlichkeit zu beeinträchtigen. Sobald Sie aber Fachbegriffe oder weniger bekannte Begriffe (außerhalb des notwendigen Kontextes) abkürzen, wird der Leser dadurch in seinem Lesefluss unterbrochen, und es kostet ihn zusätzliche Zeit, sich wieder einzufinden. Wüssten Sie zum Beispiel, wovon wir sprechen, wenn wir die »WDF*IDF-Analyse« oder den »GTM« erwähnen? Im Idealfall schon, denn sowohl der Google Tag Manager als auch die Keyword-Dichte[17] sind relevant für das Thema Content Design.

Verwendung von Glossaren

Wenn Sie Fachbegriffe verwenden, Sie aber nicht im Text selbst erklären, dann könnten Sie das mithilfe interaktiver Dialogfenster oder in einem ausgelagerten Glossar tun und von Ihrem Text aus dorthin verlinken. Dadurch kann jeder Leser, dem ein Begriff fremd ist, dessen Bedeutung ohne großen Aufwand nachschlagen, und Sie blähen Ihren Text nicht unnötig auf. Zudem profitieren Sie von einigen damit einhergehenden SEO-Vorteilen, wie sie Robert in seinem Blog unter *www.toushenne.de/buch/glossar-seo* erklärt.

- Ein Aspekt der Wortwahl und immer wieder ein Diskussionsthema ist die **Verwendung von Suchbegriffen**. Es bleibt weiterhin gängige Praxis, das Keyword in die Überschrift, die Seitenbeschreibung und auch in die Einleitung zu platzieren. Denn das sind die Bereiche, die der Nutzer am ehesten danach absuchen wird – eine Erklärung dessen, liefert das bereits erwähnte F-Muster. Falls Sie Schwierigkeiten haben, Ihr Keyword in der Überschrift unterzubringen, dann versuchen Sie die Doppelpunkt- oder Gedankenstrich-Taktik. Isolieren Sie dafür das Keyword zu Beginn der Überschrift und ergänzen Sie die eigentliche Aussage in Hinblick auf den Text im Anschluss. Robert nutzt diesen Trick auch hin und wieder in seinem eigenen Blog:
  - Content Scoring: Wie du die Qualität und den (Mehr)Wert von Content bestimmst
  - Effektives Zeitmanagement: Methoden, Tipps, Tools & Apps für deinen Erfolg
  - Micro Content – Wie wir die kurze Aufmerksamkeitsspanne des Menschen im Marketing richtig nutzen

---

[17] Ryte Wiki, WDF*IDF, *https://de.ryte.com/wiki/WDF*IDF*

Alternativ verzichten Sie auf das Keyword in der Überschrift, integrieren es aber stattdessen zu Beginn Ihrer Einleitung. In dem Fall sollten Sie außerdem sicherstellen, dass Ihr Keyword sowohl in der URL als auch in der Seitenbeschreibung vorhanden ist, sodass Sie Ihre Zielgruppe dennoch über die Suche abholen. Der Seitentitel (das heißt der Meta-Tag <title>) und die eigentliche Überschrift (in der Regel der <h1>-Tag) auf der Seite müssen übrigens nicht dieselben sein. Wenn Ihnen eine Überschrift aufgrund der Keyword-Notwendigkeit nicht so gut gefällt, dann können Sie diesen einfach als Seitentitel nutzen und dem Leser eine schönere Alternative anbieten.

- An die Wortwahl schließen sich auch die **Ansprache und Tonalität** an. Sie können und wollen wahrscheinlich keine Texte für jedermann schreiben, also warum signalisieren Sie Ihrem Leser nicht direkt, ob er zu Ihrem Wunschpublikum gehört oder nicht? Dafür bietet sich die Überschrift an. Sie können damit aber auch bis zur Einleitung warten, wenn Ihnen die Überschrift zu wichtig erscheint. Nutzen Sie Formulierungen wie:

  - »10 Tipps wie Absolventen ihr Berufsleben mit einem überdurchschnittlichen Gehalt beginnen.«

  - »Marathon-Laufschuhe zum halben Preis – Damit laufen Sie zwar nicht doppelt so schnell, aber doppelt so weit (denn Sie können sich gleich zwei Paar leisten).«

  - »Sie sind Content Designer und suchen Inspiration? Dann sind diese 420 Seiten genau das Richtige!«

Auf die Ansprache bezieht sich weiterhin die Entscheidung, ob Sie Ihren Leser duzen oder Siezen und wie umgangssprachlich oder formal Sie schreiben. In größeren Unternehmen liegen meist Brand Guidelines für die «Corporate Language« vor. Vermeiden Sie außerdem Passivkonstruktionen und weitestgehend auch Modalverben. Dadurch werden Ihre Sätze kürzer und wirken gleich viel persönlicher und direkter.

Verstehen Sie aber bitte den Unterschied zwischen Sprache und Tonalität: Während Erstere vor allem Sie und Ihre Marke repräsentiert, sollte sich der Ton an der (emotionalen) Situation Ihres Lesers orientieren. Angenommen, Ihr Thema ist der Langstreckenlauf, dann werden Sie sicherlich Ihrer Begeisterung teilen und die vielen Vorteile regelmäßigen Laufens betonen wollen. Was aber, wenn sich ein Leser übernommen und ernsthaft verletzt hat? Wird er Ihre Begeisterung in diesem Zustand noch teilen oder eher für unangemessen halten? Sie wollen ihn ja nicht verspotten und ihm Schuldzuweisungen machen, aber Sie sollten sich dennoch in seine Lage versetzen und Verständnis zeigen. Content, der Verletzungsrisiken oder Krankheitsbilder thematisiert, darf im Ton ruhig etwas nüchterner klingen, als der Erfahrungsbericht des letzten Marathonlaufs.

Wir sind der Meinung, dass wir als Autoren beziehungsweise Blogger oder Publisher im Allgemeinen eine gewisse Verantwortung gegenüber unseren Lesern tragen. Denn nicht selten verlassen sie sich blind auf unser Wort und tun, was wir empfehlen. Nun birgt natürlich ein Buch mit Tipps zum Schreiben weniger Gefahren als etwa ein Fitness- oder Ernährungs-Blog, aber Sie verstehen sicher, worauf wir hinauswollen. Wir verstehen es als unsere Pflicht, durch die Tonalität, die Wortwahl und allgemein die Sprache vor Risiken zu warnen und ein Thema eben ganzheitlich zu beleuchten anstatt die Schattenseiten auszublenden.

Der Sprachstil ist insgesamt ein probates Mittel, um Sympathie beim Leser zu gewinnen. Neben der direkten Ansprache und passenden Tonalität gibt es einige weitere stilistische Mittel, die dem Gesamteindruck Ihres Texts zugutekommen. Das sind unter anderem die

Vermeidung unnötiger Phrasen und Redewendungen wie »meiner Meinung nach« oder »in diesem Fall«. Dadurch verkürzt sich ein Text, und es verdichtet sich automatisch der Informationsgehalt Ihrer Texte und somit der Mehrwert für den Leser. Gegen eine rhetorische Ausschmückung durch Metaphern und beschreibende Adjektive spricht hingegen nichts. Vor allem dann nicht, wenn Sie dem Leser ein konkretes Bild vermitteln wollen – Sie sehen, wir werden wieder visuell.

Textanalyse-Tools

Ein praktisches Tool zur Textanalyse bietet die Wortliga unter *http://wortliga.de/textanalyse/*. Wie in Bild 3.30 zu sehen, erhalten Sie dort sowohl eine Auskunft zum Lesbarkeitsindex (dazu in Abschnitt 3.2.7 mehr) als auch weitere Informationen zur Textqualität in Hinblick auf die sprachliche Gestaltung.

Bild 3.30 Textanalyse mit dem Tool von Wortliga

- Nutzen Sie zu guter Letzt, und wann immer sinnvoll, Listen oder Zwischenfazits, um bestimmte Informationen hervorzuheben oder dem Leser eine Kurzfassung Ihrer Informationen zu bieten. Ebenso sinnvoll sind **grafisch hervorgehobene Bereiche**, wie die vielen Hinweisboxen hier im Buch oder durch Rahmen oder Hintergrundfarbe gekennzeichnete Abschnitte, wie in Roberts Blog *(www.toushenne.de)*. Aufgrund verschiedener Gestaltgesetze ziehen Sie die Aufmerksamkeit des Lesers auf sich und bieten ihm gleichzeitig die Option, nur durch das Lesen eines kurzen Abschnitts zu verstehen, womit sich der vorliegende Abschnitt beziehungsweise der Text insgesamt beschäftigt.

Checkliste für inhaltliche Textgestaltung

- Gewöhnen Sie sich an, Texte nicht einfach nur zu schreiben, sondern inhaltlich zu *gestalten*.

- Strukturieren Sie Ihren Text so, dass sich der Leser schnell zurechtfindet und den Text, auch ohne ihn zu lesen, navigieren kann.

- Halten Sie Sätze möglichst einfach, und entscheiden Sie sich im Zweifel auch für kürzere Wörter.

- Setzen Sie konkrete Keywords zum Zweck der Suchmaschinenoptimierung gezielt ein.

- Definieren Sie eine einheitliche Sprache, die Sie als Person beziehungsweise als Unternehmen repräsentiert. Achten Sie aber gleichzeitig auf eine passende Tonalität, die die Stimmungslage des Lesers berücksichtig.

- Vermeiden Sie Phrasen und Füllwörter. Überzeugen Sie lieber durch klare Aussagen und eine hohe Informationsdichte.

- Betonen Sie besondere Textabschnitte durch grafische Gestaltung.

3.2.3 Dokumentation und Anwendung von Gestaltungsregeln

Damit Sie unsere Tipps nicht immer wieder aufs Neue nachschlagen müssen, empfehlen wir Ihnen die Nutzung von standardisierten Dokumenten: Geben Sie Ihre Texte extern oder auch intern bei Kollegen in Auftrag, unterstützen Sie sie mit einem konkreten Briefing.

Ein gutes **Text-Briefing** enthält alle Ihre Gedanken; auf das Wesentliche reduziert, strukturiert und für jedermann verständlich aufbereitet. Das wichtigste eines Briefings ist jedoch ein klar formuliertes Ziel, das Sie mit dem Text erreichen möchten. Ohne dieses Ziel wird es kein Texter schaffen, Ihren Erwartungen gerecht zu werden. Wie denn auch, wenn er Sie und Ihre Erwartungen nicht kennt? Einen guten Texter erkennen Sie übrigens auch daran, dass er ein solches Briefing von Ihnen einfordert und nach ebendiesem Ziel fragt. Auf folgende Aspekte sollten Sie in Ihrem Briefing eingehen:

- Eine Definition Ihrer Unternehmenssprache (»Voice«), die über Ihre gesamte Kommunikation hinweg konsistent ist. Sie spiegelt Ihre Sicht der Dinge wider und erweckt Ihre Markenpersönlichkeit sprachlich zum Leben.

- Informationen zur Sprachwelt Ihrer Zielgruppe, wobei die Tonalität (»Tone«) Ihrer spezifischen Botschaften variieren kann. Schließlich beschreibt diese in gewisser Weise eine Einstellung, die sich mit der Zeit auch ändern kann. Besonders Emotionen sind hier ein Aspekt, über den Sie beziehungsweise Ihr Texter sich Gedanken machen müssen. Wie wollen Sie Ihre Botschaft kommunizieren? Sarkastisch, humorvoll, faktisch etc.?

- Definieren Sie möglichst genau, wie umfangreich der gewünschte Text und dessen einzelne Bestandteile (Einleitung, Hauptteil, Schluss etc.) sein sollen. Machen Sie hierzu eine Angabe zur gewünschten Zeichenzahl oder Anzahl der Wörter.

- Legen Sie eine realistische Deadline bis zur Fertigstellung des Textes fest. Planen Sie außerdem eine feste Anzahl und Zeit für Korrekturschleifen ein, damit der Texter seinerseits ausreichend Zeit für den Auftrag einplanen kann.

- Klären Sie Ihren Texter darüber auf, wie er den Text formatieren soll und in welchem Dateiformat Sie sich den Text wünschen. Soll er beispielsweise Überschriften mithilfe der Formatierungsoptionen seines Schreibprogramms nutzen (zum Beispiel Microsoft Word) oder soll er stattdessen bestimmte Elemente per HTML-Tags kennzeichnen. Letzteres hilft Ihnen womöglich, den Text später fehlerfrei in Ihr Content Management-System zu kopieren.
- Falls Sie sich einen Bezug zu bereits vorhandenen Inhalten, etwa auf Ihrer Website, wünschen (Stichwort: Interner Linkaufbau), so ergänzen Sie eine Liste mit den entsprechenden URLs und machen Sie bestenfalls Vorschläge für eine mögliche Integration.

Bild 3.31 Direkte Gegenüberstellungen helfen Ihnen bei einer groben Definition Ihrer Markensprache

Nehmen Sie sich ausreichend Zeit, um für Ihre Autoren ein möglichst detailliertes Briefing zu formulieren. Sie vermeiden dadurch unnötige Fragen, Diskussionen und Korrekturschleifen – und sparen damit wertvolle Zeit (und meist auch Geld). Verstehen Sie ein solches Briefing jedoch nicht als Ersatz für ein persönliches Gespräch! Im Dialog lassen sich zum Beispiel die Tonalität oder Zielgruppe einfacher klären.

> **Tipps für eine erfolgreiche Zusammenarbeit**
>
> Bemühen Sie sich stets um eine offene und ehrliche Kommunikation. Scheuen Sie nicht, Ihre Texter – egal ob Kollegen oder externe Dienstleister – zu kritisieren, aber achten Sie zu jederzeit auf konstruktives Feedback. Denn nur, wenn Sie genau erläutern, was Ihnen missfällt und eigene Vorschläge oder Beispiele liefern, kann Ihr Texter verstehen, was er verändern sollte und daraus langfristig lernen, bessere Texte für Sie zu schreiben. Planen Sie in diesem Zusammenhang auch immer genug Zeit ein, um miteinander warm zu werden.

Stellen Sie im Rahmen des Briefings sämtliche Online- und Offline-Materialien zur Verfügung, die den Texter beim Schreiben unterstützen könnten. Das schließt vor allem eine Beschreibung Ihrer Zielgruppe (siehe Kapitel 1, Abschnitt 1.2) sowie der Customer Journey (siehe Kapitel 1, Abschnitt 1.3) ein. Damit kann sich der Autor besser in den Leser hineinversetzen und eine Vorstellung von seinen Bedürfnissen entwickeln. Ergänzen Sie, falls vorhanden, Textbeispiele, die Ihnen stilistisch gut gefallen oder schon gemäß Ihrer Vorgaben von einem anderen Autor geschrieben wurden. Legen Sie auch eine Liste mit gängigen Begriffen bei, sofern Sie keine separaten **Wording** beziehungsweise **Brand Guidelines** vorgeben. Definieren Sie darin, wie Sie Ihr Unternehmen durch Ihre Texte nach außen hin präsentieren wollen.

- Machen Sie Vorgaben zur Verwendung (oder dem Ausschluss) von Fachbegriffen, Anglizismen und anderen Fremdwörtern. Informieren Sie Ihren Texter auch über die korrekte Schreibweise Ihrer Markennamen.
- Listen Sie fachliches, werbliches und vertriebliches Standardvokabular auf.
- Führen Sie zu Ihrer Marke beziehungsweise zum gewünschten Text-Content passende Keywords, Adjektive und andere relevante Begriffe auf. Unterstützen Sie Ihren Texter auch mit einer Negativliste, die Wörter enthält, die er auf jeden Fall vermeiden soll.
- Ergänzen Sie Reizwörter, die bei Ihren Zielgruppen gezielte Handlungsimpulse bewirken.
- Weisen Sie auf Einschränkungen und Gefahren aus rechtlicher Sicht hin (etwa in Bezug auf geschützte Marken, Wirkversprechen oder Ähnliches).
- Fügen Sie in Bezug auf die Zielgruppenansprache einen Vergleich mit Ihren Mitbewerbern bei, und stellen Sie klar, wie Sie sich von diesen differenzieren wollen.

Zu guter Letzt ergänzt Ihr **Styleguide** das Briefing um Richtlinien zur visuellen Gestaltung, beispielsweise die zu verwendenden Schriftarten und -größen oder ein vordefiniertes Set an Icons; oder auch um jüngst immer populärer werdende Emojis.

Insgesamt ist ein gutes Briefing viel Arbeit, aber verstehen Sie es als Investition in die Zukunft: Je intensiver Sie sich zu Beginn damit beschäftigen, umso weniger Aufwand werden Sie im Nachhinein mit Ihren Texten haben. Schließlich müssen Sie nicht für jeden neuen Text ein komplett neues Briefing erstellen. Vielmehr sollen Sie hier Standards entwickeln, an die Sie und vor allem Ihre Texter sich gewöhnen sollen. Das gewährleistet auf lange Sicht einen konsistenten Schreibstil und verkürzt die Zeit, die alle Beteiligten zur Vorbereitung brauchen. Je früher Sie damit anfangen, desto schneller werden Ihre Projekte reibungsloser verlaufen.

Nützliche Links

- Eine praktische Anleitung (auf Englisch) zur Entwicklung eines Styleguide (*https://bit.ly/cd_evans*)
- Ein vorbildliches Beispiel: Der Content Styleguide von MailChimp (*http://styleguide.mailchimp.com/*)
- Hilfreiches Tool: Mit Frontify eigene Styleguide online erstellen (*https://frontify.com/de/styleguide*)

Unser Tipp für eine effiziente Schreibarbeit

Wir haben es uns angewöhnt, äußerliche Kriterien anhand von HTML-Tags, zusätzliche Textbestandteile wie die *meta description* sowie Wordings für Social Media Posts zeitgleich mit dem Text zu schreiben. Das spart eine Menge Zeit, da zur Publikation und Promotion alle nötigen Texte bereits vorliegen und wir uns nicht erst – Tage oder sogar Wochen später – wieder in das Thema einarbeiten müssen, um die Texte nachzureichen. Außerdem sammeln wir sämtliche Vorschläge für die Überschrift, die uns während des Schreibprozesses in den Sinn kommen. Die erste Idee ist selten die beste und je mehr »Material« Sie sammeln, desto schneller wird Ihnen eine gute Headline in den Sinn kommen. Und selbst die, die Sie am Ende verwerfen, eignen sich vielleicht für die Promotion.

Übrigens: Obwohl wir hier überwiegend Auftraggeber – in der Regel sind das die (Content-) Marketing-Verantwortlichen – und Texter ansprechen, so legen wir doch allen Beteiligten die Tipps für eine erfolgreiche Zusammenarbeit ans Herz. In diesem Sinne bitten wir vor allem Gestalter, ebenfalls Texter-Briefings einzufordern. Das ist wichtig, damit diese bei der Gestaltung im Zweifelsfall eigene Textentwürfe in das Design integrieren können, anstatt auf Blindtexte zurückzugreifen. Diese kommen der Realität, sprich dem Endergebnis, nur selten nahe und verursachen fast immer eine zusätzliche Korrekturschleife. Weiß der Gestalter hingegen über die zentrale Botschaft und das Ziel des zu gestaltenden Contents Bescheid und hat zusätzlichen einen Leitfaden für Texte vorliegen, so kann er fehlende Überschriften oder Ähnliches selbst ergänzen. Diese müssen keineswegs perfekt sein, aber sie werden definitiv realistischer ausfallen als es Blindtexte jemals sein könnten. Das drum herum entstehende Design wird dementsprechend näher am Endergebnis liegen und der Content insgesamt schneller fertig.

In diesem Zuge wollen wir Sie beziehungsweise Ihre Texter und Gestalter mit einigen Tipps und Beispielen dabei unterstützen, wirkungsvolle Überschriften zu konzipieren und zu formulieren.

3.2.4 Überschriften

Überschriften sind extrem wichtig, weil sie – sofern sie entsprechend visuell gestaltet sind – als eines der ersten Elemente Ihrer Texte und vielleicht sogar Ihrer Webseite wahrgenommen werden. Innerhalb kürzester Zeit stellen und beantworten sich Nutzer mithilfe der Überschrift unzählige Fragen, die sie schlussendlich (unterbewusst) zu der Entscheidung führen, ob sie bleiben und weiterlesen oder Ihre Seite verlassen. Testen Sie sich selbst: Welche Fragen stellen Sie sich, wenn Sie online nach Informationen suchen und lediglich die Überschriften lesen – als Titel in den Suchergebnissen, in einer Werbeanzeige oder als Social Media Posting?

- Passt das Thema zu meiner Suchanfrage?
- Ist es wahrscheinlich, dass ich hier die gesuchten Informationen finde?

- Handelt es sich um einen glaubwürdigen Autor beziehungsweise eine glaubwürdige Plattform im Allgemeinen?
- Welches Format hat der Artikel (Blogartikel, Interview, Ratgeber, Pressemitteilung etc.)?
- Richtet sich der Artikel an Leser wie mich?
- Wie umfangreich ist der Artikel? Wie viel Zeit muss ich investieren?

Behalten Sie diese Perspektive bei und betrachten Sie nun Ihre bisherigen Überschriften. Würden sie den Test bestehen und den Leser gewinnen, oder ist es wahrscheinlicher, dass der Leser wieder abspringt? Zugegeben, die Frage war nicht ganz fair. Denn Überschriften erfüllen zwar primär den Zweck, Aufmerksamkeit zu generieren, aber eben nicht ausschließlich. Alternativ (oder zusätzlich) können sie die **Neugier des Lesers wecken** und dessen Erwartungshaltung steuern. Sehr gut wirken Überschriften, die ungewöhnlich erscheinen und auf den ersten Blick vielleicht sogar in eine völlig andere Richtung zeigen.

> *»Mit diesen 7 Tricks haben wir unseren Umsatz in nur 3 Monaten verdoppelt. Nummer 5 war besonders effektiv.«*

Überschriften wie diese sollten Sie sparsam einsetzen, denn sie verlieren sehr schnell ihre Wirkung. Zudem kommt der Leser schnell dahinter, wenn der zweite Teil nur eine Farce ist, um mehr Klicks zu generieren.

Öfter verwenden dürfen Sie hingegen Zahlen. Insbesondere die Sieben gilt als magische Zahl und wird deshalb fast schon inflationär genutzt. Durch Zahlen weiß der Leser sehr genau, was ihn erwartet. Sie können damit also seine Erwartungshaltung steuern. Außerdem erregt eine Überschrift besonders großes Interesse, je höher die Zahlen sind. Vorausgesetzt der Leser hat Vergleichswerte – zum Beispiel ähnliche Artikel in den Suchergebnissen, um einschätzen zu können, wie groß Ihre Liste wirklich ist. Ein gängiges Artikelformat sind in diesem Zusammenhang Top-Listen. Sie erkennen Sie an Überschriften wie:

> *»10 Bücher über Online-Kommunikation, die Sie als Marketing Manager gelesen haben müssen.«*

Zahlen können darüber hinaus nicht nur dem Umfang des Contents signalisieren, sondern auch Fakten kommunizieren, etwa relevante Statistiken in Prozentwerten oder Verhältnisangaben. Durch solche wirkt Ihre Aussage deutlich glaubwürdiger und erhöht Ihre Chance auf einen Klick durch den Leser.

Eine Alternative zur Neugier ist **Spannung**. Nutzen Sie dafür einen Trick des Werbetextens und zeigen innerhalb der Überschrift ein Problem auf, beschreiben die (meist negativen) Folgen für den Leser und weisen dann auf eine Lösung hin. So haben Sie ihn ziemlich sicher an der Angel.

> *»Ihr Traffic sinkt? Dann sinkt wahrscheinlich auch Ihr Umsatz! Nutzen Sie unsere Tipps, um diesen Negativtrend sofort zu stoppen.«*

Die »Kunst« besteht in diesem Fall eher darin, die Überschrift kurz zu halten. Aber Sie können dadurch gut die Dringlichkeit kommunizieren oder, sofern Sie ein Produkt bewerben, Ihr Angebot zeitlich verknappen. Durch die Beunruhigung des Lesers steigern Sie dessen Handlungsdrang und erhöhen damit die Wahrscheinlichkeit einer Conversion.

Den Leser auf einer **emotionalen Ebene** anzusprechen, ist generell ein bewährtes Mittel. Je nachdem, welche Gefühle Sie erregen wollen, formulieren Sie Ihre Überschrift eher negativ oder positiv. Angst und Zweifel sind in diesem Kontext zwei sehr wirkungsvolle Gefühle. Es erfordert aber ein gewisses Schreibtalent, um den Leser nicht mit diesen zurückzulassen. Das würde sich langfristig definitiv nicht positiv auf die Wahrnehmung Ihrer Marke auswirken.

»Stopp! Bevor Sie das nächste Mal in ein Flugzeug steigen, lesen Sie diese Tipps. Es könnte Ihr Leben retten.«

In Kombination mit Superlativen funktionieren derartige Überschriften übrigens am besten. Nutzen Sie Begriffe wie »beste«, »schönste«, »größte« oder auch negative Pendants. Allgemein sind Adjektive das Stilmittel, bei dem Sie den größten Spielraum genießen, um aus Ihrer Überschrift die maximale Wirkung herauszuholen.

»17 erstaunliche Beispiele von Unternehmen, die schon nach kürzester Zeit zu den beliebtesten Marken zählen«

Adjektive lassen sich zudem recht einfach vergleichen, wodurch Sie recht schnell Erfahrung sammeln können. Falls Sie kein A/B-Testing-Tool installiert haben, können Sie diesen Vergleich zum Beispiel auch über Twitter machen. Teilen Sie einfach einmal täglich Ihren Artikel, immer zur selben Uhrzeit und mit demselben Text, und verändern Sie dabei die Adjektive. Welcher Text resultiert in der höchsten Interaktionsrate?

Überschriften als Social Media Posts

Ist Ihnen schon einmal aufgefallen, dass Nutzer die Überschrift eines Artikels gerne auch als Text für ihre Social Media-Beiträge verwenden? Für den Nutzer ist das natürlich sehr bequem, für Sie kann sich das jedoch negativ auf die Klickrate auswirken, wenn Ihre Überschrift nicht optimiert ist. Behalten Sie diesen Umstand bei der Formulierung Ihrer Überschrift unbedingt im Hinterkopf. Experimentieren Sie zum Beispiel mit Fragen als Überschriften, oder erwähnen Sie (im Social Web) bekannte Personen, um die Wahrscheinlichkeit weiterer Klicks und Empfehlungen zu erhöhen. Achten Sie auch durchgehend auf eine konkrete Handlungsaufforderung innerhalb der Überschrift, um Nutzer, die über soziale Medien auf Ihren Content stoßen, zum Klick auf Ihre Webseite zu bewegen. Gehen Sie nach Möglichkeit langfristig systematisch vor und analysieren Sie Ihren Traffic aus Social Media in Relation zur jeweils verwendeten Überschrift (hinsichtlich Adjektiven, Zahlen und anderen hier erwähnten Triggern).

Je lebhafter und vor allem bildlicher Ihre Überschrift, desto interessanter wird sie. Schaffen Sie es, ein **konkretes Image** zu kommunizieren beziehungsweise dem Leser ein klares Bild vor Augen zu führen, machen Sie es ihm leichter, sich damit zu identifizieren.

»Ist Ihr Unternehmen ein Baum im Wald oder eine Sonnenblume im Kornfeld?«

Wir könnten die Liste unendlich lange weiterführen und diverse neue Aspekte auflisten, aber das würde Sie Ihrem Ziel einer wirkungsvollen Überschrift nicht näherbringen. Im Endeffekt ist es nämlich vor allem die subjektive Wahrnehmung des Lesers, die darüber entscheidet, ob beziehungsweise wie er auf Ihre Überschrift reagiert. Verfallen Sie nicht dem Irrglauben, dass dieser Ihre Copywriting-Bemühungen erkennen und anerkennen wird. Es wird ihm in den meisten Fällen schlichtweg egal sein, sofern ihm die Überschrift *nutzt*.

Und schon davor wird es bei der Vielzahl an Möglichkeiten vor allem Ihre Subjektivität sein, die darüber entscheidet, für welche Variante Sie sich letzten Endes entscheiden. Wenn Sie einen neuen Text nach jeder oben beschriebenen Formel überschreiben, für welchen Vorschlag entscheiden Sie sich dann schlussendlich? Wahrscheinlich für den, der Ihnen am besten gefällt. Da stellt sich doch die Frage, inwieweit das Texten von Überschriften nicht grundlegend ein Glücksspiel ist und im Allgemeinen völlig überbewertet wird …

Hören wir uns in der Branche um, fällt uns schnell auf, dass Copywriting von erfahrenen Werbetextern wie Joanna Wiebe (*www.copyhackers.com*) eher als Wissenschaft verstanden wird und weniger als Kunst. Anstatt diverse Formeln zu testen und sich dann für eine entscheiden zu müssen, greift sie lieber auf einige wenige bewährte Formeln zurück und folgt beim Texten einem definierten Prozess (siehe Bild 3.32):

1. **Recherche** – Als Erstes werden Informationen aggregiert, die die Ausgangssituation beschreiben und verbessern. Je nach Ziel des Textes werden Kunden nach ihrer Meinung gefragt und andere Nutzer durch Umfragen um zusätzliche Informationen gebeten. Weitere Erkenntnisse stammen aus der Beobachtung von (Fach)Foren, in denen über den eigenen Themenbereich diskutiert wird und Rezensionen – zum Beispiel zu eigenen oder fremden Produkten und Dienstleistungen. Sofern vorhanden, können auch E-Mails und im Grunde jede andere Form der schriftlichen Kommunikation mit dem Kunden gesammelt werden, um diese dann in der Analysephase genauer zu betrachten.

2. **Analyse** – Die zusammengetragenen Informationen werden nun sprachlich analysiert, um beispielsweise häufig verwendete Begriffe und Formulierungen sowie regelmäßig gestellte Fragen und immer wiederkehrende Probleme zu identifizieren. Pro Kunde beziehungsweise Projekt reicht es in der Regel, diese ersten beiden Schritte einmalig auszuführen.

3. **Botschaft** – Erst jetzt, wo das Verständnis von der Sprache der Zielgruppen vorhanden ist, wird getextet. Um die eigenen Präferenzen auszuschließen werden mehrere Varianten – zum Beispiel einer Überschrift – formuliert und gegeneinander getestet. Dazu wird eine als »Defender« definiert, die anderen als »Challenger« mittels A/B-Tests verglichen. Wie genau diese Tests aufgesetzt sind, entscheidet der Einzelfall.

4. **Überprüfung** – Bevor diese Tests starten steht allerdings noch eine letzte Überprüfung an in Hinblick auf die Klarheit und die Genauigkeit der getexteten Botschaften an. Nur wenn hier formal sauber geschrieben wurde, darf der Text vor den Leser treten.

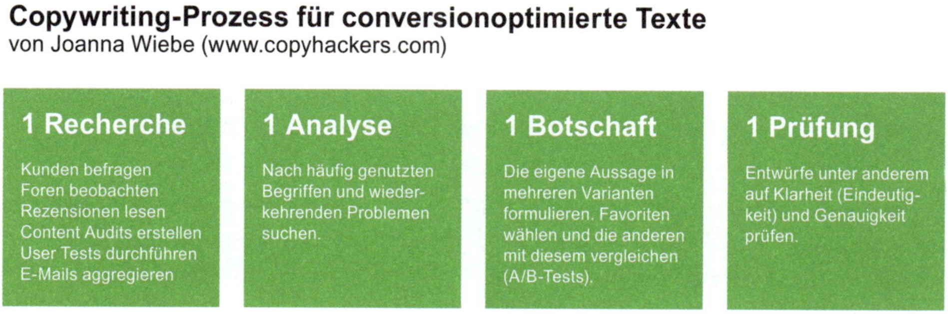

Copywriting-Prozess für conversionoptimierte Texte
von Joanna Wiebe (www.copyhackers.com)

1 Recherche	1 Analyse	1 Botschaft	1 Prüfung
Kunden befragen Foren beobachten Rezensionen lesen Content Audits erstellen User Tests durchführen E-Mails aggregieren	Nach häufig genutzten Begriffen und wiederkehrenden Problemen suchen.	Die eigene Aussage in mehreren Varianten formulieren. Favoriten wählen und die anderen mit diesem vergleichen (A/B-Tests).	Entwürfe unter anderem auf Klarheit (Eindeutigkeit) und Genauigkeit prüfen.

Bild 3.32 Ein wissenschaftliches Verfahren zum Schreiben conversionoptimierter Werbetexte (nach Joanna Wiebe[18])

---

[18] Wiebe, Joanna, Headline Formulas and the Science of CRO Copywriting, *https://copyhackers.com/2012/09/headline-formulas-and-the-science-of-high-converting-copywriting/*

Wir empfehlen Ihnen in diesem Zusammenhang die Lektüre ihres sehr amüsanten, aber ehrlichen Artikels zum Thema Feedback und konstruktive Kritik, siehe *https://bit.ly/cd_wiebe*. Sie spricht dort auch einen Aspekt an, den wir nicht oft genug betonen können: Die Zusammenarbeit innerhalb interdisziplinärer Teams. Feedback und Kritik betreffen auf den ersten Blick vielleicht nur eine Person, aber letztendlich können alle Beteiligten davon profitieren. Schließlich entscheidet nicht nur die inhaltliche Gestaltung einer Überschrift über ihren Erfolg.

Machen Sie sich immer Gedanken darüber, wie Sie die Wirkung Ihrer Überschrift durch die visuelle Gestaltung verstärken können. Das heißt vor allem im Hinblick auf den optischen Eindruck durch Farbe, Größe, Position etc. in Relation zu den übrigen sie umgebenden Elementen (beispielsweise auf einer Webseite). Ergänzen Sie passende Bilder, die die Botschaft Ihrer Überschrift visualisieren – also das Gesagte zeigen – oder visuell ergänzen (zum Beispiel durch Metaphern). Nutzen Sie Emojis, um Ihrer Headline eine emotionale Komponente zu geben. Oder zeichnen Sie zumindest einzelne Begriffe aus, um den Fokus auf sie zu lenken. Spielen Sie doch außerdem mal mit folgenden Gestaltungsmethoden:

- Ein einfacher Trick, um die Wirkung einer Überschrift zu verstärken, ist die Kombination einer großen Zeile mit einer kleineren. Durch diesen visuellen Kontrast betonen Sie die Aussage der großen Zeile. Ergänzend können Sie die Zeilen auch auszeichnen, wie in Bild 3.33, wo wir die erste Zeile fett markiert haben. Spielen Sie bei dieser Methode, neben der eigentlichen Schriftgröße und dem Schriftschnitt, ruhig auch mit Farben und Schriftarten.

7 Formeln für wirkungsvolle Überschriften
So generieren Sie garantiert Aufmerksamkeit

Bild 3.33 Verstärken Sie Ihre Überschrift durch eine zweite Zeile, beispielsweise mit einem Nutzenversprechen

- Die Kombination verschiedener Schriftarten verleiht Ihrem Text einen bestimmten Charakter. Stellen Sie beispielsweise in einem handschriftlichen Font eine Frage, so lenken Sie die Aufmerksamkeit gleich doppelt auf die eigentliche Überschrift als Antwort. Der Einsatz von Versalien und Minuskeln unterstützt diese Wirkung visuell (siehe Bild 3.34). Natürlich können Sie auch die gesamte Überschrift in Versalien schreiben, wenn sie sich dadurch von ihrer Umgebung noch besser abhebt. Prüfen Sie jedoch immer mittels Vier-Augen-Prinzip, ob der Text noch gut lesbar ist.

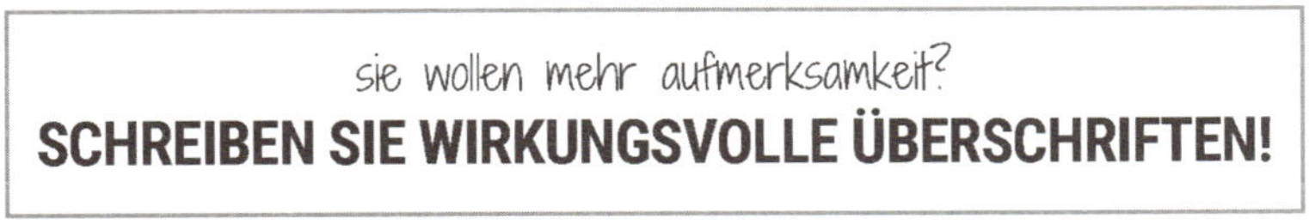

sie wollen mehr aufmerksamkeit?
SCHREIBEN SIE WIRKUNGSVOLLE ÜBERSCHRIFTEN!

Bild 3.34 Kombinieren Sie Schriftarten und/oder betonen Sie die Kernaussage Ihrer Überschrift durch Großbuchstaben

- Falls Sie viel Wert auf ein ordentliches, strukturiertes Erscheinungsbild in Bezug auf Raster legen, können Sie mehrzeilige Überschriften im Blocksatz formatieren beziehungsweise die volle Zeilenbreite durch variable Schriftgrößen ausnutzen. Diese Gestaltung würden wir nicht grundlegend empfehlen, denn zu viele unterschiedliche Schriftgrößen können sich, wie Sie aus Kapitel 2, Abschnitt 2.1 wissen, auch negativ auf die Wahrnehmung auswirken. Insbesondere auf mobilen Geräten, wo Größen jedoch sowieso oft angepasst werden, bietet sich dieses Verfahren allerdings an.

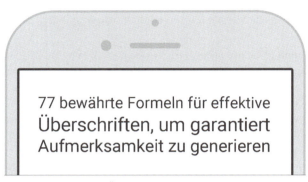

Bild 3.35 Formatieren Sie mehrzeilige Überschriften im Blocksatz

- Zu guter Letzt haben Sie die Möglichkeit, bestimmte Aspekte Ihrer Überschrift zu betonen – durch die fette Hervorhebung oder Schriftvergrößerung einzelner Wörter oder Wortgruppen. Auch hierbei nutzen Sie die visuelle Wirkung des Kontrasts, setzen Sie diesen jedoch ganz bewusst ein. Jedes zweite Wort hervorzuheben, negiert den Effekt. Konzentrieren Sie sich lieber wie in Bild 3.36 auf eine bestimmte Aussage. Verschärfen könnten Sie diesen Effekt, indem Sie unwichtige Wörter kleiner schreiben als den Rest, aber auf solche Wörter sollten Sie ohnehin verzichten.

> Wirkungsvolle Überschriften schreiben:
> 7 Tipps für **mehr Aufmerksamkeit**

Bild 3.36 Betonen Sie einzelne Wörter durch Textauszeichnung oder Schriftgröße

Die Entstehung einer wirkungsvollen Überschrift

Bei uns entstehen Überschriften häufig in einem iterativen Prozess. Ist die Ausgangsbasis beispielsweise eine einfache Aussage wie »*Wie Sie eine Überschrift formulieren*«, so entwickeln wir diese zum Beispiel wie folgt weiter:

1. **Iteration:** Schriftliche Optimierung gemäß einer bewährten Formel.

   »*77 bewährte Formeln für effektive Überschriften, um garantiert Aufmerksamkeit zu generieren*«.

2. **Iteration:** (Textliche) Gestaltung der Überschrift (siehe Bild 3.37).

Bild 3.37 Je nach Länge und Aussage Ihrer Überschrift sind unterschiedliche Gestaltungsansätze sinnvoll

3. **Iteration:** Gestaltung (Visualisierung) der Überschrift innerhalb des endgültigen Umfelds, zum Beispiel einer Webseite (siehe Bild 3.38).

Bild 3.38 Die endgültige Gestaltung einer Überschrift geschieht idealerweise im finalen Umfeld, hier einer Webseite

Checkliste: Tipps für effektive Überschriften

- Führen Sie sich zuallererst Ihre Intention vor Augen: Welches Ziel verfolgen Sie mit Ihrer Überschrift, was wollen Sie bewirken? Beantworten Sie im Zweifelsfall die W-Fragen des Lesers (!); entweder direkt in der Überschrift oder in der Unterschlagzeile beziehungsweise den ersten Sätzen der Einleitung.
- Wenn Sie verkaufen möchten, dann kommunizieren und überzeugen Sie vor allem durch den Kundennutzen und ein Qualitätsversprechen anstatt spezifische Produkteigenschaften zu beschreiben; getreu dem Motto »Talk in benefits not in features«. Greifen Sie zur

Abwechslung auch mal auf Statements Ihrer Kunden oder anderer relevanter (und dem Leser möglichst bekannte) Personen zurück. Aussagen Dritter wirken oft glaubwürdiger als die eigenen.

- Sprechen Sie den Leser so konkret wie möglich an (in Bezug auf seine Funktion, Situation oder sein Problem), und ermöglichen Sie es ihm dadurch, sich mit Ihrer Aussage, der Thematik oder sogar Ihrem Unternehmen zu identifizieren. Sie geben ihm so auch das Gefühl, verstanden zu werden und gewinnen an Sympathie und Vertrauen. Unterschätzen Sie niemals die emotionale Komponente Ihrer Ansprache.

- Erfinden Sie das Rad nicht neu. Greifen Sie auf bewährte Formulierungen und Werbetext-Schemata zurück. Auch ein Blick in populäre Print-Magazine und Zeitungen lohnt sich, um Inspiration für die eigenen Überschriften zu finden. Das bewies Copywriter Brian Clark sehr anschaulich in seinem Artikel zur »Cosmo Headline Technique« unter *www. copyblogger.com/cosmo-headlines/*.

Und dann war da ja noch der Aspekt der Suchmaschinenoptimierung. Klar, Überschriften *schreiben* wir für den Leser, aber für Suchmaschinen wollen wir sie *optimieren*. Hierbei gibt es maßgeblich zwei Kriterien zu erfüllen:

Zum einen ist es, wie bereits erwähnt, sinnvoll, das Keyword in die Überschrift zu integrieren, und das möglichst am Anfang. Das ist nicht immer einfach, da es manchmal nicht unserem Sprachgebrauch entspricht. Aber mit etwas Übung haben Sie den Dreh schnell raus.

Zum anderen sind wir in Bezug auf Suchmaschinen – und übrigens auch in manch anderen Kanälen wie beispielsweise Twitter oder E-Mails (Betreffzeile) – in der Länge eingeschränkt. Empfehlenswert sind circa sechzig Zeichen (inklusive Leerzeichen), wobei der angezeigte Text maßgeblich von der Layout-Breite der Suchergebnisseite, des E-Mail-Programms beziehungsweise allgemein der jeweiligen Plattform abhängig ist. Falls Ihre Überschrift viele schmale Zeichen wie »i«, »l« oder »f« enthält, werden Sie wahrscheinlich mehr als sechzig Zeichen unterbringen können.

Lassen Sie sich von diesen beiden Kriterien jedoch nicht einschränken! Ihre Einhaltung wäre optimal, ist aber nicht obligatorisch. Wir können sehr viel Zeit damit verbringen, Überschriften zu perfektionieren. Das ist aber nicht immer zielführend. Erfahrene Werbetexter empfehlen als Daumenregel, genauso viel Zeit in die Überschrift zu investieren wie in den restlichen Text. Das klingt nach viel Aufwand, ist aber vollkommen berechtigt, wenn wir bedenken, dass zwar acht von zehn Personen eine Überschrift lesen, aber nur zwei davon auch den restlichen Text. Dass dieser auch halten muss, was die Überschrift verspricht, versteht sich dann hoffentlich von selbst.

Testen Sie die verschiedenen Möglichkeiten in Ihrem eigenen Umfeld, sei es auf Ihrer Webseite, in E-Mail-Betreffzeilen oder in Werbeanzeigen. Lernen Sie, was in welchem Kanal für Ihre spezifischen Zielgruppen funktioniert. Pauschal kann Ihnen das nämlich niemand verraten. Aber genau das macht die Arbeit ja so spannend!

3.2.5 Tipps für lange Texte

Ein Text sollte nur so lang sein wie nötig, aber immer so kurz wie möglich. Vor allem der Informationsbedarf des Lesers entscheidet über die Länge, ebenso dessen allgemeine Bedürfnislage (erinnern Sie sich an Kapitel 1, Abschnitt 1.1). Beziehen sich Ihre Texte auf Sicherheitsbedürfnisse, zum Beispiel, wenn Sie Anbieter für Antivirus-Software oder Verkäufer von Alarmanlagen sind, werden Sie gegebenenfalls mehr schreiben, als ein Unternehmen, das Buntstifte verkauft. Das hat zum einen damit zu tun, wie gut sich Ihr Leser bereits auskennt beziehungsweise wie vertraut er im Allgemeinen mit dem Thema ist und zum anderen, wie wichtig ihm eine gründliche Aufklärung vor dem Kauf ist. Keiner wird von heute auf morgen ohne Grund seine Ernährung umstellen, ohne sich gründlich über mögliche Folgen informiert zu haben. Genauso wenig kaufen wir im Baumarkt irgendwelche Ziegelsteine und Zement, um selbst ein Haus zu bauen. Dafür sind die (potenziell negativen) Konsequenzen einfach zu weitreichend und die Investition zu groß.

Versetzen Sie sich beim Schreiben Ihrer Texte daher immer in die Situation Ihres Lesers: Welche Informationen sucht er? Welche Informationen *braucht* er? Welche Informationen könnten ihm darüber hinaus behilflich sein? Was können Sie ihm zusätzlich geben, dass er bei Ihren Mitbewerbern nicht findet? Geben Sie der Reihe nach Antwort auf diese Fragen. Auf diese Weise erhalten Sie früh ein erstes kleines »ja« von Ihrem Leser – in Form von einer grundlegenden Akzeptanz Ihrer Autorität, in Form einer weiteren Informationsanfrage (das heißt Interesse an weiterem Content) oder sogar in Form von direktem Feedback im Sinne einer Interaktion auf Ihrer Webseite (Klicks, Kommentare, Empfehlungen etc.). Sie werden nicht mit dem ersten Satz verkaufen können. Arbeiten Sie sich mithilfe dieser kleinen »jas« hin zum großen »Ja!«. Das braucht Zeit, passiert dank optimierter Texte aber quasi von allein.

Damit Ihr Leser mittendrin nicht die Lust am Lesen verliert, können Sie mit folgenden Tricks nachhelfen:

- Beginnen Sie Ihren Text, wie gesagt, mit einer Aussage, der Ihr Leser zustimmen kann. Beginnen Sie ruhig mit einer entsprechenden Formulierung wie: »Sind Sie nicht auch der Meinung, dass …?«. Ziel ist, dass der Leser, zumindest gedanklich, mit dem Kopf nickt und Sie sich damit das erste kleine »ja« sichern. Malen Sie das Bild nun größer und *versprechen* Sie dem Leser eine Lösung seines Problems beziehungsweise die Befriedigung seines Bedürfnisses. Geben Sie ihm eine möglichst genaue Vorstellung davon, *was* ihn erwartet, aber verraten Sie noch nicht, *wie* genau die Lösung aussieht. Damit haben Sie Ihren Leser am Haken und können sich ziemlich sicher sein, dass er Ihren Text lesen wird.

- In gewisser Weise fungiert dieser letzte beschriebene Schritt ähnlich wie »Cliffhanger«. Das sind Szenen in Filmen, Büchern und Geschichten im Allgemeinen, in denen bestimmte Elemente der Story bewusst zurückgehalten werden, um die Spannung zu steigern. Der Leser kann zwar erahnen, was passieren wird, aber er ist sich eben nicht sicher. Er platzt geradezu vor Neugier. Dadurch entsteht das berühmte Kopfkino, und der Leser beziehungsweise Zuschauer ist so tief in die Geschichte involviert, dass er auf jeden Fall wissen will, wie sie endet. Diese Methode funktioniert auch mit Verkaufstexten und anderem Online Content. Wir empfehlen Ihnen in diesem Zusammenhang die Lektüre einschlägiger Werke zum Thema Storytelling, wie die von Pia Kleine Wieskamp, Petra Sammer, Miriam Rupp oder Werner Fuchs.

- Lassen Sie Herzblut und Leidenschaft in Ihre Texte einfließen. Sie müssen selbst davon begeistert sein, um andere begeistern zu können. Verlieren Sie nicht den roten Faden, aber führen Sie relevante Details auf, und diskutieren Sie ein Thema in seiner Vollständigkeit. Ergänzen Sie Fakten um Erfahrungen, lassen Sie andere zu Wort kommen, um Ihre eigenen Aussagen zu unterstützen und beziehen Sie, zumindest im Rahmen der Geschichte, immer wieder Ihren Leser ein. Damit garantieren Sie die bestmögliche Erfahrung und maximieren den Nutzen.
- Setzen Sie sogenannte »Bucket Brigades« ein (abgeleitet aus dem Konzept von Eimerketten). Sie werden schon seit Jahren in Verkaufstexten verwendet, um den Leser bei der Stange zu halten. Dafür werden im Verlauf eines Textes immer wieder einzelne Begriffe oder Phrasen wie »Sehen Sie, …«, »Ein Beispiel: …« oder »Sie verstehen, worauf wir hinauswollen?«, eingeworfen, um die Aufmerksamkeit des Lesers zurückzuholen, falls er einmal gedanklich abschweift. Häufig sind diese Elemente durch Doppelpunkte oder Fragezeichen gekennzeichnet. Entscheidend ist, dass dem Leser klar wird, dass darauf etwas Wichtiges folgt.
- Ergänzen Sie, abgesehen davon, immer eine Handlungsaufforderung; unabhängig von der Länge Ihres Textes und unabhängig von der eigentlichen Aufforderung. Egal, ob Sie dem Leser die Möglichkeit bieten, innerhalb eines Textes einen Tweet abzusetzen, ein Bild an sein Pinterest Board zu klemmen oder in irgendeiner anderen Form mit Ihnen beziehungsweise Ihrer Webseite zu interagieren. Sobald er aus dem passiven Konsum in den aktiven Modus wechselt, verändert sich seine Wahrnehmung Ihres Contents und Ihrer Marke zu Ihren Gunsten.
- Abschließend empfehlen wir Ihnen natürlich eine sinnvolle Formatierung und Gliederung. Orientieren Sie sich außerdem bei der Länge Ihrer Sätze und dem Einsatz von Fachbegriffen an den Präferenzen Ihrer Zielgruppen und folgen Sie unseren allgemeinen Empfehlungen zur Textgestaltung.

Alternativen, um viele Informationen zu kommunizieren

Bevor Sie am Schreiben umfangreicher Texte verzweifeln, nutzen Sie lieber alternative Formate. Sie müssen nicht alle notwendigen Informationen in einem einzigen Text unterbringen, denken Sie zurück an die strategischen Content-Formate. Vielleicht bietet sich in Ihrem Fall ja eine Serie kürzerer Artikel an, durch die sich der Leser nach und nach arbeiten kann? Alternativ könnten Sie auch nebensächliche Informationen wie beispielsweise Zahlen oder Statistiken in »Fact Sheets« auslagern, die sich der Leser bei Interesse (kostenlos) herunterladen kann. Oder Sie kooperieren mit internen und externen Experten, die Ihnen beim Schreiben behilflich sind. Gastartikel oder Interviews sind tolle Textformate, um sowohl Abwechslung in Ihr Content-Portfolio als auch zusätzliche Glaubwürdigkeit und im Idealfall sogar neue Leser zu gewinnen. Und wir können es nicht oft genug sagen: Text ist auch nicht das Maß aller Dinge. Manches lässt sich eben doch besser visuell – in Form eines Bildes oder Videos – kommunizieren.

> Scheuen Sie auch nicht, Informationen auch außerhalb des abgegrenzten Textbereichs zu kommunizieren. Machen Sie sich stets bewusst, *wo* Sie Ihren Text publizieren werden. Vor allem Webseiten bestehen schließlich aus viel mehr Elementen als nur einem Textfeld. Lagern Sie häufig gestellte Fragen beispielsweise in einen FAQ-Bereich aus, oder verweisen Sie auf entsprechende Seiten. Nutzen Sie technische Hilfsmittel wie Pop-ups oder aufklappbare Elemente, um Informationen zur Verfügung zu stellen, aber nicht gleich in Gänze sichtbar zu machen. Visualisieren Sie Informationen und strukturieren Sie immer die gesamte Seite. Content Design heißt ja genau das: Nicht nur gestalten, sondern konzipieren. Und zwar möglichst holistisch.

Lange Texte eignen sich insgesamt gut, um tiefgründiges Wissen zu demonstrieren. Das verschafft Ihnen Respekt und Vertrauen, auch ohne dass jeder einzelne Ihre Texte vollständig lesen muss. In Hinblick auf die Markenbildung lohnen sich umfangreiche Texte dementsprechend gut. Auch auf die Position in den Suchergebnissen, scheinen sich lange Texte (das heißt genauer gesagt *umfangreicher Content*) positiv auszuwirken. Ob Sie durch Länge aber genauso gut beziehungsweise schnell verkaufen können wie mittels kurzer Texte, ist eine Frage, die Sie am besten durch Tests für Ihren individuellen Anwendungsfall beantworten.

3.2.6 Tipps für kurze Texte

»I would have written a shorter letter, but I didn't have the time« – Blaise Pascal

Kurze Texte zu schreiben, ist oft aufwendiger, als das Schreiben langer Texte, weil Sie sich mehr Gedanken über die *maximale Reduktion* machen müssen. Das richtige Maß zu finden, erfordert Übung und am besten eine gezielte Analyse. Allgemein lässt sich jedoch sagen, dass sich kurze Texte vor allem dann rentieren, wenn der Leser keine Informationen per se sucht, sondern nur eine Bestätigung dessen, was er schon weiß. Das betrifft unter anderem Onlineshops, die sich auf grundlegende Produktinformationen und Preisangaben beschränken, um den Kauf zu forcieren – weil sie davon ausgehen, dass der Nutzer das Produkt bereits kennt. Ist das jedoch nicht der Fall, sind mehr Informationen hilfreich und notwendig – am besten natürlich visuell, denn dann reicht doch ein kurzer Text. Bei günstigen Artikeln ist dieser Aspekt nicht ganz so kritisch, denn das Risiko für den Konsumenten ist relativ gering, weshalb ihm einige wenige Informationen zur Kaufentscheidung reichen.

Auf lange Texte können Sie außerdem dann verzichten, wenn Sie Informationen ungern öffentlich preisgeben oder ganz allgemein den direkten Dialog mit Interessenten bevorzugen. In diesem Fall konzentrieren Sie sich auf kurze Texte, um den Leser von Ihrem *persönlichen* Angebot und zum Beispiel der Anmeldung für Ihre E-Mail-Newsletter zu überzeugen. Konkrete Hinweise auf eine gewünschte Handlung, etwa den Klick auf einen Button, führen erfahrungsgemäß schneller zum Ziel als langatmige Überredungsversuche. Kommunizieren Sie klar den Nutzen und beschreiben Sie möglichst genau, was den Leser erwartet. Räumen Sie Ängste aus dem Weg und klären Sie offene Fragen. Viel hilft nicht immer viel, wenn das Wichtigste auch mit ein paar Stichworten gesagt werden kann.

Das betrifft auch und vor allem diejenigen Texter, die nicht frei entscheiden können, ob sie lange oder kurze Texte schreiben wollen, sondern von vornherein im Umfang eingeschränkt sind; aus welchen Gründen auch immer (das Layout wird es hoffentlich nicht sein, denn das entwickeln Sie ja alle gemeinsam im Team). Vielleicht, weil Sie Anzeigentexte für Google AdWords schreiben oder einen Tweet formulieren. In diesem Fall können Sie folgende Tricks anwenden:

- Bei sehr kurzen Texten wie Werbeanzeigen oder Social Media-Beiträge können Sie Wörter durch einzelne Zeichen oder Emojis ersetzen und geläufige (!) Abkürzungen verwenden. Ersetzen Sie beispielsweise »und« durch »&« oder »ist gleich« durch »=«. Dadurch sparen Sie wertvollen Platz und können Ihre Intention vielleicht sogar noch besser zum Ausdruck bringen – nicht zuletzt deshalb, weil Sie insgesamt mehr (im Sinne des Informationsgehalts) schreiben können. Browser-Plug-Ins für Emojis oder eine Liste mit Sonderzeichen (siehe *http://bit.ly/cd_zeichen*) sind praktische Helfer im Alltag.

- Streichen Sie implizite Begriffe. Schreiben Sie einen Text für Ihre Unternehmens-Webseite, dann können Sie in den meisten Fällen auf Wörter wie »wir glauben, dass …«, »unserer Ansicht nach« etc. verzichten. Der Nutzer befindet sich schließlich auf Ihrer Website und darf davon ausgehen, dass die Informationen dort die Meinung des Unternehmens widerspiegeln. Auch auf externen Plattformen ist das der Fall, sofern Sie als Autor einer Botschaft für den Leser klar erkennbar sind.

- Vermeiden Sie auch nichtssagende Informationen und unnötige Umschreibungen. Nennen Sie das Kind direkt beim Namen. Andernfalls verschwenden Sie wertvollen Platz und riskieren, dass sich die fehlende Präzision negativ auf den Gesamteindruck auswirkt. Michael Firnkes hat diesbezüglich eine sehr amüsante (aber auch schmerzhafte) Liste in seinem Buch über professionelle Web-Texte gesammelt, die unter anderem Goldstücke wie »Rahmenmaterial: rahmenlos« (aus einem Onlineshop) aufführt. Schon allein an diesem Beispiel wird deutlich, warum Sie solche Phrasen und textlichen Ungereimtheiten unbedingt vermeiden sollten.

- Strukturieren Sie wichtige Informationen weitestgehend in Listen, dadurch können Sie weitere Füllwörter einsparen. Verwenden Sie wichtige Begriffe – das heißt vor allem suchrelevante Keywords aber auch Trigger-Worte wie »gratis«, »garantiert« etc. – und reduzieren Sie alles auf ein Minimum. Dadurch kann der Interessent die Informationen einfacher erfassen und schneller konvertieren (im Falle eines Onlineshops also kaufen).

- Arbeiten Sie stattdessen Ihre Alleinstellungsmerkmale heraus. Ordnen Sie Ihre Informationen nach der Wichtigkeit für den Leser (!), und überlegen Sie, wann es genug sind, um den Leser zu befriedigen und Ihr Ziel zu erreichen. Für Onlineshop-Betreiber gibt es hierfür einen sehr simplen, aber wirkungsvollen Trick: Schauen Sie sich die Texte Ihrer Mitbewerber an und suchen Sie nach fehlenden Informationen, die Sie in Ihrem Shop ergänzen können. Heben Sie diese (visuell) hervor, um den Mehrwert für Ihren Nutzer zu verdeutlichen. Das bezieht sich natürlich nicht nur auf Produktbeschreibungen – das Produkt ist schließlich immer dasselbe, egal wo der Kunde es kauft, sondern auf die gesamte Präsentation und die zusätzlichen Leistungen und Vorteile, die der Kunde beim Kauf in Ihrem Shop erhält. Das kann ein Sicherheitsgefühl dank Garantieleistung sein, eine Ersparnis, weil Sie günstiger verschicken oder schlicht ein Erlebnis, das er aufgrund Ihrer Werbeversprechen erwartet. Wer will sein Paket nicht auch gerne mal per Drohne geliefert bekommen? Das wäre eine tolle Story, um Freunde neidisch zu machen!

- Apropos Erfahrung und Erlebnis: Es kann für den Nutzer auch ein Vorteil sein, passende Empfehlungen zu erhalten. Egal ob komplementäre Produkte wie die Hose zum Shirt oder weiterführende Lektüre (siehe Bild 3.39). Betrachten Sie ein solches Angebot als Serviceleistung, mit der Sie beim Nutzer punkten können. Schließlich ersparen Sie ihm Aufwand und machen ihn vielleicht auf Umstände oder Probleme aufmerksam, die ihm bis dato nicht bewusst waren. Er wird tiefe Dankbarkeit empfinden und Sie in Erinnerung behalten, ganz abgesehen davon, dass Sie durch zusätzliche Verkäufe profitieren. Robert vergleicht dieses Prinzip in seinem Blog unter *www.toushenne.de/buch/tante-emma* mit dem Konzept eines Tante-Emma-Ladens.

Bild 3.39 Amazon empfiehlt auf Basis der aktuellen Auswahl weitere passende Produkte (hier bei der Betrachtung Roberts ersten Buches »Blog Boosting«)

 Lesetipps für (angehende) Texter

Falls Sie sich noch intensiver mit Web- und Werbetexten beschäftigen möchten, empfehlen wir Ihnen die Lektüre folgender Webseiten und Bücher:

- www.copyblogger.com
- www.copyhackers.com
- Writtent Blog (*http://writtent.com/blog/*)
- Michael Firnkes, Professionelle Webtexte & Content Marketing: Handbuch für Selbstständige und Unternehmer
- Miriam Löffler, Think Content!: Content-Strategie, Content-Marketing, Texten fürs Web (Rheinwerk Verlag)

> Viel lesen hilft, aber vernachlässigen Sie nicht Ihre eigene Praxis. Je mehr Erfahrung Sie sammeln, desto schneller werden Sie die Herausforderung dieses Berufs erfahren und Ihre eigenen Fähigkeiten verbessern.

3.2.7 Den Erfolg von Text messen

Um die Qualität und Wirkung von Texten zu messen, gibt es zwei Ansätze: Zum einen die sprachliche und inhaltliche Beurteilung und zum anderen die Performance-Messung in Hinblick auf die mit einem Text zu erreichenden beziehungsweise tatsächlich erreichten Marketingziele. Für beide Ansätze sind teilweise kostenpflichtige Tools oder extrem viel manueller Aufwand notwendig (der sich im Vergleich zu den Kosten in den wenigsten Fällen lohnt). Wir wollen Ihnen aber nachfolgend die grundlegende Methodik erläutern.

Zur Bewertung der sprachlichen Qualität wird typischerweise ein Lesbarkeitsindex genutzt. Die Berechnung basiert auf der Annahme, dass der Leser einen Text annimmt, wenn er gut lesbar ist. Dafür werden die Kriterien je nach Formel unterschiedlich definiert. Nachfolgend möchten wir Ihnen die beiden gängigsten Formeln erklären:

- Die Wiener Sachtextformeln – insgesamt gibt es vier verschiedene – dienen zur Berechnung der Lesbarkeit von Texten. Die Ergebnisskala orientiert sich an Schulstufen und reicht von 4, für leicht verständliche Texte, bis hin zu 15, für äußerst komplexe Texte. Ab Stufe 12 wird allerdings eher von Schwierigkeitsstufen gesprochen, statt Schulstufen. Der Wert berechnet sich gemäß der folgenden *ersten* Wiener Sachtextformel aus dem Verhältnis von Satzlänge (SL), Wortlänge (IW) und dem Anteil an ein- und mehrsilbigen (ES beziehungsweise MS) Wörtern. Bei den übrigen Wiener Sachtextformeln werden einzelne Faktoren variiert. Diese sowie weitere Berechnungsmethoden finden Sie auf Wikipedia unter *http://bit.ly/cd_WSTF*.

    $$WSTF_1 = 0{,}1935 \times MS + 0{,}1672 \times SL + 0{,}1297 \times IW - 0{,}0327 \times ES - 0{,}875$$

Der Wert allein erlaubt allerdings noch kein sinnvolles Urteil über die Lesbarkeit; es bedarf immer Ihrer Interpretation. Denn der Satz: »Zur Bewertung der sprachlichen Qualität wird typischerweise ein Lesbarkeitsindex genutzt«, sprengt beispielsweise mit seinem $WSTF_1$-Wert von 17 die Skala. Aber ist er wirklich so schwer zu lesen? Für Sie vielleicht nicht, aber was ist mit Ihrer Zielgruppe?

Die Herausforderung besteht darin, Ihren Text so zu verändern, dass die Kernaussage erhalten bleibt, der Nutzer diese aber einfacher versteht. Den Beispielsatz könnten wir dementsprechend wie folgt umformulieren, um den $WSTF_1$-Wert auf 12 zu senken: »Nutzen Sie einen Lesbarkeitsindex, um die sprachliche Qualität zu bewerten«. Experimentieren Sie insbesondere bei Überschriften mit der Lesbarkeit und lernen Sie, wie viele und welche Informationen wirklich direkt enthalten sein müssen und welche Sie problemlos in die umliegenden Text- oder grafischen Elemente auslagern können. Das Ziel Ihrer Überschrift ist schließlich nur, die Aufmerksamkeit des Lesers zu halten und weiterzuleiten.

- Die vielleicht gängigere Alternative zur Bewertung von Textqualität ist der »Flesch Reading Ease«-Lesbarkeitsindex. Er indiziert ebenfalls als numerischer Wert, wie leicht oder schwer verständlich ein Text ist. Ausschlaggebende Kriterien sind dabei die durchschnittliche Satzlänge (*Average Sentence Length, ASL*) sowie die durchschnittliche Silbenzahl pro Wort (*Average Number of Syllables per Word, ASW*). Da die ursprüngliche Formel von Rudolf Flesch für englischsprachigen Text entwickelt wurde, musste sie für deutsche Texte angepasst werden. Im Ergebnis wird der Flesch-Index wie folgt berechnet:

$$FRE = 180 - ASL - (58{,}5 \times ASW)$$

Tabelle 3.2 Bewertungsskala des Flesch Reading Ease Score

Flesch Reading Ease Score	Lesbarkeit	Verständlich für
0 – 30	Sehr schwer (zum Beispiel Doktorarbeiten)	Akademiker
30 – 50	Schwer (zum Beispiel Gesetzestexte)	
50 – 60	Mittelschwer	
60 – 70	Mittel (zum Beispiel Anleitungen und Rezepte)	13 bis 15-jährige Schüler
70 – 80	Mittelleicht (zum Beispiel Boulevard-Zeitungen)	
80 – 90	Leicht (zum Beispiel Comics)	
90 – 100	Sehr leicht	11-jährige Schüler

Tools zur Bewertung der Lesbarkeit

Die Lesbarkeit Ihrer Texte zu bewerten, funktioniert auf Basis der Formel sehr gut. Doch von einer manuellen Kalkulation würden wir Ihnen – vor allem aus Zeitgründen – abraten. Hierfür gibt es zahlreiche Tools, die Ihnen die Arbeit abnehmen.

- **Online Tools (kostenlos):** Geben Sie Ihren zu prüfenden Text unter *http://fleschindex.de/berechnen* ein, und Sie erhalten sowohl einen Index als auch eine Auskunft über die Anzahl der Sätze, Wörter, Silben und Zeichen (einschließlich Leer- und Satzzeichen). Ähnlich funktioniert das bereits erwähnte Tool der Wortliga und auch die Textanalyse unter *www.schreiblabor.com/textanalyse/*. Dort erhalten Sie auch eine Aussage über die Wiener Sachtextformel(n).
- **Software (kostenpflichtig):** Das Content Tool »linkbird« (*www.linkbird.com*) integriert die Analyse im eigenen Texteditor, wodurch Sie schon während des Schreibens auf Schachtelsätze, komplizierte Formulierungen oder Füllwörter hingewiesen werden. Ähnlich handhaben es auch vergleichbare Tools wie »Acrolinx« (*www.acrolinx.de*) oder die »Searchmetrics Content Experience« (*www.searchmetrics.com/de/content/*).

Ergänzend beziehungsweise als Teil der Lesbarkeit wollen wir die Verwendung von Keywords aus Sicht der Suchmaschinenoptimierung nicht unerwähnt lassen. Damit gehen wir nahtlos in den Bereich der Performance-Analyse über. Ein besonderes Augenmerk liegt dabei, neben der eigentlichen Keyword-Dichte innerhalb eines Dokuments, auf der WDF*IDF-Analyse. Mit dieser können Sie bestimmen, in welchem Verhältnis Ihre Keywords innerhalb eines Textes zu allen anderen Dokumenten im Google-Index – das heißt auch außerhalb Ihrer eigenen Webseite – gewichtet werden. Je höher ein Keyword gewichtet, sprich je seltener es im Index ist, desto besser wird Ihr Ranking in den Suchergebnissen ausfallen; so zumindest die Theorie. Wir wollen das Thema nicht breittreten, aber so viel sei gesagt: Es gibt keine ideale Keyword-Dichte, und sie sollte Ihre Schreibweise nicht beeinflussen. Die WDF*IDF-Analyse ist im Vergleich dazu deutlich sinnvoller, stößt aber auch schnell an ihre Grenzen. Zum einen ist sie von der Qualität aller anderen verfügbaren Dokumente abhängig. Führen Sie sich daher immer vor Augen, mit wem Sie sich bei dieser Analyse überhaupt vergleichen. Sind die verfügbaren Ergebnisse in Anbetracht des Themas beziehungsweise der Suchanfrage nicht zufriedenstellend, dann wollen Sie sich für Ihren Content definitiv nicht an diesen orientieren, sondern sich an die Bedürfnisse der Suchenden halten. Zum anderen sind Keywords prinzipiell nur einer von vielen Faktoren, die das Google Ranking beeinflussen. Google erkennt immer besser, ob ein Thema holistisch betrachtet wird (etwa anhand verwandter Keywords) und berücksichtigt zunehmend auch das Nutzerverhalten.

Abseits von Keywords und Rankings können Sie weitere Metriken heranziehen, um eine Aussage über die Qualität Ihrer Texte zu treffen. Dazu zählen zum Beispiel

- die Anzahl (neuer) Besucher und Seitenaufrufe,
- das Nutzerinteresse (gemessen anhand der Aufenthaltsdauer, der Anzahl an aufgerufenen Seiten pro Sitzung, der Scroll-Tiefe oder auch der Absprungrate),
- die Interaktionsrate (gemessen anhand der Öffnungsrate von E-Mails, der Click-Through-Rate oder der Anzahl an Social Shares),
- die Conversion Rate (erfordert in den meisten Fällen individuell eingerichtete Zielvorgaben).

Sie können diese Metriken mithilfe gängiger Website-Analyse-Tools wie Google Analytics, Piwik oder eTracker messen. Sie bilden die Grundlage für bewährte Content Scoring-Verfahren, wie sie Robert in seinem Blog *(ww.toushenne.de/buch/content-scoring)* oder im Blog von HubSpot *(http://bit.ly/cd_scoring)* erklärt. Content Scoring zielt darauf ab, einzelne Content Assets – sowie im zweiten Schritt das gesamte Portfolio – hinsichtlich der Effektivität zu bewerten. Durch die Berechnung eines sogenannten Content Score – durch Multiplikation der zu berücksichtigenden Metriken – werden Assets vergleichbar und bieten Ihnen dahingehend Ansatzpunkte für die Optimierung. Denn Content beziehungsweise Seiten, die viel Aufmerksamkeit generieren (erkennbar an der Zahl der Seitenaufrufe), aber vergleichsweise wenige Conversions erzielen, sind definitiv ausbaufähig.

Entscheidend sind unterm Strich allerdings nicht die absoluten Werte, sondern relative. Im Idealfall verfolgt jeder Text, das heißt jede Werbeanzeige, jede Überschrift, jede Liste, jeder Call-to-Action ein einziges Ziel. Mit Werbeanzeigen wollen Sie Klicks auf Ihre Webseite generieren. Mit der Überschrift wollen Sie das Interesse der Nutzer gewinnen und sie auf Ihrer Webseite halten. Mit dem übrigen Seitentext wollen Sie beim Nutzer ein Verlangen nach Ihren Produkten und Dienstleistungen wecken und ihn mit einer konkreten Handlungsaufforderung konvertieren – zunächst vielleicht nur als Lead, endgültig aber als profitablen Kunden. Es nützt also nichts, einzelne Kennzahlen isoliert zu betrachten. Sinnvoller sind Kausalanalyse oder noch besser die ganzheitliche Betrachtung sogenannter Conversion Funnels, die sich an Ihre Customer Journey anlehnen (siehe Kapitel 1, Abschnitt 1.3). Das erlaubt Ihnen, Ihre Texte auf Basis konkreter Hypothesen zu testen und nachhaltig zu optimieren.

Ein Beispiel: Sie verschicken eine E-Mail und rufen darin zum Klick auf Ihre Landing Page auf. Die Öffnungsrate ist sehr gut, und viele Leser klicken auf Ihren Call-to-Action. Bei der Betrachtung Ihrer Landing Page fällt Ihnen jedoch auf, dass viele Nutzer nach sehr kurzer Zeit schon wieder abspringen.

Wie gehen Sie mit dieser Situation um? Ihre E-Mail scheint gut zu funktionieren, Ihre Landing Page hingegen nicht. Sie konzipieren also eine neue Seite, richtig? Falsch. Das eigentliche Problem liegt eher darin, dass Ihre Handlungsaufforderung in der E-Mail und die Überschrift auf der Landing Page nicht zusammenpassen. Sie versprechen womöglich etwas, dass Sie auf der Seite nicht einhalten oder wecken falsche Erwartungen. Das verwirrt und enttäuscht den Nutzer, weshalb er die Seite schneller wieder verlässt. Prüfen Sie daher als allererstes, ob die Überschrift der Landing Page einen direkten Bezug zu Ihrem Call-to-Action aufweist. In der Fachsprache nennen wir das »Message Match« (siehe Kapitel 5, Abschnitt 5.5.1). Arbeiten diese beiden Elemente zusammen, steigt Ihre Erfolgswahrscheinlichkeit deutlich an. Wir sehen denselben Fehler übrigens oft auch bei Google AdWords oder Social Ads.

Auf diese Weise lernen Sie zu verstehen, welche Faktoren sich wirklich auf die Effektivität Ihrer Texte auswirken. Beobachten Sie beispielsweise, dass Besucher auf Seiten mit wenig Text länger bleiben, als auf Seiten mit viel Text, dann sparen Sie sich doch die ganze Schreibarbeit. Wenn Sie hingegen merken, dass sich viel Text positiv auf die Conversion Rate auswirkt, dann gibt Ihnen auch das Aufschluss über die Bedürfnisse Ihrer Zielgruppe. Daten aggregieren ist einfach, sie zu verstehen und richtig zu interpretieren erfordert hingegen viel Übung. Je früher Sie damit beginnen, desto besser.

3.2.8 Zusammenfassung

So objektiv wir auch versuchen, Texte zu bewerten, ist die Wahrnehmung doch extrem subjektiv und wird von vielen weiteren Faktoren beeinflusst. Dazu zählen unter anderem soziale und kulturelle Einflüsse, die (Such)Intention des Lesers und auch die Gestaltung. Insbesondere Letztere können wir anhand der vorgeschlagenen Metriken kaum berücksichtigen, weshalb sie immer Gegenstand manueller Testverfahren sein sollte. Zwar ist ihr genereller Einfluss nachgewiesen, nicht jedoch, wie sich dieser im Detail und von Fall zu Fall auf den Erfolg von Texten auswirkt. Diese Beurteilung machen am Ende nur Sie.

10 Tipps für bessere Texte

1. Texte sind auf den ersten Blick die günstigste Form von Content. Entsprechend schwierig ist es jedoch, durch sie allein die gewünschte Wirkung zu erzielen.
2. Auf den zweiten Blick haben Texte einen sehr hohen Einfluss auf Ihren Erfolg. Es erfordert daher viel Fingerspitzengefühl, insbesondere kurze Texte auf den Punkt zu bringen.
3. Nutzen Sie detaillierte Briefings, um Ihre Texter beim Schreiben zu unterstützen.
4. Nehmen Sie nicht immer die erste Idee, die Ihnen einfällt. Vor allem für Überschriften sollten Sie sich die Zeit nehmen, um Alternativen abzuwägen.
5. Auch Text wirkt visuell. Durch Schriftarten, -größen, -farben und andere gestalterische Mittel können Sie die Wahrnehmung zu Ihren Gunsten beeinflussen.
6. Unser Konsumverhalten ist stetig im Wandel. Beobachten Sie die Vorlieben Ihrer Zielgruppe. Vielleicht ist Text ein probates Mittel für die Kommunikation, vielleicht aber auch nicht …
7. Denken Sie an das Sprichwort »Zeit ist Geld«. Lange, ausführliche Texte (Geschichten) sind nicht immer die beste Lösung. Häufig geht es um schnelle Antworten auf konkrete Fragen.
8. Optimieren Sie Ihre Texte für Suchende und Suchmaschinen gleichermaßen.
9. Messen Sie die Effektivität Ihrer Texte – sowohl objektiv auf Basis eines Lesbarkeitsindex, aber auch in Hinblick auf das Konsumverhalten.
10. Scheuen Sie sich nicht, Texte durch andere Formate zu ersetzen.

3.3 Bild

Über 32 000 Jahre malen wir Menschen schon Bilder, doch schreiben tun wir erst seit knapp über 5000 Jahren. Es liegt in unserer Natur, bildlich zu denken. Wussten Sie, dass J. K. Rowling, eine der wohl erfolgreichsten Autoren aller Zeiten, die Welt von Harry Potter zuerst gemalt, bevor sie sie in Worte gefasst hat?

Auch im Marketing waren Bilder schon immer ein wichtiges Element, obwohl gerade Content Marketing vor allem zu Beginn sehr textlastig war. Denn Unternehmen haben es als Chance verstanden, viel über sich und ihre Produkte zu erzählen, respektive zu schreiben. Zudem ist die Produktion beziehungsweise der Einkauf von Texten deutlich günstiger als im Vergleich zu Bildern oder Videos. Geboren aus einer grundlegenden Skepsis gegenüber der

Wirkung von Content im Marketing scheuen Unternehmen daher noch große Investitionen und »testen« lieber in kleinem Stil mit Text. In gewisser Weise waren ja auch Pressemeldungen und Corporate Blogs die Vorboten der Content Marketing-Ära.

Der Gedanke, Geschichten zu erzählen, ist hingegen definitiv der richtige Ansatz. Doch wie Sie wissen, sagt ein Bild mehr als tausend Worte. Es vermag den Betrachter mit auf eine Reise zu nehmen und fungiert, wie der Marketing-Wissenschaftlicher Prof. Dr. Werner Kroeber-Riel es schön formulierte, als: »*Schnellschuss ins Gehirn*«. Mit Bildern können wir einfach effektiver kommunizieren als mit Text. Denn erst durch Bilder erschließen wir uns die Welt. »Visual Storytelling« lautet das Zauberwort, das durch den Aufschwung von Plattformen wie Instagram wieder an Bedeutung gewann. Mit mittlerweile über 600 Millionen Nutzern weltweit[19] (Tendenz steigend, siehe Bild 3.40), die seit der Übernahme durch Facebook knapp 100 Millionen Fotos und Videos *pro Tag* hochladen, ist Instagram die größte Plattform für visuellen Content. Dass dort neben Fotos auch Videos veröffentlicht werden können, hat dem Bild überhaupt keinen Abbruch getan – ganz im Gegenteil: Umso beliebter die Plattform an sich wird, desto »wertvoller« wird auch das Bild als Content-Format im Marketing-Mix. Dieser Trend wird verstärkt durch weitere, für unser Marketing interessante Plattformen, die wir Ihnen in Abschnitt 3.3.1 näher vorstellen werden.

Inzwischen sind Bildformate für Content Marketing so selbstverständlich wie Text für Romane. Beispiele wie Dr. Oetker[20] und Airbnb[21], aber auch kleinere Unternehmen wie Springlane[22] beweisen: Bilder gehören längst in das Standardsortiment erfolgreicher Content-Strategien. Sie ergänzen nicht nur digital das Portfolio, sondern sorgen auch abseits des Bildschirms für Aufmerksamkeit und vielleicht sogar direkten Umsatz. Wenn Sie sich in diesem immer härter umkämpften Markt behaupten wollen, dann gehen Sie strategisch vor und nutzen Sie die folgenden Tipps zur Optimierung Ihres Bild-Contents.

Wir werden nicht jeden Bereich abdecken können, geben Ihnen aber eine Übersicht der relevanten Bildplattformen und verschiedenen Bildformate sowie die Basics zur Gestaltung und dem rechtssicheren Umgang mit Bildern mit auf den Weg. Weitere Leseempfehlungen in Abschnitt 3.4.6 bieten Ihnen die Möglichkeit, sich nach Wunsch noch tiefer in die Materie einzuarbeiten.

3.3.1 Relevante Bildplattformen

Bilder können Sie vielseitig einsetzen, beschränken Sie sich jedoch nicht nur auf Ihre eigene Webseite. Stellen Sie Bilder auch außerhalb Ihrer eigenen Plattformen bereit und profitieren Sie von der Reichweite bestehender Communitys. Dabei unterscheiden wir generell soziale Netzwerke wie Instagram, bei denen auf Basis der geteilten Bilder der Austausch der Nutzer untereinander im Vordergrund steht, von Bildarchiven wie Flickr, die vor allem dazu dienen, die eigenen Werke zu präsentieren. Dazwischen gibt es Mischformen wie Pinterest,

---

[19] Instagram Press, *600 Million and Counting*, *https://instagram-press.com/blog/2016/12/21/600-million-and-counting/*

[20] Comspace, Content Marketing - auch eine Bielefelder Tradition seit 1891, *https://www.comspace.de/de/news/fachthemen/content-marketing-dr-oetker*

[21] Airbnb Magazine, *https://airbnbmag.com/*

[22] Springlane Magazin, *https://www.springlane.de/magazin/*

Behance *(www.behance.net)* oder 500px (https://500px.com), durch deren Verwendung Nutzer Ihre Sichtbarkeit im Web verbessern (Suchmaschinenoptimierung) oder ihre eigenen Werke beziehungsweise Dienstleistungen als Kreative (Fotografen, Designer etc.) direkt zum Verkauf anbieten können. Diesen kommerziellen Zweck verfolgen zuletzt auch die klassischen Bilddatenbanken (auch »Stockarchive« genannt) wie gettyimages, iStock, Shutterstock, fotolia, Pixabay, und wie sie alle heißen. Dementsprechend betrachten wir sie im Rahmen des Content Design eher als Bildquelle und nicht als Publikationsplattform (siehe Abschnitt 3.3.3).

Welche Bildplattformen Sie schlussendlich für Ihre Zwecke nutzen wollen, hängt maßgeblich von Ihrer Strategie ab. Achten Sie darauf, wen Sie erreichen wollen und wen Sie auf den einzelnen Plattformen wirklich erreichen können. Oft haben Unternehmen falsche Vorstellungen und lassen sich in dieser Hinsicht schlicht und einfach von absoluten Nutzerzahlen blenden. Darüber hinaus sollten Sie Ihre visuelle Kommunikation an die Gepflogenheiten der Plattform anpassen können. Denn während Pinterest beispielsweise eine geeignete Plattform für Infografiken ist und sich für das Kuratieren von Bildern anbietet, so müssen Sie für Instagram schon selbst produzieren, und eigene Fotos beisteuern. Schauen Sie sich deshalb gut um, bevor Sie Content produzieren und entscheiden Sie auf Basis Ihrer Intention und Ihrer Möglichkeiten, welche Plattform für Sie infrage kommt.

Instagram

Instagram existiert seit 2010, wurde aber erst mit der Übernahme durch Facebook im April 2012 zu einem ernst zu nehmendem Player auf dem Markt. Anfänglich waren die Nutzer überwiegend Fotografen und Kreative, die sich visuell ausdrücken und inspirieren lassen wollten. Inzwischen tummeln sich unter den Nutzern auch viele Marken, die die Plattform für Werbung und die prominenteren Nutzer für Influencer Marketing nutzen. Neben allgemein bekannten Stars wie Mario Götze, Lukas Podolski oder Heidi Klum sind es vor allem die durch Social Media bekannt gewordenen Influencer[23] wie Bibi, Dagibee oder Unge, die für Unternehmen attraktiv sind. Denn sie haben Einfluss auf eine jüngere, digitalere Zielgruppe, die für klassische Werbung weniger empfänglich ist.

Begünstigt wurde diese Entwicklung durch mehrere Veränderungen: Zum einen drängt der demografische Wandel auf Facebook – als Quasi-Monopol im Social Web – die Jüngeren auf andere Plattformen. Neben WhatsApp war Instagram eine willkommene Abwechslung. Zum anderen bedient Instagram viele aktuelle Bedürfnisse seiner Nutzergruppen. Konnten ursprünglich lediglich Fotos im quadratischen Format hochgeladen und durch digitale Filter stilisiert werden, so sind heute auch Landschafts- oder Portraitformate sowie Videos möglich. Außerdem ist Instagram sehr bemüht, beliebte Funktionen anderer Plattformen und Apps zu kopieren (beispielsweise Snapchat Stories), um seine Nutzer zu binden.

---

[23] Die 20 größten deutschen Instagrammer: *http://www.onlinemarketingrockstars.de/top-20-instagram-kicker-models-youtuber-sind-das-die-20-groessten-deutschen-instagrammer/*

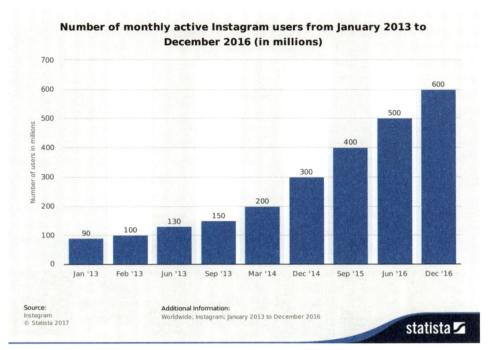

Bild 3.40 Instagrams Nutzerzuwachs von 2013 bis 2016[24]

Das ökonomische Potenzial von Instagram entstand, neben dem schnellen Nutzer- und Funktionswachstum, aber vor allem durch die enge Verknüpfung mit Facebook und dessen bereits etabliertem Werbemarkt. Unternehmen hatten quasi von heute auf morgen Zugriff auf ein neues Werbenetzwerk – einschließlich eines neuen Publikums – und konnten sich dabei sogar ihre Erfahrung aus Facebook Advertising zunutze machen. Die Hemmschwelle, in eine neue und aus Werber-Sicht unbekannte Plattform zu investieren, war damit extrem niedrig.

Das heißt allerdings nicht, dass Sie als erfahrener Facebook-Werber nicht auch Instagram *verstehen* müssen, um es erfolgreich in Ihren Marketing-Mix zu integrieren. Denn entscheidend ist auch hier vor allem die Intention der Nutzer und deren Erwartungen an Ihren Content. Der Trend geht weg von Hochglanzproduktionen, deren Authentizität nicht bestätigt werden kann, hin zu unbearbeiteten Fotos und (Live-)Impressionen. Daneben ist Instagram bekannt für seine Hashtags, die sowohl zur Markierung von Bildinhalten genutzt werden können als auch zur Teilnahme an Instagram-Trends. Damit sind ebendiese Hashtags eine Möglichkeit für Unternehmen, die eigenen Botschaften zu kommunizieren. Sie können Ihre Bilder entweder mit den entsprechenden Hashtags kennzeichnen und damit Teil einer Bewegung werden, oder Sie kreieren eigene Hashtags. Das funktioniert sowohl im Rahmen zeitlich begrenzter Kampagnen, wie es etwa Esprit mit dem doppeldeutigen Hashtag #ImPerfect vorgemacht hat, als auch mit zeitlosen Brand Hashtags wie beispielsweise #justdoit von Nike. Entscheidend ist die Botschaft, die Sie kommunizieren wollen und die Art, wie Sie das tun.

---

[24] Number of monthly active Instagram users from January 2013 to April 2017 (in millions), Statista, 2017, https://www.statista.com/statistics/253577/number-of-monthly-active-instagram-users/

Pinterest

Pinterest hat 2010 mit dem Konzept kuratierter »Pinnwände« einen Nerv getroffen. Nutzer können Bilder von überall her auf individuellen Boards sammeln, verschlagworten (Hashtags) und beschreiben (siehe Bild 3.41). Dabei wird automatisch ein Link zur Quelle des Bilds hinterlegt, sodass der Kontext im Sinne weiterführender Informationen stets nur einen Klick entfernt ist. Schnell haben Reiselustige und Modebegeisterte angefangen, die besten Urlaubsfotos und Snapshots ihrer neuen Outfits zu präsentieren, um andere zu inspirieren und sie bei der Auswahl zu unterstützen. Honoriert wird dieser Aufwand durch eine steigende Zahl an Gefolgsleuten sowie Empfehlungen. Mittlerweile werden von den 175 Millionen Nutzern pro Tag zehn Milliarden Empfehlungen (in Form von Likes) abgegeben.

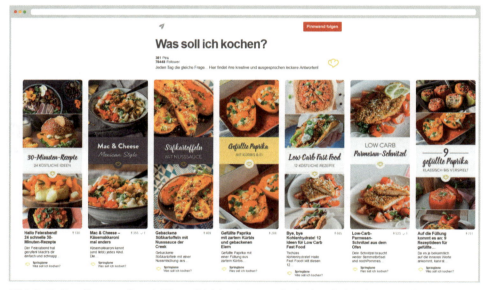

Bild 3.41 Das Pinterest Board »Was soll ich kochen« von Springlane beinhaltet unzählige Rezepte zum Nachkochen – samt Zutatenliste[25]

Pinterest hat sich dieses rege Interesse zunutze gemacht und durch die Einführung von sogenannten »Rich Pins«[26] ein für Unternehmen attraktives Angebot geschaffen. Denn solche reichhaltigen Pins erweitern den Funktionsumfang sowohl für (werbende) Unternehmen als auch für den Nutzer selbst. Pinterest hat es damit geschafft, eine Win-Win-Win-Situation herzustellen, bei der alle Beteiligten profitieren. 93 Prozent der Nutzer verwenden die Plattform nach Angaben von Pinterest zur Planung von Einkäufen. 72 Prozent der Nutzer sollen sogar durch Pinterest an neue Marken herangeführt worden sein und 87 Prozent aufgrund der gesehenen Inhalte etwas gekauft haben.[27]

---

[25] Pinterest Board »Was soll ich kochen?« von Springlane, *https://www.pinterest.de/springlanede/was-soll-ich-kochen/*
[26] Rich Pins, Pinterest for Business, *https://business.pinterest.com/de/rich-pins*
[27] Warum Pinterest nutzen?, Pinterest for Business, *https://business.pinterest.com/de/why-pinterest*

Sie können Pinterest demnach sowohl zum Markenaufbau nutzen als auch neue Besucher auf Ihre Webseite lotsen oder sie dank Rich Pins direkt auf der Plattform konvertieren. Der große Unterschied zu Instagram und anderen Bildplattformen besteht darin, dass Sie nicht zwangsläufig eigenen beziehungsweise dedizierten Content produzieren müssen. Sie können auch Inhalte kuratieren oder jene Bilder nutzen, die Sie ohnehin auf Ihrer Webseite zeigen oder für andere Zwecke produziert haben. Bedenken Sie jedoch, dass Besucher Ihrer Webseite vielleicht selbst Pinterest-Nutzer sind und Ihre Bilder dort kuratieren möchten. Eine entsprechende Optimierung ist auf jeden Fall empfehlenswert, aber der Einstieg ist auch ohne großen Aufwand möglich.

Ein Wort zum SEO-Potenzial von Pinterest

Viele, insbesondere SEO-Experten, fürchten sich in Hinblick auf Pinterest vor Content-Dubletten, sogenanntem »Duplicate Content«. Diese Angst ist jedoch unberechtigt, denn wenn überhaupt, ist das eine Herausforderung, vor der Pinterest selbst steht, nicht jedoch der Nutzer. Google wertet es eher als positives Signal, wenn ein Bild an vielen Stellen verwendet wird; und genau das passiert ja bei Pinterest durch die unzähligen Boards. Die Betreiber sind sich dieser Gefahr jedoch bewusst und arbeiten aktiv dagegen. Etwa durch die Einführung themenspezifischer Landing Pages (sogenannte »Explore Pages«[28]), die auf eine Handvoll konkreter Suchbegriffe optimiert sind. Dadurch verbessert Pinterest das eigene Standing bei Google und taucht infolge häufiger mit plattformeigenen Bildern in der Google-(Bilder)Suche auf.

Dementsprechend bietet Pinterest auch Ihnen ein nicht zu unterschätzendes SEO-Potenzial. Denn wenn Sie Ihre gepinnten Bilder (und natürlich auch Ihre Boards an sich) um eine informative Beschreibung bereichern – unter Verwendung relevanter Suchbegriffe, wie Sie es auch bei Ihren Texten handhaben, erhöhen Sie damit schon mal die Chance, auf der Plattform selbst sichtbarer (das heißt vor allem auffindbarer) zu werden. Sortieren Sie Ihre Pins thematisch und nutzen Sie Rich Pins, um mehr Relevanz zu erzeugen. Darüber hinaus sollten Sie, wenn möglich, das heißt vor allem bei Ihren eigenen Bildern, einen Link zu Ihrer Webseite hinterlegen, um Nutzern Zugang zu weiterführenden Informationen zu geben. Dort haben Sie dann auch viele weitere Möglichkeiten der Optimierung, die Sie in Roberts Blog unter *www.toushenne.de/buch/pinterest-seo* nachlesen können.

Neben Instagram und Pinterest gibt es zwei weitere Plattformen, die wir in diesem Zusammenhang erwähnen möchten, auch wenn zumindest eine davon keine eigentliche Bildplattform ist. Die Rede ist von SlideShare und Giphy. Beide Plattformen können für Content Marketing interessant sein, wenngleich ihre Charakteristika völlig unterschiedlich sind.

---

[28] Eisenbrand, Roland, Bis zu 344 Prozent mehr Sichtbarkeit: So wurde Pinterest in Deutschland zum SEO-Champion, OMR, *https://omr.com/de/pinterest-seo-champion/*

- **Giphy** (*www.giphy.com*) hat sich in den vergangenen Jahren als Standard für animierte Bilder etabliert und ist mittlerweile sogar direkt in Plattformen wie Twitter und Facebook integriert. So können Sie einerseits passende Bewegtbilder für Ihre Tweets innerhalb des Twitter-Interface auswählen und sie andererseits auch bei Facebook teilen. Denn dort gibt es keine Möglichkeit eines direkten GIF-Uploads. Ein weiterer Vorteil – zumindest in einigen Fällen – ist die Tatsache, dass Ihr Profil und damit auch Ihre GIFs öffentlich sind und damit anderen Giphy-Nutzern zur Verfügung stehen. Sie haben also eine kleine Chance, dass Ihre Marke durch Ihre Bewegtbilder (bei einer passenden Verschlagwortung) gesehen wird. Je mehr GIFs Sie kuratieren, desto größer wird diese Chance natürlich.

  Bedenken Sie jedoch, dass Giphy keine prädestinierte Plattform für »Branded Content« ist, sondern eher unterhaltsame und in gewisser Weise zweckgebundene Szenen aggregiert. Ein Großteil der Bilder zeigt Menschen, die eine bestimmte Bewegung machen. Durch die Endlosschleife erhalten diese Szenen eine gewisse Komik, die in vielen Fällen durch lustige Untertitel verstärkt wird. Die Herausforderung aus Marketing-Sicht besteht also darin, Ihre Botschaft und Ihr Corporate Design mit der plattformüblichen Gestaltungsweise in Einklang zu bringen. Wie das aussehen kann, zeigen Marken wie die Deutsche Telekom (*https://giphy.com/telekom_erleben*, siehe Bild 3.42) oder Coca-Cola (*https://giphy.com/coca-cola*).

Bild 3.42 Die Deutsche Telekom bereitet Ausschnitte aus Werbespots (ergo vorhandenen Content) in einem für Giphy-typischen Stil auf und integriert sich damit sehr gut in die Plattform

- **SlideShare** *(www.slideshare.net)* gehört seit 2012 zu LinkedIn, ist aber seit jeher *die* Plattform für Präsentationen und genießt vor allem im Business-to-Business-Umfeld einen großen Stellenwert. Sie finden dort Vortragsfolien zu verschiedensten Themenfeldern (siehe Bild 3.43), Anleitungen und andere Service-Unterlagen, Studienergebnisse, visualisierte Blogartikel und anderen Content, sowohl von Marken als auch Personen. Der Umfang reicht von wenigen Seiten bis weit über 100 Slides.

Sie können die Plattform beispielsweise nutzen, um bereits vorhandenen Content einem neuen Publikum zu präsentieren – seien es die Vortragsfolien Ihres letzten Konferenzauftritts oder Blog-Artikel und Videos, die Sie in eine Präsentation umgewandelt haben. Mit relativ wenig zusätzlichem Aufwand erhöhen Sie dadurch die Reichweite Ihres Contents und dementsprechend auch die Sichtbarkeit Ihrer Person beziehungsweise Marke. Vorausgesetzt, Sie bemühen sich auch hier um einen aussagekräftigen Titel und eine informative Beschreibung, passende Schlagworte sowie ein besonders auffallendes Titelblatt. Das Schöne an SlideShare ist darüber hinaus, dass Sie Ihre Präsentationen mit Ihrem LinkedIn-Profil verknüpfen, Links und interaktive Elemente innerhalb der Folien platzieren können und all Ihre Aktivitäten mithilfe der integrierten Analyse-Tools messen können.

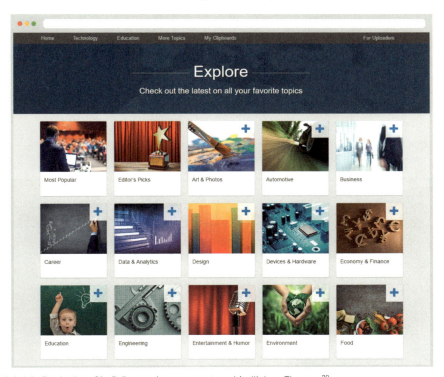

Bild 3.43 Entdecken Sie Präsentationen zu unterschiedlichen Themen[29]

Darüber hinaus bieten sich viele weitere Plattformen und Verwendungszwecke von Bildern an, von anderen sozialen Netzwerken über Display-Werbung bis hin zur eigenen Webseite und Kommunikationskanälen wie E-Mail oder die gute alte Briefpost. Bilder können Sie im

---

[29] Entdecken Sie die Themenvielfalt von SlideShare: *https://www.slideshare.net/explore*

Grunde überall einsetzen – ob sie nun Aufmerksamkeit erregen oder eine konkrete Botschaft kommunizieren wollen.

So vielfältig wie die Einsatzorte, sind auch die denkbaren Bildtypen; denn ein Bild ist nicht gleich ein Bild. Bisher war nur die Rede vom Format an sich, nicht jedoch von der inhaltlichen Gestaltung. Auf diese wollen wir nun näher eingehen.

3.3.2 Übersicht verschiedener Bildtypen

Je nach Einsatzzweck und -ort können Sie verschiedene Bilder nutzen. Klammern wir das klassische »Layout« im Sinne von Linien, Flächen, Texturen etc. aus, können Sie Bilder sowohl als Orientierungshilfe einsetzen, als auch als Inhaltselemente und »Stimmungsmacher«. Gerade Letzteres können wir nicht oft genug betonen, denn Emotionen lassen sich nur schwer durch Texte stimulieren. Neben dem Foto, wie Sie es selbst sicher schon unzählige Male mit Ihrer Kamera oder Ihrem Smartphone geschossen haben, unterscheiden wir im Kontext des Marketings weitere Bildtypen:

- **Collagen:** Die Kombination von zwei oder mehr Fotos beziehungsweise Fotoausschnitten erlaubt es Ihnen, dem Betrachter »mehr« zu zeigen, als es mit einem normalen Bild möglich ist. Dabei können Sie bestimmte Bildelemente in den Fokus rücken, Gemeinsamkeiten hervorheben und ein gezieltes Gesamtbild vermitteln. Im Marketing können Collagen beispielsweise für Gegenüberstellungen genutzt werden, um eine Entwicklung zu veranschaulichen. »Vorher-Nachher-Fotos« von Personen sind ein typisches Beispiel. Sie werden in der Gesundheitsbranche gerne eingesetzt, zu sehen unter anderem bei den »Erfolgsstorys« von Freeletics (*www.freeletics.com*, siehe Bild 3.44). Marken können diesen Typ Bild aber auch nutzen, um ihre Innovationskraft oder ihr Produktportfolio darzustellen.

Bild 3.44 Freeletics nutzt Fotocollagen, um die Effektivität seiner Trainingsprogramme zu betonen (Screenshot: freeletics.com)

- **Comics und Illustrationen:** Als die vielleicht originellsten (einzigartigsten) Bildtypen erregen Comics und Illustration Aufmerksamkeit und können – auch komplexe – Sachverhalte einfach und meist auf eine humorvolle Art und Weise darstellen. Dadurch dienen sie nicht nur der Information, sondern auch der Unterhaltung. Stellen Sie sich die (leider allzu realistische) Situation vor, in der Ihnen Ihre Designabteilung mal wieder viel zu strenge Vorgaben bezüglich des Corporate Designs macht. Wir befürworten in derartigen Situationen natürlich den direkten Dialog mit Ihren Kollegen, bevor es zu spät ist. Wir freuen uns aber auch immer wieder über Comics wie den in Bild 3.45, durch die schon in der Vergangenheit übertriebenes Branding auf die Schippe genommen wurde.

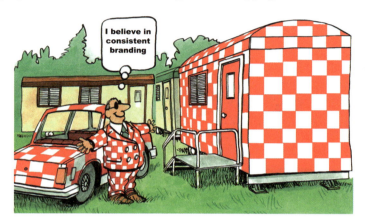

Bild 3.45 Nutzen Sie Comics, um mit einem Augenzwinkern zu kommunizieren

In eine ähnliche Richtung gehen Illustrationen, wie sie beispielsweise Coca-Cola im »Content 2020«-Video einsetzt (siehe Bild 3.46). Dieses Video ist ein Vorzeigebeispiel, wenn wir bedenken, dass sich Illustrationen als »einem Text erläuternd beigegebene Bilder« definieren. In gewisser Weise zählen also auch Anleitungen und sogenannte »Instructographics« (als Mischform von Anleitungen und Infografiken) dazu. Der Vorteil dieser Bildtypen ist der, dass Sie die Bildsprache perfekt an Ihre Zielgruppe und Ihre Kernbotschaft anpassen können und dabei mit einer persönlichen Note im Sinne der Markenbildung versehen können. Ein weiteres Beispiel hierfür ist die Süddeutsche Zeitung, die die Enthüllungen der Panama Papers unter *http://panamapapers.sueddeutsche.de* exzellent visualisiert hat.

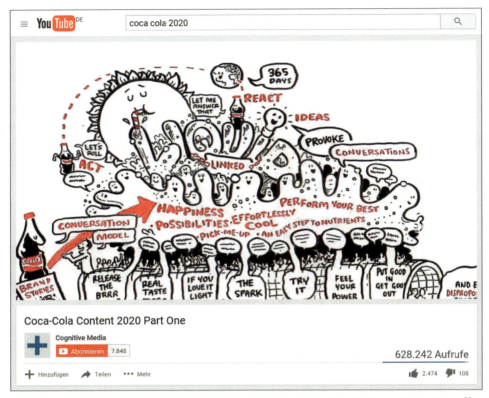

Bild 3.46 Coca-Cola erklärt seine Content-Strategie bis ins Jahr 2020 mithilfe von Illustrationen[30]

- **Infografiken:** Mit diesem Begriff werden Sie sicher schon etwas anfangen können. Das Wort selbst leitet sich aus den beiden Wörtern Information und Grafik ab. Infografiken dienen primär dazu, viele beziehungsweise komplexe Informationen visuell so aufzubereiten, dass der Betrachter sie innerhalb kürzester Zeit begreifen kann. Spätestens mit dem Start von Pinterest und den ersten Case Studies zu ihrer Effektivität in Hinblick auf die Traffic-Generierung gehören Infografiken standardmäßig zum Content-Mix. Sie können dieses Format einsetzen, um beispielsweise
    - Produkteigenschaften zu erklären oder Ihr Leistungsspektrum zu präsentieren,
    - Geschäftsabläufe und andere Prozesse zu veranschaulichen,
    - neue Ideen zu skizzieren, um sie mit anderen zu teilen,
    - jedwede Liste in ein visuelles Format zu transformieren, um ihre Nutzbarkeit noch weiter zu steigern.

Die Verwendungsmöglichkeiten von Infografiken sind vielfältig. Sie können Informationen vermitteln oder damit Backlinks generieren und ihre Sichtbarkeit steigern. Ganz zu schweigen von dem Verbreitungspotenzial, das dieses Format insgesamt bereithält. Tipps zur Konzeption und Gestaltung von Infografiken lesen Sie in einem Artikel von Andreas Steiner unter *www.toushenne.de/buch/infografiken*.

---

[30] Coca-Cola Content 2020 Video, Teil 1: *https://www.youtube.com/watch?v=LerdMmWjU_E*

- **Diagramme:** Was in Business-Kreisen schon immer Gang und Gäbe war und vor allem in Excel-Dateien und PowerPoint-Präsentationen zum Einsatz kam, erhält dank der zunehmenden Bedeutung von Big Data auch in der Marketing-Kommunikation Einzug. Die Visualisierung von Daten hilft dem Betrachter, die dargestellten Informationen besser zu verstehen. Ein Beispiel haben Sie bereits mit der Nutzerstatistik von Instagram kennengelernt. Die Visualisierung kann aber auch eingesetzt werden, um die Menge an Informationen (das heißt vor allem Zahlen) zu reduzieren und nur noch Verhältnisse widerzuspiegeln. Immer mehr Tools wie Searchmetrics machen sich das beispielsweise zunutze, um in sogenannten »Node Maps« SEO-Potenziale in Relation zu setzen (siehe Bild 3.47). Je größer der Kreis, desto größer der repräsentierte Wert im Verhältnis zu den übrigen Kreisen.

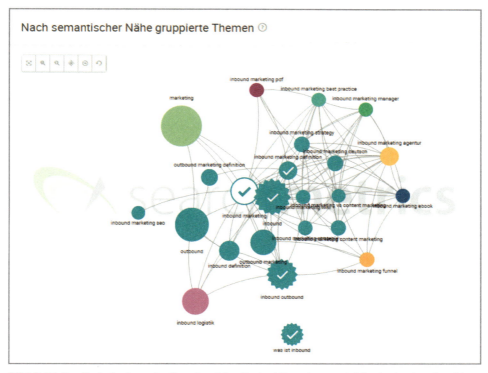

Bild 3.47 Der Topic Explorer der Searchmetrics Content Experience setzt Suchvolumina visuell ins Verhältnis

- **Präsentationen:** Wenngleich Präsentationen kein ausschließlich visuelles Format sind, sondern auch Texte oder sogar Videos enthalten können, wollen wir sie trotzdem in dieser Liste erwähnen. Denn wie zuvor im Zusammenhang mit SlideShare beschrieben, wirken sie eben überwiegend visuell und sind eine wertvolle Ergänzung des Content-Mix geworden.
- **Screenshots:** Der letzte Typ unserer Liste (wir garantieren keine Vollständigkeit) sind Momentaufnahmen am Bildschirm. Screenshots kommen häufig im Rahmen von Anleitungen zu digitalen Produkten (Software) zum Einsatz, um einzelne Arbeitsschritte bildlich zu erklären. Wir empfehlen Ihnen, über den Nutzen von Screenshots nachzudenken,

wenn Sie entweder solche Produkte vermarkten oder anderweitigen Content aus dem Netz in Ihre Kommunikation integrieren möchten. Auch in diesem Buch finden Sie zahlreiche Screenshots, überwiegend von Webseiten, die uns als Beispiel dienen.

Zusammenfassung

Nutzen Sie Bilder, um Ihre Aussagen auch visuell zu kommunizieren. Aber nutzen Sie nicht irgendwelche Bilder, sondern genau die, die sich am besten für Ihre Zwecke eignen und eine positive Resonanz in Ihrer Zielgruppe erhalten werden. In diesem Sinne werfen wir im nächsten Abschnitt einen Blick auf die Auswahlkriterien sowie die Gestaltungsmöglichkeiten von Bildern.

3.3.3 Auswahl und Gestaltung von Bildern

Um passende Bilder auszuwählen beziehungsweise zu erstellen und zu gestalten, legen Sie sich vorab auf ein Ziel fest, bei dem Sie Ihr Bild unterstützen soll. Doch das ist leichter gesagt als getan. Wollen Sie durch Ihr Bild eine Botschaft kommunizieren? Oder nutzen Sie das Bild, um Ihre schriftliche Botschaft im Sinne der Anschaulichkeit und Verständlichkeit zu unterstützen? Vielleicht wollen Sie das Bild einsetzen, um beim Betrachter bestimmte Emotionen zu erregen? Oder ist es Ihr Ziel, die Wahrnehmung Ihrer Marke zu beeinflussen und sie im Gedächtnis des Betrachters zu verankern? Je nach Ziel werden Sie andere Anforderungen an Ihre Auswahl stellen.

Gleichwohl lassen sich einige allgemeingültigen Kriterien für »wirkungsvolle« Bilder definieren, die Sie in jedem Fall berücksichtigen sollten:

- **Qualität** – Über die Definition von Qualität lässt sich in diesem Kontext womöglich streiten. Denn hochauflösende Hochglanzbilder sind nicht zwangsläufig besser, oder sagen wir passender, als unscharfe oder unprofessionell anmutende Handyaufnahmen. Die Aufmachung Ihrer Bilder richtet sich maßgeblich nach den Vorlieben Ihrer Zielgruppe und Ihrem Corporate Design, unter Umständen aber auch nach den Gepflogenheiten einzelner Plattformen, auf denen Sie die Bilder einsetzen und natürlich der Botschaft, die Sie kommunizieren wollen. Allgemein definiert sich die Qualität aber auch über die Fähigkeit eines Bildes, Aufmerksamkeit zu erregen und dem Betrachter binnen kürzester Zeit den Kontext zu vermitteln.

- **Individualität** – Ihre Sprache definiert Ihre Marke. Das gilt allerdings nicht nur für das geschriebene Wort, sondern auch für Ihre Bildsprache. Wählen Sie möglichst einzigartige und persönliche Motive, durch die Sie Ihre Marke charakterisieren.

  Greifen Sie nicht blind zum erstbesten Bild, das Ihnen von irgendwelchen Empfehlungsalgorithmen empfohlen wird. Denn das sind nicht selten die »derzeit beliebtesten« oder »am häufigsten gekauften« Bilder, die mit großer Wahrscheinlichkeit von vielen weiteren Unternehmen genutzt werden. Ignorieren Sie unbedingt die typischen Stockmotive, die selbst der Laie als solche erkennt. Sie wollen durch Ihre Bilder schließlich authentisch, sympathisch und glaubwürdig wirken und nicht wie ein x-beliebiges Unternehmen. Nehmen Sie sich ein paar Minuten, um die Webseiten unterschiedlicher Banken miteinander zu vergleichen, und Sie werden schnell erkennen, worauf sich unsere Kritik bezieht.

Stockarchive, wie wir Sie Ihnen in diesem Abschnitt noch vorstellen werden, sind in diesem Zusammenhang Fluch und Segen zugleich. Denn während sie einerseits das Beschaffungsproblem lösen, besteht andererseits das Risiko, dass Sie sich aus Bequemlichkeit für austauschbare Bildwelten entscheiden und damit die gewünschte Individualität verfehlen. Denn Sie erwerben in der Regel lediglich Nutzungsrechte und keine Exklusivrechte am Bild. Dadurch besteht prinzipiell immer die Möglichkeit, dass die von Ihnen gewählten Bilder auch anderenorts genutzt werden – und damit die Wahrnehmung Ihrer Marke beeinflussen können.

Der Anbieter von »Visual Website Optimizer (VWO)«, eines der größten A/B und Split Testing-Tools, hat hierzu bereits diverse Experimente durchgeführt und immer wieder festgestellt, dass Stockmaterial gegenüber echten Fotos aufgrund mangelnder Authentizität und Relevanz verliert.[32] Ähnlich wie bei Display-Werbung erkennen wir Stockmaterial immer besser und ignorieren es entweder komplett oder konnotieren es zumindest negativ. Schauen Sie sich solche Tests ruhig an und lassen Sie die Erkenntnisse in Ihre Auswahl einfließen.

- **Konsistenz** – An welche Marken denken Sie, wenn Sie ein grünes Segelschiff, einen Cowboy oder eine lila Kuh sehen? Gut, Letztere ist wahrscheinlich zu einfach, dennoch verdeutlicht auch sie die Wirkung und letztendlich die Notwendigkeit einer konsistenten Bildwelt. Verstehen Sie Ihre Bilder als Teil Ihres Corporate Designs. So unverwechselbar wie beispielsweise Ihr Unternehmenslogo sind im Idealfall auch Ihre Bilder beziehungsweise Bildmotive – und zwar über alle Touchpoints hinweg.

Sobald Sie die übrigen Kriterien definiert haben, können Sie sich auf die Suche nach den passenden Bildern begeben. In den meisten Fällen führt Sie dieser Weg zu Stockarchiven, sofern Sie keinen professionellen Fotografen beziehungsweise Gestalter beauftragen wollen oder selbst Experte sind.

Stockarchive können (müssen aber nicht) eine günstige Alternative zur Eigenproduktion sein. Der Preis hängt stark vom Verwendungszweck und der damit notwendigen Lizenz sowie dem jeweiligen Anbieter ab. Bei vielen Datenbanken können Sie sich per Abonnement frei am reichhaltigen Fundus an Fotos, Illustrationen, Vektorgrafiken und teilweise sogar Videos bedienen. In der Regel steht Ihnen aber auch die Möglichkeit zur Verfügung, einzelne Bilder für einen Festpreis zu erwerben. Kostenlose Angebote sind eine attraktive Alternative, Sie sollten diese aber mit Vorsicht genießen.

Urheber- und Nutzungsrechte

Allgemein gilt, dass Sie ein fremdes Bild nicht ohne die vorherige und am besten schriftliche Zustimmung des Urhebers verwenden dürfen. Verwerfen Sie jegliche Gedanken, einfach das erstbeste Bild aus der Google-Suche zu verwenden; Sie verstoßen damit gegen das Urheberrechtsgesetz! Gleiches gilt auch für Bilder, die zwar kostenlos im Netz angeboten

---

[31] Suresh, Sharan, Stock Photo or Real Image? A/B Testing Finds Out Which is Better, VWO Blog, *https://vwo.com/blog/stock-image-or-real-image/*

werden, deren Herkunft und ausdrückliche Freigabe des Urhebers Sie jedoch nicht überprüfen und im Zweifelsfall auch nachweisen können. Besser ist es, Sie kaufen Bilder bei einem vertrauenswürdigen Anbieter, der Ihnen mit dem Kaufvertrag die entsprechenden *Nutzungsrechte* einräumt.

Die momentan einzige Alternative stellt die *Creative Commons-Lizenz* dar. Mit ihr ist es möglich, Bilder zu nutzen, ohne den Urheber um Erlaubnis fragen zu müssen oder Verträge abzuschließen. Die einzige Anforderung ist die Nennung des Urhebers sowie die Kennzeichnung mit der entsprechenden Lizenz (siehe Kasten). Das kommt insbesondere der Verbreitung von Bildern über soziale Netzwerke zugute.

> **Creative Commons-Lizenzen**
>
> Mithilfe der CC-Lizenz können Urheber Ihre Werke unter verschiedenen Bedingungen zur Nutzung freigeben:
>
> (cc)(i) Namensnennung (Kürzel: »CC BY«)
>
> (cc)(i)(=) Namensnennung, keine Bearbeitung (Kürzel: »CC BY-ND«)
>
> (cc)(i)($) Namensnennung, nicht kommerziell (Kürzel: »CC BY-NC«)
>
> (cc)(i)($)(=) Namensnennung, nicht kommerziell, keine Bearbeitung (Kürzel: »CC BY-NC-ND«)
>
> (cc)(i)($)(○) Namensnennung, nicht kommerziell, Weitergabe unter gleichen Bedingungen (Kürzel: »CC BY-NC-SA«)
>
> (cc)(0) Kein Copyright, wenn möglich (Kürzel: »CC0«)
>
> Nähere Informationen zu den einzelnen Lizenzen finden Sie auf der Website der gemeinnützigen Organisation »Creative Commons«: *https://creativecommons.org/licenses/?lang=de*.

Wichtig für den langfristig rechtssicheren Einsatz fremder Bilder ist zu guter Letzt die Dokumentation der Nutzungsrechte. Diese sollten Sie für jedes Bild jederzeit nachweisen können. Das ist vor allem dann wichtig, wenn beispielsweise der Anbieter beziehungsweise die Plattform, von der Sie das Bild bezogen haben, nicht mehr erreichbar ist. Das gilt sowohl für gekaufte Bilder als auch gebührenfreie. Speichern Sie sich zusätzlich zum Kaufvertrag und der Rechnung am besten immer die Allgemeinen Geschäftsbedingungen sowie einen Screenshot des Angebots zum jeweiligen Zeitpunkt ab. Bei kostenlosen Anbietern ist es in diesem Zusammenhang ratsam, sich die Bilder möglichst per E-Mail (Newsletter) zuschicken zu lassen. So können Sie auch zu späterem Zeitpunkt die Herkunft nachweisen und haben im Zweifelsfall mehr in der Hand, als wenn Sie sich die Bilder selbst heruntergeladen haben.

Um das Thema an dieser Stelle nicht weiter auszudehnen, verweisen wir auf Kollegen vom Fach, etwa die Rechtsanwälte Thomas Schwenke (der neben seinem Blog *https://drschwenke. de/blog/* einen sehr lehrreichen Podcast führt: *https://rechtsbelehrung.com/*), Christian Solmecke *(www.wbs-law.de)* oder Sören Siebert *(www.e-recht24.de)*, und widmen uns nun potenziellen Bildquellen.

Übersicht relevanter Bilddatenbanken

Es gibt mittlerweile viele unterschiedliche Bilddatenbanken, bei denen Sie Bilder erwerben – beziehungsweise genauer lizenzieren – können. Die folgende Übersicht stellt eine Auswahl der populärsten dar, ist aber keine vollständige Liste. Insbesondere für einzelne Themen oder auch Stile gibt es gegebenenfalls den einen oder anderen kleineren Anbieter, der sich besser eignet. Machen Sie sich selbst ein Bild und vergleichen Sie das jeweilige Angebot in direktem Bezug zu Ihrem Bedarf – insbesondere in Hinblick auf die Konsistenz. Wählen Sie keine Plattform, keine Fotoserie oder einzelnen Fotografen, wenn nicht genügend ähnliche, das heißt für Ihren Zweck dienliche und zusammenpassende Fotos vorhanden sind. Eine bunt zusammengewürfelte Bildwelt geht nämlich in der Regel mit einem höheren Bearbeitungsaufwand einher und kann Ihren ersten Eindruck negativ beeinflussen. Wir raten daher immer zu einer Bildrecherche im Rahmen Ihrer Markenstrategie und nicht erst dann, wenn Sie Ihren Content gestalten.

- **iStock** – Diese Bilddatenbank von Getty Images richtet sich, im Vergleich zu *www. gettyimages.de* selbst, eher an Käufer mit kleinerem Budget. Dennoch finden Sie hier eine große Auswahl an Fotos, Grafiken, Illustrationen und sogar Videos. Ein sehr hilfreiches Feature ist die umgekehrte Bildersuche, wie Sie sie vielleicht schon von Google kennen: Sie laden ein Bild hoch, das der Datenbank als visuelle Vorlage dient und erhalten daraufhin Vorschläge ähnlicher Bilder aus dem Archiv. Das ist besonders praktisch, wenn Sie ein passendes Motiv über eine andere Plattform gefunden haben und prüfen wollen, ob iStock dieses oder Ähnliche anbietet.

- **Shutterstock** – Nach eigenen Angaben bietet diese Plattform über 125 Millionen lizenzfreie Bilder, Videoclips und Musiktitel. Letztere rücken mit der zunehmenden Bedeutung von Videos (siehe Kapitel 3, Abschnitt 3.4) immer weiter in den Fokus. Seit 2009 gehört auch **Bigstock** zu Shutterstock, wird aber als separate Bilddatenbank weitergeführt.

- **Adobe Stock beziehungsweise Fotolia** – Adobes eigene Bilddatenbank zählt derzeit über 80 Millionen Bilder, Vektoren und Videos, die Sie zu relativ geringen Preisen (abhängig vom Bezahlmodell) erwerben können.

- **123RF** – Hier finden Sie ein ähnliches großes Angebot wie bei Fotolia, können wie bei iStock per Bildersuche passende Motive finden, diese im eigenen Online-Editor bearbeiten und nach kostenloser Anmeldung auch gebührenfreie Medien downloaden.

  Weitere erwähnenswerte Anbieter sind Depositphotos, Stocksy und eyeEM. Letztere listen wir immer wieder gerne auf, weil die Plattform auf der Idee basiert, Bilder von »Amateurfotografen« zu präsentieren und diese durch die Lizenzierung ihrer Bilder zu unterstützen. Außerdem sind die hier angebotenen Fotos teilweise deutlich authentischer als die von klassischen Bilddatenbanken.

Neben diesen überwiegend kostenpflichtigen Anbietern gibt es inzwischen auch Plattformen, die Bilder gebührenfrei anbieten. Auch hier soll Ihnen die folgende Liste als Überblick dienen:

- **Unsplash** – Als Foto-Community 2013 gegründet, bietet Plattform ausschließlich CC0-lizenzierte Fotos an, die Sie frei herunterladen oder sich per E-Mail-Abonnement in regelmäßigen Abständen zuschicken lassen können. Das hat, wie bereits angedeutet, den Vorteil, dass Sie die Quelle Ihrer Fotos stets nachweisen können. Insbesondere für den kommerziellen Einsatz ist das extrem wichtig.
- **Picjumbo** – So unwirklich es auf den ersten Blick auch aussehen mag, wird diese Plattform von einer einzigen Person betrieben: Viktor Hanacek. Alle angebotenen Fotos stammen von ihm selbst und sind zur Nutzung (jedoch nicht dem Weiterverkauf) freigegeben. Auf Motivrechte müssen Sie allerdings selbst achten – etwa, wenn eine Marke oder ein schutzwürdiges Gebäude abgebildet sind. Ähnlich funktioniert auch die Plattform **Gratisography** von Ryan McGuire.
- **Pixabay** – Hier finden Sie fast eine Million CC0-lizenzierte Fotos und Videos, die sogar explizit für die Nutzung in Social Media freigegeben sind. Bei dieser Plattform ist es jedoch besonders wichtig, den Urheber, Zeitpunkt und die gültigen Nutzungsbedingungen zu dokumentieren, wenn Sie Fotos herunterladen. Denn quasi jeder kann Fotos über Pixabay bereitstellen, wodurch Ihnen die Sicherheit fehlt, dass dieser auch wirklich der Urheber des Fotos ist. Ein Restrisiko bleibt daher immer bestehen, auch wenn es gemäß den Nutzungsbedingungen eher ein inhaltliches als rechtliches ist – also zur Folge hätte, dass Sie bestimmte Fotos nicht weiterverwenden dürfen, aber dafür nicht belangt werden (sofern Sie die besagten Nachweise erbringen können). Ähnlich funktioniert die Plattform **Pixelio**, wobei hier nicht pauschal CC-Lizenzen eingesetzt, sondern eigene definiert werden.

Nicht unerwähnt lassen wollen wir »Death To The Stock Photo«, »Wikimedia Commons«, Pexels und Flickr, denn auch dort finden Sie unzählige lizenzgebührenfreie Fotos (CC0), wobei die Qualität deutlich stärker schwankt und Sie womöglich lange suchen müssen, um brauchbare Bilder zu finden. Lesen Sie sich in jedem Fall die Nutzungs- beziehungsweise Lizenzbedingungen gut durch, bevor Sie Bilder aus Datenbanken einsetzen.

Do's und Don'ts beim Einsatz von Stockmaterial

Wir hätten großen Spaß daran, Ihnen unzählige Beispiele einer misslungenen Bildauswahl zu zeigen, haben uns aus Platzgründen jedoch auf ein außergewöhnliches beschränkt. Auf den Webseiten von Unternehmen aus dem Finanz-, Versicherungs- oder Gesundheitssektor – beispielsweise der Deutschen Ärzte Finanz, Commerzbank oder Allianz, um nur einige zu nennen – finden Sie unzählige Stockfotos. Ob diese wohlüberlegt ausgewählt und wirklich zielführend sind, sei mal dahingestellt. Die Wahrnehmung beeinflussen sie jedoch allemal und das nicht zwangsläufig im positiven Sinne.

---

[32] Maskeroni, Alfred, Vince Vaughn's Hilarious Stock Photos Were Made From These Equally Ludicrous Originals, Adweek, *http://www.adweek.com/creativity/vince-vaughns-hilarious-stock-photos-were-made-these-equally-ludicrous-originals-163285/*

Besser machten es Getty and Twentieth Century Fox bei ihrer Kooperation im Jahr 2015. Zur Promotion der neuen Komödie »Unfinished Business« wurden Schauspieler Vince Vaughn und seine Kollegen in typischen Business-Motiven nachgestellt (siehe Bild 3.48, links) – und zwar so gut, dass sie sicher an der einen oder anderen Stelle Verwendung gefunden hätten, wenn die Presse den Spaß nicht so schnell publik gemacht hätte. Den Vergleich mit den Originalfotos sehen Sie auf *https://bit.ly/cd_vaughn*. Diese Kampagne traf den Nagel auf den Kopf: Die Motive passend zur Story des Films, die Tonalität ebenfalls treffend und die Aktion zielführend zum Zwecke der Bewerbung.

Bild 3.48 Links der Promotion-Fake, rechts das ursprüngliche Stockfoto (Quelle: Adweek/iStock[33])

Gestaltung

Das Beispiel Vince Vaughn bringt uns zu guter Letzt zu einem Aspekt von Bildern, mit dem wir diesen Abschnitt abschließen möchten: Die Gestaltung beziehungsweise Bearbeitung von Fotos. Das perfekte Foto werden Sie selten finden. Mal passt es nicht von der Größe, mal nicht von den Farben und ganz oft einfach nicht vom Bildausschnitt. Sie werden im Alltag also so gut wie immer Hand anlegen müssen, bevor Sie ein Stockfoto verwenden können. Die folgenden Tipps sollen Sie bei dieser Gestaltung unterstützen.

- Am schnellsten gewinnen **Menschen** unsere Aufmerksamkeit. Dabei sprechen uns Gesichter am meisten an, insbesondere die Augen – vor allem dann, wenn sie uns direkt ansehen. An den Augen können wir vieles ablesen: Etwa die Stimmung und Intention unseres Gegenübers. Außerdem erkennen wir an den Augen schnell, ob die gezeigten Emotionen echt sind. Sie kennen sicherlich solche Fotos, auf denen mindestens eine Person eher zwingend lächelt, als es wirklich ernst zu meinen.

- Der Blick eines Menschen insbesondere, aber auch allgemein die Perspektive kann helfen, die **Blickrichtung** des Betrachters zu lenken. Denken Sie stets daran, wenn Sie einen Text oder eine konkrete Handlungsaufforderung im Umfeld eines Bildes platzieren. Unterstützt dieses nicht die Blickrichtung oder ist der Blick sogar komplett entgegengesetzt, laufen Sie Gefahr, dass der Betrachter Ihren Aufruf nicht wahrnimmt und dementsprechend auch nicht nachkommt. Auf der in Bild 3.49 gezeigten Landing Page der Capella University (*https://www.capella.edu/lp/masters/*) sehen Sie wahrscheinlich zuerst die Frau, aber wohin wandert Ihr Blick danach? Wahrscheinlich zur Überschrift und dem darunterliegenden Formular.

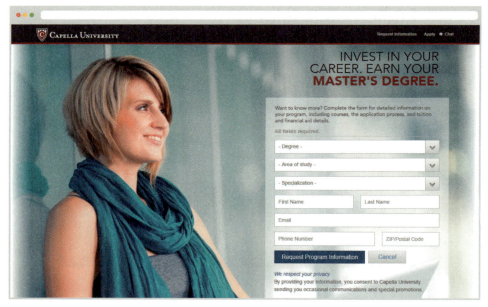

Bild 3.49 Die Blickrichtung abgebildeter Personen beeinflusst auch die des Betrachters

Auch ohne Text kann die Blickrichtung abgebildeter Personen helfen, eine bestimmte Botschaft zu vermitteln. Fortschritt und Innovation beispielsweise beziehen sich auf die Zukunft, die *vor uns* liegt. Personen, die zurückschauen, werden es demnach nicht schaffen, diese Botschaft zu kommunizieren. Gleiches gilt für die Körpersprache, Gestik und Mimik. Sie alle wirken sich – auch in einem Foto – auf die Wahrnehmung aus und kommunizieren an sich schon eine gewisse Botschaft. Zudem betonen Fotos, die auf das Gesicht einer Person konzentriert sind, deren Intellekt und lassen diese ehrgeizig und ernstzunehmend wirken. Das kann beispielsweise bei der Präsentation von Führungspersonen dienlich sein oder auf Team-Seiten den eigenen Fokus auf intellektuelles Arbeiten betonen. Ein Handwerker hingegen wird seine visuelle Kommunikation eher auf die körperliche Arbeit innerhalb seines professionellen Umfelds beziehen. Wir wollen mit diesen Beispielen übrigens keine Wertung vornehmen; keine Variante ist besser oder schlechter. Beide können für die jeweilige Zielgruppe zielführend sein, und es liegt an Ihnen zu entscheiden, auf welche Art und Weise Sie die richtige Botschaft kommunizieren.

Machen Sie Ihre Mitarbeiter zu einem Teil Ihrer Marke

Menschen sind nicht nur wertvoll für Ihre Bildsprache, sondern können sich auch auf die Wahrnehmung Ihrer Marke als Ganzes auswirken. Spätestens dann, wenn Sie kein Stockmaterial mehr benutzen, sondern Ihre eigenen Kollegen ablichten. Damit geben Sie Ihrem Unternehmen echte Gesichter und wirken (meistens) auf Anhieb sympathischer. Denn vergessen Sie nicht: Beziehungen entstehen zwischen Menschen, selten zwischen Mensch und Marke. Nicht zuletzt deshalb zeigen sich Unternehmen zunehmend komplett ungeschönt auf »Behind the scenes«-Fotos oder stellen sich immer häufiger (live) vor die Kamera.

Ein netter Nebeneffekt: Sie verstärken durch dieses Engagement Ihrer Mitarbeiter die Bindung zu Ihnen (als Arbeitgeber). Microsoft ist ein hervorragendes Beispiel, das wir in diesem Zusammenhang immer wieder gerne nennen. Denn dort sind die Mitarbeiter Teil der Unternehmenskommunikation. Und das passt zur Positionierung, die Microsoft durch Slogans wie: »Wir glauben daran, was Menschen möglich machen können« betont (siehe auch *https://www.microsoft.com/de-de/about/*).

- Es passiert nicht selten, dass Sie nur einen bestimmten **Bildausschnitt** brauchen. Dagegen ist prinzipiell nichts einzuwenden, sofern Sie diesen bewusst wählen. Menschen »anzuschneiden« kann zum Beispiel gefährlich sein und schnell negativ wirken. Am Kinn, der Nase oder an Gelenken sollten Sie niemals »anschneiden«, während die vertikale Gesichtshalbierung sehr spannend sein kann. Bei Gruppen- oder Landschaftsfotos sowie Gegenständen sollten Sie versuchen, durch den Anschnitt einen Fokuspunkt zu erzeugen (siehe Kapitel 2) und dem zentralen Objekt »Raum« zu geben, sodass er wirken kann. Dabei hilft Ihnen auch die gesamte **Bildkomposition**. Den goldenen Schnitt – im Sinne eines Seitenverhältnisses von 1:1,618 – kennen Sie bereits. Dieser sorgt in den meisten Fällen für eine harmonische Wirkung, ist aber nicht das Maß aller Dinge. Denn Spannung (statt Harmonie) erzeugen Sie eher durch die Platzierung wichtiger Elemente außerhalb dieses Schnitts. Praktischer ist außerdem die Drittelregel, die mit einem Seitenverhältnis von 1:1,666 nicht weit davon entfernt ist. Beide Raster unterstützen Sie bei der Positionierung Ihres Fokuspunkts, wie in Bild 3.50 dargestellt. Die Regel können Sie, nebenbei bemerkt, auch im Webdesign anwenden.

Bild 3.50 Nutzen Sie das Drittelraster, um Ihren Fokuspunkt durch einen passenden Bildausschnitt zu definieren (Bild: Viktor Hanacek, picjumbo.com)

 Diskussion um das ideale Seitenverhältnis

Seit einiger Zeit wird immer wieder um das ideale Seitenverhältnis diskutiert – von Bildern und zunehmend auch Videos. Lange Zeit hat das Landschaftsformat (Breite > Höhe) dominiert, sowohl auf Webseiten als auch in sozialen Netzwerken; allen voran Facebook. Doch durch Instagram stand plötzlich das Quadrat im Fokus, doch inzwischen findet wiederum das Portraitformat (Breite < Höhe) immer mehr Anhänger, weil es sich am besten zur Darstellung auf dem Smartphone eignet.

Wir können Ihnen hier keine allgemeingültige Empfehlung geben, sondern raten Ihnen zu eigenen Experimenten. Beschäftigen Sie sich mit den Möglichkeiten einzelner Plattformen und maximieren Sie den Nutzen, den Sie daraus ziehen können. Testen Sie unterschiedliche Formate und vergleichen Sie deren Wirkung. Optimieren Sie, wenn möglich, Ihre Content-Produktion und achten Sie auf Veränderungen und Trends. Und denken Sie immer daran: Das, was (alle) andere(n) machen, muss nicht automatisch die beste Lösung für Sie sein. Womöglich können Sie sich auch von Ihren Mitbewerbern abheben, wenn Sie bewusst gegen den Strom schwimmen.

- Zu guter Letzt noch ein Wort zur Farbtemperatur und dem Gewicht. Die **Temperatur** eines Bildes definiert sich größtenteils durch die Farben. Dabei erzeugen Rot- und Gelbtöne Wärme, während Blau- und Grüntöne eher als kalt wahrgenommen werden (siehe Bild 3.51). In der Regel erzeugen warme Farben eine positivere Stimmung, weshalb wir diese in den meisten Fällen präferieren. Falls Sie jedoch bewusst negative Stimmung verbreiten wollen, etwa, wenn Sie ein ernstes Thema um Missstände oder Fehler diskutieren, dann ist ein kalter Farbraum wahrscheinlich die bessere Wahl. Auch hier richtet sich die Gestaltung eben ganz nach Ihrer Botschaft. Einige schöne Beispiele finden Sie unter http://bit.ly/cd_bildtemp.

Bild 3.51 Steuern Sie die Stimmung durch den gezielten Einsatz von Farben (Bilder: Viktor Hanacek, picjumbo.com und Paul Morris, unsplash.com, CC0-Lizenz)

Ähnlich verhält es sich beim **Gewicht** eines Bildes. Dunkle Farben lassen ein Bild schwerer wirken als helle (siehe Bild 3.51, rechts). Zwar wirkt nicht jedes dunkle Bild gleich bedrückend (denken Sie beispielsweise an die Farbwirkung von Schwarz in Kapitel 2 zurück), aber die Praxis hat gezeigt, dass das Verkaufen mit einem Gefühl der Unbeschwertheit doch leichter fällt. Nicht ohne Grund sind in Onlineshops viele Produktbilder auf weißem Hintergrund dargestellt (siehe Bild 3.52, links).

Bild 3.52 Der Weiß- beziehungsweise Schwarzanteil eines Bildes bestimmt maßgeblich dessen Schwere (Bilder: Maarten Deckers und John-Mark Kuznietsov, unsplash.com, CC0-Lizenz)

Bildbearbeitungsprogramme

Um diese Tipps umzusetzen, benötigen Sie ein entsprechendes Bildbearbeitungsprogramm wie Adobe Lightroom, Elements oder natürlich Photoshop. Alternativen sind der Affinity Designer (*https://affinity.serif.com/de/designer/*), Sketch für Mac (*www.sketchapp.com*) und auch immer mehr Online Tools bieten die notwendigen Funktionen. Darunter Adobe Spark, Canva oder – je nachdem, welche Art von Bildern Sie gestalten möchten – BeFunky oder Visual.ly. Eine Übersicht weiterer Tools finden Sie in Roberts Blog unter *www.toushenne.de/buch/bildbearbeitung*.

3.3.4 Bilder optimal einsetzen

Im Grunde können Sie alles, was Sie schreiben, auch zeigen. Das ist aber nicht immer zielführend und kosteneffizient, sondern lohnt sich erst dann wirklich, wenn Sie Ihr Ziel durch Worte nur schwer erreichen. Etwa, wenn Sie Ihrem Leser (beziehungsweise Betrachter) ein Gefühl vermitteln wollen, wie es ist, Ihre Produkte zu nutzen. Dennoch helfen Ihnen Bilder – und allgemein visuelle Elemente – die Aufmerksamkeit Ihres Lesers zu behalten. Denn durch solche lockern Sie Ihre Texte auf und bieten dem Benutzer immer wieder etwas Neues zum Entdecken. Er verweilt länger und klickt vielleicht sogar weiter.

Das führt uns abschließend zum Aspekt der Performance, die primär Ihre Webseite betrifft. Denn neben Ihren »visuellen Inhalten« sieht der Besucher auch Ihr Logo und Layout-Grafiken wie Hintergrundbilder, Buttons oder visuelle Orientierungshilfen wie Icons und Pfeile. Das alles sind Dateien, die der Benutzer im Browser laden muss. Je mehr Bilder das sind, und je größer sie sind, desto länger dauert dies. Da Nutzer nur ungern warten und schnell die Geduld verlieren – sprich Ihre Seite wieder verlassen – sollten Sie die Ladezeit so kurz wie möglich halten. Das gilt insbesondere für die Nutzung über mobile Geräte und das Mobilfunknetz. Stellen Sie sicher, dass der Nutzer Ihren Content von Beginn an konsumieren kann – im Zweifelsfall auch erstmal nur Text, während die Bilder noch laden.

- **Reduktion** – Grundlegend sollten Sie versuchen, möglichst wenige Bilder zu verwenden. Insbesondere Effekte wie Rahmen, Schatten oder auch Farbverläufe können mittlerweile per CSS erstellt werden, sodass Sie auf diese vielen kleinen Layout-Grafiken verzichten können. Das betrifft auch Hintergründe, die sich wiederholen. Die kleinste Einheit reicht, um das Verhalten per CSS zu steuern. Genauso können Sie Grafiken, die auf vielen Seiten zu sehen sind, per CSS-Sprite in einer Datei zusammenfassen.

- Nutzen Sie **Vektorgrafiken** wann immer möglich – das betrifft vor allem Text, Icons oder Hintergründe, die überwiegend aus geometrischen Motiven bestehen. Diese sind unabhängig vom Zoomfaktor, weshalb Sie für unterschiedliche Geräte keine unterschiedlichen Bilder (mit unterschiedlichen Auflösungen) benötigen – was, nebenbei bemerkt, aber immer noch sinnvoller ist, als ein einziges hochauflösendes Bild zu verwenden. Jimdo (*https://de.jimdo.com/*) ist ein gutes Beispiel, denn dort besteht – neben Buttons und Icons – selbst das Logo aus einzelnen Vektorgrafiken.

Wählen Sie das **Dateiformat** immer mit Bedacht. JP(E)G-, PNG- und GIF-Dateien haben alle ihre Vor- und Nachteile und eignen sich für bestimmte Zwecke besonders gut – beispielsweise GIF für Animationen und PNG für transparente Bilder.

- **Komprimierung** – Egal, ob Pixelgrafik oder Vektorgrafik, Ihre Bilder sollten Sie immer komprimieren. Vektoren, die Sie beispielsweise aus Adobe Illustrator exportieren, können Sie mit Tools wie SVGO *(https://github.com/svg/svgo)* oder Online-Dienste wie *compressor.io* auf die minimale Dateigröße reduzieren. Für Pixelgrafiken empfehlen wir das Online Tool TinyPNG *(https://tinypng.com/)*. Letztere können Sie darüber hinaus in ihrem Farbumfang reduzieren, um auch auf diese Weise ein paar Bytes zu sparen. Das machen Sie aber idealerweise in Ihrem Bildbearbeitungsprogramm, um die Auswirkungen zu beobachten. Denn komplexe Darstellungen benötigen einen größeren Farbumfang als ein zweifarbiges Diagramm.

- Nutzen Sie sogenanntes »**Lazy Loading**« (siehe *https://de.wikipedia.org/wiki/Lazy_Loading*), um Bilder erst dann zu laden, wenn sie in den sichtbaren Bereich des Bildschirms rücken. Dadurch muss Ihr Besucher nicht warten, bis auch das letzte Bild am Ende Ihrer Seite geladen ist.

- Besondere Vorsicht gilt bei E-Mails: Denn viele E-Mail-Programme laden Bilder standardmäßig nicht mit. Stellen Sie daher sicher, dass Ihre Nachricht auch ohne visuellen Content Sinn ergibt. Achten Sie daher unbedingt auf alternative Bildbeschreibungen (den sogenannten *ALT-Tag*), da diese anfangs anstelle der Bilder angezeigt werden. Wie Sie links in Bild 3.53 deutlich erkennen können, ist der Button – und der damit wohl wichtigste Teil der E-Mail – ohne die Anzeige von Bildern nicht sichtbar. Dass sich ein solcher Fehler negativ auf Ihre Conversion Rate auswirkt, brauchen wir hoffentlich nicht mehr erwähnen.

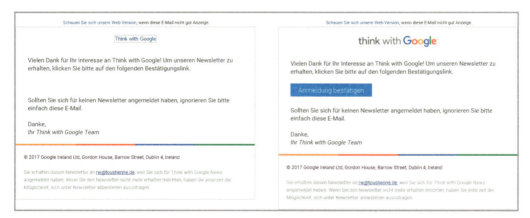

Bild 3.53 Ohne Alt-Tags für Bilder weiß der Nutzer nicht, dass Content fehlt

Tools zur Performance-Messung und -Optimierung

Eine detaillierte Übersicht von Maßnahmen zur Bildoptimierung samt Checkliste finden Sie im Google Developers Blog unter *http://bit.ly/cd_bildopti*. Tools zur allgemeinen Performance-Messung Ihrer Webseite sind beispielsweise Pagespeed Insights von Google (*https://developers.google.com/speed/pagespeed/insights/*), Pingdom (*https://tools.pingdom.com/*), GTmetrix (*https://gtmetrix.com/*) oder der Site Speed Test von KeyCDN (*https://tools.keycdn.com/speed*).

3.3.5 Zusammenfassung

Es gibt viele weise Worte zum Thema Foto und Bild, wie beispielsweise dieses von Henri Cartier-Bresson: »*Ein gutes Foto ist ein Foto, auf das man länger als eine Sekunde schaut*«. So selbstverständlich wie es *auf den ersten Blick* erscheint, ist es vielleicht nicht; es steckt so viel mehr dahinter. Ein Bild nur um des Formats Willen zu nutzen, führt zu nichts. Vielmehr sollte es selbst dem Konsumenten einen Mehrwert bieten und Ihnen als Marketer dabei helfen, Ihre Botschaft zu kommunizieren (oder andere Ziele zu erreichen). Bild und Text gehen Hand in Hand; sie ergänzen sich. Das Bild kommuniziert emotional, der Text sachlich und erklärend, um Verwirrung zu vermeiden. Behalten Sie diese Grundregel immer im Kopf, wenn Sie mit Bildern arbeiten.

Verstehen Sie es jedoch nicht als Einschränkung, sondern als Hilfestellung. Oder wie es Detlev Motz so treffend formuliert: »*Wer als Anfänger die Gestaltungsregeln der Fotografie ignoriert, hat keinen Verstand. Wer sich aber fotolebenslang daran klammert, hat keine Phantasie*«.

10 wichtige Aspekte zu Bild-Content

1. Es liegt in der Natur des Menschen, bildlich zu denken. Nutzen Sie visuellen Content, um Ihre Zielgruppe auch auf emotionaler Ebene zu erreichen.
2. Damit Ihre Bilder nicht nur Ihre Textinhalte ergänzen, können Sie sie in Foto-Communities wie Instagram oder Pinterest veröffentlichen.
3. Variieren Sie Ihr Bildformat. Entscheiden Sie situativ, welche Art von Bild am besten passt.
4. Achten Sie beim Einsatz fremder Bilder auf Urheber- und Nutzungsrechte.
5. Achten Sie auf eine hohe Bildqualität im Sinne der User Experience. Es muss keine Hochglanzproduktion sein, Authentizität und Einzigartigkeit wiegen deutlich schwerer ins Gewicht.
6. Passen Sie Bilder immer an; das perfekte Foto gibt es nicht. Wählen Sie zumindest einen geeigneten Bildausschnitt oder optimieren Sie die Farbe.
7. Optimieren Sie die Bilddatei als solche und innerhalb Ihrer Online-Publikation, um die maximale Wirkung für Ihre Suchmaschinenoptimierung zu erzielen.

8. Konzipieren Sie Bild-Content strategisch und bestenfalls mit einem Selbstzweck. Infografiken beispielsweise können sich auch außerhalb ihres Publikationskontextes schnell viral verbreiten und Ihnen zu mehr Aufmerksamkeit verhelfen.
9. Entwickeln Sie langfristig eine konsistente Bildsprache und betrachten Sie visuelle Inhalte als Mittel zur Markenbildung.
10. Etablieren Sie Bild-Content als festen Teil Ihres Content Marketing-Mixes, um durch zusätzliche Touchpoints und Visual Storytelling noch mehr Menschen zu erreichen (und zu überzeugen).

Leseempfehlungen

- Das Buch »Webdesign - Handbuch zur Webgestaltung« von Martin Hahn (Rheinwerk Verlag)
- Das Buch »Grafik und Gestaltung« von Markus Wäger (Rheinwerk Verlag)

3.4 Video

Ende 2015 wurden Videoinhalte im Web erstmals häufiger von Google-Nutzern gesucht, als der traditionell textlastige Blog. Ein Blick in Google Trends (trends.google.de) belegt die rasant steigende Nachfrage des Bewegtbildformats: Vergleichen wir das globale Interesse für die Stichworte »Food Blog« und »Food Video« in den letzten fünf Jahren, wird deutlich, welcher Begriff aktuell dominiert (siehe Bild 3.54). Blogs sind dem Video tendenziell unterlegen. Ähnlich verhält es sich bei den Suchbegriffen »Fashion Blog« versus »Fashion Video« sowie bei »Beauty Blog« versus »Beauty Video«: Bewegtbild verzeichnet ein wachsendes Interesse und lässt den Text im Web hinter sich.

Dies belegen auch die Statistiken der zweitgrößten Suchmaschine der Welt, YouTube. Vier Milliarden Videos werden über das Videoportal abgerufen – und das täglich.[33] Auch der verhältnismäßig kleine Mitbewerber Vimeo verzeichnete 2016 monatlich 170 Millionen aktive User.[34]

---

[33] Statista, Statistiken zu Online Videos, *https://de.statista.com/themen/107/online-videos/*
[34] Smith, Craig, DMR, By the Numbers: 10 Interesting Vimeo Statistics (January 2017), *http://expandedramblings.com/index.php/vimeo-statistics/*

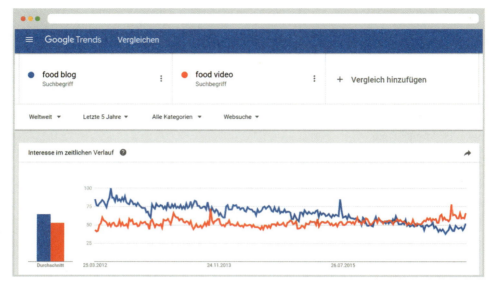

Bild 3.54 Vergleichender Zeitverlauf des globalen Interesses an den Suchanfragen »Food Blog« und »Food Video« der letzten fünf Jahre (Screenshot: trends.google.de)

Ihren Durchbruch verdanken Online-Videos außerdem übergreifenden Entwicklungen. Etwa dem wachsenden Konsum von Inhalten über mobile Endgeräte. Oder der zunehmenden Suche im Web mittels Sprache und der damit einhergehenden, nachlassenden Interaktion mit textbasierten Suchergebnissen, etwa via Google.[35] Auch die wachsende Beliebtheit von Video-Streaming-Anbietern wie Netflix und Amazon Prime Video spiegeln die Beliebtheit des Bewegtbildes wieder.[36] Traditionell textlastige Social Media-Dienste wie Facebook haben die Zeichen der Zeit längst erkannt und stellen ihr Angebot auf Bild- und Videoinhalte um.

»I wouldn't be surprised if you fast-forward five years and most of the content that people see on Facebook and are sharing on a day-to-day basis is video.« – Mark Zuckerberg, 2016[37]

Wer sich gezielt mit dem Thema Content auseinandersetzt, kommt um Bewegtbildformate nicht mehr herum. Beispiele wie BMW oder L'Oréal Paris belegen: Videoinhalte sind längst fester Bestandteil unternehmerischer Content-Strategien. Dadurch wächst die Masse an bereits existierenden Angeboten – unter anderem von erfahrenen Produzenten wie VICE Media. Wer sich erfolgreich gegen die Konkurrenz durchsetzen möchte, muss strategisch Vorgehen. In den folgenden drei Abschnitten gibt Ihnen Tina Nord, Team Lead Content Marketing Strategy bei Zalando, einen Überblick über die wichtigsten Punkte, die Ihnen bei der Entwicklung und Veröffentlichung von Videoinhalten helfen. Wir werden sicher nicht alle Aspekte berücksichtigen können, verweisen aber schon jetzt auf die weiteren Leseempfehlungen im letzten Abschnitt 3.4.6 dieses Kapitels.

---

[35] Searching by Talking: Analysis of Voice Queries on Mobile Web Search, Yahoo, 2016, *https://research.yahoo.com/publications/8716/searching-talking-analysis-voice-queries-mobile-web-search*

[36] Nielsen, Global Report: Multi-Screen Media Usage, *http://www.nielsen.com/us/en/insights/news/2012/global-report-multi-screen-media-usage.html*

[37] Why Facebook And Mark Zuckerberg Went All In On Live Video, BuzzFeed, 2016, *https://www.buzzfeed.com/mathonan/why-facebook-and-mark-zuckerberg-went-all-in-on-live-video*

Dürfen wir vorstellen?

Tina Nord beschäftigt sich seit mehr als sechs Jahren mit Corporate Publishing und Performance Content Management. Ihr Arbeitsschwerpunkt liegt in der Leitung internationaler Redaktionsteams von E-Commerce-Unternehmen. Als zertifizierte YouTube-Content-Strategin managt sie seit April 2015 die Videoproduktion im Content Marketing bei Zalando. Darüber hinaus leitet Tina das Strategie-Team und erforscht in diesem Rahmen die Auswirkungen neuer Technologien wie maschinelles Lernen auf Content.

3.4.1 Relevante Videoplattformen

Wer über die technischen Ressourcen verfügt, kann Videos auf dem eigenen Server bereitstellen. Diese über ein etabliertes Videoportal einzubinden, vergrößert jedoch maßgeblich die Reichweite, da Nutzer diese Portale ohnehin regelmäßig ansteuern und dabei womöglich zufällig auf Ihr Video stoßen könnten. Sowohl Vimeo als auch YouTube bieten eine einfache Möglichkeit, hochgeladene Inhalte auf der eigenen Webseite einzubetten. Dadurch vergrößert sich die Chance, zahlreiche Zuschauer in kurzer Zeit anzuziehen und diese auf Ihre Angebote oder Marke im Allgemeinen aufmerksam zu machen. Es ist daher nützlich zu wissen, welches Portal die Massen begeistert und welches eher ein Nischenpublikum bedient. Die meisten Anbieter erleichtern ihren Nutzern zudem die Auswertung und Optimierung der veröffentlichten Inhalte durch kostenlose Analyse- und Bearbeitungswerkzeuge. Ein weiterer Vorteil gegenüber dem eigenen Server.

Generell wird zwischen Streaming-Anbietern wie Netflix und Portalen wie YouTube unterschieden, auf denen Nutzer Inhalte selbst generieren. Doch auch Social Media-Plattformen wie Snapchat, Facebook oder Instagram setzen inzwischen verstärkt auf Bewegtbildformate und machen den etablierten Anbietern Konkurrenz.

Laut eBizMBA Rang[38] führt YouTube mit einer Milliarde aktiver Nutzer pro Monat unangefochten die Liste der populärsten Videoportale an. Allein in den USA erreicht die Seite inzwischen mehr Menschen zwischen 18 und 49 Jahren als jeder Kabel-TV-Sender und ist aktuell weltweit in 76 Sprachen verfügbar.[39] *Aufgrund der bisher konkurrenzlosen Reichweite, wird YouTube deshalb in den folgenden Abschnitten im Fokus stehen.*

Hinter YouTube folgen die Anbieter Netflix, Vimeo, Yahoo Screen und DailyMotion in der eBizMBA-Top-Liste. Vimeo ist so etwas wie die Kreativwerkstatt der Videoportale: Ein soziales Netzwerk, in dem vor allem Künstler ihr Talent zur Schau stellen. Die ideale Gemein-

---

[38] eBizMBA, Top 15 Most Popular Video Websites (Juli 2017), *http://www.ebizmba.com/articles/video-websites*
[39] YouTube in Zahlen, *https://www.youtube.com/yt/about/press/*

schaft für Videoproduzenten, die ihre Kernkompetenz in den Bereichen Design, kreative Darstellung und Schöpfung sehen.

Die Zukunft von Yahoo Screen steht durch die direkte Verbindung zum gebeutelten Konzern in den Sternen. Bereits Anfang 2016 wurde das offizielle Aus des Kanals verkündet.[40] Das Portal kann daher von langfristigen Überlegungen ausgeschlossen werden. Der Mitbewerber DailyMotion punktet vor allem aus Nutzersicht mit einer einfachen Navigation und vergleichsweise wenigen Werbeeinblendungen.

3.4.2 Grundregeln zur Gestaltung von Video-Content

Die richtige Zielgruppe definieren

Inhalte verbreiten sich schneller, wenn sie die richtige Zielgruppe erreichen. Je genauer das angestrebte Publikum definiert wird, desto wahrscheinlicher ist eine positive Performance. Aber das wissen Sie ja bereits aus Kapitel 1. Menschen, die sich leidenschaftlich für ein Thema begeistern, verweilen länger und interagieren häufiger mit dem passenden Video. Alter, Geschlecht und Wohnort sind – neben dem übergreifenden Thema – die Basis für jedes inhaltliche Konzept. Falls Sie bereits einen YouTube-Kanal haben, können Sie im Demografieteil des integrierten Analyse-Tools wertvolle Einblicke in Ihr aktuelles Publikum gewinnen. Das Video »10 Dinge mit denen man jeden New Yorker verärgert«[41] erhöht beispielsweise durch den lokalen Bezug die Relevanz für Bewohner der amerikanischen Metropole.

Doch die Zielgruppe kann auch auf Video-, Serien- oder Kanalebene variieren. So richtet sich der englischsprachige Kanal des Modehändlers ASOS allgemein an seine modeaffine Kundschaft, publiziert jedoch auch eine Serie namens »ASOS Menswear Insiders«, die gezielt Männer anspricht. Und das Video »Travel Guide to Cancun« wird vor allem modebegeisterte Mexiko-Liebhaber und Reiselustige zum Ansehen verleiten.

 Ein Tipp, falls Sie bei null anfangen: Eine Kooperation mit einem etablierten Kanal oder Vlogger, der dieselbe Zielgruppe bedient, kann eine effektive Starthilfe sein und erste Abonnenten generieren. Fragen kostet nichts und wer weiß, vielleicht haben Sie ja sogar Budget für Influencer Marketing.

Strategische Themenwahl

Oft ergibt sich die übergeordnete Themenwahl von selbst, wenn sie zu einer bestehenden Markenidentität passen soll. Die individuelle Markenbotschaft und Tonalität sollten selbstverständlich auch auf Videos übertragbar sein. Denn diese sind – wir wiederholen uns – nur eines von vielen Formaten innerhalb einer übergreifenden Content-Strategie. In diesem

---

[40] Beer, Kristina, heise online, Yahoo schließt Videoportal Yahoo Screen, *https://www.heise.de/newsticker/meldung/Yahoo-schliesst-Videoportal-Yahoo-Screen-3060860.html*

[41] BuzzFeedVideo, How to Piss Off Every New Yorker in 36 Seconds, *https://www.youtube.com/watch?v=4CWyialymHg*

Rahmen lohnt sich der erneute Blick auf die Planung von Bewegtbildinhalten auf Basis des Help Hub Hero-Modells (siehe Abschnitt 3.1.1).

- Hero-Inhalte sind Beiträge, die punktuell eine große Aufmerksamkeit generieren. In der Regel handelt es sich dabei um Werbespots oder aufwendig produzierte Kampagnenvideos: Unterhaltung und das Erzählen von Geschichten stehen im Fokus. So generieren beispielsweise die Superbowl-Anzeigen einmal im Jahr Millionen von Aufrufen im Netz und lenken die Aufmerksamkeit auf die entsprechenden Markenkanäle.

- Hub-Inhalte werden im Gegensatz dazu regelmäßig veröffentlicht und haben Seriencharakter. Der Kosmetikkonzern L'Oréal Paris kreiert erfolgreichen Hub-Content in Zusammenarbeit mit zahlreichen Meinungsführern aus dem Web: Der Kanal »BeautyTube« zeigt alle zwei Wochen sich fortsetzende Schminkkurse, Kosmetik-Events und Diskussionsrunden mit Experten. Die regelmäßige Veröffentlichung, Fokussierung auf aktuelle Trends sowie die direkte Ansprache der Fans erhöht zudem die Anzahl der Abonnenten eines YouTube-Kanals.

- Help-Inhalte beantworten häufige Fragen und vermitteln dem Zuschauer einfache, klare und nützliche Informationen. Auf komplexes Storytelling oder Unterhaltung wird verzichtet. Ein Beispiel: Eltern, deren Baby nicht aufhören will zu weinen und sich im Web auf die Suche nach Abhilfe begeben, haben sicherlich keine Geduld für lange Geschichten. Sie erwarten stattdessen schnelle und unkomplizierte Hilfe. Der richtige Zeitpunkt für Help-Videos. Hier entfaltet sich – bei richtiger Optimierung – das volle Potenzial für nachhaltige, organische Aufrufe über die Online-Suche via Google oder YouTube: Denn Ratgebervideos sind in der Regel langfristig gültig und drehen sich selten um Trendthemen. Solche Beiträge generieren Aufrufe im Laufe der Zeit und können eine stabile Basis für jeden Kanal sein. Der amerikanische Einzelhandelskonzern Walmart[42] oder der britische Modehändler Mr. Porter[43] zeigen auf ihren Kanälen, wie Help-Content aussehen kann.

Um Themen mit hohem Suchvolumen zu identifizieren, müssen Sie zunächst herausfinden, welche Fragen Ihre anvisierte Zielgruppe besonders oft stellt. Häufig benutzte Suchbegriffe können auf verschiedene Weise identifiziert werden: Am einfachsten ist die Eingabe eines Buchstabens oder Wortes in die Suchleiste von Google oder YouTube. Beide Seiten vervollständigen diese Angaben dann automatisch mit häufigen Anfragen (siehe Bild 3.55). Dies kann für die initiale Themenfindung nützlich sein.

---

[42] Walmarts YouTube-Kanal voller Help-Content: *https://www.youtube.com/user/Walmart*
[43] Mr. Porters »How To...« Help-Content: *https://www.youtube.com/*
  playlist?list=PLsbe4LSMT_M-tbrBuDdpnDQJ33xwSY-gY

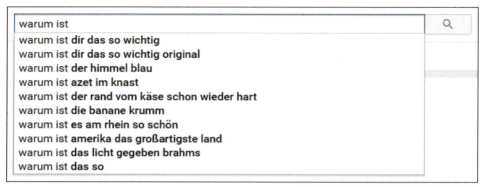

Bild 3.55 YouTube macht automatisch Vorschläge zur Vervollständigung der Suchanfragen

Aktuelle YouTube-Suchtrends können über Google-Trends abgerufen werden. Für Fortgeschrittene lohnt sich darüber hinaus ein Blick in das Keyword Tool von Google AdWords. Auch andere Anbieter wie das *Keywordtool.io* bieten ähnliche Einblicke in beliebte Suchbegriffe und das dazugehörige Suchvolumen.

Doch bedenken Sie: Wenn Sie sich für ein Thema entscheiden, sollten Sie sicherstellen, dass Sie dieses auch glaubwürdig bedienen und eine Antwort mit Mehrwert bieten können. Authentizität, glaubwürdiges Expertenwissen und wahre Begeisterung sind gerade durch eine Kamera sofort erkennbar. Wählen Sie außerdem nur Themen, mit denen Sie sich mehrere Monate lang beschäftigen möchten. Denn wenn Sie mit ihrem ersten Video punkten und Ihre Zuschauer begeistern, dann werden diese mehr erwarten (und fordern). Sind Sie dann nicht gewillt, oder nicht in der Lage, zu liefern, ist das äußerst enttäuschend für Ihr Publikum. Nach und nach werden Ihre Zuschauer und Abonnenten Sie wieder verlassen und dadurch die von Ihnen angestrebte vorderste Position in den Suchergebnissen zunichtemachen.

Werfen Sie auch in dieser Hinsicht immer mal wieder einen Blick auf Ihre Mitbewerber. Wer bietet was zu welchem Thema? Gibt es eine Wissenslücke oder Nische, die noch nicht bedient wird? Was fehlt oder kann optimiert werden? Eventuell können Sie auf diesem Wege auch überraschende Bedürfnisse Ihres Zielpublikums entdecken. Zum Suchbegriff »Ballkleid« finden sich beispielsweise nur wenige erklärende oder verkaufsfördernde Videos, dafür aber jede Menge Inspiration. Ein Hinweis, dass diese Zielgruppe lieber träumt, als sich zu informieren oder zu kaufen. Ein Video, das diesen Zweck nicht erfüllt, würde sich mit hoher Wahrscheinlichkeit nur schwer in den Suchergebnissen für diesen speziellen Begriff durchsetzen können. Denn das Nutzerverhalten wäre entsprechend negativ (ablehnend).

Auffindbarkeit und Optimierung

Dennoch muss auch das unterhaltsamste Video zunächst gefunden werden, um sich verbreiten zu können. Im Idealfall wird es ganz oben in den Suchergebnissen gelistet, wenn gezielt nach einem Begriff oder Thema gesucht wird. Um sich gegen die zahlreichen Konkurrenten durchzusetzen, zählt nicht nur der passende Content, sondern auch die richtige Optimierung. Wer Kenntnisse der Suchmaschinenoptimierung vorweisen kann, ist im Vorteil. Denn letzten Endes ist YouTube genau das – eine Suchmaschine. Ähnlich wie bei

Google geben Nutzer überwiegend den oben aufgelisteten Beiträgen den Vorrang. Der Weg an die Spitze ist aufwendig, aber kein Geheimnis: Die Algorithmen von YouTube berücksichtigen verschiedene Zielgrößen, die nur dann einen idealen Wert erreichen, wenn das Nutzerverhalten positiv ist. Das bedeutet, der Zuschauer steht an erster Stelle. Wird seine Erwartung nicht erfüllt, wird das entsprechende Video keine Top-Position erreichen.

Noch vor einigen Jahren zählte die Anzahl der Ansichten (Views) zu den wichtigsten Kriterien, um ein Video in den Suchergebnissen ganz oben zu listen. Dies führte jedoch nicht zwangsläufig zur Top-Platzierung des sinnvollsten Contents. Um dies zu ändern, berücksichtigt YouTube heute eine Vielzahl von Kriterien, wie etwa die sogenannte »Watchtime«, also die Wiedergabezeit pro Nutzer je Video oder Kanal. Je mehr Zeit ein Nutzer mit einem Video verbringt, desto besser für Ihr Ranking. Die Qualität ist somit – zum Glück – wichtiger geworden als die Quantität.

Ähnlich wie Google personalisiert auch YouTube die Startseite gemäß des jeweiligen Nutzerverhaltens. Dadurch tauchen allgemein stark frequentierte, aber für den Nutzer womöglich völlig irrelevante, Inhalte nicht mehr automatisch in dessen Blickfeld auf. Die Zeiten, in denen ein Video quasi von allein viral ging, sind vorbei. Wer eine hohe Sichtbarkeit erzielen möchte, muss einen möglichst einzigartigen, qualitativ hochwertigen Inhalt bereitstellen, der eine genau definierte Zielgruppe anspricht und die Rankingfaktoren von YouTube optimal erfüllt. Die Zufriedenheit des Publikums ermittelt YouTube anhand unterschiedlicher Nutzersignale. Zu den wichtigsten Faktoren gehören:

- **Die Wiedergabezeit:** Die Wiedergabezeit wird von vielen Experten als der wichtigste Faktor für eine gute Platzierung in den Suchergebnissen oder Empfehlungslisten – und damit einhergehend auch eine hohe Reichweite – eingeschätzt. Die Wiedergabezeit beschreibt die Gesamtsumme in Minuten, die ein Nutzer mit dem Anschauen eines Videos verbringt. Je mehr Zeit ein aktiver Zuschauer in YouTube investiert, desto besser. Fördert Ihr Video dieses Verhalten, werden Sie durch gute Positionierungen belohnt. Berücksichtigt werden übrigens nicht nur einzelne Videos, sondern auch die Wiedergabezeit während einer Sitzung. Das heißt also dem Aufruf und dem vollständigen Konsum mehrerer Videos hintereinander durch ein und denselben Nutzer. Dabei muss dieser sich nicht zwangsläufig auf nur einem Kanal aufhalten. Auch die kanalübergreifende Wiedergabezeit hat einen positiven Effekt auf das Ranking.

  Eine hohe Wiedergabezeit steht oft im Konflikt mit Verlinkungen zu externen Seiten, etwa dem eigenen Blog oder der eigenen Webseite. Denn dadurch verlässt der Nutzer YouTube, und der Zeitwert wird negativ beeinflusst. Wägen Sie daher im Vorfeld ab, welche Zielsetzung Priorität hat: Die Minuten auf YouTube oder beispielsweise die Aufrufe einer weiterführenden Artikelseite und die dadurch entstehende Chance einer direkten Conversion.

- **Die Zuschauerbindung:** Im Gegensatz zur Wiedergabezeit gibt die Zuschauerbindung an, wann das Publikum innerhalb eines Videos abspringt oder aber damit interagiert. Etwa, indem zurückgespult und bestimmte Stellen wiederholt angeschaut werden. Die Angabe erfolgt in Prozent. Brechen wenige Nutzer das Video ab und beschäftigen sie sich intensiv damit, steigt die Zuschauerbindung. In der Regel sinkt die Bindung in den ersten 15 Sekunden, weshalb der Einstieg zum Zünglein an der Waage wird. Eine gelungene Einleitung kann entscheidend für den Erfolg Ihres Videos sein. Im Grunde heißt das: Eine gute Zuschauerbindung ergibt automatisch eine lange Wiedergabezeit.

- **Der Aufbau:** Um eine lange Wiedergabezeit und starke Zuschauerbindung möglichst nachhaltig stabil zu halten, hat sich das folgende Schema zum Aufbau eines Videos bewährt:

  - Aufmerksamkeit – Ein häufiger Fehler ist die Verwendung von langen Intros oder das animierte Einblenden von Logos direkt zu Beginn des Videos. Doch das Angebot auf allen Videoportalen ist vielfältig und die Zeit der Zuschauer ein kostbares Gut. Wir empfehlen Ihnen, dem Nutzer schnell und einfach den Inhalt Ihres Videos zu vermitteln. Und das am besten schon innerhalb der ersten fünf Sekunden. Machen Sie Ihrem Zuschauer möglichst schnell klar, welchen Mehrwert Sie ihm bieten. Warum lohnt es sich für ihn, das Video anzusehen? Welche Fragen beantworten Sie? Welches Problem lösen Sie? Eine fesselnde Einleitung kann außerdem mit einer Überraschung, Neuigkeit oder einem Versprechen – als Teaser auf einen Bonus gegen Ende des Videos – verbunden werden. All das erhöht die Chance, den Nutzer bis zum Schluss zu halten.

  - Intro Bumper – Nachdem der Zuschauer nun weiß, warum er diesen Inhalt nicht verpassen sollte, bleibt Zeit für eine vier bis fünf Sekunden dauernde Einblendung des Namens der Serie oder Ihrer Marke.

  - Hauptteil – Nun kommt der tatsächliche Inhalt zum Zug. Es kann unterrichtet, angeleitet, vorgeführt oder einfach inspiriert werden.

  - Handlungsaufforderung – Sobald Sie die gewünschten Informationen vermittelt haben, sollten Sie eine Handlungsempfehlung aussprechen. Sagen Sie Ihrem Zuschauer, was er als Nächstes tun kann beziehungsweise soll. Beliebt sind etwa die Einladung zum Besuch der eigenen Webseite, zum Abonnieren des Kanals oder zum Kommentieren und Teilen des Videos. Sie werden es allerdings nur selten schaffen, den Nutzer zu alldem auf einmal zu bewegen. Entscheiden Sie daher im Einzelfall, was Ihnen am wichtigsten ist.

  - Ende – Um die Zuschauerbindung bis zur letzten Sekunde zu erhalten, verzichten Sie am besten auf Abschiedsworte. Diese signalisieren dem Nutzer nämlich relativ schnell, dass der wertvolle Teil des Videos vorbei ist und er sich dem nächsten zuwenden kann. Zielführender und unterhaltsamer sind Einblicke hinter die Kulissen oder witzige Outtakes. So gewöhnen sich die Zuschauer daran, dass es sich lohnt, bis zum Ende des Videos zu bleiben. Außerdem können Sie ähnliche oder weiterführende Videos einblenden und den Nutzer so in Ihrem Kanal halten. Dazu bieten sich sogenannte Endkarten (»end cards« oder »end screens«) an – ein grafischer Rahmen, der die zuletzt gezeigten Inhalte anordnet.

Über die ideale Länge eines Videos lässt sich streiten. Natürlich ist es wesentlich leichter, Zuschauer für zehn Sekunden zu begeistern als für zehn Minuten oder länger. Dennoch gibt es gelungene Beispiele für beide Extreme. Der 3,8 Sekunden-Spot von Mercedes AMG bewirbt beispielsweise effektiv die High Performance-Marke des Automobilkonzerns: von null auf 100 in eben 3,8 Sekunden.[44] Anders beweist das dreistündige Kaminfeuervideo, das mehr als neun Millionen Aufrufe vorweisen kann, dass auch lange Videos begeistern können (wobei wir bei diesem wohl von einem äußerst passiven Konsum ausgehen können).[45]

---

[44] Mercedes: 3.8 seconds - Part 1, *https://www.youtube.com/watch?v=y9DyUQ3_zNk*

[45] The Best Fireplace Video, *https://www.youtube.com/watch?v=eyU3bRy2x44*

YouTube selbst vergleicht einen Kanal und die unterschiedliche Dauer der darin bereitgestellten Beiträge mit einem Kühlschrank: Ein Bissen (»Bite«) steht für ein sehr kurzes Video. Ein Snack für einen mittellangen Film und eine komplette Mahlzeit (»Meal«) für sehr ausführlichen Content. Das Portal empfiehlt ein gemischtes Angebot, damit jedes Bedürfnis erfüllt werden kann. Je nachdem, was der Nutzer gerade benötigt. Wie lang ein Video sein sollte, hängt also vom Verwendungszweck und der übergeordneten Zielsetzung ab.

Fest steht, dass das Videoportal den viel gelobten »Snackable Content« nicht mehr für die einzige »Mobile first«-Lösung hält. Die Annahme, dass Nutzer von mobilen Endgeräten nur unterwegs und kurze Inhalte konsumieren, ist überholt. Viele Menschen greifen inzwischen auch am Abend auf dem Sofa zum Tablet oder Smartphone, um längere Videos oder Texte anzusehen. Etwa bei einem gemütlichen Kaminfeuer.

- **Die sozialen Signale:** Kommentare, Likes und Dislikes (signalisiert durch den Daumen nach unten) werden ebenfalls in die Gesamtwertung einbezogen. Je häufiger das Publikum auf ein Video reagiert, desto besser. Daher rufen viele Moderatoren oder Vlogger oft mehrmals dazu auf, den Kanal zu abonnieren oder einen Kommentar zu hinterlassen. Oft kann der aufmerksame Beobachter anhand der sozialen Signale erkennen, ob ein Beitrag hauptsächlich organische oder bezahlte Aufrufe generiert hat: Natürlich entstandene Besuche hinterlassen wesentlich häufiger eine Bemerkung oder teilen das Video. Zuschauer, die über eine Anzeige auf einen Inhalt aufmerksam wurden, sind weniger aktiv. Ein Video mit sehr vielen Aufrufen, aber keinen oder nur wenigen sozialen Signalen, kann daher negativ bewertet werden – schlimm genug, selbst wenn dies nur durch den Nutzer geschieht.

- **Der Titel** ist die Schlagzeile eines jeden Videos. Er wird sowohl in den Suchergebnissen als auch direkt unter dem Beitrag angezeigt. Ein clever verfasster Titel ist etwa 100 Zeichen lang und überzeugt suchende Nutzer davon, dass sich ein Klick lohnt. Die Neugier wird geweckt, aber nicht alles verraten. Zudem wird das Kernthema oder Schlagwort integriert. Im Idealfall an erster Stelle. Am Ende sollte der Name des Kanals ergänzt werden.

- **Die Beschreibung** ergänzt den Titel und enthält weiterführende Informationen (siehe Bild 3.56). Die ersten 100 Zeichen sind auch in den Suchergebnissen sichtbar und müssen umso mehr überzeugen. Der vollständige Text kann maximal 5000 Zeichen enthalten und hat seinen Platz unter dem Beitrag auf der Videoseite. Eine optimierte Beschreibung enthält das Kernthema oder Schlagwort sowie in den natürlichen Textfluss eingebundene, passende Synonyme und verwandte Begriffe. Hier ist außerdem Platz für Angaben zu den Akteuren oder dem Unternehmen. Weiterführende Links, die geklickt werden sollen, sollten Sie möglichst weit oben positionieren. Treffen Sie aber auch hier eine Vorauswahl, denn je weniger Alternativen der Nutzer hat, desto höher ist die Wahrscheinlichkeit, dass er überhaupt einen dieser Links klickt.

Bild 3.56 Titel und Beschreibung am Beispiel des VeeScore YouTube-Kanals[46]

 Erstellen Sie Playlisten

Zusammengehörige Videos können in einer Playlist zusammengefasst werden und so eine höhere thematische Relevanz signalisieren. Zu diesem Zweck ist es sinnvoll, eine Playlist-Beschreibung zu verfassen und diese – beispielsweise auf Basis von Keywords – entsprechend zu optimieren.

- **Das Titelbild** (»Thumbnail«, siehe Bild 3.57) vervollständigt den Titel und die Beschreibung in den Suchergebnissen. Es kann einen entscheidenden Einfluss auf die Klickrate haben. Grelle Farben, lachende Gesichter, Explosionen oder einfach das Resultat des Videos – alles was Aufmerksamkeit erregt, ist erlaubt.

Ein gutes Titelbild hebt sich in den Suchergebnissen deutlich von den Mitbewerbern ab und verleitet den Suchenden zum Klicken. Stellen Sie aber sicher, dass das Motiv auch auf mobilen Endgeräten klar und deutlich erkennbar ist. Nutzen Sie daher, wenn möglich, eigene Fotos und verzichten Sie auf die von YouTube automatisch generierten Vorschaubilder. Im Idealfall entwickeln Sie mit der Zeit Ihren individuellen Stil mit Wiedererkennungswert, sodass Fans den Inhalt Ihres bestimmten Kanals auf Anhieb identifizieren können. Um dorthin zu gelangen, gilt es zunächst viele verschiedene Varianten zu testen. »TubeBuddy« (*www.tubebuddy.com*) ist zum Beispiel ein hilfreiches Werkzeug, um A/B-Tests mit Thumbnails durchzuführen.

---

[46] Super Bowl Video-Analyse von VeeScore: *http://bit.ly/2lJNjsK*

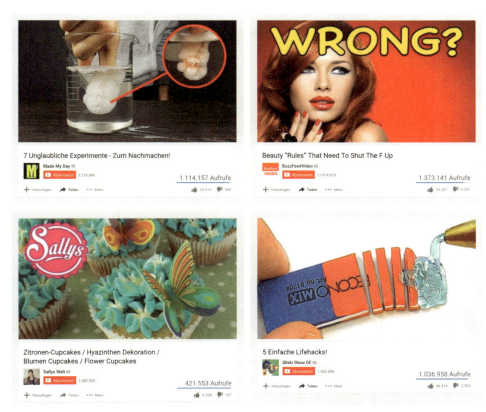

Bild 3.57 Durch grelle Farben, Gesichter, verrückte Fotos und prominent gestalteten Text erregen Videos Aufmerksamkeit

- Zu guter Letzt können Sie zusätzliche **Tags** ergänzen. Diese Schlagworte sind für das Publikum nicht sichtbar. Sie dienen der Kenntlichmachung des Contents und sagen YouTube, worum es in dem Video geht. Neben dem Kernthema sollten Sie Synonyme und verwandte Themen verwenden. Bei komplexen Begriffen können Sie auch alternative Schreibweisen – etwa typische Rechtschreibfehler – ergänzen, um auf Nummer Sicher zu gehen.

Teilbarkeit

Ein Video zu veröffentlichen, das sich wie von selbst verbreitet, ist eine Kunst für sich. Doch dafür muss der Content die Hemmschwelle zum Teilen quasi mühelos überwinden – eine Hemmschwelle, die Sie nicht unterschätzen sollten. Führen Sie sich einfach mal selbst vor Augen, wann, mit wem und vor allem warum Sie zuletzt selbst ein Video geteilt haben.

Immer dann, wenn etwas neu, überraschend oder aufregend ist, wenn uns etwas emotional berührt, dann steigt unser Mitteilungsbedürfnis. Dieses Konzept ist nicht neu und erinnert an die aus dem Journalismus bekannten Nachrichtenfaktoren; deren Anzahl bestimmt den Nachrichtenwert. Je mehr Faktoren zusammenkommen, desto höher ist der Wert einer Nachricht und desto wahrscheinlicher die Veröffentlichung und Verbreitung. Beispiele für derartige Faktoren sind etwa Überraschung, Emotionen, lokaler Bezug, Dramatik, Neuigkeit oder Kuriosität. Angewandt auf Video-Content könnte das etwa die Geschichte eines ganz normalen, kleinen Jungen aus Kanada (lokaler Bezug) sein, der davon träumt, ein Star zu werden (Emotionen). Seine Mutter filmt ihn in seinem Kinderzimmer, als er gekonnt (Überraschung) ein Liebeslied (Kuriosität, Emotion) singt und lädt das Video auf YouTube hoch. Das generiert auf Anhieb 100 000 Aufrufe und macht das Kind später weltberühmt. Natürlich kann nicht jedes Video an Justin Biebers Erfolg[47] anknüpfen. Dennoch zeigt sein Beispiel recht gut, mit welch einfachen Mitteln teilbare, oder besser formuliert *teilenswerte*, Inhalte erstellt werden können.

Konversation und Interaktivität

YouTube versteht sich als Gemeinschaft, die sich im ständigen Dialog befindet. Der Mensch vor der Kamera wird zum Freund des Zuschauers. Die direkte Ansprache des Publikums hat sich daher früh etabliert und bewährt und gilt inzwischen als Erfolgsfaktor. Eine wachsende Fangemeinde von unzähligen Vloggern belegt dies. Doch nicht jedes Video muss ein Gesicht zeigen. Es reichen auch gelegentliche Beiträge aus, in denen die Person hinter der Kamera direkt mit den Zuschauern spricht; zum Beispiel dann, wenn sie in einem Screencast ihren Bildschirm teilt oder Präsentationsfolien diskutiert.

Ein anderes wichtiges Element ist die Kommentarfunktion. Sie dient dem persönlichen Austausch – sowohl unter den Zuschauern, aber natürlich vor allem mit dem Publisher. Anders als beim passiven TV-Konsum sind auf YouTube und Co. beide Seiten aktiv involviert. Wer seine Reichweite steigern möchte, liest und beantwortet Kommentare regelmäßig und pflegt seine Community. Herausragende Zuschauer, die besonders häufig kommentieren oder per Kommentar erwähnte Ideen, könnten Sie im nächsten Video aufgreifen oder als eigenes umsetzen. Einige Produzenten animieren die Zuschauer gezielt am Ende jedes Beitrags zum Mitmachen, um auf diese Weise die Bindung zu ihnen zu verstärken.

Kontinuität und Konsistenz

Wie jeder TV-Sender ein Programm hat, sollte jeder Online-Videokanal regelmäßige Veröffentlichungszeiträume haben. Etwa jeden Freitag oder Samstag zu publizieren, ermöglicht dem Zuschauer, sich zu orientieren und eine positive Erwartungshaltung zu entwickeln. Dafür sollten Sie aber schon vorab die langfristig (!) zur Verfügung stehenden Ressourcen evaluieren. Welche Technik und welches Budget stehen Ihnen zur Verfügung? Wie oft können Sie neue Videos produzieren? Mit welcher Frequenz können Sie zuverlässig bei gleichbleibender (oder natürlich steigender) Qualität neuen Content anbieten?

Konsistenz kann jedoch auch über wiederkehrende Gesichter, Formate oder Eröffnungsbeziehungsweise Schlussszenen kreiert werden. Wenn Sie noch einen Schritt weitergehen möchten, entwickeln Sie zudem eine individuelle Tonalität, sodass jedes Ihrer Videos auch außerhalb Ihres Kanals als zugehörig identifiziert werden kann. Ein gelungenes Beispiel liefert VICE News (*www.youtube.com/user/vicenews/*) mit einer rohen und sehr realitätsnahen Berichterstattung. So differenziert sich der Nachrichtenanbieter von etablierten Sendern und schafft einen hohen Wiedererkennungswert.

---

[47] Justin Biebers erstes YouTube Video: *https://www.youtube.com/watch?v=eQOFRZ1wNLw*

Effiziente Videoproduktion

Produzieren Sie nicht jedes Video einzeln, sondern versuchen Sie, Ihre Ressourcen möglichst geschickt zu bündeln. Es ist verlockend, einzelne Videos am Stück fertigzustellen und direkt zu veröffentlichen. Doch es ist häufig effizienter, an einem Tag zunächst das Konzept für mehrere Videos auszuarbeiten, sie dann am zweiten Tag alle zu drehen und wiederum einen Tag später en bloc zu schneiden. Um mehrere Videos zu produzieren, brauchen Sie auf diese Weise die Filmcrew beispielsweise nur an einem Tag, statt an drei. Gleiches gilt für Ihren Cutter, der aus dem Rohmaterial das endgültige Video zaubert, oder Ihren Experten für Videokonzepte und Storyboards. Zudem stellen Sie so sicher, dass Sie immer ein paar Videos zur Publikation in petto haben.

Aktuelle Entwicklungen und Videotrends

Im März 2015 ermöglichte YouTube erstmals die Veröffentlichung und Verwendung von 360°-Videos. Facebook folgte wenig später im September 2015 (siehe auch Abschnitt 3.4.4.1). Beide Unternehmen stellten damit die Basis für die Verbreitung der mithilfe von omnidirektionalen Kameras erstellten Filme. Aktuell werden zwei Varianten unterschieden:

1. Das 360°-Video, bei dem der Zuschauer die vom Geschehen distanzierte Perspektive kontrolliert. Dies erlaubt dem Nutzer Dinge zu sehen, die nicht jedem zugänglich sind, wie etwa exotische Reiseziele oder eine exklusive Immobilie. Hierfür ist die Verwendung eines Smartphones zu empfehlen, doch in einigen Fällen funktioniert dies auch auf Desktop-Geräten.

2. Die virtuelle Realität (VR), bei der sich ein Mensch direkt im Geschehen befindet. Dies erlaubt dem Nutzer besondere und einzigartige Dinge zu erleben, etwa das Balancieren auf einem Seil in extremer Höhe oder den Rundgang durch ein Hotel. Hierfür wird eine VR-Brille benötigt, in die ein Smartphone eingelegt wird, über welches das entsprechende Video abgespielt wird.

Dass das notwendige Equipment keine Hürde ist, bewiesen bereits einige clevere Vorreiter: So ließ sich die Verpackung des Happy Meals des Fastfood-Anbieters McDonald's im Frühjahr 2016 ganz simpel in eine Virtual Reality-Brille umwandeln. Und auch die US-Tageszeitung New York Times versendete – in Zusammenarbeit mit Google – im November 2015 an alle Print-Abonnenten eine Smartphone-Halterung aus Pappe (das sogenannte »Google Cardboard«), um den VR-Film über Flüchtlinge »The Displaced« zugänglich zu machen.

Bei der Entscheidung zwischen einem 360°- und einem VR-Video spielen verschiedene strategische Überlegungen eine Rolle: Auf der einen Seite sollten Sie sich die Fragen stellen, wie lange sich der Betrachter umsehen soll/kann/will, was er sehen kann und ob die Situation ungewöhnlich genug (das heißt nicht alltäglich) ist. Nicht alle Umgebungen enthalten genug Details, um für eine längere Zeitspanne interessant zu sein. Eine unbekannte tropische Insel birgt viel Potenzial, das Innere eines Kleiderschranks vielleicht weniger. Auf der anderen Seite sollen Sie sich immer fragen, wohin der Betrachter schauen sollte. Um die

Blickrichtung zu lenken, setzen einige VR-Beiträge Charaktere ein, denen der Nutzer folgen kann. Dabei ist es wichtig, genug Zeit für die Orientierung zu lassen, bevor zum nächsten Schauplatz gewechselt wird. Je dynamischer die Szenen aufeinander folgen, desto angenehmer das Erlebnis. Außerdem sollten Sie vorab entscheiden, ob und wieviel Einfluss der Nutzer selbst auf die Handlung nehmen kann, etwa durch interaktive Elemente wie Infokarten.

Ein gelungenes Beispiel für ein VR-Video stammt von BMW. Der Automobilhersteller lässt Gigi Hadid den BMW M2 fahren und interpretiert das Hütchenspiel via VR-Video neu (siehe Bild 3.58)[48]. Der Zuschauer darf das Sportcoupé mit dem Supermodel am Steuer beim kurvenreichen Rennen nicht aus den Augen verlieren.

Bild 3.58 BMW 360° Virtual Reality-Werbespot mit Gigi Hadid

Ein anderes Beispiel stammt von McDonalds und ist ein unterhaltsamer Spaß für Kinder; denn Angry Birds in Lebensgröße übernehmen virtuell eine Filiale (siehe Bild 3.59).

---

[48] Pressemitteilung zum BMW Werbespot »Eyes On Gigi«: *http://bit.ly/2nJUyFX*

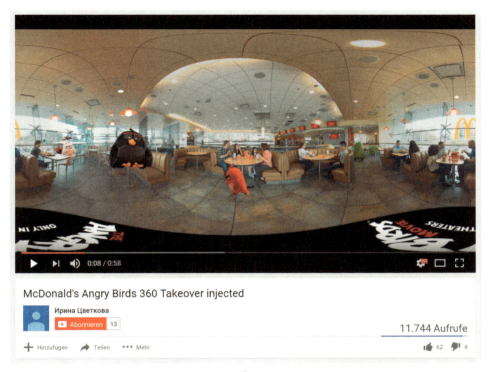

Bild 3.59 McDonals Angry Birds 360° Takeover[49]

Der Einfluss aktueller Technikentwicklungen wird mit Spannung erwartet. Etwa das von Google und GoPro entwickelte »Jump System«[50], das eine Halterung für 16 einzelne, kreisförmig angeordneten Kameras beinhaltet. Die einzelnen, eingefangenen Bilder werden am Ende mittels einer speziellen Software (Jump Assembler) zu einem 360°-Film kombiniert, was die aktuell noch existierenden Nähte zwischen einzelnen Bildausschnitten im VR-Video eliminiert. So wird die Bildqualität erheblich gesteigert und das Erlebnis noch realer. Viel Aufmerksamkeit erregt außerdem die sogenannte Mixed Reality, in der sich der Nutzer nicht mehr alleine in einer Umgebung bewegt, sondern gemeinsam mit anderen.

3.4.3 Drei Wege vom Video zum Verkauf

Das Video-Content eine Entscheidungshilfe im Kaufprozess ist, belegen tausendfach geklickte Produkttestvideos. Egal, ob eine aktuelle Sneaker-Kollektion oder technische Neuheiten: Kunden machen sich gerne ein (Bewegt)Bild, bevor sie etwas in den Warenkorb packen. Dies belegt auch die wachsende Einbindung von Produktvideos auf E-Commerce-Webseiten im B2B- und B2C-Bereich: Ein Video sagt mehr als tausend Worte und senkt im Idealfall gar die Retourenquote. Sich einen Film anzusehen, ist für den Kunden zudem

---

[49] Screenshot aus dem Werbespot »McDonald's Angry Birds 360 Takeover injected«: *https://www.youtube.com/watch?v=hp5vR30D9Fs*
[50] Jump – Google VR: *https://vr.google.com/jump/*

wesentlich bequemer als einen endlosen Text zu lesen. Im Folgenden werden drei ausgewählte Wege vom Video zum Verkauf beschrieben.

1. **Shopable Videos:** Make-up-Ratgeber, wie das in Bild 3.60 abgebildete Video der Marke Sephora (*http://bit.ly/2moVI8P*), sind ein gern gesehenes Thema auf YouTube. Sie sind so beliebt, dass einige Vlogger bereits eng mit großen Marken kooperieren und sogar eigene Produktlinien herausgebracht haben. Und was läge da näher, als diese direkt aus dem Video heraus zu verkaufen? Ein Beispiel ist die US-amerikanische Tattoo-Künstlerin Kat von D. Ihre Make-up-Linie wird aus dem Video heraus verlinkt und kann direkt über den Onlineshop von Sephora erworben werden.

Bild 3.60 Make-up-Ratgeber zur Make-up-Linie von Sephora

Sie benutzt dafür sogenannte Infokarten (»info cards«); eine von vielen interaktiven Elementen, die das Portal zur Verfügung stellt. Jeder Kanalbetreiber kann diese im Video-Manager-Bereich von YouTube selbst erstellen. Die einzige Voraussetzung ist die Verknüpfung mit einem Google AdWords-Konto. Dem Nutzer wird im Video rechts oben ein kleines »i« angezeigt. Nach einem Klick öffnet sich die im Screenshot dargestellte Ansicht. Ein weiterer Klick führt auf eine externe Webseite, die in einem neuen Browser-Fenster geöffnet wird. Hier kann der Nutzer im Idealfall das gezeigte Produkt erwerben. Ein erfolgreicher YouTube-Beitrag kann also durchaus eine relevante Besuchermenge auf verkaufsorientierte Seiten lenken. Das Video selbst wird dann automatisch pausiert.

So viel Potenzial diese Möglichkeit auch haben mag: Eine Überdosierung sollten Sie unbedingt vermeiden. Am besten leiten Sie Ihren Zuschauer erst am Ende des Videos weiter, um das Risiko, die Wiedergabezeit negativ zu beeinflussen, weitestgehend zu reduzieren. Denn ist diese zu niedrig, sinken die Platzierungen in den Suchergebnissen und – dadurch beeinflusst – die Anzahl der Aufrufe und Verkäufe. Wird ein solches YouTube-Video gezielt extern eingebunden, sind diese Bedenken natürlich gegenstandslos. Wobei sich dann jedoch weitere Möglichkeiten bieten, im Umfeld des Videos auf Produkte hinzuweisen.

Warum es sich lohnt, die aus dem Video verlinkte Seite individuell zu gestalten, zeigt ein Negativbeispiel des amerikanischen Warenhausbetreibers Macy's. Die eigentlich gute Idee, das digitale Musikfestival »Summer Vibes« im Juni 2016 zu veranstalten, veranlasste Google sogar dazu, eine Fallstudie über die Video-Integration zu veröffentlichen (siehe *http://bit.ly/2mmDJzo*). Bezüglich der Anzahl der Aufrufe hat sich diese Video-Content-Marketing-Aktion eindeutig gelohnt. Doch Macy's verlinkt über Infokarten direkt auf die im Shop zu erwerbende Kleidung der Künstler; mit der Intention, es dem Nutzer so einfach wie möglich zu machen, die Outfits seiner Idole nachzukaufen. Die Idee an sich ist gut und hat innerhalb des Kampagnenzeitraums sicherlich zu Umsatz geführt. Folgt ein Nutzer dem Link jedoch Monate nach Veröffentlichung, landet er auf einer Seite des Online-Händlers, die lediglich die Artikelnummern anzeigt (siehe Bild 3.61). Die Produkte sind nicht mehr erhältlich und der Besucher läuft ins Leere. Besser wäre eine spezielle Landing Page gewesen, die langfristig relevante Inhalte rund um das Musikfestival sowie alternative Produktvorschläge bereitstellt.

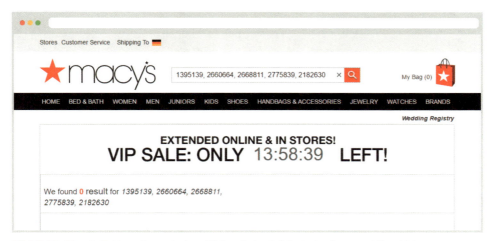

Bild 3.61 Macy's Fehlerseite nach dem Klick auf eine Infokarte im Summer Vibes Videos *(http://bit.ly/2mDgbaa)*

Dieses Beispiel zeigt eine Herausforderung auf, die mit Infokarten einhergeht: Die Verlinkung auf ein Produkt macht nur dann Sinn, wenn dieses in ausreichendem Maße auf Lager ist. Auch die Pflege und regelmäßige Aktualisierung Ihrer Videos in Bezug zur Zielseite ist zu empfehlen.

2. **Der Aufbau eines Verkaufsvideos:** In einigen Fällen reicht ein Ratgeber nicht aus, da das zu verkaufende Produkt neuartig oder erklärungsbedürftig ist. Dann macht eine zielgerichtete Argumentation und ein entsprechender Aufbau des Videos Sinn. Die aus Werbespots bekannte Vorgehensweise basiert auf acht Schritten:

a) **Aufmerksamkeit generieren** – Wie bereits beim klassischen Videoaufbau beschrieben, gilt es auch hier, die Aufmerksamkeit in den ersten fünf Sekunden zu erregen. Das kann in Form von Humor, einer Überraschung oder einer Ankündigung geschehen. Der amerikanische Fotobuchanbieter Chatbooks zeigt in den ersten fünf Sekunden seines Videos »Verschwende keine Zeit mehr mit der Gestaltung von Fotobüchern«[51] eine Mutter von zwei Kindern (siehe Bild 3.62). Diese genießt scheinbar entspannt ein Schaumbad. Eine unrealistische – vielleicht sogar provozierende – Vorstellung für die meisten Eltern.

Bild 3.62 Chatbooks suggeriert: Kunden haben mehr Zeit für Entspannung ...

b) **Das Problem identifizieren** – Jedes Produkt erfüllt einen Zweck, einen konkreten Nutzen. Ihre Aufgabe ist es, diesen zu identifizieren und eine passende Lösung anzubieten. Haben Sie das erledigt, steht der zweite Teil des Videos fest: Die Beschreibung der Herausforderung für den Kunden. Im Fall von Chatbooks, zerstört die eben noch badende Protagonistin das Bild, indem sie vollständig angezogen aus der Badewanne steigt (siehe Bild 3.63). Sie hat lediglich einem ihrer Kinder bei Tauchübungen geholfen. Natürlich hat sie keine Zeit für sich selbst. Ihr authentisch geschildertes Problem: Sie hat so viel mit ihrem Nachwuchs zu tun, dass sie nicht einmal zum Essen oder Schlafen kommt.

---

[51] Werbespot »Stop Wasting Hours Making Photo Books. This One Takes 1 Minute. #Chatbooks«: *https://www.youtube.com/watch?v=PTTs7ewuDY8*

Bild 3.63 ... und zeigt überspitzt, wie die Realität ohne ihren Service aussieht

c) **Das Problem verifizieren** – Überlegen Sie sich, wie das Worst Case-Szenario aussieht. Haben Sie die Herausforderung identifiziert, gilt es, diese zu unterstreichen und zuzuspitzen. Beschreiben Sie, was schlimmstenfalls passieren kann, wenn Ihr Produkt oder Ihr Service nicht zur Verfügung steht. Je dramatischer, desto besser. Im Beispielvideo wird schnell klar, dass die Gestaltung von Fotobüchern nicht nur zeitlich unmöglich, sondern auch kompliziert, teuer und anstrengend ist. Die gängigen Werkzeuge zur Erstellung solcher Bücher sind für Mütter mit viel Zeit gemacht. Also Mütter, die in der Realität nicht existieren. Dadurch verzichten Eltern im schlimmsten Fall auf die wertvolle fotografische Dokumentation der Kindheit ihrer Sprösslinge.

d) **Die Lösung identifizieren** – Wenn das Problem unerträglich geworden ist, wird es Zeit, die Lösung anzubieten. Nun kommt das Produkt ins Spiel. Die Hauptdarstellerin im Chatbooks-Video hält nun den Namen des Anbieters in die Kamera. Eine App, die automatisch Fotobücher aus dem im Smartphone gespeicherten Bildern generiert.

e) **Das Produkt vorstellen** – Nun können Sie Ihr Produkt vorstellen und im Detail erklären. Dies ist der richtige Augenblick für Antworten auf alle Fragen sowie Ihre Alleinstellungsmerkmale. Chatbooks kann beispielsweise in 30 Sekunden installiert werden, erfordert keine Formatierung und verschickt die fertigen Bücher automatisch an den Kunden. Der Anbieter vergleicht diesen Service mit dem unkomplizierten Abonnement eines Magazins.

f) **Resultate und Vorteile** – Bringen Sie erst jetzt den Preis ins Spiel. Klären Sie den Nutzer darüber auf, wie teuer Ihr Produkt ist und ob es Rabattaktionen oder andere Vorteile speziell für das Publikum dieses Videos gibt. Einen Rabattcode können Sie ganz bequem über eine Infokarte einbinden. Chatbooks ist vergleichsweise kostengünstig. Clever ist die Erwähnung des üblichen Marktpreises von 50 Dollar zu Beginn des Beitrags. Dadurch wirken die 8 Dollar am Ende wie ein wahres Schnäppchen. Außerdem gibt es eine Geld-Zurück-Garantie.

g) **Handlungsaufforderung** – Spätestens jetzt wird es Zeit für eine klare Handlungsaufforderung, wie den Klick auf einen Link oder den direkten Kauf. Im Beispielvideo geschieht dies schon etwas früher, durch den Hinweis auf Google Play und den Apple App Store (siehe Bild 3.64). Der Zuschauer wird aufgefordert, die App zu installieren.

Bild 3.64 Chatbook wartet mit der Handlungsaufforderung nicht bis zum Ende des Videos

h) **Soziale Akzeptanz** – Das Finale bildet entweder eine Betonung der Lösung für das genannte Problem oder die Verifizierung des Produkts durch ein Testimonial. Auch der Hinweis auf positive Kundenbewertungen kann die Akzeptanz erhöhen. So ist die Chatbooks-Mutter am Ende eine glückliche Frau, die alle noch so kurzen, liebenswerten Momente mit ihren Kindern schätzen und dokumentieren kann, egal wie chaotisch diese auch sind. Dank der bereits erwähnten App spart sie nun sogar Zeit und kann am Ende doch noch ein echtes Schaumbad genießen.

3. **Produktvideos für den Online-Handel:** Produktvideos werden bereits von zahlreichen Online-Händlern wie Amazon verwendet. Diese Inhalte beeinflussen nicht nur die Interaktionsraten mit der Webseite allgemein positiv, sondern vermitteln dem Kunden zudem einen realistischen Eindruck des Produkts. Das dürfen wir im E-Commerce nicht unterschätzen, wo doch der haptische Eindruck von vornherein fehlt. Der britische Modehändler »ASOS« ergänzt etwa die detaillierten Artikelbilder durch simple Laufstegvideos mit einem weißen Hintergrund (siehe Bild 3.65). So können Kunden besser erfassen, wie zum Beispiel ein Kleid geschnitten ist und sich bei Bewegungen verhält. Die Produktion derartiger Inhalte ist nicht wesentlich aufwendiger als ein klassisches Fotoshooting. Gehostet wird das Video in diesem Fall auf einem eigenen Server. Das ist aufgrund der begrenzten Produktverfügbarkeit, der Kosten für Bildrechte und in Anbetracht der – ansonsten empfehlenswerten inhaltlichen Gestaltung (siehe oben) – doch sehr reduzierten Aufmachung absolut sinnvoll.

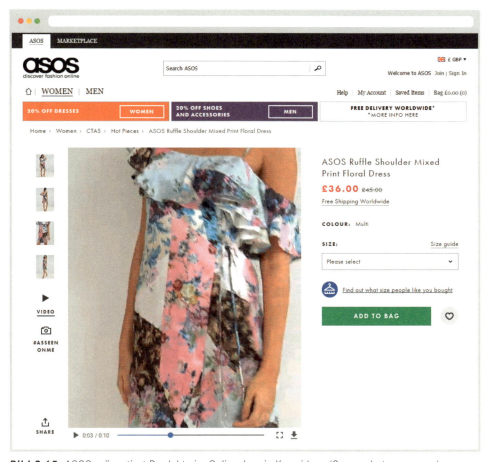

Bild 3.65 ASOS präsentiert Produkte im Onlineshop in Kurzvideos (Screenshot: asos.com)

Wer für sein Sortiment bereits individuelles Bildmaterial produziert, muss folglich nur einen kleinen Schritt bis zum Video gehen. Dabei ist es empfehlenswert, das Produkt vor einer laufenden Kamera in Aktion zu zeigen. Eine simple Aneinanderreihung oder Animation von bestehenden Fotos ist zwar einfacher umsetzbar, grenzt sich jedoch nicht wesentlich von den bereits vorhandenen Aufnahmen ab. Der tatsächliche Mehrwert für den Kunden ist daher fraglich.

Wer einen Schritt weitergehen möchte, nutzt das Online-Videoformat als Ersatz für den Kundenberater im Laden vor Ort. Diese Vorgehensweise lohnt sich insbesondere bei komplexen und erklärungsbedürftigen Produkten wie Laufschuhen oder (teuren) Elektronik- und Haushaltsgeräten. Online Shopping-Kanäle im TV sind der Vorreiter dieser Videos und lassen sich vom Prinzip her sehr einfach ins Web übertragen: Ein (Verkaufs- und Produkt) Experte erklärt im Detail, wie ein Artikel funktioniert und welche Vorteile er hat; sprich welchen Nutzen der Käufer hat (siehe Bild 3.66).

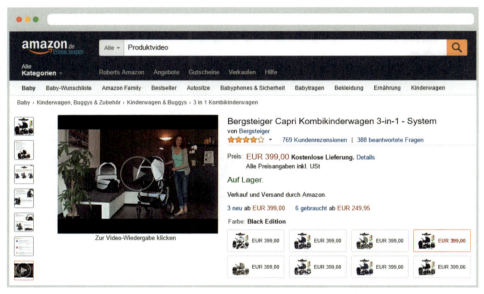

Bild 3.66 Viele Amazon-Produkte werden durch Videos präsentiert (Screenshot: amazon.com)

 Durch Expertenvideos Reichweite generieren

Wenn Sie sich schon die Mühe machen, aufwendige Expertenvideos zu erstellen, dann nutzen Sie auch die Popularität von YouTube. Selbst wenn Sie die gezeigten Produkte nur eine begrenzte Zeit lang verkaufen, lohnt sich der Upload und die Optimierung Ihrer Videos bei YouTube trotzdem. Denn werden Ihre Videos dort über die Suche gefunden und angesehen, haben Sie eine zusätzliche Chance, Ihre Produkte zu verkaufen. Integrieren Sie Videos auf Ihrer Website jedoch nur über einen eigenen Server, wird es dort lediglich von gezielt Suchenden gesehen. *Gelegenheitskäufer* werden Sie damit nicht erreichen und überzeugen können.

3.4.4 Videos in Social Media

Tina Nord legt begründeter Maßen den Fokus auf YouTube als die geeignetste Plattform für Video-Content. Während der Arbeit an diesem Teil des Buches hat sich für uns jedoch herauskristallisiert, dass wir Facebook ebenfalls explizit als Plattform für Video-Content thematisieren möchten. Natürlich weist Facebook noch nicht die Reichweite von YouTube auf, aber die Plattform bietet viele neue Videoformate – und damit ganz neue Nutzererlebnisse – sowie ein stetig wachsendes Publikum. Bedeutende, aber kleinere Plattformen wie Instagram, Twitter und Snapchat werden wir nicht gesondert behandeln. Viele der Strategien, Design-Optimierungen und Tipps für den Umgang mit den Formaten können Sie aber problemlos auf die anderen sozialen Netzwerke übertragen.

Facebook auf Wachstumskurs

Im Juli 2017 hat das soziale Netzwerk die Marke von weltweit zwei Milliarden monatlich aktiven Nutzern hinter sich gelassen.[52] Die im Juni 2017 von Facebook veröffentlichten Nutzungszahlen für Deutschland unterstreichen das Potenzial der Plattform auch hierzulande:[53]

- Mehr als 30 Millionen Menschen sind im 1. Quartal 2017 jeden Monat aktiv gewesen, 23 Millionen davon täglich.
- 27 Millionen Menschen sind jeden Monat mit ihrem Mobilgerät auf Facebook aktiv, 21 Millionen davon täglich.

Facebook befindet sich weiterhin auf Wachstumskurs. Beachten Sie, dass von 23 Millionen täglich aktiven Nutzern, 21 Millionen über ihr Mobilgerät das soziale Netzwerk nutzen. Laut einer Studie des BVDW, die das Marktforschungsinstitut TNS Kantar durchgeführt hat, sind in der Altersgruppe der 16- bis 24-Jährigen Inhalte auf YouTube, MyVideo oder Clipfish mit 74 Prozent am populärsten, dahinter folgt jedoch der Konsum von Videos in sozialen Netzwerken wie Facebook. *»Wir sehen, dass sich nicht nur die Mobile-, sondern auch die Videonutzung beschleunigt«*, zitiert W&V Nicola Mendelsohn, Vice President EMEA bei Facebook;[54] und sie fügt hinzu: *»Jeden Tag werden auf Facebook 100 Millionen Stunden Video-Content konsumiert.«*

Wie auch immer die Gewichtung der Nutzerbasis und konsumierten Stunden an Video-Content in den erwähnten Plattformen gegenwärtig aussieht: Zum einen ist der Aufwärtstrend von Bewegtbild in sozialen Netzwerken nur schwer zu ignorieren und zum anderen dürfen Sie Äpfel nicht mit Birnen vergleichen. Es geht nicht um Entweder-oder, sondern darum, passenden Video-Content im richtigen Moment an der richtigen Stelle zu platzieren. Während YouTube primär Suchanfragen beantwortet oder auch frischen Content an Abonnenten von YouTube-Kanälen sendet, zeichnet sich Facebook dadurch aus, dass Algorithmen und Anzeigen-Targeting bestimmen, welche Videos die Nutzer vermeintlich zufällig zu sehen bekommen.

---

[52] Roth, Philipp, Nutzerzahlen: Facebook, Instagram und WhatsApp, Highlights, Umsätze, uvm. (Stand Juli 2017), *https://allfacebook.de/toll/state-of-facebook*

[53] Facebook Newsroom D-A-CH, Eine Community von 30 Millionen: Facebook sagt Danke, *https://de.newsroom. fb.com/news/2017/06/eine-community-von-30-millionen-facebook-sagt-danke/*

[54] Mendelsohn, Nicola, Facebook: 4 Tipps für Ihre Mobile-Video-Strategie, 2017, *https://www.wuv.de/marketing/ facebook_4_tipps_fuer_ihre_mobile_video_strategie*

Glauben Sie aber bitte nicht, dass Sie Ihre auf YouTube hochgeladenen Videos bequem auf Facebook teilen können. Über Facebook geteilte YouTube-Videos betrachtet der Algorithmus nicht als Video, sondern als Link Post. Dadurch entfällt beispielsweise die Autoplay-Funktion.[55] Starten Videos im Feed nicht automatisch, wirkt sich das natürlich negativ auf die Anzahl der Video Views aus. Damit sind direkt auf Facebook hochgeladene Videos optisch wie auch technisch im Vorteil und dementsprechend erfolgreicher. Für eine Studie zur Videonutzung auf Facebook analysierten quintly knapp 6 Millionen Facebook Posts.[56] Die Interaktionsrate von nativ hochgeladenen Videos ist durchschnittlich um 186,42 Prozent höher als die von YouTube-Videos. Zudem werden native Videos durchschnittlich 477,76 Prozent häufiger geteilt als YouTube-Einbindungen (siehe Bild 3.67).

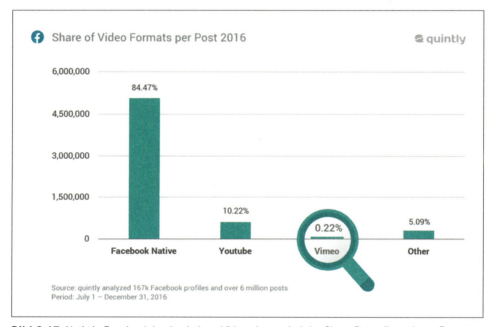

Bild 3.67 Nativ in Facebook hochgeladene Videos lassen bei der Share Rate alle anderen Formate hinter sich (Bildquelle: quintly, *http://bit.ly/cd_quintly*)

Daran wird sich wohl auch in Zukunft auch nichts ändern, denn Facebook dürfte kein Interesse daran haben, den Konsum von Video-Content außerhalb der eigenen Plattform zu fördern. Erst kürzlich erweiterte der US-Konzern mit Facebook Watch das Geschäftsfeld und konkurriert nun mit TV-Sendern und Streaming-Services wie Netflix oder Amazon Prime Video (siehe Bild 3.68).[57] Ziel von Facebook ist es, die Nutzer durch diese Inhalte im eigenen Netzwerk zu halten und diesen Mehraufwand durch Anzeigenerlöse zu monetari-

---

[55] Roth, Philipp, Der Facebook Newsfeed Algorithmus: die Faktoren für die organische Reichweite im Überblick, *https://allfacebook.de/pages/facebook-newsfeed-algorithmus-faktoren*
[56] Herrmann, Nils, Study proves: 1055% higher share rate on Facebook native videos, *https://www.quintly.com/blog/2017/03/facebook-video-study/*
[57] Danker, Daniel, Introducing Watch, a New Platform For Shows On Facebook, 2017, *https://newsroom.fb.com/news/2017/08/introducing-watch-a-new-platform-for-shows-on-facebook/*

sieren. Davon können Sie als Anzeigenkunde profitieren, indem Sie mit hochwertigen Werbevideos und einem gezielten Targeting das Interesse Ihrer Zielgruppe wecken.

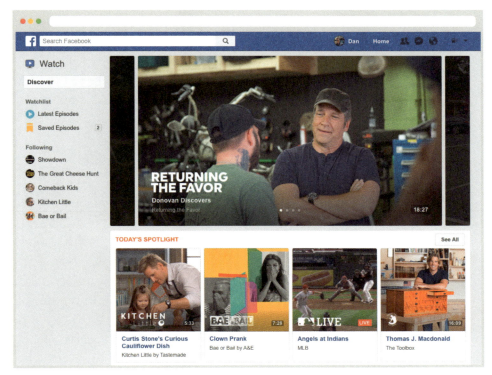

Bild 3.68 Facebook Watch bietet neue Möglichkeiten der Anzeigenplatzierung (Bildquelle: facebook.com)

Im Folgenden zeigen wir Ihnen eine Auswahl von spannenden Formaten, mit denen Sie unbedingt experimentieren sollten, sowie Eigenheiten der Plattform, die Sie bei Ihrem Content Design beachten müssen.

3.4.4.1 Videoformate
Übersicht der Formate und Spezifikationen

Facebook bietet inzwischen ein umfangreiches Portfolio an Videoformaten, die sich in ihren Spezifikationen, Möglichkeiten der Anzeigenplatzierung und des Anzeigenziels unterscheiden. Die von Facebook zur Verfügung gestellte Tabelle in Bild 3.69 verdeutlicht, dass Dutzende von Kombinationen möglich sind. Wir begrenzen die Auswahl an Formaten auf diejenigen, die eine Ergänzung zu den bereits ausführlich in den vorangegangenen Abschnitten beschriebenen darstellen. Zudem beleuchten wir intensiv das Live Streaming über Facebook.

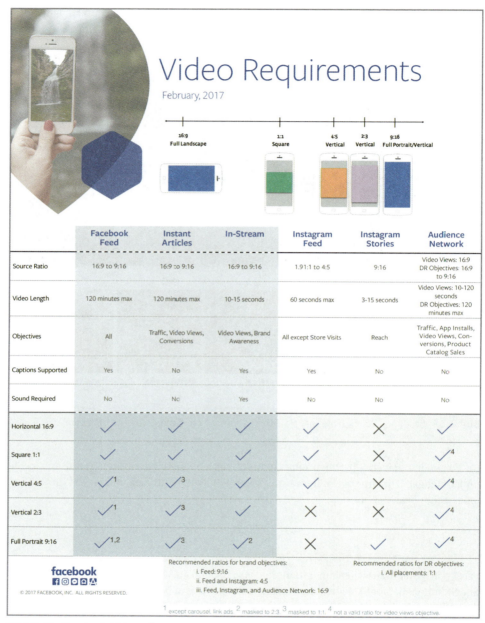

Bild 3.69 Facebook Videos: Übersicht der Spezifikationen und Formate (Bildquelle: facebook.com)

Quadratische Videos (1:1)

Eine der wichtigsten Entwicklungen auf Facebook ist die steigende Verwendung von quadratischen Videos. Wenn Sie bereits Videos für Endkonsumenten vor TV- oder Laptop-Bildschirmen produziert haben, stellen sich Ihnen vielleicht die Nackenhaare auf. Ist es nicht eine visuelle Errungenschaft der letzten zehn Jahre, dass heimische Bildschirme vom 4:3- zum 16:9-Standard ähnlich der großen Leinwand in Kinos transformiert wurden? Mag sein, aber überlegen Sie, wie Menschen Facebook auf ihren Mobilgeräten nutzen. Sie scrollen durch ihren Newsfeed auf der Suche nach spannenden Inhalten. Dabei halten sie das Gerät in der Regel vertikal, sodass sie es einhändig bedienen können. Außerdem können einzelne Beiträge im Feed in der horizontalen Ausrichtung nicht vollständig angesehen werden, wodurch der Nutzer zum Scrollen (genauer gesagt »Swipen«) gezwungen wird. Und ganz nebenbei bemerkt, füllen quadratische Videos in der vertikalen Ausrichtung von Mobilgeräten eine knapp 78 Prozent größere Fläche des Bildschirms aus als Videos im Breitbildformat (siehe Bild 3.70). Entsprechende A/B-Tests haben schon gezeigt, dass Facebook-Anzeigen gleichen Inhalts, aber mit unterschiedlichen Bildformaten deutliche Performance-Unterschiede aufweisen; wobei das quadratische Format in allen Belangen besser abschnitt.

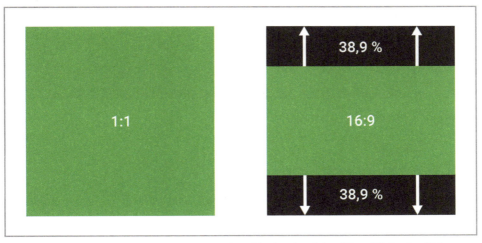

Bild 3.70 Mit quadratischen Videos beanspruchen Sie eine deutlich größere Fläche des Bildschirms

Vertikale Videos (2:3, 4:5 oder 9:16)

Facebook unterstützt mit vertikal ausgerichteten Videos ein weiteres Format, das einen Aufwärtstrend erlebt. *»Vor einem Jahr waren vertikal gefilmte Videos bei Konzernen im Marketing ein absolutes No-Go. Inzwischen ist es ein anerkanntes Format, das die üblichen Pioniere im Facebook-Marketing bereits regelmäßig einsetzen.«*, sagt Christina Keller, Regional Head of Creative bei Facebook.

Für traditionelle Medien, Agenturen und Unternehmen stellen vertikal gefilmte Videos ein gewöhnungsbedürftiges Format dar. Das liegt daran, dass dieses Format ausschließlich auf Mobilgeräten ein ansprechendes Nutzererlebnis bietet. Außerhalb derer sorgen vertikale Videos für absurd anmutende Kreationen, die nicht zu einer ausgedehnten Betrachtung einladen. Sehen Sie sich beispielsweise das auf YouTube hochgeladene Video über einen Brand in einem Berliner Teppichlager an (siehe Bild 3.71). Gerade einmal zwei Aufrufe verzeichnet das Video. Thematisch vergleichbare Amateurvideos im horizontalen Format kommen regelmäßig auf mindestens dreistellige Abrufzahlen. Da bringt es auch nichts, das

Video links und rechts um die weitestgehend bekannten Telefonnummern der Polizei und Feuerwehr zu ergänzen.

Bild 3.71 Vertikal gefilmtes Video auf YouTube (Screenshot: *https://youtu.be/FaFDCsJwiCs*)

Vertikal zu filmen und diesen Content auch in der vertikalen Smartphone-Haltung zu konsumieren, wurde mit Messengern wie WhatsApp und der Social Media-Plattform Snapchat gesellschaftsfähig. Es ist daher kein Wunder, dass Facebook die Nutzung und Einbindung vertikaler Videos mit neuen Funktionen nicht nur ermöglicht, sondern im eigenen Netzwerk und sogar darüber hinaus befeuert. YouTube zog erst kurz vor der Fertigstellung des Buchs mit einem Fullscreen-Modus für vertikale Videos nach.[58] Wenn Sie auch nur durch den Facebook Feed scrollen, nehmen vertikale Videos fast den gesamten Bildschirm ein. Im 9 : 16-Format wird das Video am oberen und unteren Bildschirmrand zwar deutlich beschnitten (siehe Bild 3.72, links), es werden aber immerhin 76 Prozent des Videos angezeigt. Mit nur einem Klick ins Video lässt sich der Fullscreen-Modus aktivieren, der seinem Namen gerecht wird und 100 Prozent der Bildschirmfläche beansprucht (siehe Bild 3.72, Mitte). Sobald Zuschauer die Kommentarfunktion einblenden, wir der Bildanteil auf 62 Prozent reduziert (siehe Bild 3.72, rechts). Die Kommentarfunktion ist zwar transparent, das Nutzererlebnis ist aber stark eingeschränkt, wenn sich die wichtigsten Elemente im Video überwiegend im unteren Bildausschnitt befinden. Verlagern Sie daher alles, was Aufmerksamkeit erhalten soll, in den Bildanteil, der eine freie Sicht gewährt. Berücksichtigen Sie diesen Umstand, wenn Sie Videos im vertikalen Format für die Verwendung auf Facebook filmen.

---

[58] Carson, Erin, YouTube gets a redesign with a new logo and vertical videos, *https://www.cnet.com/news/youtube-gets-a-redesign-new-logo-vertical-videos/*

Es ist sicherlich ein Nachteil, wenn Sie während einer Live-Übertragung zur Interaktion aufrufen und sich gleichzeitig relevante Elemente in der unteren Hälfte Ihres Videos befinden. Zuschauer, die über ein Mobilgerät zuschauen, könnten frustriert sein.

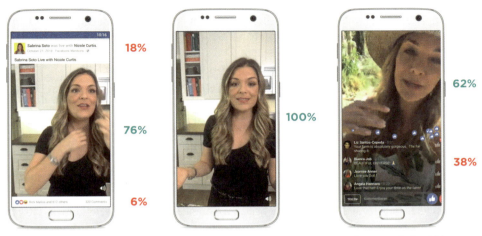

Bild 3.72 Je nach Interaktion sehen Nutzer zwischen 62 und 100 Prozent Ihres vertikalen Videos (Screenshot: facebook.com / Sabrina Soto: *https://www.facebook.com/sabrinasoto/*)

Dominieren Sie mit quadratischen und vertikalen Videos den Mobile Feed

Betrachten Sie an dieser Stelle auch die Darstellung im Feed, der Facebook-Nutzern »Weitere Videos« empfiehlt. Wenn Sie horizontale Videos einsetzen, können Nutzer von der darunter angezeigten Videoempfehlung den Titel und einem Bildausschnitt erkennen (siehe Bild 3.73, links). Dieser Teaser stellt eine potenzielle Ablenkung dar und verleitet den Nutzer vielleicht dazu, sich das vorgeschlagene Video näher anzusehen. Vertikaler Video-Content hingegen kapert den gesamten Screen, selbst wenn Sie ein Video noch nicht angeklickt haben (siehe Bild 3.73, Mitte).

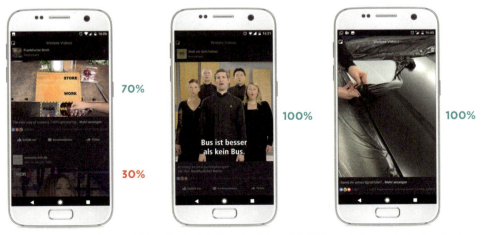

Bild 3.73 Kapern Sie den Video-Feed mit Videos im 1:1- und 2:3-Format (Screenshots: facebook.com)

Facebook 360

Facebook 360 setzt auf die bereits vorgestellten Formate und ist sozusagen als interaktive Ergänzung zu verstehen; die derzeit noch nicht weit verbreitet ist. Das liegt auch daran, dass Sie 360°-Videos nicht ohne Zusatzgeräte umsetzen können, schließlich müssen Sie den kompletten Rundumblick simultan in Bild und Ton einfangen. Das ist auch dann nicht mit einem regulären Smartphone realisierbar, wenn die Front- und die Rückkamera gleichzeitig filmen könnten. Um ein nahtloses 360°-Bild zu erzeugen, benötigen Sie mindestens zwei Kameralinsen, die jeweils mindestens einen 180°-Winkel erfassen.

360°-Content ist mit einem eigenen Symbol gekennzeichnet, das die Interaktivität des Bildes beziehungsweise Videos hervorhebt (siehe Bild 3.74). Je nach Gerät, mit dem Nutzer das Video abspielen, verändert sich die Interaktivität.

- Am Desktop-PC können sich Nutzer, während das Video abläuft, in allen Richtungen umsehen, indem sie die linke Maustaste gedrückt halten und den Zeiger bewegen.
- Auf mobilen Endgeräten sehen Nutzer einen anderen Bildausschnitt, je nachdem, in welche Richtung sie das Gerät bewegen.
- Nutzer, die ein Virtual Reality Headset besitzen, verändern durch eine Drehung des Kopfs den sichtbaren Bildausschnitt.

Bild 3.74 360°-Videos erkennen Sie am entsprechenden Icon, das die verschiedenen Bewegungsrichtungen andeutet

Dieses Videoformat ist auf dem besten Weg, ein Mainstream-Medium zu werden. Denn Facebook arbeitet gemeinsam mit anderen Unternehmen daran, den Konsum von 360°-Videos auf Facebook per VR-Headset voranzutreiben. Samsung bietet beispielsweise sein Gear VR-Headset für weit unter 100 Euro an[59] und dürfte damit nicht wenige Interessierte verführen.

---

[59] Gear VR mit Unterstützung von Oculus, *https://www.oculus.com/gear-vr/*

Auch auf der anderen Seite steht die zur Produktion von 360°-Videos notwendige Technologie der breiten Masse zur Verfügung – in Form von Mini-Kameras, die Sie an Ihr Smartphone oder Ihren Desktop-PC anschließen können.

Beispiele für Verwendungsmöglichkeiten von 360°-Videos:

- **Tourismus:** Angenommen, Sie buchen Ihren nächsten Sommerurlaub und wollen sichergehen, dass alles Ihren Wünschen entspricht. Wären Sie nicht auch begeistert von der Möglichkeit, das ausgewählte Hotel oder den Strand vor der Tür schon vorab virtuell zu begehen?

- **Immobilien:** Angenommen, Sie vermitteln Immobilien. Laden Sie zum Rundgang durch die Wohnung oder das Haus ein, ohne vor Ort sein zu müssen. Durch den Rundgang-on-Demand können Interessenten jederzeit Ihre Objekte besichtigen.

- **Veranstaltungen:** Wie wäre es mit einem virtuellen Sitzplatz auf der Tribüne oder Zugang zum Backstage-Bereich? Schon jetzt gibt es 360°-Videos, bei denen Sie dem FC Bayern vom Spielfeldrand aus beim Tore-Schießen zusehen können.

- **Employer Branding:** Sie bieten einen schönen Arbeitsplatz? Führen Sie Ihre Kandidaten virtuell herum. Das ist besonders attraktiv, wenn Sie Mitarbeiter aus weit entfernten Orten akquirieren und das Bewerbungsgespräch nicht in Ihren eigenen Räumlichkeiten stattfinden kann.

- **Meetings:** Skype-Konferenzen waren gestern. Heute laden Sie Ihre Kollegen – oder auch Teilnehmer zu Ihrem Workshop – virtuell zu Ihnen in einen Raum ein. Tragen diese ein Headset, werden sogar die bei Online Meetings üblichen Ablenkungen ausgegrenzt.

Auf Facebook finden Sie viele Beispiele für gelungene 360°-Videos; lassen Sie sich inspirieren. Wenn Sie Ihrer Zielgruppe mit einem 360°-Video wirklich einen Mehrwert bieten können und bereit sind, den damit verbundenen (Mehr)Aufwand zu akzeptieren, worauf warten Sie dann noch?

Content Design von 360°-Videos optimieren

Die Darstellung und Interaktionsmöglichkeiten von 360°- beziehungsweise VR-Videos sind zu einem Großteil von der verwendeten Hard- und Software abhängig. Eine Form der Interaktion bleibt jedoch immer gleich: Die Blickrichtung des Nutzers. Dazu bietet Ihnen Facebook die Möglichkeit, eine Art Kompass einzurichten.[60] Dieser weist Ihre Nutzer, während sie sich frei umsehen können, immer auf eine empfohlene Blickrichtung hin.

Sollte Ihr Video mindestens 50 000 Unique Views erzielen, steht Ihnen als zusätzliches Feature eine Heatmap (siehe Bild 3.75) zur Verfügung, wie Sie sie vielleicht schon aus dem Bereich der Landing Page-Optimierung kennen (mehr dazu in Kapitel 4 und 5). Durch unterschiedliche Farbtöne und -nuancen erkennen Sie, welche Objekte die meiste Aufmerksamkeit erhalten; Sie tappen nicht mehr im Dunkeln, wenn es darum geht zu wissen, wo Ihre Nutzer tatsächlich hinsehen.

---

[60] Beddoe-Stephens, Paul, New Publisher Tools for 360 Video, 2016, *https://media.fb.com/2016/08/10/new-publisher-tools-for-360-video/*

Bild 3.75 Video-Heatmap bei Facebook 360 (Bildquelle: *http://bit.ly/cd_fb360*)

 Zum Einstieg in Facebook 360 empfehlen wir Ihnen folgende Seiten:
- Die offizielle Webseite zu Facebook 360: facebook360.fb.com
- Die offizielle Facebook-360-Gruppe: facebook.com/groups/facebook360community
- Die Facebook-Seite von Blend Media, die regelmäßig 360°-Videos posten: facebook.com/360vidz.

Facebook Live

Facebook Live ermöglicht die Übertragung von Bewegtbild und Ton in Echtzeit und bietet damit weitere strategische Ansätze, um Ihr Publikum zu begeistern. Im Grunde benötigen Sie nur ein Smartphone, eine stabile Internetverbindung und einen Facebook Account, um (maximal vier Stunden) live auf Sendung zu gehen.

Spontanes Livestreaming

Spontane Live-Übertragungen entstehen situationsbedingt. Dadurch wirken sie weniger professionell, besitzen jedoch einen eigenen Charme. Je nach Zweck und Zielgruppe können Sie mit diesem Format durchaus erfolgreich sein. Bei spontanen oder zumindest spontan wirkenden Live-Videos auf Facebook, bietet es sich aus folgenden Gründen an, das Smartphone vertikal zu halten:

- Das von professionellen Videoproduktionen abweichende Format steigert das Gefühl, einen authentischen Blick hinter die Kulissen zu erhalten.

- Die Wahrscheinlichkeit ist hoch, dass Ihr Publikum über das Smartphone von Ihrer Übertragung erfährt. Wie Sie bereits aus vorangegangenem Text wissen, bieten diese auf Mobilgeräten diverse Vorteile.
- Die Aufzeichnung und Nutzung im vertikalen Format ist unter B2C-Zielgruppen schon weit verbreitet.

Beachten Sie, dass Sie bei der Ausstrahlung über das Smartphone keine Möglichkeit haben, gleichzeitig die Kommentare zu beantworten, ohne Ihre Aufnahme zu verwackeln. Nutzen Sie dafür besser ein zweites Smartphone, einen Desktop-PC oder bearbeiten Sie die Kommentare direkt im Anschluss an die Übertragung.

Livestreaming als angekündigtes Event

Facebook Live bietet Ihnen die Möglichkeit, Ihren Live-Auftritt wie eine klassische TV-Sendung oder ein Webinar zu konzipieren, anzukündigen und auszustrahlen. Das Menü, um im Vorfeld Ihres Livestreaming diverse Einstellungen vorzunehmen, steht allerdings nur bei Facebook-Seiten zur Verfügung und ist gut versteckt. Klicken Sie auf Ihrer Facebook-Seite in der oberen Navigationsleiste auf **Beitragsoptionen** und dann im linken Seitenmenü auf **Videosammlung** (siehe Bild 3.76). Hier sehen Sie Ihre bisher veröffentlichten Videos sowie einige weitere Optionen. Klicken Sie jetzt auf **+ Live**.

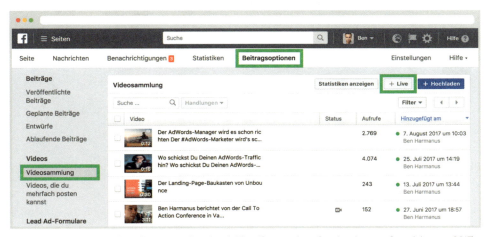

Bild 3.76 Versteckte Funktionen von Facebook Live (Screenshot: facebook.com, Stand August 2017)

Es öffnet sich ein Fenster mit URLs und einem *Stream-Schlüssel*. Diesen benötigen Sie, wenn Sie eine zusätzliche Streaming Software einsetzen. Klicken Sie auf **Weiter**, und geben Sie allgemeine Informationen zum geplanten Live-Video ein. Dazu zählen neben dem eigentlichen Beitragstext die Videobeschreibung, der Titel des Videos und themenrelevante Tags. Taggen Sie unbedingt den Ort, der als Übertragungsstandort erscheinen soll. So stellen Sie sicher, dass Ihr Video während des Livestreamings auf der Live-Karte von Facebook erscheint (siehe Bild 3.77). Klicken Sie nun rechts unten neben dem Button »Live-Übertragung starten« auf den kleinen Pfeil und wählen Sie **Live-Beitrag planen** aus.

Sie Sind beinahe am Ziel. Legen Sie nun fest, an welchem Tag und zu welcher Uhrzeit Ihr Livestream beginnen soll. Sie können Ihre Ankündigung frühestens sieben Tage vor dem

Streaming anlegen und nur eine Startzeit angeben. Eine Endzeit, wie sie in der Regel in einer Webinar Software festgelegt werden muss, können Sie nicht auswählen. Wenn Sie möchten, können Sie auch noch ein Bild hochladen, das in der Ankündigung im Newsfeed neben der Startzeit, dem Titel des Videos und dem Handlungsaufruf »Erinnerung erhalten« eingeblendet wird. Laden Sie kein Bild hoch, verwendet Facebook das Profilbild Ihrer Facebook-Seite. Wir empfehlen, ein Portrait des Moderators oder eines Gasts, ein stimmungsvolles Bild von der Location oder eine andere visuelle Unterstützung hochzuladen, die den Reiz erhöht, an die Live-Ausstrahlung erinnert zu werden.

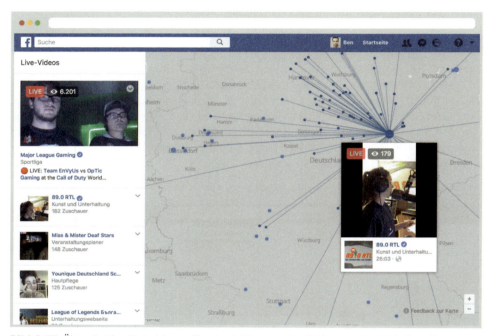

Bild 3.77 Über die Live-Karte können Facebook-Nutzer weltweit Livestreams entdecken (Screenshot: facebook.com/livemap)

Online Marketing-Experte Nils Kattau *(https://nilskattau.de/)* zum Beispiel nutzt die erweiterten Funktionen von Facebook Live, um seinen regelmäßig stattfindenden »Conversion Livestream« anzukündigen. Zur technischen Ausstattung zählen, wie in Bild 3.78 zu sehen, ein Laptop (oder auch mehrere), eine externe Webcam, ein externes Mikrofon sowie diverse Lichtquellen.

Dazu vertraut Nils auf die »Open Broadcaster Software« (kurz OBS), die Sie unter *https://obsproject.com/download* kostenlos herunterladen können. Letztere ermöglicht es ihm, die Aufnahme seiner Webcam mittels der Bild-im-Bild-Funktion über seinen freigegebenen Bildschirm zu legen. Dadurch ist er trotz Screensharing immer zu sehen. Da er zusätzlich einen *Green Screen* nutzt, werden er und seine Gäste vor Ort, wie in Bild 3.79 zu sehen, nicht in einem rechteckigen Bildausschnitt, sondern freigestellt dargestellt. Außerdem können Sie mithilfe einer solchen Software auch mehrere Bildebenen übereinanderlegen und beispielsweise einen Hinweis auf Ihre Website oder ein Angebot während der gesamten Dauer des Livestreams einblenden.

Bild 3.78 Ein professionelles Studio braucht nicht viel Platz (Foto: Nils Kattau)

Bild 3.79 Live-Sendung im Webinar-Stil mit eingeblendeten Folien (Screenshot: facebook.com/unbouncede/)

Facebook Live im Stil einer qualitativ hochwertigen TV-Sendung

Der professionellen Präsentation werden praktisch keine Grenzen gesetzt, sobald Sie mit der Live API über eine zusätzliche Software streamen. Mithilfe von Anbietern wie Telescope (http://telescope.tv/livestudio) können Sie Ihre Live-Sendung sogar wie eine TV-Sendung skripten und aus verschiedenen Kamerawinkeln übertragen. In Nordamerika setzen bereits große TV-Sender wie FOX, NBC, CNN oder AMC auf professionelles Facebook Live-Streaming. Ohne Medienbruch können Nutzer Sendungen wie NFL on FOX live zusammen ansehen, teilen und kommentieren.

Live-Verkaufssendung

Werfen wir zum Schluss noch einen Blick auf ein besonderes Live-Format, das im März 2017 zum ersten Mal von Facebook in Zusammenarbeit mit Shopify getestet wurde (siehe Bild 3.80).[61] Das vollständige Video finden Sie auf der Facebook-Seite von *found* unter *http://bit.ly/cd_found*. Die Live Shopping Links werden nicht mehr eingeblendet, aber Sie können sich ein Bild von der 44-minütigen Sendung verschaffen.

Über einen TV-Sender ausgestrahlte Verkaufssendungen wie QVC oder HSE24 könnten durch dieses Format zukünftig ernstzunehmende Konkurrenz bekommen (sofern sie sich nicht selbst anpassen). Rollt Facebook diese Funktion weltweit für alle Facebook-Seiten aus, können die Zuschauer eingeblendete Produkte direkt über Verlinkungen in der Plattform erwerben – und wer weiß, künftig vielleicht sogar über Facebook Marketplace, ganz ohne die Plattform verlassen zu müssen.

Bild 3.80
Echtzeit-Shopping während Facebook Live (Bildquelle: *http://bit.ly/2xBOArv*)

---

[61] Zeckman, Ashley, The Queen of Facebook Tells All on Generating Facebook Marketing ROI, 2017, *http://www.toprankblog.com/2017/03/facebook-marketing-roi/*

Falls Sie nach neuen Absatzkanälen für Ihre Produkte suchen, machen Sie sich jetzt mit Facebook Live vertraut. Dank Werbeformaten wie »Facebook Collections«[62] – das übrigens nicht nur für Live-Videos zur Verfügung steht, sondern auch für reguläre Foto- und Video-werbeanzeigen – werden Sie den Return on Investment sehr genau messen können.

So optimieren Sie das Facebook Live-Erlebnis

Da Julia Lehwald in Abschnitt 3.4.5 separat darauf eingeht, wie Sie im Webinar Marketing die Aufmerksamkeit und das Engagement steigern, geben wir Ihnen an dieser Stelle wichtige Tipps mit auf den Weg, die die spezielle Dynamik von Facebook Live berücksichtigen:

- Ob Sie Ihr Live-Video angekündigt haben oder nicht, verzichten Sie auf mehrminütige Intros. Sie konkurrieren alleine auf Facebook mit so viel ablenkenden Elementen, dass Sie den Zuschauer sofort fesseln müssen.

- Gestalten Sie den Inhalt des Videos so, dass Zuschauer, die mitten in der Live-Übertragung zuschalten, dem Geschehen folgen können – und dabei bleiben. Diese Aufgabe kann der Moderator übernehmen, indem er kurze Rückblicke auf bereits Geschehenes gibt. Zusätzlich helfen Einblendungen, beispielsweise über Banner.

- Geben Sie den Zuschauern einen Anreiz, Ihr Event während der Live-Teilnahme zu teilen. So steigern Sie Ihre Reichweite und gewinnen Facebook-Nutzer, die durch eine Empfehlung im persönlichen Netzwerk Ihre Live-Sendung besuchen. Im Gegensatz zu Webinaren, bei denen die Zuschauerzahlen in den ersten Minuten einen Höchststand erreichen, kann die Anzahl der simultan vorhandenen Zuschauer bei Facebook Live ab-, aber auch wieder zunehmen.

- Da Ihre Zuschauer sich auf einer von ihnen regelmäßig genutzten Plattform befinden, können diese sehr mitteilungsfreudig sein. Das ist ein positiver Effekt, erfordert je nach Content-Format aber auch einiges an Aufmerksamkeit. Wenn Sie einen Workshop veranstalten, dann bietet sich Interaktivität an. Leider ist die Bearbeitung von Feedback in Facebook unübersichtlich, weswegen gängige Social Media Tools wie Hootsuite (*www.hootsuite.com*) dabei helfen, die einzelnen Kommentare abzuarbeiten.

- Wenn Sie Webseiten erwähnen, posten Sie diese auch als Kommentar. So können Sie die Teilnehmer auf Seiten außerhalb von Facebook leiten, beispielsweise um über weiteren Content wie ein E-Book oder die Anmeldung zu einem geschlossenen Webinar Kontaktdaten zu generieren.

- Sobald Sie Ihre Live-Sendung beenden, verbleibt Ihr Video-Content inklusive aller Interaktionen im Feed Ihrer Facebook-Seite. Das hat den Vorteil, dass Sie nach der Liveshow kaum Arbeit mit der Post-Produktion haben: Das Video ist, auch für alle, die live nicht dabei sein konnten, abrufbar. Haben Sie eine Frage kommentiert, so ist die Antwort weiterhin zugänglich.

- Verifizierte Facebook-Seiten können Streams während der Live-Ausstrahlung mit Anzeigen bewerben.[63] So können Sie auch kurzfristig Zuschauer generieren, die von Neugierde getrieben, spontan einsteigen.

---

[62] Conversions: Sammlung, Facebook Ads Guide, *https://www.facebook.com/business/ads-guide/conversions/facebook-collection*

[63] Hutter, Thomas, Facebook: LIVE Stream Promotion nun möglich, *http://www.thomashutter.com/index.php/2017/06/facebook-live-stream-promotion-nun-moeglich/*

- Achten Sie auf technische Limitierungen durch Facebook bei den unterschiedlichen Live-Formaten. Beispielsweise sind über die Live API übertragene Videos auf maximal 90 Minuten und eine Auflösung von 720p mit 30 Frames/Sekunde begrenzt.[64]

3.4.4.2 So optimieren Sie Ihren Facebook Content

Schneiden Sie Ihre Geschichte auf eine Persona zu

In der Regel gibt es für eine Dienstleistung oder ein Produkt nicht nur eine Persona, also einen Typ Mensch, der als Käufer infrage kommt. Gut, dass Sie auf Facebook die Möglichkeit haben, sehr genau zu bestimmen, wer Ihren Content sieht. Nutzen Sie Facebook Targeting-Optionen, um innerhalb einer Kampagne verschiedene Videos zu produzieren, die jeweils eine spezifische Persona ansprechen – unterschieden durch Alter, Geschlecht, Verhaltensweisen oder Interessen. Die verschiedenen Targeting-Möglichkeiten der Anzeigenschaltung wollen wir an dieser Stelle jedoch nicht vertiefen, damit könnten wir ein eigenes Buch füllen. Vielmehr möchten wir Sie dafür sensibilisieren, dass Sie bei der Content-Erstellung für Facebook-Nutzer schon im Vorfeld berücksichtigen, wie spitz Sie Ihr Publikum eingrenzen können.

Diese Strategie machten sich auch Disney zunutze, indem sie Videoanzeigen zum Kinofilm »Rogue One: A Star Wars Story« wortwörtlich auf die verschiedenen, nachfolgend aufgelisteten Personas zuschnitten (siehe Bild 3.81). Sie stutzten ihr für die große Leinwand produziertes Spektakel auf ein quadratisches Format und legten je nach Ziel-Persona einen anderen inhaltlichen Fokus – sowohl im Video wie auch in der dazugehörigen textlichen Beschreibung.

- **Naive Dreamers** (überwiegend jüngere Frauen): Der Trailer kündigte eine Geschichte über die starke weibliche Protagonistin Jyn Erso an (»Das ist doch eine Rebellion, oder? Ich rebelliere.«). Dem männlichen Charakter Captain Cassian Andor hingegen kam die untergeordnete Rolle der rechten Hand zu (»Wenn du das wirklich machst, dann helfe ich dir.«).

- **Fun Hunters** (überwiegend jüngere Männer): Kriegsszenen, männliche Helden und Kampfansagen á la: »Sie haben unsere Heimat vernichtet. Jetzt kämpfe ich gegen das Imperium«. Oder: »Ich fürchte gar nichts.«, dominieren den Trailer zu einem kompromisslos wirkenden Action-Abenteuer.

- **Modern Ying Yangers** (überwiegend ältere Männer): Dieser Trailer stellte den epischen Kampf zwischen Gut und Böse in den Mittelpunkt. Geschickt wurden die verfeindeten Lager per Splitscreen gegenübergestellt. Diese Szenen existierten weder im finalen Film noch in den Trailern, die im TV, in Kinos oder auf YouTube veröffentlicht wurden.

Auch wenn Sie mit hoher Wahrscheinlichkeit keinen Kinofilm bewerben, sollten Sie die Videostrategie von Disney verinnerlichen. Vermeiden Sie, nach dem »One-size-fits-all«-Prinzip Videos, die für andere Plattformen produziert wurden, unverändert auf Facebook auszuspielen. Nutzen Sie den Vorteil des granularen Zielgruppen-Targetings, um die Relevanz und damit die Performance Ihres Video-Content zu steigern.

---

[64] Best Practices für Live API - Video, *https://developers.facebook.com/docs/videos/live-video/best-practices*

Bild 3.81 Star Wars: Drei verschiedene Trailer für unterschiedliche Zielgruppen (Quelle: Creative Shop, Facebook)

Nutzen Sie die Bild-im-Bild-Funktion

Mit einem Touch ins Eck links oben können Nutzer auf Mobilgeräten Ihr Video verkleinern und die praktische Bild-im-Bild-Funktion aktivieren. So können sie durch den Feed scrollen, während Ihr Video weiterläuft (siehe Bild 3.82, links). Android-Nutzer haben sogar die Möglichkeit, das Video im Fenster weiterlaufen zu lassen und auf den Startscreen des Smartphones, und damit in andere Apps zu wechseln (siehe Bild 3.82, Mitte). Überlegen Sie, welche Möglichkeiten Ihnen Facebook und das Betriebssystem Android damit eröffnen.

Im Mai 2017 verkündeten Google, dass Android mit zwei Milliarden aktiven Nutzern weltweit die am weitesten verbreitete Computer-Plattform aller Zeiten ist[65]; und laut Statista führt Android in Deutschland mit einem Marktanteil von über 67 Prozent bei der Internetnutzung mit Mobilgeräten (Mai 2017) weit vor iOS, das mit einem Marktanteil von 30,07 Prozent auf Platz 2 landet.[66]

---

[65] Burke, David, Android: celebrating a big milestone together with you, 2017, *https://www.blog.google/products/android/2bn-milestone/*

[66] Marktanteile der führenden mobilen Betriebssysteme an der Internetnutzung mit Mobilgeräten in Deutschland von Januar 2009 bis Juli 2017, *https://de.statista.com/statistik/daten/studie/184332/umfrage/marktanteil-der-mobilen-betriebssysteme-in-deutschland-seit-2009/*

Nutzen Sie diese Chance, um mit Ihren Videos die Aufmerksamkeit von Facebook-Nutzern zu erregen. Ziehen Sie die Zuschauer in Ihre Story hinein, sodass Abschalten keine Option ist. Wäre es nicht schön, wenn Sie als Influencer weiterhin von Ihren Reisen berichten, während Ihre Zuschauer eine Zugfahrt über die App der Deutschen Bahn buchen (siehe Bild 3.82, rechts)?

Bild 3.82 Multiscreen mit der Bild-im-Bild-Funktion von Facebook auf einem Mobilgerät mit Android-Betriebssystem (Screenshots: facebook.com; DB Navigator App/Sabrina Soto)

Auch wenn wir in diesem Abschnitt den Fokus auf die mobile Nutzung legen, können Facebook-Nutzer die Bild-im-Bild-Funktion natürlich auch auf dem Desktop-PC nutzen. So können sich Nutzer nach dem Anklicken des Videos weiterhin im Feed umsehen, während das Video im Seitenbereich eine prominente Stelle einnimmt (siehe Bild 3.83). Facebook hat sich hier, nebenbei bemerkt, eine elegante Lösung einfallen lassen, um vertikalen Videos auf eine gute Figur zu verpassen. Diese nutzen nämlich den Raum in der Seitenleiste optimal aus und werden ohne die unschönen schwarzen Ränder links und rechts dargestellt, wie wir das von vertikalen Videos im Feed kennen.

Bild 3.83 Vertikale Videos sehen mit der Bild-in-Bild-Funktion gar nicht so schlecht aus ... (Screenshot: *https://www.facebook.com/sabrinasoto/*)

Konzipieren Sie Video-Content so, dass er geteilt wird

Rhett McLaughlin und Link Neal, zwei Experten für Online-Videos, empfehlen Ihnen den folgenden Gedankengang, wenn Sie ein Video konzipieren, dass Menschen teilen sollen:[67]

> »Können Sie in einem einfach zu verstehenden Satz zusammenfassen, worum es in Ihrem Video geht, und motiviert das zum Teilen? Wenn Sie mehr als einen Satz benötigen, dann wird Ihr Publikum beim Teilen unter Umständen noch länger brauchen, um den Inhalt zu erklären. Wenn Ihr Video-Content einfach zu verstehen ist, teilen sie diesen auch eher, da sie erklären können, was daran so großartig ist.«

Die beiden Experten denken darüber nach, warum jemand ein Video teilen sollte, bevor sie mit dem Drehbuch beginnen. Versetzen Sie sich in Ihr Publikum und deren Motivation. Buzzfeed, die in der ersten Liga der Produzenten von Viral-Hits den Ton angeben, haben fünf Gründe identifiziert, warum Menschen Videos teilen:[68]

1. um soziale Kontakte zu knüpfen,
2. um zu zeigen, welche emotionale Einstellung sie zu einem Thema haben,

---

[67] 10 YouTube Fundamentals: Shareability (#1), *https://www.youtube.com/watch?v=4cZuzD9LTRY*
[68] Marshall, Carla, How Buzzfeed is Taking Over the World – One Video at a Time, *http://tubularinsights.com/buzzfeed-video-strategy/*

3. um anzugeben,
4. um zu beweisen, dass sie auf etwas zuerst gestoßen sind,
5. um Freunde, Familie und Kollegen zum Lachen zu bringen.

Haben Sie Ihr Video so konzipiert, dass Sie Facebook-Nutzern helfen, eines dieser Ziele zu erfüllen? Legen Sie den Fokus beim Content Design immer auf den Vorteil für den Nutzer.

Taggen Sie andere Facebook Accounts

Erwähnen Sie andere Facebook-Nutzer (und da schließen wir Marken mit ein) in Ihrem Post, um Ihre Reichweite zu erhöhen. Nutzen Sie dafür die Tagging-Funktion, indem Sie im Textfenster das @-Symbol, gefolgt von dem Namen der Person beziehungsweise der Marke, eingeben. Sobald Sie den gewünschten Account ausgewählt haben (Vorsicht bei Personen, die sowohl ein persönliches Profil als auch eine Seite verwenden), verschwindet das @-Symbol wieder und der getaggte Account bleibt in Form eines blauen Text-Links stehen. Auf diese Weise erstellen Sie also automatisch einen optischen Anker, der Facebook-Nutzern schneller signalisiert, worum beziehungsweise um wen es in Ihrem Beitrag geht.

Verwenden Sie individuelle Thumbnails

Wie bei YouTube-Videos können Sie auch bei Facebook das Vorschaubild Ihrer Videos anpassen. Klicken Sie dazu auf Ihr Video und dann auf die unscheinbaren drei Punkte rechts oben (siehe Bild 3.84). Im nächsten Schritt können Sie an gleicher Stelle eines von zehn bereits generierten Vorschaubildern auswählen, oder Sie laden alternativ ein eigenes Bild hoch (siehe auch Abschnitt 3.4.2, »Grundregeln zur Gestaltung von Video-Content«).

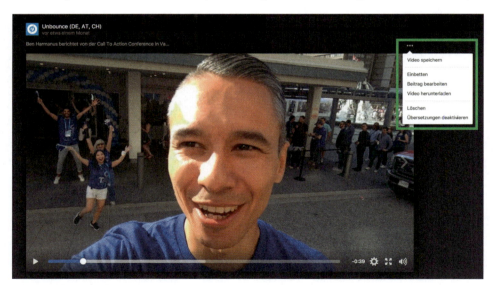

Bild 3.84 Klicken Sie zum Bearbeiten von Thumbnails Ihr Video an und rechts oben auf die drei Punkte (Screenshot: facebook.com/UnbounceDE)

Wählen Sie aussagekräftige Titel und Tags

Facebook empfiehlt, dass Sie für Ihr Video einen Titel wählen, der den Inhalt beschreibt.[69] Da auf Facebook täglich mehr als zwei Milliarden Suchanfragen durchgeführt werden,[70] ist es in Ihrem Interesse, Ihr Video für relevante Suchanfragen zu optimieren. Im selben Reiter, in dem Sie Ihr Vorschaubild definiert haben, geben Sie eine aussagekräftige Headline ein. Ähnlich der Optimierung für Suchmaschinen, helfen die richtigen Keywords nicht nur Maschinen, sondern auch Menschen, den Inhalt Ihres Videos zu erahnen (siehe auch Abschnitt 3.2.4, »Überschriften«). Ergänzen Sie Ihren Videotitel außerdem um kontextuell zutreffende Tags.

Optimieren Sie Ihren Post-Text

Wie bei anderen Facebook-Formaten können Sie auch Ihr Video um einen Text bereichern. Beachten Sie hierbei aber zwei wichtige Merkmale der Plattform: 1) erlaubt Facebook seit 2011 Beiträge mit einer Textlänge von bis zu 63 206 Zeichen zu veröffentlichen,[71] 2) ab 400 Zeichen wird Ihr Text jedoch abgeschnitten und erst nach dem Klick auf **Mehr anzeigen** vollständig angezeigt.

Trotz der Kürzung langer Texte gibt es einen guten Grund, warum das Netzwerk die Möglichkeit an sich bietet. Denn während, dass kürzere Texte eine höhere Klickzahl begünstigen, steigern lange Texte das Engagement[72] – in Form von Likes, Shares und Kommentaren, für die Ihre Zuschauer immerhin 8000 Zeichen zur Verfügung haben. Um die Interaktion mit Ihrer Zielgruppe noch expliziter zu fördern könnten Sie …

- verschiedene Textlängen testen,
- ein Zitat aus Ihrem Video nutzen,
- eine kurze Inhaltsangabe schreiben,
- eine Frage stellen,
- Ihren Text als Liste gliedern,
- Emojis nutzen.

Vertrauen Sie nicht darauf, dass allein Ihr Video die Botschaft vermittelt und Nutzer von sich aus interagieren. Auch hier empfiehlt es sich, einen konkreten Handlungsaufruf zu integrieren.

---

[69] Facebook Media, Video, Discoverability Tools, *https://www.facebook.com/facebookmedia/get-started/video/#discoverability-tools*

[70] Constine, Josh, Facebook sees 2 billion searches per day, but it's attacking Twitter not Google, *https://techcrunch.com/2016/07/27/facebook-will-make-you-talk/*

[71] Wiese, Jens, Facebook Posts jetzt mit über 60 000 Zeichen möglich, 2011, *https://allfacebook.de/news/facebook-posts-jetzt-mit-uber-60-000-zeichen-moglich*

[72] Read, Ash, How to Craft the Perfect Post on Facebook, Twitter and Instagram, 2017, *https://blog.bufferapp.com/how-to-craft-the-perfect-post-on-facebook-twitter-and-instagram*

Ergänzen Sie Ihre Videos um Untertitel

Es kursieren unterschiedliche Zahlen darüber, wie groß der Anteil an Facebook-Videos ist, der ohne Ton angesehen wird. Wir können jedoch davon ausgehen, dass zwischen 60[73] und 95[74] Prozent der Nutzer den Ton nicht aktivieren. Das ist wenig überraschend, wenn Sie sich erinnern, dass der Großteil der Facebook-Nutzer mobil aktiv ist und nicht an jedem Ort den Ton aktivieren kann oder will.

Mit Untertiteln stellen Sie sicher, dass Ihr Video auch ohne Ton verständlich ist und den Betrachter ins Geschehen ziehen kann; und dadurch vielleicht sogar bewirken, dass er den Ton doch noch einschaltet. Wir empfehlen die Einbindung von Untertiteln generell und stellen Ihnen nachfolgend zwei Optionen vor, dies umzusetzen.

Untertitel halbautomatisch über Facebook erstellen Nachdem Sie Ihr Video bei Facebook hochgeladen haben, können Sie Untertitel im entsprechenden Reiter automatisch generieren lassen. Die Erstellung der Untertitel geht schnell, hat aber qualitative Einschränkungen. Tauschen Sie falsch erkannte Wörter aus, korrigieren Sie Satzzeichen und passen Sie Umbrüche an (siehe Bild 3.85). Diese Option steht Ihnen übrigens auch bei Videos zur Verfügung, die Sie bereits hochgeladen haben.

Bild 3.85 Facebook erstellt Untertitel automatisch, Sie sollten diese aber unbedingt überprüfen (Screenshot: facebook.com)

Berücksichtigen Sie bei der Erstellung von Untertiteln auch Geräusche, die Einfluss auf die Handlung oder die Stimmung haben. Facebook erstellt beispielsweise keine Untertitel, wenn an die Tür geklopft wird oder jemandem laut der Magen knurrt. Genauso kann es

---

[73] Patel, Sahil, 85 percent of Facebook video is watched without sound, 2016, *https://digiday.com/media/silent-world-facebook-video/*
[74] Bonnici, Ryan, How We Generated 1 Million Facebook Video Views: A HubSpot Experiment, 2017, *https://blog.hubspot.com/marketing/hubspot-social-media-experiment*

hilfreich sein, auf spannungsfördernde Musik hinzuweisen. Ergänzen Sie solche Untertitel manuell.

Bislang steht die halbautomatische Erstellung von Untertiteln nur für Videos in englischer Sprache zur Verfügung, doch es gibt einen Trick, mit dem Sie über einen kleinen Umweg an deutsche Untertitel gelangen.

Untertitel für Facebook über YouTube erstellen YouTube bietet schon sehr lange die Möglichkeit, Untertitel automatisiert zu erstellen; und das in 188 Sprachen. Hierfür benötigen Sie lediglich einen – am besten verifizierten – YouTube Account, damit Sie Videos hochladen dürfen, die länger als 15 Minuten sind. Falls Sie Ihr Video eigentlich nicht auf YouTube hochladen möchten, stellen Sie Ihr Video schon beim Upload als *privat* ein. Dadurch wird es nicht öffentlich zugänglich sein.

Im Gegensatz zu Facebook erstellt YouTube die Untertitel automatisch. Der gesamte Prozess kann einige Minuten dauern, und leider informiert Sie YouTube auch nicht darüber, dass die Untertitel erstellt wurden. Sobald diese angelegt wurden, erscheint rechts neben Ihrem Video ein entsprechender Hinweis in Form eines Buttons. Klicken Sie diesen an, um die Untertitel zu bearbeiten. Erwarten Sie auch hier keine perfekten Untertitel. Verzichten Sie nie auf eine manuelle Prüfung. Sobald Sie alle Anpassungen vorgenommen haben, laden Sie über den Button **Aktionen** die für Facebook benötigte **.srt**-Datei herunter (siehe Bild 3.86).

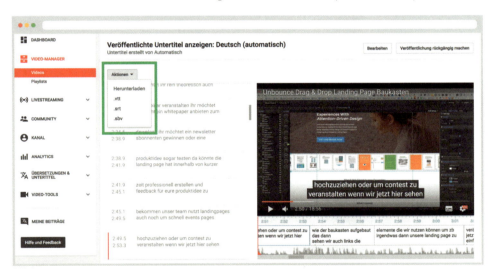

Bild 3.86 Sobald Sie Ihre Untertitel manuell angepasst haben, laden Sie die .srt-Datei herunter (Screenshot: youtube.com)

Um diese Datei können Sie nun Ihre Videos bei Facebook ergänzen. Eine genaue Anleitung hierzu finden Sie im Hilfebereich von Facebook unter *http://bit.ly/cd_untertitel*.

Untertitel sind besonders bei Trailern von Kinofilmen und TV-Serien sehr beliebt. Zum einen, weil oft noch keine synchronisierte Sprachversion existiert und zum anderen, damit der Zuschauer die Dialoge, wie in dem Beispiel von Marvels *The Defenders* (siehe Bild 3.87), auch lautlos verfolgen kann.

Bild 3.87 Dank Untertitel versteht der Betrachter ein Video auch ohne Ton (Screenshot: *https://www.facebook.com/Marveldeutschland/videos/1093209857481909/*)

Rufen Sie dazu auf, den Ton zu aktivieren

In der Standardeinstellung ist der Ton bei Facebook-Videos aktiviert und wird beim Scrollen auf ein Video langsam lauter und beim Weiterscrollen wieder leiser. Je nachdem, für welches Publikum Sie Ihre Videos erstellen, kann es sein, dass Ihre Nutzer ihre Smartphones generell stumm schalten. In diesem Fall bleibt der Ton bei Videos natürlich aus. Das Marketing Team von HubSpot hat festgestellt, dass 95 Prozent ihrer Videos lautlos angesehen werden. Grund genug, um mit direkten Aufforderungen zu experimentieren, den Ton einzuschalten. Dazu haben sie in einigen Videos ein Lautsprechersymbol mit entsprechendem Hinweis integriert, wie in Bild 3.88 zu sehen.

Bild 3.88 Weisen Sie den Betrachter darauf hin, den Ton zu aktivieren (Screenshot: *https://www.facebook.com/hubspot/videos/10155452993554394/*)

Fixieren Sie Textbalken

Setzen Sie fixierte Textbalken am oberen und/oder unteren Rand Ihres Videos ein, um Nutzern den Inhalt blitzschnell zu vermitteln (siehe Bild 3.89). Wenn Sie diese Methode einsetzen, können Sie ursprünglich im Querformat produzierte als auch quadratische Videos einsetzen, ohne dass Sie links und rechts etwas wegschneiden müssten.

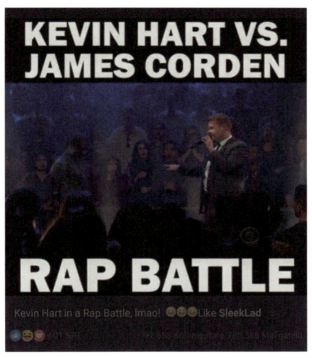

Bild 3.89 Durch die fixierten Balken ist jederzeit klar, worum es in diesem Video geht (Screenshot: facebook.com)

Forcieren Sie andere Reaktionen als »Gefällt mir«

Die fünf in 2016 eingeführten Reaktionen *Love*, *Haha*, *Wow*, *Traurig* und *Wütend* gewichtet der Facebook-Algorithmus stärker als den Klick auf den »Gefällt mir«-Button. Diese neuen Reaktionen haben sich für Facebook als hilfreiche Komponente herausgestellt, um zu bestimmen, was der Algorithmus einem Nutzer bevorzugt im Feed zeigen soll. Ihr Ziel sollte es daher sein, jede Reaktion, außer den klassischen *Likes* zu erzielen.

Betrachten Sie, wie das Video in Bild 3.90 den fixierten Textbalken unter dem Video einsetzt, um hervorzuheben, dass es sich um einen witzigen Inhalt handelt. Das vor Lachen weinende Emoji könnte jedoch auch als sogenannter Eingangsreiz fungieren und den Nutzer dazu bewegen, ebenfalls mit einem lachenden Emoji zu reagieren. Wir sprechen in solch einem Fall vom »Priming-Effekt« – durch visuelle Elemente wird der Nutzer unterbewusst auf eine bestimmte Assoziation beziehungsweise Reaktion eingestimmt (nämlich die Wahl des Haha-Emojis anstelle eines regulären Likes).

Bild 3.90 Beeinflussen Sie die Reaktion Ihrer Zuschauer (Screenshot: facebook.com)

Facebook hat in der Vergangenheit übrigens mehrfach darauf hingewiesen, dass sie die Reichweite von Videos einschränken, die nur mit einem Minimum an Animation zu einer Reaktion führen sollen. Darunter fallen insbesondere Videos, die zu einer Abstimmung aufrufen. In Facebooks Augen handelt es sich dabei nämlich um qualitativ minderwertigen Video-Content. Verzichten Sie daher lieber auf solche Taktiken, wenn Sie sich Ihre Reichweite nicht teuer erkaufen möchten. Zudem könnte Facebook irgendwann entscheiden, dass dieser Content nicht mehr beworben werden kann – so wie es auch mit Bildern geschehen ist, die Schaltflächen vortäuschen.

Glänzen Sie mit Bewegtbildern im Header

Setzen Sie den Header Ihrer Facebook-Seite als Schaubühne für Bewegtbild ein und stechen Sie so aus der Masse heraus. Behandeln Sie den Kopfbereich ruhig wie einen Hero Shot, wie wir ihn in Kapitel 4 näher vorstellen werden.

Bis zur Fertigstellung dieses Buches war unser Eindruck, dass Unternehmen und Personen des öffentlichen Lebens diese Möglichkeit ungenutzt lassen. Deswegen ist es nicht verwunderlich, dass unter den wenigen (positiven) Beispielen, die wir finden konnten, die Facebook-Expertin Mari Smith mit einem ausgezeichneten Video zur Eigenpromotion glänzt (siehe Bild 3.91). Damit stellt sie in 88 Sekunden ihre Expertise heraus und sorgt durch Texteinblendungen dafür, dass auch Nutzer ohne aktivierten Ton erkennen, wer sie ist beziehungsweise was sie tut.

Bild 3.91 Mari Smith nutzt den Header als virtuelle Bühne, um ihre Facebook-Expertise zu verdeutlichen. (Screenshot: facebook.com/marismith)

Ein anderes Beispiel ist Goal.com. Sie setzen im Facebook Header auf ein Minimum an Bewegung und reichern Fotos von Fußballstars wie Messi, Ronaldo oder Neymar mit funkelnden Blitzen im Hintergrund oder sich linear durchs Bild bewegenden Elementen an. Dieses Format wird auch als Cinemagraph oder Cinemagramm bezeichnet. Auch hier haben die Verantwortlichen darauf geachtet, dass die beiden wichtigsten Elemente sowohl in der Desktop- als auch in der Mobile-Variante sichtbar sind. Trotz der minimalistischen Bewegungen werden diese Videos hunderttausende Male aufgerufen.

Quick Wins mit animierten GIFs

Videos sind eine schnelle Abfolge von einzelnen Bildern. Überlegen Sie daher, ob Sie nicht auch einfache animierte GIFs einsetzen können, um Aufmerksamkeit zu erregen.

Diese beschränken sich auf sehr kurze Szenen, die in der Regel die Aussage des Posts auf unterhaltsame Weise unterstreichen.

Eine spezielle Variante stellen die sogenannten *Split Depth GIFs* dar. Durch die Platzierung von mindestens zwei weißen Balken im Bild entsteht der Eindruck, dass sich Elemente aus dem Bild herausbewegen (siehe Bild 3.92).

Sie müssen sich nicht selbst die Mühe machen, GIFs mit diesem Effekt zu erstellen. Auf Websites wie giphy.com finden Sie eine frei verfügbare Ansammlung von animierten GIFs, darunter auch viele Split Depth GIFs.[75]

---

[75] Das GIF: *https://giphy.com/gifs/3d-splitdepth-GGkqULbznGpLW/download*

Bild 3.92 3D-Video-Effekt auf jedem Endgerät auch ohne 3D-Brille (Screenshot: facebook.com)

Rufen Sie zu einer Handlung auf

In Kapitel 4 widmen wir uns ausführlich dem Handlungsaufruf auf Landing Pages. Doch auch beim Video-Marketing sollten Sie Ihre Zuschauer zu einer Handlung motivieren. Sie haben bereits gesehen, dass Sie eine gewünschte Reaktion Ihres Publikums erzielen können, indem Sie Emojis einbinden. Im Gegensatz dazu ist der sogenannte Call-to-Action (CTA) jedoch eine eindeutige Empfehlung oder Aufforderung.

2016 hat Facebook zwar ohne Vorwarnung die Funktion entfernt, CTA-Buttons mit ausgehenden Links am Ende des Videos zu integrieren,[76] es gibt aber trotzdem noch Möglichkeiten, einen Handlungsaufruf zu platzieren.

Falls Sie im Video sprechen, rufen Sie Ihre Zuschauer direkt zur gewünschten Handlung auf. Ergänzen Sie den Aufruf durch eine entsprechende Texteinblendung, ein statisches Bild oder einen Overlay. Laut Wistia weisen Mid Roll CTAs, also Handlungsaufrufe, die nicht am Anfang und nicht am Ende platziert werden, die höchsten Conversion Rates auf (siehe Bild 3.93). Stellen Sie außerdem sicher, dass Ihr Aufruf für ein paar Sekunden nach Ende des Videos weiterhin eingeblendet wird.

---

[76] Roth, Philipp, Facebook schaltet Call-To-Action Button in Videos ab, 2016, *https://allfacebook.de/video/facebook-schaltet-call-to-action-button-in-videos-ab*

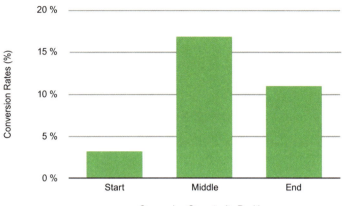

Bild 3.93 Platzieren Sie Handlungsaufrufe mitten im Content, um die Resonanz zu maximieren (Bildquelle: *https://wistia.com/library/using-video-ctas*)

3.4.4.3 Erfolgsmessung von Facebook-Videos

Facebook misst 3-sekündige Videoaufrufe als einen *View*. Im Gegensatz zu YouTube, wo Nutzer aktiv das Video gestartet und einen bestimmten Bruchteil des Videos gesehen haben müssen, ergeben sich Views auf Facebook schon beim Scrollen durch den Feed.[77] Seien Sie daher vorsichtig im Hinblick auf die View-Zahlen, wenn Sie die Performance Ihrer Videos auf unterschiedlichen Plattformen vergleichen. Je nach Länge Ihres Videos sollten Sie ohnehin unterschiedliche Metriken in Betracht ziehen. Wenn Sie die Performance von Videos mit einer Laufzeit von 15 Sekunden betrachten, wie beispielsweise Unbounce in Bild 3.94, dann sind 10-sekündige Videoaufrufe sicherlich ein geeigneter Indikator. Schließlich muss der Facebook-Nutzer den Feed für längere Zeit anhalten und konsumiert zwei Drittel Ihres Contents. Dementsprechend ist es spannend, die Kosten pro 10-sekündigem Videoaufruf zu betrachten, sollten Sie das Video nicht nur als Post veröffentlicht, sondern auch ein Werbebudget eingesetzt haben.[78] Bei mehrminütigen Videos sind 10-sekündige Videoaufrufe hingegen keine wirklich sinnvolle Performance-Kennzahl. Hier bieten sich Videoaufrufe bis 25 Prozent (alternativ sind Werte bis 100 Prozent verfügbar) schon eher an.

---

[77] O'Reilly, Lara, How Facebook, Snapchat, YouTube, and Twitter count a video view, 2016, *http://www.businessinsider.com/how-facebook-snapchat-youtube-vine-instagram-twitter-count-video-views-2016-10/*
[78] Info zu Kennzahlen für Video Ads, *https://www.facebook.com/business/help/1792720544284355?helpref=faq_content*

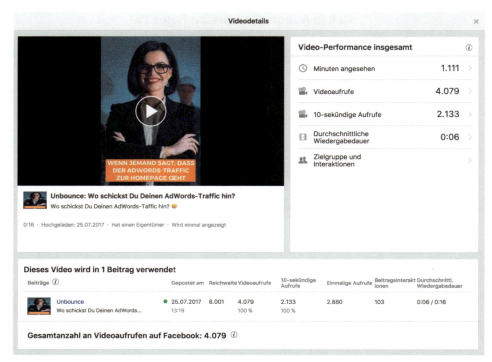

Bild 3.94 Video-Performance: Betrachten Sie Kennzahlen mit Aussagekraft (Screenshot: facebook.com)

Ihnen stehen auf Facebook noch viele weitere Möglichkeiten zur Verfügung, den Erfolg Ihrer Kampagnen zu analysieren. Machen Sie sich je nach Kampagnenziel (Views, Reichweite, Conversions) damit vertraut, welche Kennzahlen Ihnen Facebook liefern kann. Da der Schwerpunkt dieses Buches auf strategischem Content Design liegt, gehen wir an dieser Stelle nicht weiter ins Detail. Nicht unerwähnt lassen wollen wir allerdings eine Studie der GfK, Deutschlands größtem Marktforschungsinstitut, die ergeben hat, dass Facebook-Videos die Kaufabsicht bei Produkten aus der FMCG-Sparte ebenso gut steigern wie TV-Spots, dabei aber einen um den Faktor 4,4 höheren Return on Investment bieten.[79] Falls Sie also das nötige Kleingeld besitzen, um TV-Werbung zu schalten, sollten Sie vielleicht die Möglichkeiten von Facebook als Alternative in Betracht ziehen.

3.4.4.4 Video-Content auf Facebook: Bewegte Zukunft

Facebook setzt darauf, dass die Zukunft Mobilgeräten und Bewegtbild-Formaten gehört. Mehr noch, das Unternehmen befeuert diesen Trend, indem es für seine eigenen Nutzer und Werbekunden Videoformate entwickelt, die sich komfortabel mobil konsumieren lassen. Vertikale Videos, integriertes Echtzeit-Shopping und Facebook Live sind nur drei Fronten, an denen Facebook in Konkurrenz zu Snapchat, Shopping-TV-Sendern und

---

[79] GfK-Studie zeigt: Facebook Video steigert Kaufabsicht genau so stark wie TV-Spots – bei höherem ROI, 2016, https://www.facebook.com/business/news/gfk-studie-zeigt-facebook-video-steigert-kaufabsicht-genau-so-stark-wie-tv-spots-bei-hheerem-roi

Anbietern für Webinar Software tritt. Im Bereich der virtuellen Realität für den Massenmarkt nimmt Facebook sogar im Kopf-an-Kopf-Rennen mit Google eine Vorreiterrolle ein. Der Social Media-Gigant ist ständig in Bewegung, um Nutzern keinen Grund zu geben, Videos – ja im Grunde Content jedweden Formats – auf einer anderen Plattform zu konsumieren.

Für Sie ist es sicherlich eine große Herausforderung, neben anderen Marketing-Kanälen auch noch die Vielzahl an Möglichkeiten auf Facebook auszuschöpfen. Tasten Sie sich daher am besten nach und nach an die verschiedenen Formate heran. Investieren Sie nicht zu viel Zeit und Geld in die Evaluation und in Konzepte, sondern probieren Sie ein neues Format wie Live-Videos einfach aus.

Facebook-Video in der Zusammenfassung

- Konzipieren Sie Ihre Videos primär für die Nutzung auf Mobilgeräten. Weit über eine Milliarde monatlich aktive Nutzer weltweit greifen ausschließlich vom Mobilgerät aus auf Facebook zu. Das entspricht einem Anteil von nahezu 60 Prozent aller Facebook-Nutzer – Tendenz steigend.

- Bislang werden kaum quadratische, noch weniger vertikale Videos verwendet, obwohl diese bei Nutzern beliebt sind. Setzen Sie diese Formate vor allem dann ein, wenn Sie Ihr Publikum auch auf Mobilgeräten (also beispielsweise unterwegs) erreichen möchten.

- Versuchen Sie nicht, für andere Zwecke produzierte Videos 1 : 1 auf Facebook auszuspielen. Passen Sie vorhandenes Material so an, dass es den Nutzungsgewohnheiten von Facebook-Nutzern entspricht.

- 360°- und VR-Videos sind auf dem besten Weg, ein Format für die breite Masse zu werden. Fallen Sie auf, indem Sie Nutzern dieses neuartige Erlebnis schon jetzt präsentieren.

- Stellen Sie in Ihrer Kommunikation den Nutzen für Ihr Publikum in den Vordergrund und ermöglichen Sie ihm einen schnellen Einstieg in die Handlung.

- Wählen Sie das richtige Format und experimentieren Sie mit den Möglichkeiten des Anzeigen-Targetings.

- Optimieren Sie Ihre Videos auf den Erfolg im Feed. Im Gegensatz zur Veröffentlichung auf YouTube ist es bislang nicht so wichtig, ein starkes Archiv aufzubauen.

3.4.5 Webinare als Marketing-Instrument

Eine weitere Form der Vermarktung durch Videos sind Webinare, deren Bedeutung kontinuierlich wächst – ob als Lead-Generierungs-Tool, zur Weiterqualifizierung von Kontakten, in der internen und externen Aus- und Weiterbildung oder als eine der effektivsten Content Marketing-Taktiken. Die Einsatzgebiete von Webinaren sind fast genauso weitreichend wie der Erfolg, der mit ihnen erzielt werden kann.

In Deutschland hat sich der Einsatz von Webinaren als Bestandteil des Content Marketings laut einer Haufe-Studie[80] innerhalb eines Jahres bereits verdoppelt und im Drei-Jahres-

---

[80] Haufe, Content Marketing etabliert sich weiter, *https://www.haufe.de/marketing-vertrieb/online-marketing/leads-content-marketing-etabliert-sich-weiter_132_335502.html*

Trend sogar verzwölffacht. Tendenz weiter steigend! Das Content Marketing Institute hat Webinare in Bezug auf ihre Effektivität 2016 sogar als eine der drei besten B2B-Content Marketing-Taktiken ausgezeichnet[81].

Ob diese Statistiken reichen, um Webinare zum festen Bestandteil einer jeden Content-Strategie zu machen, entscheiden Sie. Experten wie Julia Lehwald sind davon jedenfalls überzeugt. Die Ergebnisse ihres eigenen Webinar-Programms für den deutschsprachigen Raum aus dem Jahr 2016 sprechen für sich. Mit knapp 40 durchgeführten Webinaren (im Schnitt zehn Webinare pro Quartal) war sie in der Lage, fast 29 000 Webinar-Registrierungen zu generieren. 25 Prozent von diesen waren komplett neue Leads und fünf Prozent von den Registrierten konnten zu qualifizierten Vertriebschancen (im Englischen sprechen wir hier von »opportunities«) konvertiert werden – mit einer bisherigen Abschlussquote von 50 Prozent. Das sind Ergebnisse, die nicht nur die Effektivität von Webinaren im Lead-Funnel unterstreichen, sondern auch beweisen, welche Kraft bereits ein einzelnes, gut geplantes Webinar im gesamten Content Mix haben kann. Betonung auf *gut geplant*, denn nicht jedes Webinar(-Programm) wird automatisch zum Erfolg; auf die professionelle Planung, die überzeugende Ausgestaltung und Durchführung sowie die effektive Bewerbung kommt es an.

Dürfen wir vorstellen?

In den folgenden Abschnitten gibt Ihnen Julia Lehwald (geb. Lenhard), Corporate Marketing Manager DACH bei LogMeIn (*www.logmein.de*), Einblick in diese Themenbereiche, sodass sie Webinare künftig ohne Weiteres in Ihren Marketing-Mix integrieren können.

3.4.5.1 Die richtige Planung und das Anlegen eines Webinars

Alles beginnt mit der Planung und konkreten Zielsetzung. Denn von der identifizierten Zielgruppe, über die Positionierung im Marketing und Sales Funnel bis hin zu den zugrundeliegenden Key Performance Indicators (KPI) wirkt sich alles auf die Ausgestaltung des Webinars aus – sowohl inhaltlich als auch designtechnisch.

Sie sollten sich daher im ersten Schritt bewusstmachen, was genau Sie mit einem Webinar(-Programm) erreichen möchten und an welcher Stelle es sich sinnvoll in Ihr Lead Nurturing einbetten lässt. Fakt ist, dass ein einzelnes Webinar ohne entsprechende Nachfassaktivitäten Sie nur selten zum Erfolg bringen wird. Stellen Sie sich deshalb folgende Fragen, bevor Sie mit der Umsetzung Ihres Webinar-Programms beginnen:

---

[81] Pulizzi, Joe, [NEW RESEARCH] B2B Manufacturers Stuck When It Comes to Content Marketing, *http://contentmarketinginstitute.com/2016/02/b2b-manufacturing-marketing-research/*

- Welche Zielgruppe (Stichwort: Buyer Persona, siehe Kapitel 1, Abschnitt 1.2) möchten Sie erreichen?
- Welche Themen sind für diese identifizierte Zielgruppe relevant?
- Wie können Sie diese Themen in Form eines Webinars abbilden (generisches Thought Leadership-Thema versus spezifische Produkt-Demo)?
- Welche Ansprache wirkt bei Ihrer identifizierten Zielgruppe am besten; wie und wo erreichen Sie diese?
- Gibt es Besonderheiten in der grafischen und textlichen Ausgestaltung der Einladung und des Webinars selbst, auf die Ihre Zielgruppe positiv reagiert?

Nach Klärung dieser initialen Überlegungen können Sie mit dem Anlegen des Webinars fortfahren und sich Gedanken zu den im Folgenden diskutierten Themen machen.

Legen Sie jedem geplanten Webinar konkrete KPI zugrunde, um den Erfolg jedes einzelnen Webinars messbar zu machen. Das kann beispielsweise die erwartete Anzahl an Anmeldungen, Teilnehmern, Produktanfragen oder Leads sein.

Bereits beim Anlegen des Webinars sind viele Punkte zu beachten: In Bezug auf dessen Branding beispielsweise die Webinar-Landing-Page und der sogenannte Warteraum, in den Teilnehmer kurz vor dem offiziellen Start des Webinars gelangen, aber auch die Erstellung der Bestätigungs- und Erinnerungs-E-Mails sowie die Einbindung interaktiver Elemente wie Kurzumfragen, Videos, Endumfragen und Handouts, die das Engagement der Teilnehmer während des Webinars fördern sollen.

Branding und Thema des Webinars

Unter der Rubrik Branding kann in diesem Fall die Personalisierung des Webinars und die Anpassung an das Corporate Design des eigenen Unternehmens verstanden werden. Dabei sollten das Logo des organisierenden Unternehmens plus optional das Logo des Webinar-Referenten sowie ein Sprecherfoto nicht fehlen. Die hier verwendeten Elemente tauchen idealerweise auch im Warteraum des Webinars, auf der Webinar-Landing Page sowie in den Bestätigungs- und Erinnerungs-E-Mails auf.

In der Praxis verwenden viele Unternehmen nur ihr Logo und verzichten auf ein Bild des Referenten. Um den direkten Kontakt herzustellen, mehr Nähe zu schaffen und die Wiedererkennung in der Webcam während des Webinars zu gewährleisten, empfehlen wir Ihnen jedoch unbedingt, wie in Bild 3.95 zu sehen, das Bild des oder der Referenten von Beginn an einzubinden.

Guten Tag Julia Lenhard,

vielen Dank, dass Sie sich für das Webinar "Mo' Money – Leadgenerierung und -Qualifikation mit Inbound-Marketing-Webinaren" angemeldet haben.

Crispy Content CEO Gerrit Grunert erklärt im interaktiven Webinar anhand praxiserprobter Beispiele, wie Leads mit Inbound-Marketing-Webinaren effektiv qualifiziert werden und warum sie sich so hervorragend für die Kaufanbahnung eignen.

Eine Kurzanleitung zur Webinarteilnahme können Sie einsehen unter:
http://bit.ly/Anleitung-Webinarteilnahme

Bitte senden Sie Ihre Fragen, Anmerkungen und Ihr Feedback an:
feedback.de@logmein.com

Am Webinar teilnehmen

Donnerstag, 1. Juni 2017, 11:00 - 12:00 MESZ

Zum Kalender hinzufügen: Outlook® Kalender | Google Kalender™ | iCal®

Bild 3.95 Zeigen Sie den oder die Webinar-Referenten, wie hier in einer E-Mail, schon vor der Ausstrahlung, um persönliche Nähe zu schaffen

Der Warteraum kann bei den meisten Anbietern direkt beim Anlegen des Webinars eingerichtet werden. Er ist das Fenster, das Teilnehmer zu sehen bekommen, wenn sie dem Webinar beitreten, bevor es offiziell gestartet ist. Wir würden den Raum, wie in Bild 3.96 dargestellt, immer nur »provisorisch« einrichten. Bild, Name, Titel und Unternehmenszugehörigkeit des Moderators und des Referenten sowie sonstiger aktiver Redner reichen völlig aus.

Um mögliche Design-Beschränkungen eines Warteraums zu umgehen und dem Webinar mehr Persönlichkeit zu verleihen, empfehlen wir, die Bildschirmübertragung früher zu starten und die Design-Freiheit von Folien zu nutzen. Das ermöglicht die individuellere Gestaltung der Folien zu Beginn des Webinars, rotierende Slides, Rätsel oder Ähnliches, die den Teilnehmern die Wartezeit sinnvoll vertreiben. Näheres zum Beginn eines Webinars finden Sie in Abschnitt 3.4.5.3.

 Starten Sie Ihr Webinar rechtzeitig im Übungsmodus und schalten Sie die Bildschirmübertragung des Moderators frei, um einen individuelleren Warteraum für die Teilnehmer zu schaffen.

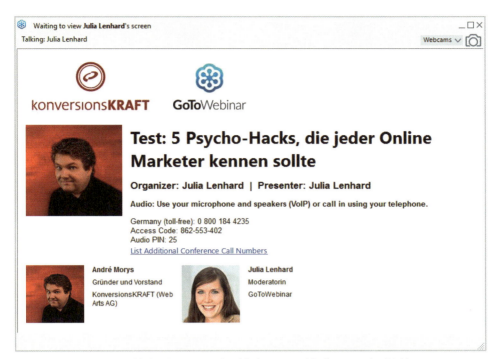

Bild 3.96 Präsentieren Sie im Warteraum den Moderator und Referenten des Webinars

Die Landing Page zur Webinar-Registrierung

Im Normalfall kann die Landing Page zur Registrierung innerhalb der Webinar-Software erstellt werden (siehe Bild 3.97). Neben der Festlegung von Hintergrundfarben, Logos und Referentenbildern sollten Sie zusätzlich die Formularfelder definieren, die bei der Anmeldung abgefragt werden sollen. Erfahrungsgemäß sind wenige Felder besser, um neue Leads zu generieren. Ein kurzes Formular wirkt nicht so abschreckend, sodass Ihnen mehr Interessenten ihre Kontaktdaten im Austausch für den wertvollen Webinar Content geben. Formularerweiterungen sind dann sinnvoll, wenn bestehende Leads oder Kontakte mit einem Webinar weiterqualifiziert werden sollen. Im besten Fall erfolgt die Erweiterung des Formulars mithilfe des sogenannten *Progressive Profiling*, das basierend auf bestehenden Daten und Aktivitäten von Interessenten (in Verbindung mit dem CRM- und/oder Marketing-Automatisierungs-Tool) zusätzliche Felder bei einem Folgebesuch auf der Landing Page ergänzt. Je nach Webinar Tool sind die Personalisierungsmöglichkeiten der Landing Page sowie der Erinnerungs- und Bestätigungs-E-Mails unterschiedlich. In den meisten Fällen reichen diese Möglichkeiten jedoch aus. Sie können sie jedoch mit Tools zur individuellen Landing-Page-Erstellung und Marketing-Automatisierung erweitern.

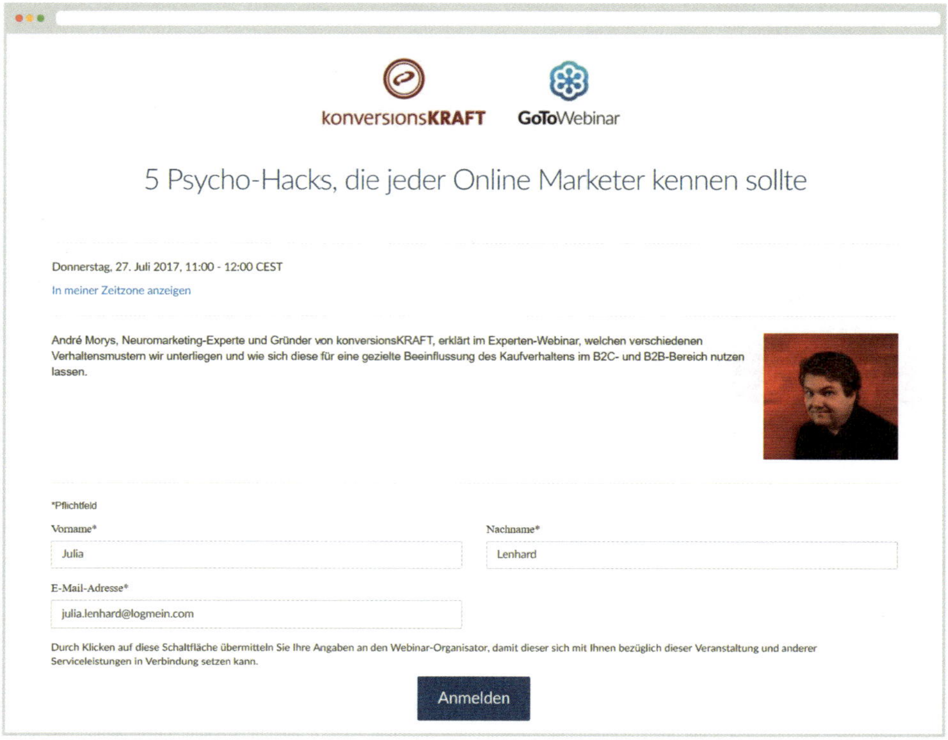

Bild 3.97 Beispiel einer einfachen Webinar-Landing-Page

Anlegen der Bestätigungs- und Erinnerungs-E-Mails

Sobald sich ein Teilnehmer zum Webinar angemeldet hat, erhält er in nur wenigen Sekunden die Bestätigungsmail aus dem Webinar-System. Diese beinhaltet, wie in Bild 3.98 zu sehen, alle relevanten Informationen für die Teilnahme am Webinar: Teilnahme-Link, Einwahldaten per Telefon, Systemvoraussetzungen, Stornierungsoption.

Die Bestätigungs-E-Mail muss kein Kunstwerk sein – sie hat die pure Funktion die Teilnahmedaten zu überliefern. Neben Logo, Referentenbild und farblicher Hintergrundgestaltung gemäß Ihres Corporate Designs empfehlen wir hier maximal eine Kurzbeschreibung des Webinar-Inhalts zu ergänzen sowie, wenn nötig, einen personalisierten Link zu vorbereitenden Dokumenten, einer Vorab-Umfrage oder Tests.

Weniger ist mehr und eine klare, symbolgetriebene Struktur der Bestätigungs-E-Mail setzt sich in den meisten Fällen gegen die klassische Textversion durch. Das bewies Kollege Daniel Waas beispielsweise durch einen A/B-Test mit zufälligem 50-50-Split der E-Mail-Empfänger, in dem er für die Region Nordamerika eine »klassische« Textbestätigung (Version A, in Bild 3.99, links) gegen eine grafisch optimierte E-Mail mit Symbolcharakter (Version B, in Bild 3.99, rechts) getestet hat.

Am Webinar teilnehmen

Donnerstag, 27. Juli 2017, 11:00 - 12:00 MESZ

Zum Kalender hinzufügen: Outlook® Kalender | Google Kalender™ | iCal®

1. Klicken Sie auf den Link, um zu dem geplanten Termin am Webinar teilzunehmen:

https://global.gotowebinar.com/join/8410746466005467650/491336899

Bitte beachten Sie: Dieser Link ist ausschließlich für Sie bestimmt und sollte an niemand anderen weitergegeben werden.

Vor der Teilnahme die Systemanforderungen überprüfen, um Verbindungsprobleme zu vermeiden.

2. Wählen Sie eine der folgenden Audio-Optionen:

WENN SIE DIE AUDIOFUNKTIONEN IHRES COMPUTERS VERWENDEN:
Wenn das Webinar beginnt, werden Sie über das Mikrofon und die Lautsprecher (VoIP) Ihres Computers mit den Audiofunktionen verbunden. Ein Headset wird empfohlen.

--ODER--

WENN SIE IHR TELEFON VERWENDEN:
Wenn Sie Ihr Telefon verwenden möchten, wählen Sie "Telefon verwenden", sobald Sie sich im Webinar befinden und wählen die entsprechende Nummer aus der Nummernauswahl, die Ihnen nachfolgend angeboten wird.
Deutschland (gebührenfrei): 0 800 184 4235
Deutschland: +49 692 5736 7212
Zugangscode: 801-993-143
Audio PIN: wird angezeigt sobald Sie sich im Webinar befinden
Rufen Sie aus einem anderen Land an?

Webinar-ID: 408-587-995

Diese Anmeldung stornieren

Bild 3.98 Beispiel einer Webinar-Teilnahmebestätigungs-E-Mail

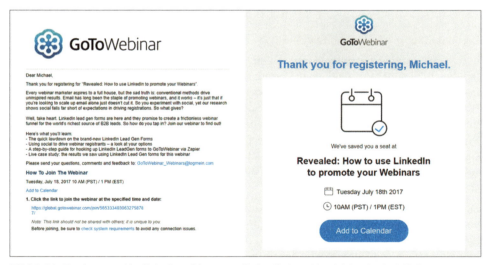

Bild 3.99 Zwei unterschiedliche Bestätigungsmails im direkten Vergleich mittels A/B-Test

Version B gewinnt eindeutig in Bezug auf die Öffnungs- und Klickrate. Letztere ist stolze 30 Prozent höher im Vergleich zu Version A. Noch deutlicher zeigte sich der Unterschied (43,6 Prozent) in diesem A/B-Test allerdings bei den Klicks auf das Kalendersymbol in Version B im Vergleich zu den Klicks auf den Link zum Kalendereintrag in Version A. Kein Wunder – denken Sie jetzt vielleicht, schließlich haben Sie bis hierhin schon viel über die Wirkung visueller Elemente und speziell Icons gelernt.

Tabelle 3.3 Ergebnisse des A/B-Tests

E-Mail	gesendet	% zugestellt	% geöffnet	% geklickt
Version A (Text)	701	98,4	72	40,3
Version B (Symbol)	699	99,4	76,5	52,2

Um das Ganze in einen noch besseren Kontext zu setzen: Standardöffnungsraten von Marketing-E-Mails liegen bei 20 Prozent und die Klickraten bei drei Prozent. Die oben aufgelisteten Ergebnisse sind außerhalb jeder Konkurrenz, was beweist, das Webinar-Bestätigungs-E-Mails eine außergewöhnliche Relevanz haben und das Interesse und Engagement der Leads unterstreichen.

Leider konnte der Test bisher noch keine Korrelation zwischen der Art der Bestätigungs-E-Mail und der tatsächlichen Teilnahme des Empfängers am Webinar nachweisen. Im vorliegenden Beispiel gibt es keinen nennenswerten Unterschied in der Teilnahmequote. Allerdings unterstreicht auch dieses Ergebnis noch einmal die hohe Relevanz der Bestätigungs-E-Mail, unabhängig von ihrer Form.

Die Einbindung interaktiver Elemente

Bereits beim Anlegen des Webinars sollten Sie darüber nachdenken, mit welchen Mitteln Sie Ihre Teilnehmer während einer Sitzung aktivieren und einbinden wollen. Hierfür empfehlen sich Kurzumfragen mit Einfach- oder Mehrfachauswahl (siehe Bild 3.100), deren Ergebnisse live im Webinar ausgewertet und grafisch aufbereitet den Teilnehmern präsentiert werden können. Diese Umfragen werden im Voraus oder während einer Session im System eingepflegt und im Design des jeweiligen Webinar Tools ausgespielt. Während die Umfragen laufen, wird die Präsentation- und Bildschirmübertragung ausgeblendet, um die volle Aufmerksamkeit der Teilnehmer auf die Umfrage zu lenken und die Performance zu steigern.

Zudem können Sie den interaktiven Wert durch eingebundene Videos (als Videodatei oder via YouTube, siehe Bild 3.101) oder zum direkten Download bereitgestellte Unterlagen erhöhen. Videos erweitern den Methodenmix einer Präsentation, steigern durch das Bewegtbild die Aufmerksamkeit während der virtuellen Sitzung und unterbrechen eine mögliche Monotonie nur eines Sprechers.

Bild 3.100 Beispiel einer Kurzumfrage als interaktives Element während eines Webinars

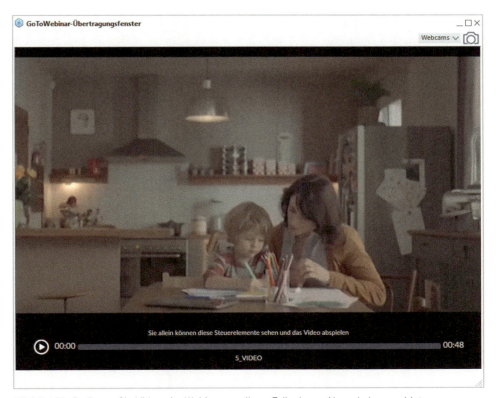

Bild 3.101 Ergänzen Sie Videos im Webinar, um Ihren Teilnehmer Abwechslung zu bieten

Weiterhin können Sie direkt beim Anlegen des Webinars schon die End- oder Zufriedenheitsumfrage einbinden. Diese dient als Follow up-Element und ermöglicht es Ihnen, direktes Feedback der Teilnehmer einzusammeln, Produktinteresse abzufragen oder sonstige Infos über den Teilnehmer und seine Interessen einzuholen. Zufriedenheitsumfragen sind je nach Zeitpunkt der Ausstreuung unterschiedlich effektiv. Unsere Erfahrung hat gezeigt, dass das Einholen von Feedback direkt im Anschluss an das Webinar am besten funktioniert und damit die wertvollsten Insights liefert. Teilnehmer bekommen in diesem Fall die Umfrage sofort nach Verlassen des Webinars in ihrem Browser angezeigt und können abstimmen. Im Schnitt sollten Sie jedoch trotzdem mit einer Ausfallquote von knapp 50 Prozent rechnen, da vielen Teilnehmern direkt nach dem Webinar die Zeit fehlt und die Umfrage im Browser selten zu einem späteren Zeitpunkt nachgeholt wird. In diesem Fall schaffen Sie am besten durch eine zusätzliche Einbindung in der Follow up-E-Mail Abhilfe. Vorsicht jedoch, dass Sie nicht zu viele Links beziehungsweise Handlungsaufforderungen einbauen. Sie kennen ja das Hick'sche Gesetz aus Kapitel 2 und wissen, dass eine große Auswahl die Wahrscheinlichkeit auf überhaupt irgendeine Handlung verringert. Erfahrungsgemäß wird die Teilnahmequote der Endumfrage durch den zusätzlichen Versand in der Follow up-E-Mail nicht maßgeblich erhöht; es liegt also an Ihnen zu entscheiden, wie wichtig Ihnen die wiederholte Nachfrage nach Feedback ist.

Viel wichtiger ist an dieser Stelle, wie viele Fragen dieser Art gestellt werden können/sollten, um eine ausreichende Rücklaufquote zu erzielen und aussagekräftige Ergebnisse zu erhalten. Die optimale Anzahl gibt es natürlich nicht, und sie variiert je nach Produkt und Zielgruppe. Ein guter Ausgangspunkt sind fünf Fragen und ein Mix aus Multiple Choice (Einfach- als auch Mehrfachauswahl) und offenen Fragen. Dabei sollten Sie im ersten Teil die generelle Zufriedenheit mit dem Thema und oder dem Referenten abfragen, bevor Sie im zweiten Teil auf das Produktinteresse, bisherige Produktvorlieben oder genutzte Produkte und Dienstleistungen und sonstiges offenes Feedback eingehen. Sie werden überrascht sein, wie viele wertvolle Informationen Sie aus einer offenen Feedback-Frage bekommen – probieren Sie es aus, es lohnt sich! Stellen Sie beispielsweise die folgenden Fragen:

- Wie bewerten Sie den Inhalt des heutigen Webinars? (Einfachauswahl: sehr gut, gut, okay, schwach)

- Wie bewerten Sie den Referenten/die Referentin des heutigen Webinars? (Einfachauswahl: sehr gut, gut, okay, schwach)

- Nutzen Sie bereits [Produkte/Dienstleistungen wie Ihre]? Falls ja, welche? (Einfachauswahl: ja, nein; offenes Textfeld zur Angabe des Produkts)

- Haben Sie Interesse, mehr über unser Produkt zu erfahren oder es zu testen? (Mehrfachauswahl bei mehreren Produkten: Ja, Interesse an [Produkt 1]. / Ja, Interesse an [Produkt 2]. / Nein danke, kein Interesse.)

- Haben Sie sonstige Anmerkungen zum heutigen Webinar (Lob, Kritik, Wünsche, Verbesserungsvorschläge)? (offene Frage)

Sinnvollerweise können Sie Ihr Webinar-Tool über eine Schnittstelle mit Ihrem CRM-Tool verbinden, um die während des Webinars und in der Endumfrage gesammelten Informationen Ihrer Teilnehmer direkt auf den Kontakt zu überspielen und Ihrem Vertrieb damit einen wertvollen Wissensvorsprung beim nächsten Telefonat zu geben.

Exkurs: Lebendige Referenten und Out-of-the-box-Webinare

Natürlich können Sie Ihren Webinaren mithilfe der vorgestellten Interaktionselemente mehr Leben einhauchen und Ihre Teilnehmer zum aktiven Mitwirken bewegen. Unterschätzen Sie aber auch nicht, welche zusätzliche Lebendigkeit der Referent selbst dem Webinar geben kann. Trauen Sie sich auch mal, quer zu denken und dem Referenten die gleiche Freiheit zu geben, die er auch in einer Offline-Präsentation hätte – nämlich direkt und persönlich mit den Teilnehmern zu interagieren. Zwei Beispiele aus meiner eigenen Praxis unterstreichen die Wirkung des Referenten als interaktives Element sehr deutlich:

1. Mein Referent Gerrit Grunert, der bei seinen Webinaren immer eine sehr persönliche Ansprache wählt, hat während unserer Live Session ein kurzes Gitarrensolo gegeben. Im Hintergrund seiner Webcam war eine Gitarre zu sehen, auf die ich ihn im einleitenden Smalltalk angesprochen hatte. Die Reaktionen der Teilnehmer im Chat waren darauf so überwältigend, dass wir angeboten haben, zum Ende des Webinars ein Gitarren-Solo zu geben (siehe Bild 3.102). Dies war für einige nicht nur Anreiz genug, bis zum Ende zu bleiben, sondern hat zudem den Live-Charakter und die Spontaneität während des Webinars unterstrichen. Dadurch fühlten sich die Teilnehmer abgeholt und waren von Beginn an extrem aktiv im Chat und bei den Umfragen. Also: Auch Spaß darf sein, selbst in einem Business Webinar!

Bild 3.102 Spontane Aktionen verhelfen einem Webinar dazu, ein unvergessliches Erlebnis für die Teilnehmer zu werden

2. Ein anderer Referent hat live im Webinar Stimm- und Atemübungen mit den Teilnehmern durchgeführt. Ja, auch das geht in einem Webinar! Eine gute Audio- und Übertragungsqualität ist hier natürlich essenziell. Die Übungen kamen sehr gut an und wurden von vielen live mitgemacht, wie uns währenddessen im Chat berichtet wurde. Der Methodenmix wurde sehr positiv wahrgenommen und das Feedback der Teilnehmer war überwältigend!

Nutzen Sie alle Möglichkeiten, die Sie während eines Webinars haben, und binden Sie auch Live-Trainings und Übungen ein, die Ihre Teilnehmer direkt mitmachen können.

3.4.5.2 Die effektive Bewerbung eines Webinars

Nach der Planung und dem Anlegen des Webinars geht es nun in erster Linie um eine effektive Bewerbung, die potenzielle Leads identifiziert und zu Anmeldern macht. Wir wollen an dieser Stelle allerdings nur ein paar Möglichkeiten der effektiven Bewerbung aufzeigen und darstellen, worauf es grundlegend bei der Webinar-Einladung ankommt.

Die **Webinar-Einladung** sollte kurz und knapp die wichtigsten Inhalte des Webinars umreißen und Interesse wecken, mehr zu erfahren. Beantworten Sie typische Fragen des Empfängers, etwa warum er seine Kontaktdaten hinterlassen sollte, um sich zum Webinar anzumelden oder welchen Mehrwert er von der Teilnahme und was genau er aus dem Webinar mitnehmen kann. Die Einladung sollte demnach zunächst einen kurzen beschreibenden Absatz enthalten, idealerweise gefolgt von einer kurzen Liste, die auf den Punkt die wichtigsten Fakten zusammenfassen. Titel, Datum und Uhrzeit sind natürlich essenziell, wobei auch zusätzliche Informationen zum Sprecher optional ergänzt werden können.

Integrieren Sie ruhig zwei bis drei Anmelde-Buttons in Ihrer E-Mail, um den Interessenten an jeder möglichen Stelle in seinem Lesefluss abzuholen – zum Beispiel nach dem Lesen der Einleitung oder beim Überfliegen der Agenda, wie in Bild 3.103 dargestellt. Je nach strategischer Ausrichtung Ihres Content Marketings können Sie zudem schon in der Einladung darauf hinweisen, ob es eine Aufzeichnung auch bei Nicht-Teilnahme am Webinar geben wird. Das kann die Zahl der Anmeldungen nach oben treiben, wird sich erfahrungsgemäß jedoch negativ auf die Teilnahmequote auswirken.

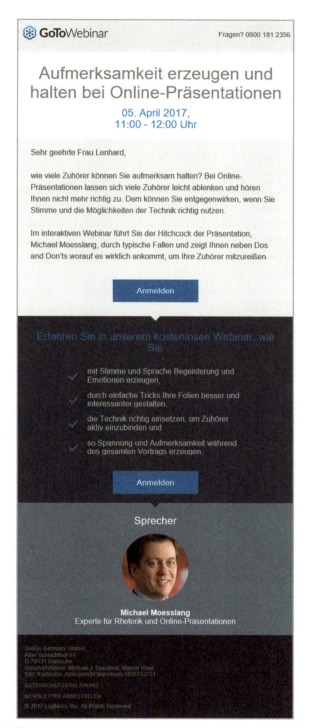

Bild 3.103 Geizen Sie nicht mit Anmelde-Buttons; testen Sie die optimale Anzahl und Positionierung

Webinar per Video anteasern

Die Interessenten aus unserer eigenen Datenbank werden eine Woche vor dem offiziellen Webinar-Termin sowie erneut einen Tag davor eingeladen, sofern sie sich bis dahin noch nicht angemeldet haben. Aus Erfahrung sind diese Einladungszeitpunkte in Bezug auf die Teilnehmerquote die effektivsten. Ein Webinar weiter als eine Woche im Voraus per E-Mail zu bewerben, kann zwar insgesamt zu mehr Anmeldungen führen, verringert aber oftmals auch die Teilnahmequote. Standardmäßig versenden wir in der Woche vorher eine HTML-Mail und setzen am Tag vor dem Webinar auf eine klassische, kurzgehaltene Text-E-Mail. Tests haben gezeigt, dass die Textvariante so kurz vor dem Webinar-Termin die effektivere ist in Bezug auf Klicks und Registrierungen.

Das Design der zuvor abgebildeten HTML-E-Mail haben wir zudem gegen eine Variante mit integriertem Video getestet, die das Webinar noch persönlicher ankündigen sollte (siehe Bild 3.104). Der Referent selbst hat die Empfänger dabei per Videobotschaft persönlich zum Webinar eingeladen und zusammengefasst, warum es sich lohnt, dabei zu sein. Der A/B-Test mit einer Gesamtzielgruppe von knapp 17 000 Empfängern hat bewiesen, dass die Video-Einladung auf allen Ebenen gewinnt:

Bild 3.104 Persönlichkeit zahlt sich aus – laden Sie per Videobotschaft zum Webinar ein

Die Öffnungsrate war aufgrund der veränderten Betreffzeile (»Persönliche Einladung zum Webinar« statt »Live-Webinar: Wir machen Sie zum virtuellen Präsentations-Profi!«) um 2,4 Prozent höher als bei der E-Mail ohne Video. Die Klickrate war um 3,8 Prozent besser und die Anmeldequote lag 0,41 Prozent über der ursprünglichen Variante. Überraschenderweise stieg durch die Video-Einladung auch die Teilnahmequote um drei Prozent. Die deutlich kürzere E-Mail, inklusive Blickfängervideo, hat ihre Effektivität damit eindrucksvoll bewiesen.

> Testen Sie unterschiedliche E-Mail-Designs (HTML), integrieren Sie Teaser-Videos in Ihrer E-Mail-Einladung sowie auf Ihrer Landing Page und probieren Sie in der zweiten beziehungsweise letzten E-Mail vor dem Webinar-Termin auch mal eine reine Textversion aus. Legen Sie sich nicht zu früh auf eine Variante fest, sondern sammeln Sie gerade in der Anfangszeit möglichst viel Erfahrung. Kontinuierliches Testen von Design- und E-Mail-Formaten ist für eine erfolgreiche Webinar-Bewerbung essenziell.

3.4.5.3 Die erfolgreiche Durchführung eines Webinars

Briefing des Referenten

Bereits während der Planungsphase sollten Sie den Referenten auf die richtige Durchführung des Webinars vorbereiten. Der Referent wählt sich als Diskussionsteilnehmer in das Webinar ein und kann dann von Ihnen entweder zum Organisator (mit allen verfügbaren Rechten) oder zum Moderator (der ausschließlich seinen Bildschirm übertragen kann, jedoch keine sonstigen administrativen Rechte hat) befördert werden.

Wir empfehlen Ihnen, Ihrem Referenten lediglich Moderationsrechte zu erteilen, da er diese für die Bildschirmübertragung benötigt. Alle zusätzlichen Rechte wären eine Ablenkung. Und er soll sich schließlich voll und ganz auf seinen Vortrag und die Präsentation konzentrieren und sich nicht von zusätzlichen Frage- und Chat-Fenstern ablenken lassen. Fragen der Teilnehmer können Sie als Moderator im Hintergrund beantworten und über die Tonspur an den Referenten zur Beantwortung weitergegeben. Damit schaffen Sie eine Umgebung, die die Leistung des Referenten deutlich steigert.

Um einen reibungslosen Ablauf auch bei Ihnen zu gewährleisten, empfehlen wir die Nutzung von zwei Bildschirmen. Auf einem können Sie die Vollbildansicht des Webinars übertragen, auf dem zweiten die Referentenansicht mit ihren Notizen. Letzterer steht – oder hängt, wie in meinem Fall (siehe Bild 3.105) – Ihnen idealerweise direkt gegenüber und ist mit der Webcam ausgestattet. Dadurch schauen Sie auch beim Ablesen Ihrer Notizen geradlinig in die Kamera und können bei Bedarf den Hintergrund oder Ihre Haltung anpassen.

Bild 3.105 Ein professionelles Webinar-Setup: Mehrere Bildschirme und die Webcam auf Augenhöhe

Webcams sollten bei einem Webinar immer genutzt werden, da sie Nähe zum Publikum schaffen und die Live-Situation bestmöglich durch Mimik und Gestik unterstützen. Sowohl der Referent als auch Sie als Moderator übertragen ihre Webcam, wobei Sie Ihre nach der An- und Abmoderation am besten ausschalten, um nicht vom eigentlichen Geschehen abzulenken. Wichtig ist an der Stelle ein **professioneller Hintergrund**, dessen Design zum Produkt und Unternehmen passt. Das kann ein Produktposter sein, ein farbiges Roll-up oder ein faltbarer Fotografie-Hintergrund. Hier gibt es viele Möglichkeiten; probieren Sie aus, was am besten zu Ihnen und Ihrem Unternehmen passt und gut aussieht.

Der Referent öffnet seine Präsentation am besten schon zu Beginn im Vollbildmodus, um direkt übertragen zu können, sobald Sie ihm die Bildschirmfreigabe ermöglichen. Danach sieht er lediglich seine Präsentation, das Bild seiner Webcam sowie die Bedienoberfläche der Webinar-Software. Weitere Fenster bleiben sicherheitshalber besser geschlossen. Die Position der Webcams auf dem Bildschirm können Sie im Normalfall übrigens selbst bestimmen (siehe Bild 3.106). Der Referent kann sie (für sich) natürlich auch komplett ausblenden, um den vollen Blick auf seine Präsentation zu haben.

Bezüglich anderer Fenster, die für Sie als Organisator wichtig sind, empfehle ich, das Chat- sowie das Fragenfenster aus dem Bedienpanel herauszutrennen, zu maximieren und unterhalb der übertragenen Webcams anzuordnen. Auch für Sie als Organisator sind zwei Bildschirme unglaublich hilfreich, und Sie können die Fenster nach Ihrem Belieben positionieren. Die aus dem Bedienpanel herausgelösten Fenster werden übrigens nicht für Teilnehmer übertragen, das heißt, Sie müssen keine Angst haben, Fragen oder Antworten zu übertragen, die von anderen Teilnehmern eventuell nicht gesehen werden sollen.

Bild 3.106 Ob oben, links oder rechts: Die Position der Webcams können Sie ganz nach Ihren Vorlieben anpassen

Beginn des Webinars

Zuvor haben wir bereits die Notwendigkeit eines Warteraums diskutiert und Ihnen den Tipp gegeben, mithilfe des Übungsmodus und der Bildschirmübertragung den Start eines Webinars und die Wartezeit der Teilnehmer zu individualisieren und spannender zu gestalten. Daran anknüpfend wollen wir Ihnen nun zeigen, wie das im Detail aussehen kann.

Nachdem ich meine Referenten und/oder Moderatoren immer mindestens dreißig Minuten vor Beginn des offiziellen Webinars im Übungsmodus treffe, um letzte Details zu besprechen oder einen technischen Check durchzuführen, starte ich mindestens fünfzehn Minuten vor Beginn des Webinars die Bildschirmübertragung. Zu sehen ist dann mein Intro-Slide mit Titel, Datum und Startzeit des Webinars (siehe Bild 3.107). Außerdem beginne ich parallel die Teilnehmer im Chat zu begrüßen und das Gespräch mit den ersten Zuschauern anzustoßen, um sie auf das Thema einzustimmen.

Drei bis fünf Minuten vor dem offiziellen Start beginnen mein Referent und ich dann mit der Übertragung unserer Webcams. Durch etwas Smalltalk wollen wir den Teilnehmern den Live-Charakter des Webinars vermitteln und ihnen demonstrieren, mit welcher Nähe sie ihre Fragen an den Referenten oder mich als Moderatorin stellen können. Mit dieser Einstiegsvariante habe ich bisher die beste Erfahrung gemacht, denn es zeigt den Teilnehmern, dass wir gut vorbereitet sind. Außerdem erkennen sie schnell, dass sie nicht schon mit Fragen oder Aufforderungen *belästigt* werden, bevor es überhaupt losgeht.

Bild 3.107 Intro-Slides enthalten idealerweise Informationen zum Thema, den Referenten sowie dem Startzeitpunkt

Abgesehen davon gibt es aber natürlich noch weitere Möglichkeiten, die Teilnehmer im Webinar zu begrüßen. Nachfolgend eine getestete und bewährte Auswahl:

- Blenden Sie vier bis fünf **rotierende Slides** mit Statistiken oder spannenden Fakten zum bevorstehenden Thema ein, die Sie als Moderator im Anschluss als Aufhänger nutzen können.

    Vorteil: Die Aufmerksamkeit des Teilnehmers bleibt durch Bewegung auf dem Bildschirm und Sie können unaufdringlich erste (produkt)relevante Informationen kommunizieren.

    Nachteil: Der Teilnehmer könnte durch zu viele Informationen abgelenkt werden und im schlimmsten Fall schon vor dem offiziellen Start das Interesse verlieren.

- Nutzen Sie **musikalische Untermalung**, um den Warteraumcharakter zu symbolisieren. Achten Sie dabei aber unbedingt auf die Nutzung GEMA-freier Musik, ansonsten riskieren Sie rechtliche Schwierigkeiten.

    Vorteil: Die Teilnehmer merken, dass das Webinar geöffnet wurde, erkennen jedoch auch, dass sie bis zum offiziellen Beginn noch etwas Geduld haben müssen. Musik verbreitet gute Laune, kann beruhigen und die Teilnehmer bereits mental auf das Webinar vorbereiten.

    Nachteil: Um eine musikalische Untermalung zu gewährleisten, muss die Tonübertragung aktiviert werden, was bedeutet, dass keine weiteren (internen) Abstimmungen zwischen Moderator und Referent mehr über die Tonspur erfolgen können. Außerdem können bestimmte Melodien den Teilnehmer an Telefonwarteschleifen erinnern und ihn zum frühzeitigen Abschalten bewegen.

- Führen Sie eine **Kurzumfrage** durch, die die Teilnehmer schon vor dem offiziellen Start zur Handlung auffordert oder bieten Sie ihnen ein **Gewinnspiel** als Anreiz, sich zu engagieren; zum Beispiel über Social Media, wie Ben und ich es in einem gemeinsamen Webinar umgesetzt haben (siehe Bild 3.108).

Vorteil: Bei einer spannenden Frage kann das Interesse an dem, was kommt, enorm gesteigert werden. Eine direkte und kommentierte Auswertung der Umfrage sollte dann aber auch direkt zu Beginn erfolgen. Das Engagement über soziale Medien kann zudem die Aufmerksamkeit weiterer Interessenten auf Ihr Webinar-Thema lenken.

Nachteil: Während die Umfrage freigeschaltet ist, werden in der Regel die Webcam- und Bildschirmübertragung gestoppt, sodass der Teilnehmer ausschließlich die Umfrage sieht. Dies könnte ohne zusätzliche Kommunikation auf der Tonspur zu Verwirrungen bezüglich des eigentlichen Webinar-Themas führen.

Bild 3.108 Ein Beispiel, wie Sie Teilnehmer vor Beginn des Webinars ausdrücklich zur Teilnahme am Gewinnspiel aufrufen

- Stellen Sie Ihren Teilnehmern **Rätsel**, mit denen sie entweder ihr Wissen testen können oder die einfach unterhaltsam sind.

  Vorteil: Der Teilnehmer wird von vornherein einbezogen und auf das Thema eingestimmt, er kann sich auf unterhaltsame Art und Weise die Zeit vertreiben. Zusätzlich kann ein Rätsel als Türöffner dienen, um im Webinar eine Geschichte zu erzählen, die mit der Auflösung am Ende abgerundet wird.

  Nachteil: Nicht jeder fühlt sich durch Rätsel unterhalten, vor allem nicht im Business-Kontext. Außerdem sollten Sie die Auflösung unbedingt zeigen oder in den Vortrag einbinden, was dann jedoch nicht für jeden (später dazukommenden) Teilnehmer relevant ist und wertvolle Vortragszeit kostet.

Die Besonderheiten des Folien-Designs in einer Online-Präsentation

Wer häufig offline oder *Face-to-Face* präsentiert hat, ist noch lange kein Experte für Online-Präsentationen. Den Unterschied macht nicht nur die Tatsache, dass Sie die Teilnehmer nicht sehen, sondern auch das Foliendesign muss ein ganz anderes sein. Denn Ihr Ziel ist immer, die Aufmerksamkeit der Teilnehmer und ihren Blick auf den Bildschirm zu halten. Potenzielle

Ablenkungen gibt es in einem Webinar oder einer Online-Präsentation ohnehin schon genug – und diese sind nur wenige Klicks entfernt! Stellen Sie sich vor, Sie nehmen aus Ihrem Großraumbüro heraus selbst an einem Webinar teil: Der Kollege kommt mit einer kurzen Frage vorbei, Ihr Chef braucht noch schnell einen Report von Ihnen und Ihr Posteingang gibt sowieso nie Ruhe. Mal schnell ein kurzes Gespräch führen, eine E-Mail beantworten oder die aktuellsten Nachrichten checken – all das ist im Prinzip kein Problem während eines Webinars, da Sie als Teilnehmer weder gesehen noch gehört werden. Jetzt versetzen Sie sich aber mal in die Rolle des Referenten: Wünschen Sie sich derart abgelenkte Teilnehmer? Wie schaffen Sie es, ihre Aufmerksamkeit zu gewinnen und über die Dauer des Webinars zu halten?

Bevor wir diese Fragen beantworten, wollen wir Ihnen noch die drei größten Fehler aufzeigen, die oft begangen werden:

1. **Zu viele Informationen** – Die Folien sind mit Bullet Points und Text überladen, den sowieso niemand liest, geschweige denn versteht.

2. **Betreutes Lesen** – Anstatt gekonnt rhetorisch zu überzeugen und dabei Spannung und Aufmerksamkeit zu schaffen, wird lediglich der Inhalt der Folien vorgelesen.

3. **Zu wenig Bewegung** – Mit statischen Folien, die selten weitergeklickt werden und visuell nichts zu bieten haben, verlieren Sie schnell das Interesse Ihrer Teilnehmer.

Bauen Sie Ihre Online-Präsentation daher wohl überlegt auf. Nutzen Sie die folgenden Tipps, die aus eigener Erfahrung die Aufmerksamkeit der Teilnehmer nicht nur fördern, sondern auch über die Dauer des Webinars halten können.

Tipp 1: Bilder, Bilder und noch mehr Bilder. Nutzen Sie viele sprechende Bilder in Ihrer Online-Präsentation, die den Blick auf sich ziehen und in Erinnerung bleiben. Sie brauchen keinen Text, denn die Geschichte, die Sie zu einem spannenden Bild erzählen, bleibt viel eher im Kopf.

Tipp 2: Lieber zu viel als zu wenig. Das klingt im ersten Moment seltsam, aber nutzen Sie lieber mehr Folien, als einige wenige zu überladen. Das vermehrte Klicken hilft zudem, durch die Bewegung der Slides den Blick der Teilnehmer auf dem Bildschirm zu halten. Verteilen Sie daher Text und Bilder auf mehreren Slides. Nutzen Sie außerdem Animationen großzügiger als bei Offline-Präsentationen, um Elemente nacheinander einzublenden und damit den Fokus auf einzelne Fakten zu verstärken.

Tipp 3: Setzen Sie Videos ein. Im richtigen Maß hilft das Einbinden von Videos, um die Spannung zu erhalten und einen sonst möglicherweise monotonen Vortrag zu bereichern. Auch hier fesselt die Bewegung auf dem Bildschirm den Blick des Teilnehmers. Videos und animierte GIFs können auf unterschiedliche Weise genutzt werden: Zum Beispiel können Sie das Video direkt im Browser öffnen, sollten in dem Fall aber den Link parallel dazu im Chat teilen, da die Audioübertragung bei dieser Form nicht in jedem Tool gewährleistet ist. Alternativ können Sie das Video auch als MP4-Datei oder YouTube-Link direkt im Backend des Webinar Tools einbetten und über die Bedienoberfläche während der Session abspielen – samt Ton.

Tipp 4: Bleiben Sie sich treu. Trotz der Einbindung vieler interaktiver Elemente, Bilder und weniger Text sollten Sie Ihrem Stil in einer Präsentation treu bleiben – zum einen was Sie selbst betrifft, zum anderen in Bezug auf Ihr Präsentations-Layout. Nutzen Sie Ihr Folien-Design entsprechend der Corporate Identity, und unterbrechen Sie es nur ab und zu durch Bilder oder sonstige Elemente.

Tipp 5: Verwenden Sie keine Bullet Points. Versuchen Sie Ihren Text nicht zu reduzieren, indem Sie ihn in Bullet Points verwandeln. Seien Sie ehrlich zu sich – was muss wirklich auf der Folie stehen und kann nicht durch ein Bild, eine Grafik oder eine überzeugende Statistik ausgedrückt werden? Versuchen Sie keinesfalls Ihren eigenen Sprechtext auf den Folien unterzubringen, sondern nutzen Sie – wie zuvor beschrieben – zwei Bildschirme und die Referentenansicht mit Ihren Notizen. Nehmen Sie sich außerdem das Sprichwort »Übung macht den Meister« zu Herzen: Übung ist bei einem Webinar essenziell. Sie sollten nicht nur die Technik einwandfrei beherrschen, sondern auch frei und spontan sprechen können. Ein Skript kann beim Training enorm helfen.

Das Format einer Webinar-Präsentation

Im Normalfall haben Sie die Wahl zwischen einem 16:9- und 4:3-Format, wenn Sie Ihre Präsentation beziehungsweise Webcam online übertragen. Erfahrungsgemäß wird nur noch selten das 4:3-Format genutzt, und die meisten meiner Referenten legen Ihre Präsentationen ohnehin im 16:9-Format an. Dementsprechend sollten Sie auch die Webcams einstellen und darauf achten, dass das Format bei allen Referenten und Moderatoren gleich ist, um ein einheitliches und professionelles Bild zu erzeugen.

Handlungsaufforderungen während des Webinars

An den richtigen Stellen und sparsam eingesetzt, sind Calls-to-Action ein sehr wertvoller Bestandteil von Webinaren. Ich habe zu Beginn meiner Webinar-Karriere oft den Fehler gemacht, Teilnehmer mit Produktreizen zu überfluten und ständig auf die Möglichkeit einer Testversion unseres Produkts hinzuweisen. Ein Webinar, das zur Lead-Generierung im oberen Segment des Verkaufstrichters eingesetzt wird, hat nicht zwangsläufig das Ziel, Anmeldungen zur Testphase (sogenannte »Trial Requests«) zu generieren. In erster Linie möchte ich viele Anmeldungen zum Webinar generieren, eine hohe Teilnehmerquote erreichen und den Registrierten den (wertvollen) Content liefern, für den diese mit ihren Kontaktdaten bezahlt haben. Interessenten in dieser Phase der Customer Journey mit Handlungsaufforderungen zu überfluten kann einen negativen Effekt haben und entspricht auch nicht den Regeln einer erfolgreichen Content Marketing-Strategie. Seien Sie deshalb zu Beginn sparsam mit der Werbung und rufen Sie Ihre Teilnehmer lieber durch das Angebot weiterführender Inhalte zur Handlung auf, die in deren Interessen liegen und gerne genutzt werden, aber ebenso als weiterqualifizierende Maßnahme wirken. Solche Handlungsaufforderungen sollten einmal zu Beginn und einmal zum Schluss des Webinars platziert, können aber zusätzlich auch in die Endumfrage eingebunden werden.

Bewegen Sie sich im Verkaufstrichter weiter nach unten und bieten in diesem Zuge Webinare an, bei denen Sie davon ausgehen, dass die Teilnehmer ein gewisses Produktinteresse haben, können Sie weitere Calls-to-Action einsetzen. Erfahrungsgemäß machen sich hier Kurzumfragen gut, die während des Webinars oder am Ende, kurz vor der Diskussionsrunde, gestartet werden und in denen nach einem konkreten Interesse am Produkt oder Service gefragt wird. Teilnehmer, die bis dahin Ihren wertvollen Content konsumiert haben, sind in der Regel gewillter, Ihnen eine Antwort zu geben (das hat mit Reziprozität zu tun, auf die wir in Kapitel 4, Abschnitt 4.4.1 näher eingehen).

Wichtig ist im Endeffekt nur, dass Sie nicht permanent zu einer Handlung aufrufen – nutzen Sie den Anfang und das Ende Ihres Webinars und führen Sie maximal eine Kurzumfrage sowie die Endumfrage durch. Vergessen Sie aber bitte nicht die Calls-to-Action in Ihrem Follow up Mailing sowie den mitgeschickten Präsentationsunterlagen!

Das richtige Audio Setup für Ihr Webinar

Das Thema Audio wird bei der Webinar-Planung und -Umsetzung leider viel zu häufig vernachlässigt. Dabei ist eine gute Sound-Qualität essenziell – nicht nur während der Live Session, sondern vor allem dann, wenn sie danach als On Demand-Video weiterverwendet werden. Wie wichtig die Audiothematik ist, zeigt sich auch darin, dass die meisten Webinar-Anbieter bei schlechter Bandbreite auf die Übertragung des Bildes zugunsten einer besseren Audioübertragung verzichten. Sofern die Möglichkeit besteht, empfehlen wir, Ihren Teilnehmern immer beide Einwahloptionen anzubieten – per Computer-Audio (VoIP) und per Telefon (siehe Bild 3.109).

Bild 3.109 Webinar-Audio: Reicht die Bandbreite mal nicht aus kann sich der Teilnehmer per Telefon ins Webinar einwählen

Wichtig für Sie als Organisator, Ihren Referenten aber auch die Webinar-Teilnehmer selbst ist der Soundcheck vor Beginn des Webinars (siehe Bild 3.110). Überprüfen Sie immer, ob die richtigen Audioquellen ausgewählt sind, sowohl für Ihr Mikrofon als auch für die Lautsprecher.

Wie Sie vorhin gesehen haben, verwende ich kein kabelgebundenes Headset mehr, sondern eine Kombination aus einem Standmikrofon auf dem Tisch und einer Freisprechanlage als Lautsprecher. Im Zusammenspiel mit den Lärmschutzwänden im Raum hat sich dieses Paar für mich als optimales Audio Setup herausgestellt. Ich selbst fühle mich beim Präsentieren freier ohne Kabel und meine Teilnehmer bestätigen den guten Sound während des Webinars. Das für mich richtige Setup zu finden, brachte allerdings auch den ein oder anderen Test mit sich – also probieren Sie es aus, holen Sie Feedback von Kollegen, Referenten und Teilnehmern ein und schauen, beziehungsweise hören Sie sich im Nachgang die Aufzeichnung des Webinars selbst an.

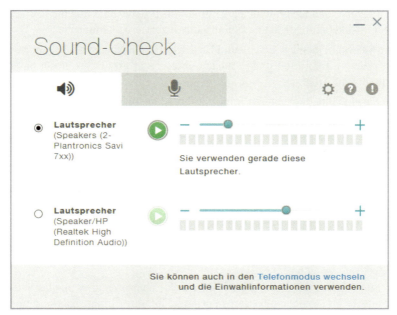

Bild 3.110 Soundcheck: Prüfen Sie Ihre Audio Settings, bevor es losgeht

Apropos Aufzeichnung: Verwerten Sie den wertvollen Content, den Sie in Ihrem Webinar generiert haben, unbedingt wieder. Zum Beispiel als On Demand-Video, das Sie in einem Archiv auf Ihrer Website zur Verfügung stellen. Mit meinem Webinar-Archiv konnte ich 2016 ohne weiteres Zutun, also ohne zusätzliche Promotion oder Werbung, 460 Leads generieren, von denen 152 komplett neue Leads waren. Das ist kein schlechter Nebeneffekt für Content, der ursprünglich aus einem Live-Format stammt. Wenn ich dann noch dazusage, dass aus diesen 152 neuen Leads 37 Opportunities mit Produktinteresse generiert werden konnten, dann sollte das Argument genug sein, damit auch Sie Ihre Webinare wiederverwerten. Schließlich gibt es dafür viele Wege: Sie können eine Live-Version simulieren, einzelne Teile des Videos nutzen, den Inhalt in einem Whitepaper oder E-Book schriftlich aufbereiten oder ihn als Blogartikel veröffentlichen. Seien Sie kreativ beim *Content Recycling*!

3.4.5.4 Fazit

Wir haben hoffentlich deutlich gemacht, wie wertvoll Webinare für die unterschiedlichsten Unternehmensbereiche sein können und wie vielfältig einsetzbar sie sind. Achten Sie aber bitte auf eine professionelle Planung und Durchführung, da dies entscheidende Bausteine für den Erfolg von Webinar-Programmen sind. Nur weil ein Webinar im Prinzip ein zeit- und ortsunabhängiges Kommunikations-Tool ist und Sie es von überall aus durchführen können, heißt das nicht, dass Sie nicht auch ein paar Regeln für Ihre Präsentationsumgebung und das technische Setup beachten sollten, um ein professionelles Auftreten zu gewährleisten:

1. Suchen Sie sich eine ruhige, ungestörte Umgebung, am besten einen separaten Meeting- oder Konferenzraum
2. Besorgen Sie sich das richtige Equipment. Ein kabelgebundenes Headset funktioniert sehr gut und ist die Mindestvoraussetzung für die Durchführung eines professionellen

Webinars. Vertrauen Sie bitte niemals nur auf Ihr PC-Mikrofon und die Lautsprecher, da Hall und Rückkopplung Ihren gesamten Auftritt zerstören können.

3. Bringen Sie, wenn möglich, Schall- und Lärmschutzisolierungen an. Je ruhiger der Raum ist, aus dem Sie referieren und je mehr Geräusche er absorbiert, desto besser für die Audioqualität im Webinar.

4. Nutzen Sie ein »Bitte nicht stören Schild« während Sie live sind, um Kollegen zu symbolisieren, dass der Raum während dieser Zeit nicht betreten werden darf. Ich persönlich habe ein leuchtendes »On Air«-Schild angebracht, das auch eine tolle Alternative darstellt.

5. Verwenden Sie einen professionellen Hintergrund im Webinar. Das kann zum Beispiel ein farbiges Roll-up, eine klassische weiße Wand oder ein Produktposter sein. Schaffen Sie dadurch Ruhe und lenken Sie die Teilnehmer nicht durch einen unaufgeräumten oder überladenen Hintergrund ab.

6. Nutzen Sie mehrere Bildschirme und installieren Sie diese bereits fest im dafür vorgesehenen Raum. Sie werden bei der wiederholten Durchführung von Webinaren dankbar sein, einen vorbereiteten Raum mit einem für Sie persönlich funktionierenden Setup vorzufinden.

7. Stehen Sie! Das ist zwar sicher Geschmackssache, aber probieren Sie das Referieren im Stehen aus. Es gibt Ihnen ein besseres Körpergefühl, Ihre Stimme ist klarer und die Live-Situation eines Offline-Vortrags wird so gut wie möglich nachgestellt. Ein dazu passender Stehtisch hilft dabei ungemein.

Der abschließende Tipp, den wir Ihnen mit auf den Weg geben möchten, ist folgender: Warten Sie nicht länger, legen Sie los! Setzen Sie sich ein Ziel und definieren Sie den Umfang Ihres Webinar-Programms. Legen Sie die Grundsteine und starten Sie Ihre ersten Tests. Übung und Erfahrung werden Ihren Webinaren mit der Zeit den individuellen Schliff geben, der sie erfolgreich macht und Ihnen die Richtung aufzeigen, in die Sie Ihr Marketing-Instrument Webinar künftig entwickeln sollten.

3.4.6 Zusammenfassung

»Designing a product is designing a relationship«, bringt Industriedesigner Steve Rogers (Head of Production bei BBC New Media) sein Gestaltungsprinzip auf den Punkt. Grob übersetzt bedeutet das: Wer ein Produkt konzipiert, konzipiert eine Beziehung. Auf kein Content-Format lässt sich diese Aussage besser übertragen, als auf das Online-Video. Denn dessen Erfolg setzt eine gelungene Verbindung zum Publikum voraus. Der Dialog mit dem Nutzer steht im Zentrum aller Überlegungen, insbesondere bei der Konzeption und dem Design des Contents. Wer ein Video gestaltet, gestaltet auch die Beziehung mit seinem Publikum.

10 Kernaussagen zu Video-Content:

1. Videoinhalte werden von den Nutzern immer häufiger aufgerufen und gesucht. Der Bedarf, die Relevanz und das Potenzial für Unternehmen wachsen.

2. Videoinhalte sollten mittlerweile Bestandteil jeder unternehmerischen Content-Strategie sein.

3. Um mit Videoinhalten möglichst viele Nutzer zu erreichen, bietet sich die Veröffentlichung auf Portalen mit hoher Reichweite an. Marktführer ist derzeit noch YouTube, aber Facebook holt auf.

4. Die wachsende Produktion von Videoinhalten verursacht einen hohen Wettbewerbsdruck. Daher müssen Videos und deren Optimierung strategisch gestaltet werden.

5. Dabei steht die Nutzerzufriedenheit im Fokus aller Maßnahmen. Um den Nutzer zufriedenzustellen, empfehlen wir die Berücksichtigung wichtiger Faktoren wie Zielgruppe, Themenwahl, Auffindbarkeit, Teilbarkeit, Konversation und Konsistenz.

6. Nutzer konsumieren Videoinhalte im Kaufentscheidungsprozess. Video-Content kann daher auch direkt zur Umsatzsteigerung beitragen. Der Weg vom Video zum Verkauf kann auf unterschiedliche Art und Weise erfolgen, zum Beispiel durch Shopable Videos auf YouTube, einen verkaufsfördernden Videoaufbau oder Produktvideos auf E-Commerce-Webseiten.

7. Moderne Technologien ermöglichen eine völlig neue Darstellung von Produkten und erlauben noch intensivere Interaktion mit dem Nutzer.

8. Das vom Nutzer benötigte Equipment (zum Beispiel eine VR-Brille) kann im Rahmen von Marketingaktivitäten zur Verfügung gestellt werden.

Leseempfehlungen

- Das Buch »Video-Marketing, Erfolgreicher Content für YouTube & Co.« von Andreas Graap (mitp Verlag)
- Kostenloser Video-Ratgeber von YouTube zum Thema Video: *http://bit.ly/2IL8dHn*
- Ratgeber und Fallstudien zu Anzeigen auf YouTube: *http://bit.ly/2INnBDQ*
- YouTube Creator Studio für Bearbeitung von Videos: *http://bit.ly/2ms2I4C*
- Informationen zu Infokarten und Annotations: *http://bit.ly/1AWDwPp*

4 Design

In diesem Kapitel zeigen wir Ihnen, mit welchen Mitteln Sie die Effektivität Ihrer Webseiten – im speziellen kampagnenspezifischer Landing Pages – in Hinblick auf Ihre Unternehmens- beziehungsweise Kommunikations- und Marketingziele verbessern. Sie erfahren von uns, mit welchen Design-Kniffen und psychologischen Mitteln Sie ein überzeugendes Content Design zusammenstellen, bei dem visuelle Elemente und Texte im Einklang arbeiten.

Eine Landing Page (auch Landingpage geschrieben; im deutschsprachigen Raum als Zielseite oder Einsprungseite bezeichnet) kann im Grunde jede Seite sein, denn sie definiert sich als eine Seite, auf der ein Besucher nach dem Klick eines (Werbe)Links landet. Üblicherweise werden Landing Pages speziell für Werbekampagnen erstellt, um den durch Display-Anzeigen, E-Mails, Social Media-Beiträge bzw. -Anzeigen oder durch Suchmaschinen-Marketing generierten Traffic *zielgerichtet* aufzufangen.

Stellen Sie sich selbst die Frage, warum Sie auf Werbebanner klicken. Wahrscheinlich weil Sie ein Angebot interessiert und Sie mehr darüber erfahren möchten. Doch wie fühlen Sie sich, wenn Sie statt auf einer entsprechenden Angebotsseite mit den erwarteten Informationen plötzlich auf der Homepage des Werbers landen? Eventuell kennen Sie weder das Unternehmen, noch haben Sie diese Webseite jemals vorher gesehen. Sie fühlen sich verloren, da Sie das Angebot, dem Sie gefolgt, nicht finden können. Die Konsequenz daraus ist, dass Sie die Webseite verärgert oder enttäuscht verlassen. Mit einer dedizierten Landing Page können Sie als Werber einem Negativerlebnis (Stichwort: User Experience, siehe Kapitel 1, Abschnitt 1.5.2) vorbeugen.

Die Besonderheit dieser Seiten ist, dass sie die vorab kommunizierte Werbebotschaft aufgreifen – vor allem inhaltlich, aber auch visuell – und den Besucher dadurch an der Stelle abholen, an der er das vorherige Medium verlassen hat. Wir werden Ihnen diesen sogenannten »Message Match« im folgenden Kapitel 5 noch etwas genauer erklären. Durch konkrete Handlungsaufforderungen mit direktem Bezug zur Herkunft des Interessenten, leiten Landing Pages den Besucher geradlinig durch den Conversion-Trichter, wie er beispielhaft in Bild 4.1 dargestellt ist.

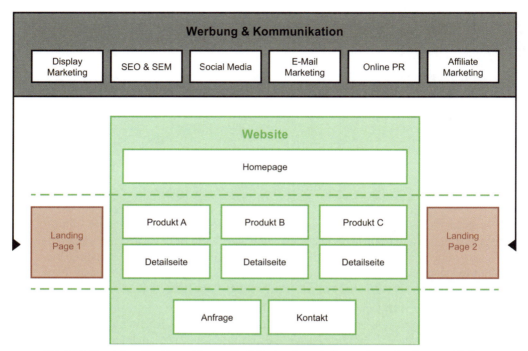

Bild 4.1 Durch Landing Pages können Sie Teile des Funnels überspringen (in diesem Fall die Homepage) und den Nutzer näher an Ihr Ziel bringen

Für Marketing-Verantwortliche sind solche Landing Pages enorm wichtig, um den Wert ihrer Werbung zu steigern. Denn Aufmerksamkeit im Sinne von Traffic hat an sich keine nachhaltige Auswirkung auf Unternehmensziele wie die Umsatzsteigerung, Markenbekanntheit oder Kundenloyalität. Um diese Ziele zu erreichen und den berüchtigten »Return on Investment« zu steigern, muss die durch Marketing-Aktivitäten generierte Aufmerksamkeit genutzt, sprich konvertiert werden (denken Sie zum Beispiel an den Inbound Marketing Prozess in Kapitel 1, Abschnitt 1.4).

■ 4.1 Wie unterscheiden sich Landing Pages von anderen Seiten?

Die Startseite (auch Homepage genannt) dient in der Regel einem anderen Zweck als eine Landing Page. Sie gibt – vor allem neuen – Besuchern einen Überblick über Ihr Angebot und lässt ihm freie Hand bei der Erkundung Ihrer Webseite. Die Startseite enthält dementsprechend viele Handlungsmöglichkeiten, sprich weiterführende Links zu Unterseiten bereit. In Roberts Blog sind es derzeit ca. 50 Alternativen, doch es können in manchen Fällen weitaus mehr sein. Zum Vergleich:

- Microsoft (*www.microsoft.de*) enthält ca. 200 Links.
- Lufthansa (*www.lufthansa.de*) hat etwa 400 Links.
- Audi (*www.audi.de*) hat um die 500 Links.
- SPIEGEL (*www.spiegel.de*) verbucht über 600 Links.

Aufgrund dieser Masse haben Sie nur wenig Einfluss auf die nächste Handlung Ihrer Besucher, weshalb sich eine solche Seite nur eingeschränkt zur Conversion eignet. Denn wir erinnern uns: Eine Webseite, die der Conversion dient, enthält nur eine (oder sehr wenige) Aktionsmöglichkeiten, um diese Conversion auch tatsächlich zu erzielen.

Jeder Link ist eine Handlungsmöglichkeit. Betrachten wir alle Handlungsmöglichkeiten als gleich wahrscheinlich, so erhält ein Link von insgesamt 50 gerade einmal zwei Prozent der gesamten Aufmerksamkeit. Die Aufmerksamkeitsrate, oder »Attention Ratio«, wie sie in Fachkreisen bezeichnet wird, beträgt 50:1. Ein einziger Link auf der gesamten Seite (siehe Bild 4.2) erhält hingegen die gesamte Aufmerksamkeit und führt demnach eher zur gewünschten Handlung – die Conversion Rate steigt.

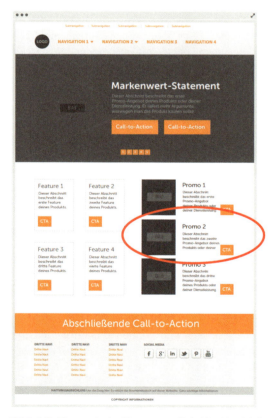

Bild 4.2 Eine typische Homepage (links) im Vergleich zu einer Landing Page (rechts). Quelle: Unbounce E-Book »Das ultimative Handbuch für AdWords Landing Pages«

Ausnahmen bestätigen allerdings die Regel. Wie Sie im weiteren Verlauf noch erfahren werden, kann es durchaus sinnvoll sein, mehrere Links – genauer gesagt mehrere Handlungsaufrufe – auf einer Landing Page zu platzieren. Die Anzahl reduziert zwar die Attention Ratio der einzelnen Links, wenn diese jedoch alle dasselbe Ziel verfolgen, beeinflusst sie nicht das Ergebnis.

Eine weitere Ausnahme sind »Anchor Links«. Als solche werden Links innerhalb einer einzelnen Seite bezeichnet, mit deren Hilfe Nutzer zu einem bestimmten Abschnitt auf derselben Seite springen können. Technisch basieren Anker auf einem speziellen HTML-Markup (sogenannten ID-Selektoren[1]), wodurch einzelne Abschnitte eindeutig gekennzeichnet werden können. Diese IDs können als Hashtag eine URL ergänzen und dadurch auf die gewünschte Sektion verweisen. Ein Link sähe beispielsweise so aus: *www.toushenne.de/ kompendium.html#conversion*. Innerhalb Roberts Kompendium können Sie über diesen Link direkt zum Eintrag »Conversion« springen.

Vor allem auf Onepagern, also Webseiten, die den gesamten Content auf einer einzigen Seite abbilden, kommen diese Anker zum Einsatz. Dieser Webdesign-Trend – wobei es mittlerweile eigentlich nicht mehr als Trend zu bezeichnen ist – entstand aufgrund der zunehmenden Verbreitung mobiler Endgeräte. Sie beeinflussen das Nutzerverhalten dahingehend, dass wir das Scrollen inzwischen gewohnt sind, den Klick aber immer häufiger meiden – aufgrund der Unsicherheit in Bezug auf die Zielseite und den damit verbundenen Kosten für Datenvolumina.

Exkurs: Onepager

Inspiriert von mobilen Apps und der Art und Weise, wie wir mit digitalen Inhalten interagieren, entstand das Konzept von Webseiten, die hauptsächlich aus einer einzigen Seite bestehen. Der Designer und Publisher Nathan Weller (nicht verwandt oder verschwägert) beschäftigt sich intensiv mit dem Konzept der Onepager und beschreibt in seinem Artikel »8 Reasons Why Pageless Design is the Future of the Web« unter *http://bit.ly/cd_onepager* acht Gründe, die für eine solche Webseitenstruktur sprechen:

1. **Storytelling** – Webseiten dienen im Allgemeinen der Kommunikation mit unseren Zielgruppen, egal wie heterogen diese auch sind. Ob Blogleser, Interessenten oder Bestandskunden, für jede Persona (Sie erinnern sich an Kapitel 1, Abschnitt 1.2) definieren wir ein individuelles Marketing- beziehungsweise Content-Ziel, das wir auf unserer Webseite verfolgen. Storytelling ist ein ideales Mittel, um diese verschiedenen Botschaften zu kommunizieren. Onepager eignen sich besonders gut als »Geschichtsbuch«, da (1) Scrollen so einfach ist wie umblättern, (2) die Geschichte niemals aufgrund eines Seitenwechsels und der damit verbundenen Ladezeit abreißt und (3) die Dramaturgie leichter aufgebaut werden kann. Alles in allem entsteht dadurch eine wesentlich bessere User Experience, als sie auf regulären Webseiten jemals zu erreichen wäre.

---

[1] CSS/Selektoren/ID-Selektor, SELFHTML-Wiki, *http://wiki.selfhtml.org/wiki/CSS/Selektoren/ID-Selektor*

Sie können die Story Ihrer Landing Page relativ einfach testen, indem Sie ausschließlich den Text extrahieren und an einem Stück laut vorlesen. Sobald die Geschichte hakt, müssen Sie das Wording verfeinern, bis der Sprach- beziehungsweise Lesefluss rund ist.

2. **Intuitiv** – Eine typische Landing Page enthält ein großes, emotionales Bild, einen vielversprechenden Titel und eine Handlungsaufforderung. Häufig reichen diese Informationen jedoch nicht aus, um den Nutzer zu überzeugen, sodass dieser nach weiteren Informationen sucht. Durch Onepager wird ihm diese Suche auf eine extrem intuitive Art und Weise erleichtert, denn alles was er tun muss, ist scrollen. Aus diesem Grund haben sich lange, sogenannte »Longform Landing Pages« bewährt, die im Ganzen eine Geschichte erzählen und erst (oder erneut) am Ende der Seite zu einer Handlung aufrufen.

Liegt eine dieser drei Gegebenheiten vor, empfehlen wir Ihnen den Test einer langen Landing Page: (1) Ihr Produkt oder Ihre Dienstleistung ist für Ihre Zielgruppe mit einer hohen Investition verbunden. (2) Ihr Produkt/Service ist komplex und erfordert eine umfassende Erklärung. (3) Ihre zukünftigen Kunden sind sich ihres Problems noch nicht bewusst oder wissen nicht, dass es eine Lösung gibt.[2]

3. **Emotional befriedigend** – Durch eine interaktive (und gegebenenfalls auch animierte) Gestaltung mittels HTML5, CSS3 und JavaScript besteht die Chance, den Leser vor allem emotional zu befriedigen. Was reiner Text nicht erreichen kann, das vollbringen klickbare Elemente, die auf eine spielerische Art und Weise das Storytelling unterstützen. Der Nutzer hat plötzlich Spaß an der Interaktion mit Ihrer Webseite, anstatt sich auf der Suche nach Informationen gezwungenermaßen durch einzelne Seiten klicken zu müssen. Sobald diese »Micro Experiences«, wie beispielsweise das Klicken eines Buttons, auch um Ihre Handlungsaufrufe herum gebaut werden, steigt die Conversion Rate, da die Hemmschwelle zur Interaktion generell gesunken ist.

4. **Höhere Conversion Rate** – Apropos Interaktion: Das ultimative Ziel einer Landing Page ist in der Regel die Conversion. Durch die geradlinige Storyline und intuitive Bedienung führt quasi jedes Element narrativ zum Call-to-Action, wodurch die Conversion Rate steigt. In gewisser Weise sind Onepager also eleganter als die üblichen Landing Pages.

5. **Niedrige Bounce Rate** – Aufgrund der bis hierhin aufgeführten Vorteile von Onepagern sinkt die Bounce Rate bei gleichzeitig steigender Besuchsdauer, da der Nutzer idealerweise in die Story hineingezogen wird und dadurch wie selbstverständlich interagiert. Durch einen Klick erfährt er zum Beispiel Details, die zunächst verborgen liegen oder löst eine Animation aus, die die Geschichte visuell weitererzählt.

---

[2] Wann brauchst du eine Long-Form Sales Page?, Unbounce, 2016, *https://unbounce.com/de/landing-page-optimierung/wann-brauchst-du-eine-long-form-sales-page/*
[3] Absprungrate, Google Analytics-Hilfe, *https://support.google.com/analytics/answer/1009409?hl=de*

Auf einer dedizierten Landing Page gibt die Bounce Rate (Absprungrate) an, welcher prozentuale Anteil an Besuchern auf der Seite dem Handlungsaufruf (Call-to-Action) nicht folgen und somit das definierte Conversion-Ziel nicht erreichen. Lässt sich beispielsweise nur jeder zehnte Besucher konvertieren, so beträgt die Bounce Rate 90 Prozent. Google hingegen kategorisiert alles als Bounce, was dem »*Besuch einer einzigen Seite auf Ihrer Website*« gleicht[3]. Google ergänzt jedoch: »*Wenn Ihre Website jedoch nur eine Seite (etwa ein Blog) enthält oder Sie andere Arten von Inhalten bereitstellen, für die Besuche einer einzigen Seite zu erwarten sind, ist eine hohe Absprungrate völlig normal.*« Auch wenn das beruhigend klingen mag, geben Sie sich natürlich unabhängig vom Content niemals mit einer hohen Absprungrate zufrieden.

6. **Pflegeleicht** – Aufgrund ihrer Anatomie sind Onepager deutlich pflegeleichter als umfangreiche Webseiten. Sie müssen nur noch einzelne Elemente und Details testen und optimieren, nicht aber die User Experience (und damit auch den Conversion Funnel) über diverse Seiten hinweg aufbauen beziehungsweise auf einem einheitlich hohen Niveau halten.

7. **Einheitlich auf allen Geräten** – Ein ebenfalls eher technischer Vorteil (zumindest aus Ihrer Perspektive) ist die Funktionstüchtigkeit von Onepagern auf Desktop-PCs und mobilen Endgeräten. Wobei wir hier, um genau zu sein, von einer einheitlichen User Experience sprechen müssten, nicht nur der Responsivität. In der mobilen Version vieler Webseiten fehlen nämlich einzelne Elemente, weil ihre technische Anpassung an Smartphones und Tablets zu kompliziert oder teuer wäre. Unternehmen entscheiden sich daher häufig, diesen Teil ihrer Webseite schlicht wegzulassen. Diese Reduktion hat zwar Performance-Vorteile, die dürften in den kommenden Jahren durch die Verbreitung von LTE & Co. jedoch immer weiter in den Hintergrund rücken. Langfristig wird sich die Gestaltung auf mobilen Endgeräten den bekannten Desktop-Varianten annähern (Animationen, Interaktionen etc.) und durch neue Möglichkeiten, wie die Gestensteuerung, Ortung oder Spracheingabe, sogar neue Maßstäbe setzen. Schon jetzt legen viele Plattformen großen Wert auf eine Gleichberechtigung von Desktop- und Mobile-Nutzern. Facebook erlaubt die Veröffentlichung von Instant Articles beispielsweise nur, wenn diese inhaltlich denselben Umfang haben wie ihr Website-Pendant. Auch Google geht mit seinem Projekt »Accelerated Mobile Pages« (kurz AMP) in eine ähnliche Richtung. »*The AMP Project is an open-source initiative aiming to make the web better for all. The project enables the creation of websites and ads that are consistently fast, beautiful and high-performing across devices and distribution platforms.*«[4]

8. Als achten Aspekt führt Nathan Weller den Preis an. Natürlich reduzieren sich auf den ersten Blick die Kosten für eine Webseite, die statt aus mehreren Seiten nur noch aus einer besteht. Diesem Argument stimmen wir allerdings nur eingeschränkt zu. Animationen, hochwertige Bilder und eine performante Programmierung kosten ebenfalls viel Geld. Zudem verlangen Onepager eine intelligente Konzeption, um den gewünschten Effekt bei den Besuchern zu erzielen. Unter Umständen verteilen sich die Budgets anders, die Kosten sinken jedoch nicht zwangsläufig.

---

[4] Accelerated Mobile Pages Project, *https://www.ampproject.org/*

Beispiele gelungener Onepager

Sehr gute und jeweils unterschiedliche Beispiele für die Umsetzung von Einseitern sind Helllicht (*www.onepager.de*), Purple Orange (*http://peeltheorange.com/*), CSS Piffle (*http://pitch.csspiffle.com/*) oder der Product Design Report von Invision (*http://bit.ly/cd_invision*). Außerdem empfehlen wir Ihnen den Artikel »The One Page Story: Design Strategies for Creating Compelling Landing Pages« von Babar Suleman unter *http://bit.ly/cd_suleman*. Sie finden dort einige hilfreiche Strategien für Ihr Onepager-Design.

4.2 Welchem Zweck dienen Landing Pages?

Zurück zur Attention Ratio und dem Problem der Aufmerksamkeitsteilung auf typischen Webseiten. Der Psychologe Barry Schwartz thematisiert in seinem Buch »The Paradox of Choice: Why More is Less« genau dieses Problem und kommt zu dem Schluss, dass die Freiheit der Wahl zwar wichtig ist für unser Wohlbefinden, zu viel Auswahl jedoch schädlich sein kann. Seine Argumentation gründet auf den Erkenntnissen diverser Studien zum Einfluss von Erfolg und Misserfolg auf die Zufriedenheit.

Je größer eine Auswahl ist, desto größer erscheint auch unsere Wahlfreiheit und desto zufriedener sind wir – zumindest objektiv betrachtet. Bei genauerer Untersuchung gilt diese Annahme jedoch höchstens vor der Entscheidung. Der eigentliche Effekt einer größeren Auswahl ist die persönliche Unzufriedenheit mit der letztendlich getroffenen Entscheidung. Denn die Angst davor, nicht die beste Alternative gewählt zu haben, ist größer als die Befriedigung durch die eigentliche Entscheidung. Negative Emotionen entstehen auch aufgrund der Opportunitätskosten, die durch die nicht wahrgenommene Alternativen entstehen und mit ihrer Anzahl natürlich steigen.

Sie kennen das Problem vielleicht selbst: Sie stehen im Supermarkt vor dem Süßigkeitenregal und können sich nicht direkt für ein Produkt entscheiden. Entweder gehen Sie nach einiger Überlegung weiter, weil Sie sich nicht entscheiden können, oder Sie greifen zu und merken kurze Zeit später, dass Sie mit Ihrer Wahl doch nicht ganz zufrieden sind. Sie drehen um und tauschen das Produkt aus. Aber sind Sie jetzt wirklich zufrieden?

Barry Schwartz stellte bei seinem TED Talk in 2005 (siehe *http://bit.ly/cd_barry_schwartz*) eine einfache Lösung für dieses Problem vor: Machen Sie sich von vornherein klar, welches Bedürfnis Sie befriedigen wollen. »Etwas Süßes naschen«, wäre, um beim Beispiel zu bleiben, völlig ausreichend. Bewerten Sie alle Optionen – also Produkte im Süßwarenregal – hinsichtlich dieses Ziels und wählen Sie jenes, das Ihren Nutzen – also den Genuss – maximiert. Es ist sehr wahrscheinlich, dass in diesem Fall alle Alternativen äquivalent sind, Sie können also getrost Ihrem spontanen Impuls folgen und nach der ersten Packung greifen, die Ihnen auffällt. Mit dieser Einstellung werden Sie weitaus zufriedener sein, als wenn Sie weiter darüber nachdenken, wie gut die anderen Produkte schmecken könnten. Ihre Auswahl befriedigt Ihr Bedürfnis, darüber sollten Sie sich freuen, anstatt über die vielen anderen, vermeintlich besseren Alternativen nachzudenken.

Dasselbe Prinzip können Sie auf Ihrer Webseite anwenden. Unterstützen Sie Ihre Besucher bei der Entscheidung, indem Sie die Auswahl von vornherein reduzieren. Dadurch steigt nicht nur die Conversion Rate, sondern höchstwahrscheinlich auch die Zufriedenheit Ihrer Besucher.

Zielgruppen, die Produkte nach Features auswählen, vergleichen alle Produkte in einer Kategorie bezüglich der ihnen wichtigen Eigenschaften, statt nur eines isoliert auf das Preis-Leistungs-Verhältnis zu überprüfen. Um eine Entscheidung des potenziellen Kunden für ein bestimmtes Produkt zu forcieren, können Sie das Sortiment um ein drittes asymmetrisch dominierendes Produkt ergänzen. Dieses ist einem der Produkte in allen kaufentscheidenden Eigenschaften unterlegen, dem anderen Produkt jedoch in Manchem überlegen und unterlegen. Diese Asymmetrie begünstigt, dass sich ein höherer Prozentsatz der potenziellen Kunden für die in allen Belangen dominierende Option entscheidet, als in einem Szenario ohne den Köder (Englisch *decoy*). Daher wird diese Marketing-Maßnahme treffend als »Decoy-Effekt« bezeichnet. Die dritte Option stellt kein Produkt dar, das wirklich verkauft werden soll.

Betrachten Sie das folgende Angebot von Tablet-Computern (siehe Bild 4.3). Die beiden Tablets unterscheiden sich in ihrer Speicherkapazität und im Preis. Während Tablet A die vierfache Menge an Speicher bietet, ist es jedoch auch mit einem Preis von 499 Euro um 67 Prozent teurer als das Modell mit 64 GB. Der potenzielle Kunde steht daher vor der Frage, ob der zusätzliche Speicher für ihn persönlich die Mehrkosten rechtfertigt.

Bild 4.3 Angebot ohne den Einsatz des Decoy-Effekts

Wird der Auswahl ein asymmetrisches Produkt hinzugefügt (Tablet C in Bild 4.4), verändert das die Situation komplett. Denn es unterliegt in diesem Fall Tablet A durch den geringeren Speicherplatz und den höheren Preis in allen Belangen. Gegenüber Tablet B ist es mit dem größeren Speicher im Vorteil, aber beim Preis eindeutig im Nachteil. Deswegen profitieren von dieser Konstellation mit hoher Wahrscheinlichkeit die Abverkäufe von Tablet A, da es zumindest einem Produkt, nämlich Tablet C, in allen verkaufsrelevanten Merkmalen überlegen ist. Tablet B und C hingegen können sich nicht in allen Merkmalen eindeutig als überlegen absetzen.

Bild 4.4 Der Decoy-Effekt steigert die Abverkäufe von Tablet A

Wird im Angebot Tablet C als Köder durch die Variante Tablet D ersetzt, wie in Bild 4.5 zu sehen, macht sich der Decoy-Effekt mit hoher Wahrscheinlichkeit erneut bei den Abverkäufen bemerkbar. Nur wird sich das Publikum eher Tablet B zuwenden, da es sowohl in der Speicherausstattung als auch im Preis der neuen Variante überlegen ist. An Tablet A wird das Publikum eher Interesse verlieren, da es nicht mehr in allen Belangen einem der beiden anderen Modellen überlegen ist. Es bietet den meisten Speicher, ist aber auch das teuerste Modell.

Bild 4.5 Der Decoy-Effekt steigert die Abverkäufe von Tablet B

Das Ziel eines Köder-Produkts ist es, die Präferenz ihrer Zielgruppe für eine bestimmte Produktvariante zu forcieren. Sie können den Decoy-Effekt sogar noch steigern, indem Sie das Produkt, dessen Absatz Sie fördern möchten, wie in Bild 4.6 dargestellt, optisch hervorheben. Meistens wird die hervorgehobene Variante zusätzlich als »Bestseller« oder »Empfehlung« gekennzeichnet, ohne dass eine nähere Erläuterung vorhanden ist.

Bild 4.6 Steigerung des Decoy-Effekts durch visuelle Hervorhebung

Matthias Henrici beschreibt im Blog von konversionsKRAFT unter *http://bit.ly/cd_matthias_henrici* konkrete Lösungsansätze, speziell für Betreiber von Onlineshops. Dort liegt die Besonderheit in der Verkleinerung der »Auswahl«, nicht des gesamten Sortiments. Denn während eine kleine Auswahl die Conversion Rate steigert, zieht eine größere Auswahl zunächst mehr Interessenten an. Weitere interessante Beispiele für den Decoy-Effekt finden Sie unter *https://chili-conversion.de/decoy-effekt*.

Die Conversion beziehungsweise das Ziel Ihrer Landing Page definieren Sie dabei ganz individuell. Grundlegend unterscheiden wir zwei Arten, genauer gesagt Funktionen von Landing Pages: Die Generierung von Leads und die Weiterleitung auf eine weitere Seite.

4.2.1 Click-Through Landing Pages

Click-Through Landing Pages fungieren als Zwischenschritt auf dem Weg vom Touchpoint (Display-Werbung, E-Mail, Suchmaschinen-Marketing etc.) hin zur Conversion Page, also der Seite, auf der ein Nutzer konvertiert werden soll, beispielsweise vom Besucher zum Abonnenten oder vom Abonnenten zum Käufer. Sie sind dann sinnvoll, wenn Erklärungsbedarf zu einem Produkt oder einer Dienstleistung besteht, oder wenn vorab Überzeugungsarbeit geleistet werden muss. Ihre Hauptfunktion ist es, dem Nutzer die für eine Kaufentscheidung notwendigen Informationen bereitzustellen, bevor er zum Warenkorb oder eine Registrierungsseite weitergeleitet wird (siehe Bild 4.7 und Bild 4.8).

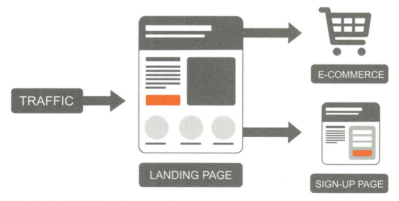

Bild 4.7 Prinzip der Click-Through Landing Page

4.2 Welchem Zweck dienen Landing Pages?

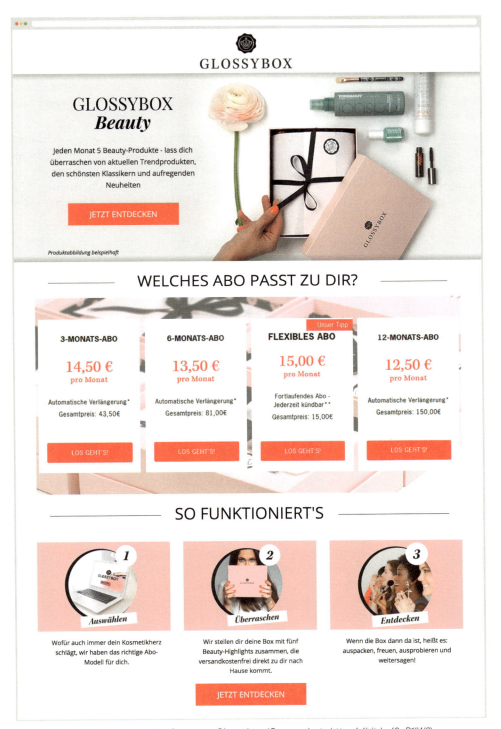

Bild 4.8 Click-Through Landing Page von Glossybox (Screenshot: *http://bit.ly/2uB1IW2*)

4.2.2 Landing Pages zur Lead-Generierung

Landing Pages zur Generierung von Leads (auch »Lead Capture Pages« genannt) zielen primär darauf ab, über ein Formular Kontaktinformationen von Interessenten zu generieren. Dazu zählen an erster Stelle die E-Mail-Adresse und der Name. Je nach Branche und Zielgruppe sind weitere personenbezogene Daten wie das Geburtsdatum, der Wohnort oder Details zum Arbeitgeber relevant.

Je mehr persönliche Daten wir als Online Marketer aggregieren, desto gezielter können wir – insbesondere im Rahmen von Content Marketing – unsere Zielgruppen mit passgenauen Inhalten begeistern. Achten Sie jedoch auf ein faires Verhältnis von Daten, die Sie Ihren Interessenten abverlangen und der Gegenleistung, die Sie erbringen. Als wertvolle Gegenleistung bewährt haben sich – je nach Branche – E-Books, Whitepaper, Webinare oder Testversionen Ihrer Produkte (siehe Bild 4.9).

Bild 4.9 Prinzip einer Landing Page zur Lead-Generierung

 Lead Nurturing
Den Beziehungsaufbau zu potenziellen Kunden über die regelmäßige Kommunikation, beispielsweise über E-Mail-Marketing, nennen wir Lead Nurturing (engl. *to nurture* = fördern/pflegen). Durch die ständige Präsenz steigt maßgeblich die Chance, dass Interessenten auf Sie und Ihr Angebot zurückkommen, sobald sie bereit sind für eine Kaufentscheidung. Achten Sie hierbei darauf, dass Sie Ihre Interessenten nur mit den zum aktuellen Zeitpunkt gewünschten, nicht werblichen Informationen versorgen. Je unaufdringlicher, aber gleichzeitig hilfreicher, Ihre E-Mail-Inhalte sind, desto schneller wird sich ein Empfänger dafür begeistern und Ihre Bemühungen wertschätzen. Ganz nach dem Prinzip der Reziprozität (siehe Abschnitt 4.1) wird er sich für Ihren Service revanchieren.

> Das Ziel von Lead Nurturing ist im Sinne des Beziehungsaufbaus nicht zwangsläufig immer der Verkauf von Produkten und Dienstleistungen, sprich die Kundenakquise. Vielmehr kann es in jeder Phase der Customer Journey eingesetzt werden und beispielsweise auch zur Kundenbindung, Kunden-rückgewinnung oder -reaktivierung ehemaliger beziehungsweise inaktiver Kunden dienen.

4.3 Die fünf Kernelemente einer Landing Page

Landing Pages werden für maximale Performance auf die wesentlichen, die Conversion fördernden Elemente reduziert. Dazu zählen primär (1) das Nutzenversprechen beziehungsweise das Alleinstellungsmerkmal, (2) ein Bild oder Video im Kontext zum Angebot, der sogenannte »Hero Shot«, (3) ein Nachweis sozialer Akzeptanz, der sogenannte »Social Proof«, (4) weitere Vorteile des Angebots sowie (5) der Handlungsaufruf.

4.3.1 Nutzenversprechen und Alleinstellungsmerkmal

Das Nutzenversprechen (auch »Unique Selling Proposition« oder kurz USP genannt) kommuniziert die Vorteile Ihres Angebots. Der Besucher muss innerhalb von Augenblicken erkennen, wie Ihr Produkt oder Ihre Dienstleistung sein Leben verbessert. Verwechseln Sie dabei bitte nicht den *Nutzen* Ihres Angebots mit den *Eigenschaften* Ihres Produkts! Viele Unternehmen verlieren sich in Ihrem Unternehmens-Jargon und stellen Funktionen und Spezifikationen in den Vordergrund. Diese sind ebenfalls wichtig, spielen jedoch bei der Kaufentscheidung eine untergeordnete Rolle.

Über die folgenden Elemente können Sie das Nutzenversprechen hervorheben:

4.3.1.1 Die Überschrift (Headline)

Die Besucher Ihrer Landing Page stoßen in der Regel zuerst auf die Überschrift, die Headline, wie sie üblicherweise bezeichnet wird. Zumindest sollten sie das, denn prominente Menü-leisten oder Logos sorgen oftmals für Ablenkung. Die Kernfunktion von Headlines ist es, die Aufmerksamkeit des Nutzers zu gewinnen und sie weiter in Richtung Conversion-Ziel zu lenken. Falls Ihre Besucher über Werbung auf Ihre Landing Page gelangen, dann muss die Überschrift unbedingt die bereits erfolgreich eingeleitete Konversation fortsetzen. Scheuen Sie nicht davor, in einer Facebook-Anzeige eine Kopie Ihrer Headline zu verwenden.

In Bezug auf Texte heißt es oft, dass eine Überschrift lediglich dazu dient, den Nutzer zum Lesen des ersten Satzes zu bringen. Dieser erste Satz dient dann wiederum nur dazu, den Nutzer zum Lesen des zweiten Satzes zu bringen und so weiter. Je besser und je schneller wir einen Nutzer in unsere Story hineinziehen können, desto schneller binden wir ihn an unsere Webseite und desto größer ist die Chance, dass wir sein Vertrauen gewinnen und in eine Kaufabsicht umwandeln können. Zur Gestaltung konvertierender Überschriften wollen wir Ihnen ein paar Strategien an die Hand geben.

Passende Keywords wählen

Vielleicht wundern Sie sich, weshalb wir uns im Content Design auch mit Keywords beschäftigen, war das doch bisher eher das Metier von Suchmaschinenoptimierern. Nun, das war einmal. Jede Person, die mit Content in Berührung kommt, sollte zumindest über SEO-Basiswissen verfügen. Dazu gehört auch ein grundlegendes Verständnis von HTML. Denn alle Überschriftentypen (Headline, Subheadline, Zwischenüberschriften) werden im HTML-Code mit nummerierten <h>-Tags versehen. Der ersten Headline (und nur dieser einen) kommt somit das <h1>-Tag zu. Dadurch wird nicht nur Suchmaschinen signalisiert, dass es sich um die erste und somit einleitende Überschrift handelt, dem Besucher wird dies ebenfalls verdeutlicht, da viele Tools wie Microsoft Word oder Content-Management-Systeme wie WordPress & Co. die <h1>-Überschrift in der Regel größer darstellen.

SEO-Experten sind sich einig, dass Keywords in der Überschrift zum Ranking eines Artikels beitragen – im Positiven wie Negativen. Das sind auch unsere Erfahrungen. Das alleine darf aber nicht Ihr Kriterium beim Texten einer Überschrift sein. Denken Sie in erster Linie daran, dass Sie mit der Headline Ihren Besucher einfangen und mindestens so sehr motivieren wollen, dass er weitere Inhalte auf Ihrer Seite konsumiert und bestenfalls aktiv wird (zum Beispiel im Sinne eines Klicks).

Nun wissen Sie vielleicht, dass eines von Bens Spezialgebieten Landing Pages sind. Bevor er jedoch anfing, Texte über Landing Pages zu verfassen, recherchierte er, wie bisher über dieses Thema gesprochen wurde. Zuerst einmal wollte er herausfinden, ob er den Fachbegriff aus dem nordamerikanischen Raum nutzen sollte oder es ein deutsches Äquivalent gibt. In diesem Zuge recherchierte er, ob und wie oft die Suchanfragen »Landing Page«, »Landingpage« und die Übersetzung »Zielseite« beziehungsweise »Einspungseite« monatlich über Google in der DACH-Region gesucht werden. Das Ergebnis: Der englische Begriff besitzt ein Suchvolumen im hohen vierstelligen Bereich, das deutsche Wort dümpelt hingegen im niedrigen dreistelligen Bereich herum. Das ist ein klarer Anhaltspunkt, dass sich der Begriff »Landing Page« auch hierzulande durchgesetzt hat. Er ist der allgemeingültige Begriff innerhalb der Branche und wird mit höherer Wahrscheinlichkeit Interessenten dazu bewegen, auf einer Seite zu verweilen.

Der Ansatz, Keywords als Trigger einzusetzen, um Menschen, die sich potenziell für das Thema interessieren, einzufangen, hat sich für uns und andere Marketing-Verantwortliche schon mehrfach bewährt.

Die Unterschlagzeile (Subheadline)

Häufig wird die Headline durch eine zweite Zeile erweitert, die sogenannte Unterschlagzeile, Subtitel oder englisch *Subheadline*. Sie unterstützt die Headline, indem sie

- diese vervollständigt, sodass Head- und Subheadline zusammen einen Satz bilden,
- noch stärker den Nutzen des Angebots herausstellt.

Durch den Einsatz von Subheadlines können Sie die Headline kurz und prägnant halten. Sehen Sie sich zum Beispiel die Headline »Deine mobile Reinigung & Wäscherei in Berlin« des Reinigungs-Start-ups ZipJet an (siehe Bild 4.10). Prägnant stellen ZipJet heraus, was sie anbieten – und zusätzlich auch wo. Die Headline liefert genug Informationen, um das Interesse der Zielgruppe zu wecken und eine andernorts begonnene Konversation fortzuführen. Die Subheadline: »Wir holen ab, reinigen und liefern Deine saubere Kleidung!«, ergänzt Details zum Service: Die schmutzige Wäsche wird abgeholt und sauber zurückgebracht. Das hat die Überschrift noch nicht eindeutig kommuniziert.

Bild 4.10 Landing Page mit Nutzenversprechen im Titel und Subtitel (Screenshot: zipjet.de)

Erfahrungen und Prägungen bringen bei der Zielgruppe Vorstellungen hervor, die wir überhaupt nicht auf dem Schirm haben. Vielleicht gibt es Menschen, die eine »mobile Reinigung« mit so etwas wie einem Eiswagen gleichsetzen. Überlassen Sie daher bloß nicht dem Zufall, welche Fantasien Ihr Content bei Ihren Besuchern hervorruft!

Übrigens, noch stärker wirkt die Botschaft von ZipJet, wenn sie zusätzlich zum offensichtlichen Ergebnis, nämlich der sauberen Kleidung, weitere Annehmlichkeiten kommunizieren. Eine alternative Subheadline könnte sein: »Spare Zeit und lehne Dich entspannt zurück, während wir Deine Wäsche reinigen!« Der Vorteil von ZipJet liegt nicht nur in sauberer Wäsche, sondern in der durch den Service gewonnenen Zeit. Versetzen Sie sich zum Texten von Überschriften daher unbedingt in die Situation Ihrer Leser, um zu verstehen, worauf es wirklich ankommt.

Summa summarum dienen die Headline und die Subheadline dazu, Ihre Besucher einzufangen, sobald diese auf Ihrer Landing Page eintreffen. Doch die Kommunikation Ihres Alleinstellungsmerkmals endet nicht an dieser Stelle. Durch weitere (Zwischen)Überschriften können Sie hervorheben, welchen Nutzen sich Ihre Besucher von Ihrem Angebot versprechen können. Das ist deshalb so wichtig, weil Ihre Besucher mit großer Wahrscheinlichkeit nicht den gesamten Text auf Ihrer Landing Page lesen werden und wenn doch, dann nicht unbedingt in der vorgegebenen Reihenfolge. Nutzer *scannen* Seiten nach relevanten Informationen ab, um sich zunächst eine Übersicht zu verschaffen und schneller die Textpassagen ausfindig zu machen, die in diesem Moment relevant sind.

Je nach Länge Ihrer Landing Page bietet es sich außerdem an, eine letzte Überschrift als abschließendes Argument für die Nutzung Ihres Produkts einzusetzen. Da sich dieses Argument nicht mehr in der Nähe der ersten Headline befindet, sondern am Ende Ihrer Seite, können Sie sowohl das einleitende Argument als auch die zugehörige Handlungsaufforderung wiederholen.

Sie kennen Ihre Angebote und auch den Sinn und Zweck Ihrer Landing Page. Bitten Sie daher ruhig eine andere Person um Unterstützung. Jemand, der Ihr Angebot aus einer anderen Perspektive heraus wahrnimmt, wird es ganz anders – und nicht selten sogar besser – kommunizieren können. Machen Sie den 5-Sekunden-Test: Zeigen Sie einer beliebigen Person (die Ihr Angebot noch nicht kennt) Ihre Landing Page, aber nur für genau fünf Sekunden. Schafft sie es, danach die Kernaussage wiederzugeben und das Angebot zu erklären, so ist Ihr Nutzenversprechen gut gelungen.

4.3.2 Hero Shot: Ein Bild oder Video im Kontext Ihres Angebots

Bilder und Videos helfen Ihrem Besucher schneller zu erfassen, was Sie anbieten. Per Definition – zumindest einer möglichen – präsentiert der Hero Shot Ihr Produkt beziehungsweise Ihr Angebot so, dass der Nutzer die Vorteile erkennt und sich selbst bei der Nutzung dessen vorstellen kann. Dieser *visuelle Superstar* Ihrer Landing Page ist der sogenannte »Hero Shot«. Sie können ihn sowohl im Vordergrund, sozusagen auf einer Ebene mit anderen Elementen der Seite, oder im Hintergrund platzieren. Wichtig ist, dass Sie überhaupt auf jeder Landing Page ein schnell erfassbares, dominantes, visuelles Element im Kontext zum Angebot platzieren.

Als primäres visuelles Element wird der Hero Shot höchstwahrscheinlich zuerst *wahrgenommen* – im Unterschied zur Headline, die zuerst *gelesen* wird. Der Grund, warum wir ihn an zweiter Stelle nennen ist der, dass eine Landing Page ohne Headline beim Besucher für Orientierungslosigkeit sorgt, ein fehlendes Bild im oberen Abschnitt jedoch nicht sofort vermisst wird. Setzen Sie visuelle Elemente wie den Hero Shot ein, um Ihre Botschaft zu unterstützen, aber nicht, um freie Flächen auf Ihrer Landing Page zu füllen. Machen Sie es sich zunutze, dass das menschliche Gehirn Bilder 60 000 Mal schneller als Text verarbeiten kann. Schaffen Sie mithilfe eines Hero Shots sofort Klarheit über den Inhalt der Landing Page. Nutzen Sie die Macht von Bildern und Videos, um Ihre Zielgruppe auch emotional anzusprechen.

Achten Sie beim Einsatz von Videos jedoch auf ein aussagekräftiges Standbild, das als anregende Vorschau funktioniert. Erstellen Sie dieses Vorschaubild am besten selbst und betten Sie es in der Videodatei oder der Videoplattform Ihrer Wahl (siehe Kapitel 3, Abschnitt 3.4.1) ein. So müssen Sie sich nicht zwischen einem Video und einem Bild als Hero Shot entscheiden. Ihr visuelles Element kann so gleichzeitig ein Stand- und Bewegtbild sein.

Insgesamt haben sich fünf verschiedene Formen von Hero Shots bewährt:

1. Die Abbildung zufriedener Nutzer, die gegebenenfalls gleich ein kurzes (!) Testimonial mitliefern – zum Beispiel in Form eines Zitats.
2. Die Abbildung des Produkts, idealerweise in einem Nutzungskontext, sodass dem Nutzer direkt ersichtlich wird, wie auch er davon profitiert.
3. Eine (schematische) Darstellung beziehungsweise bildliche Anleitung, wie das Produkt funktioniert.
4. Videos jedweder Art, sei es ein Video-Testimonial, ein Erklärvideo oder eine animierte Darstellung des Produkts.
5. Eine stark emotional wirkende Szene. Extreme Beispiele sind Hero Shots von gemeinnützigen Organisationen, die Menschen in Not zeigen.

Seien Sie aber bei animierten Bildern oder einzelnen Elementen vorsichtig. Diese dürfen den ersten Eindruck – etwa aufgrund langer Ladezeiten oder nutzloser Animationen – nicht negativ beeinflussen. In diesem konkreten Fall gilt ganz klar das Credo: »Form folgt Funktion.«

Im Trend liegen ungeachtet dessen Fotos und Bilder, die über die gesamte Breite des Browser-Fensters reichen und damit quasi den direkt sichtbaren Bereich Ihrer Webseite – also alles above the fold – dominieren. Ein anschauliches Beispiel dafür ist Microsoft (siehe Bild 4.11):

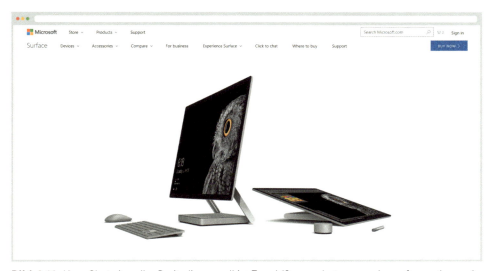

Bild 4.11 Hero Shots in voller Breite liegen voll im Trend (Screenshot: *www.microsoft.com/en-us/surface/devices/surface-studio/*)

Ein extremes Beispiel ist die Startseite von CrazyEgg (*www.crazyegg.com*, siehe Bild 4.12). Diese besteht ausschließlich aus dem Logo, einer Headline plus Subheadline, einem einzelnen Eingabefeld und einer Handlungsaufforderung in Form eines Buttons. Um mehr Informationen zu erhalten und die Seite, wie von anderen gewohnt, navigieren zu können, müssen Nutzer den »Tell me more«-Button anklicken. Erst dadurch werden unterhalb der Eingabemaske weitere Inhalte sichtbar – einschließlich eines neuen Hero Shots in Form eines Erklärvideos.

Eine solche Reduktion kann entweder dann sinnvoll sein, wenn Sie auf eine sehr aggressive Art und Weise neue Nutzer akquirieren wollen, oder weil Sie davon ausgehen, dass nur erfahrene Nutzer auf diese Seite navigieren. Mit *erfahren* meinen wir in diesem Fall jene Nutzer, die das Tool und die Webseite bereits kennen und nutzen und sich lediglich über den Button in der oberen rechten Ecke einloggen wollen.

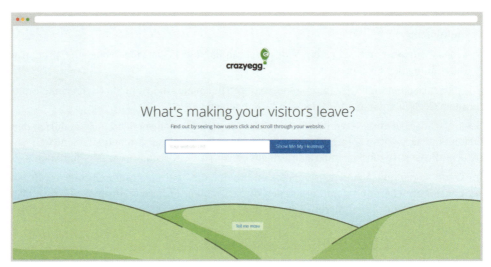

Bild 4.12 Die CrazyEgg-Startseite enthält zunächst nur wenige Informationen; wer mehr wissen will, muss klicken (Screenshot: crazyegg.com)

In diesem Beispiel ist das Primärziel wohl die Akquise neuer Nutzer. Der Kerngedanke dieser Schranke ist, Besucher in Sekunden zu einem ersten »Ja!« zu bewegen. Sei es, indem sie die URL ihrer Webseite eingeben oder auf den Button klicken, um mehr zu erfahren. Beides erhöht die Kaufbereitschaft beziehungsweise die allgemein zu erwartende Conversion Rate.

Natürlich eignet sich eine derartige Einschränkung nicht für jede Webseite. Am häufigsten findet sie Anwendung auf Webseiten, die dem Nutzer zunächst etwas kostenlos anbieten, sei es ein Download, eine Testversion oder eine Registrierung. »Kostenlos« lässt (beziehungsweise ließ, siehe Hinweiskasten) sich eben relativ leicht vermarkten und dadurch das erste kleine »Ja« potenzieller Kunden erringen. Obwohl es durch die erforderliche Eingabe der E-Mail-Adresse und anderen persönlichen Daten häufig eigentlich nicht kostenlos ist. Nützliche Daten sind eine wertvolle Währung und lassen sich gewinnbringend einsetzen. Für einen erfolgreichen Abschluss muss der unmittelbare Nutzen jedoch direkt ersichtlich und der Opt-In extrem simpel sein.

 Gemäß des neuen, strengeren Kopplungsverbots (Stichtag 25. Mai 2018) dürfen Sie Content Downloads nicht mehr als »kostenloses« oder »Gratis«-Angebot bewerben, wenn damit die Angabe persönlicher Daten als Gegenleistung verbunden ist. Wir empfehlen Ihnen in diesem Kontext die Lektüre von Nico Härtings Artikel zum Kopplungsverbot unter *http://bit.ly/cd_haerting* sowie den regelmäßigen Besuch des Blogs von Rechtsanwalt Thomas Schwenke unter *drschwenke.de*.

Erfordert Ihr Angebot hingegen eine ausführlichere Erklärung, dann benötigen Sie eine umfangreichere Landing Page als die gezeigte. Letzten Endes geht es in beiden Varianten aber vor allem um eines: Den Nutzer zu einer Handlung zu bewegen. Entweder einer direkten Conversion oder dem weiterführenden Konsum Ihrer Inhalte.

7 überzeugende Merkmale von Hero Shots

Als kleinen Leitfaden für die Gestaltung von Hero Shots möchten wir Ihnen die sieben von Angie Schottmuller (Growth Marketing Advisor, Interactive Artisan) definierten Erfolgsfaktoren vorstellen:

1. Zuerst müssen Sie mit Ihrem Hero Shot die Nutzer abholen. Sind diese beispielsweise über die Suche auf Ihrer Webseite gelandet, sollte der Hero Shot im Kontext zum verwendeten Suchbegriff – also dem **relevanten Keyword** – funktionieren. Damit ist nicht gemeint, dass Sie das Suchwort ausgeschrieben einbinden. Hierfür nutzen Sie die Headline oder Subheadline.

2. Der **Verwendungszweck** Ihres Produkts sollte deutlich werden. Ist das nicht der Fall und auch nicht über Headline und Subheadline abgedeckt, arbeiten Sie gegebenenfalls mit Text im Bild beziehungsweise Bildunterschriften. Letztere werden ohnehin deutlich häufiger gelesen als reguläre Textabschnitte. Orderbird zum Beispiel visualisieren äußerst verständlich, was ein iPad-Kassensystem ist (siehe Bild 4.13).

Bild 4.13 Der Hero Shot von Orderbird ist weder außerordentlich kreativ noch anspruchsvoll gestaltet, visualisiert aber das Produkt einwandfrei (Screenshot: *www.orderbird.com/de/lp/ipad-kassensystem*)

3. Binden Sie den Hero Shot so ein, dass er als **visuelle Unterstützung für das Gesamtkonzept** der Landing Page funktioniert. Das ist dann gegeben, wenn Ihr Hero Shot die Aufmerksamkeit nicht nur auf sich zieht, sondern auch sinnvoll weiterleitet. Denken Sie

hierbei an die Blickrichtung von Gesichtern oder an Objekte, beispielsweise eine Straße im Bild, die als Wegweiser fungieren können (siehe Kapitel 3, Abschnitt 3.3.3). Achten Sie auf starke Kontraste, zum Beispiel durch die Verwendung von Komplementärfarben, ganz besonders bei Bild-Text-Kombinationen (siehe Kapitel 2, Abschnitt 2.2.3).

4. Steigern Sie das Verständnis für den Verwendungszweck Ihres Produkts/Angebots, indem Sie **detailliert auf den Nutzwert eingehen**. Zeigen Sie Ihr Produkt in einem Anwendungskontext und heben Sie eine Produktfunktion hervor. Die Berliner Bank »N26« (*www.n26.com*, siehe Bild 4.14) setzt das vorbildlich um, indem sie ihren Slogan: »Dein Girokonto auf dem Smartphone«, durch die Abbildung eines entsprechenden Mobiltelefons präsentiert. Die eingebundene Animation simuliert dem Besucher, wie einfach Online-Banking über N26 funktioniert.

Bild 4.14 N26 arbeiten mit animierten Abbildungen ihrer App (Screenshot: *https://n26.com*)

5. **Ihr Kunde ist der Held**. Das wird viel zu oft vergessen. Auf Ihrer Landing Page sind nicht Sie der Held und auch nicht Ihr Produkt. Es ist der Kunde, bei der Nutzung Ihres Produkts. Nichts ist einfacher nachzuvollziehen, als eine visuelle Darstellung dessen, was Ihr Service oder Produkt dem Kunden ermöglicht. Sind in Ihrem Hero Shot Personen abgebildet, achten Sie darauf, dass Ihre Zielgruppe sich mit diesen identifizieren kann. Wir erinnern an dieser Stelle nochmals an die Nutzung von Buyer Personas (siehe Kapitel 1, Abschnitt 1.2).

6. Setzen Sie sich zum Ziel, **eine gewünschte Emotion Ihrer Nutzer hervorzurufen**. Sicherlich bewirkt Ihr Hero Shot letztendlich mehr als diese eine Emotion, dennoch sollten Sie alles daran setzen, primär diese eine auszulösen. Die klare Zielsetzung sorgt dafür, dass Sie in Ihren Hero Shots Elemente vermeiden, die ablenkende beziehungsweise gegenteilige Emotionen bewirken. Wecken Sie durch Ihre Bildauswahl Gefühle wie Angst, Schmerz, Neugierde oder auch einfach nur Hunger, um das Verlangen nach Ihrem Produkt zu wecken und eine Handlung zu provozieren.

7. **Bleiben Sie authentisch.** Wir empfehlen Ihnen zwar, alle Anpassungen an der Webseite zu testen, doch Ihr Spielraum hat Grenzen. Diese werden durch das Werteverständnis Ihrer Marke vorgegeben. Ihr Anspruch an Seriosität und Ehrlichkeit kann nicht getestet werden. Sobald sich Ihre Hero Shots zu weit von Ihrer Marke, Ihren Werten und Ihrem Versprechen entfernen, weil Sie sich (kurzfristig) eine höhere Conversion Rate versprechen, setzen Sie Ihre Authentizität aufs Spiel. Besonders, wenn es um die Einbindung von Personen geht, raten wir zu einem Maximum an Glaubwürdigkeit. Diese ist dann am höchsten, wenn Sie Fotoshootings selbst in Auftrag geben – am besten mit Personen, die tatsächlich in Ihrem Unternehmen arbeiten oder solchen, die Ihren Buyer Personas entsprechen. Verstehen Sie uns nicht falsch: Bilddatenbanken sind nützlich und meistens der Weg des geringsten Widerstands. Aber geben Sie niemals vor, etwas zu verkaufen, was Sie nicht sind oder wirklich anbieten.

Wir empfehlen Ihnen die Scorecard von Angie Schottmuller, um Ihre Hero Shots möglichst objektiv zu bewerten. Hierzu vergeben Sie für die sieben eben besprochenen Kriterien Punkte auf einer Skala von –1 bis 2. Die Scorecard können Sie sich unter *http://offer.threedeepmarketing.com/hero-shot-scorecard/* herunterladen. Machen Sie außerdem gerne auch hier den 5-Sekunden-Test. Es schadet selten, die Meinung eines Unbeteiligten einzuholen.

4.3.3 Sozialer Beweis (Social Proof)

Wie bereits erwähnt, ist unser Gehirn stets um Effizienz bemüht und wählt den Weg des geringsten Aufwands. Im Web ein Angebot anzunehmen, ist mit kognitiver Anstrengung verbunden. Schließlich müssen Nutzer abwägen, ob Sie mit der Eingabe der Daten oder einer Transaktion einen Fehler begehen. Zwar kauft niemand gerne die Katze im Sack, aber irgendwie ist jeder trotzdem bemüht, den Rechercheaufwand gering zu halten. Wir verlassen uns bei der Entscheidung daher gerne auf das Urteil anderer.

Beweise für die allgemeine Akzeptanz des eigenen Angebots auf Ihrer Landing Page zu integrieren, ist gar nicht so schwierig. Letztendlich steht Ihnen dafür eine Vielzahl an möglichen vertrauensfördernden Maßnahmen zur Verfügung, die Interessenten in Sicherheit wiegen sollen.

4.3.3.1 Kundenreferenzen

Binden Sie Aussagen Ihrer Kunden ein, die ihre positive Erfahrung bei der Nutzung Ihres Produkts zum Ausdruck bringen. Stellen Sie sicher, dass Ihre Referenzen authentisch sind, indem diese für den User überprüfbar sind. Es leuchtet hoffentlich ein, dass »Michael B., Geschäftsführer eines mittelständischen Unternehmens« weniger glaubwürdig ist als »Michael Baumeister, Geschäftsführer der Druckerei Baumeister GmbH«. Wenn Sie Ihr Testimonial mit einem Portraitfoto ergänzen, steigern Sie die Vertrauenswürdigkeit der Referenz noch weiter. Deutlich eindrucksvoller, wenn auch ungleich aufwendiger, sind Video-

Testimonials. Die Schwierigkeit bei diesem Format liegt darin, dass in der Regel die wenigsten Ihrer Kunde geübt darin sind, vor der Videokamera zu sprechen. Ein solches Testimonial wirkt sehr schnell künstlich und kitschig und daher unglaubwürdig. Versuchen Sie, Ihren Kunden beim Dreh eines Video-Testimonials eher in ein lockeres Gespräch zu involvieren, anstatt ihm konkrete Fragen zu stellen oder sogar vorformulierte Aussagen in den Mund zu legen. Die Erfahrung hat gezeigt, dass so *beiläufig* die besten Zitate entstehen.

Für welches Format Sie sich auch entscheiden, Ihre Testimonials beschreiben idealerweise immer, wie Ihr Produkt ein spezifisches Problem gelöst oder in einer bestimmten Situation die entscheidende Unterstützung geliefert hat. Je näher eine Empfehlung an der Praxis ist, desto größer ist ihre Wirkung. Stellen Sie zudem sicher, dass diese Personen eine Überschneidung mit Ihrer Zielgruppe haben. Wenn Sie beispielsweise mit kleinen Unternehmen oder Selbständigen zusammenarbeiten möchten, kann das Empfehlungsschreiben des Vorstandsvorsitzenden eines großen Unternehmens sogar kontraproduktiv sein.

Betrachten Sie das Testimonial der Karriereplattform Experteer (siehe Bild 4.15). Der Name der abgebildeten Person entspricht einem vollständigen, nicht generischen Namen. In Kombination mit ihrem Job-Titel und der Branche entsteht ein greifbares Individuum, deren Existenz Interessenten mit hoher Wahrscheinlichkeit nicht anzweifeln.

Bild 4.15 Individuelles Testimonial bei Experteer (Screenshot: *http://bit.ly/cd_experteer*)

4.3.3.2 Kundenzähler

Zeigen Sie Ihren Besuchern, wie groß (und namhaft) Ihr Kundenstamm ist. Überprüfen Sie, ob die Anzahl Ihrer Kunden in Ihrer Branche bei der Zielgruppe einen positiven Eindruck vermitteln kann.

Textbroker (*www.textbroker.de*, siehe Bild 4.16), eine Plattform für den Einkauf von Text-Content, setzen auf ihrer Landing Page den Kundenzähler in Kombination mit Kunden-Logos ein. Die Aussage: »Mehr als 53 000 Kunden weltweit setzen bei ihrer Content-Marketing-Strategie auf Textbroker«, weist mehrere individuelle Merkmale auf:

- Die unrunde Zahl von 53 000 Kunden vermittelt weniger Kalkül als eine gerundete Zahl wie 50 000 und wirkt dadurch glaubwürdiger.
- Der Zusatz »weltweit« hilft bei der Einordnung, auf welchen Raum sich die Zahl und letztendlich auch das Angebot beziehen. Dabei muss sich der Raum nicht zwangsläufig auf eine geografische Einordnung beziehen. Sie könnten beispielsweise auch noch den Zusatz »in der Metallindustrie« anfügen.

- Die Erwähnung der »Content-Marketing-Strategie« spricht potenzielle Kunden an, die nicht nur E-Commerce-Texte wie Produktbeschreibungen benötigen. Da Content Marketing gerne mit Bloggen, Social Media oder Storytelling in Verbindung gebracht wird, hilft diese Ergänzung Textbroker, sich auch diesbezüglich als Anbieter qualitativ hochwertiger Texte zu positionieren.

Im Kontext mit den Logos bekannter Marken wie OTTO, 1&1 oder ebay, die direkt unter der Kundenzahl aufgelistet werden, entsteht ein um ein Vielfaches wirksamerer Social Proof.

Bild 4.16 Textbroker kombiniert einen Kundenzähler mit Logos prominenter Kunden (Screenshot: *http://bit.ly/cd_textbroker*)

Weitere Ideen für ansprechende Überschriften, um Ihre Kunden-Logos in einer ähnlichen Form anzukündigen, sind zum Beispiel:

- »80 % aller DAX-Unternehmen vertrauen auf uns.«
- »Bereits 2230 Unternehmen in Österreich setzen [Ihr Produkt] in der Kundenkommunikation ein, darunter …«
- »Über 850 mittelständische Schweizer Unternehmen optimieren ihre Online-Werbung mit [Ihr Produkt/Dienstleistung].«

Nutzen Sie den Kundenzähler in Kombination mit weiteren hilfreichen Informationen, um Ihr Angebot einzuordnen und um Ihre Vertrauenswürdigkeit zu verstärken.

4.3.3.3 Auszeichnungen

Institutionen, die als objektiv gelten, dienen als vertrauenswürdige Quelle in der Beurteilung von Dienstleistungen oder Produkten. Je bekannter die Institution, desto größer ist die Wahrscheinlichkeit, dass eine positive Berichterstattung oder eine positive Rezension beziehungsweise Bewertung Einfluss auf die Kaufentscheidung von Interessenten hat.

Zu den bekanntesten Siegeln zählen das Logo des TÜV und der Stiftung Warentest. Je nach Branche und Zielgruppe können jedoch auch ganz andere Auszeichnungen verkaufsfördernd wirken. Dienstleister nutzen etwa die Auszeichnung von ProvenExpert, Arbeitgeber beispielsweise von kununu – jeweils einschließlich der mitgelieferten Sterne-Bewertung.

Audibene, ein Anbieter von Hörgeräten, setzt das TÜV-Siegel mehrfach auf der Landing Page ein. Beispielsweise prominent im Kopfbereich, aber auch innerhalb des eingekapselten Formulars und im Fußbereich. Es ist quasi unmöglich für den Besucher, dieses Siegel und die damit verbundene Aussage zu übersehen (siehe Bild 4.17).

Des Weiteren verwenden audibene nach dem »Bekannt aus«-Prinzip Logos von Medien, in denen sie erwähnt wurden. Natürlich sagt die Einbindung nichts darüber aus, in welcher Form über audibene berichtet wurde. Der Spiegel, Die Frankfurter Allgemeine, n-tv oder Focus Online genießen zusammen jedoch einen Bekanntheitsgrad, der in der Zielgruppe die 100-Prozent-Marke erreicht. Unterbewusst wird dadurch die Vertrauenswürdigkeit gestärkt. Bei skeptischen Nutzern kann es außerdem helfen, Zitate der aufgelisteten Medien zu verwenden, um einen positiven Kontext herzustellen. Suchen Sie nach den wertvollsten Textpassagen wie: »Im Test lag [Ihr Unternehmen/Produkt] in der Kategorie Serviceversprechen weit vor den Mitbewerbern«, oder ähnlichen Formulierungen.

Der Anbieter von Versicherungen und Finanzdienstleistungen CosmosDirekt setzt die Auszeichnungen von renommierten Organisationen auf eine ganz besondere Weise ein. Ein Meer aus Auszeichnungen und Gütesiegeln dient als Hero Shot beziehungsweise Hintergrundbild im oberen Bereich der Click-Through Landing Page (siehe Bild 4.18). Weiter unten auf derselben Seite werden diese Auszeichnungen auszugsweise dann erneut eingebunden, allerdings in einer vergrößerten, gut lesbaren Version. Insgesamt setzt diese Seite ganz klar auf vertrauensbildende Maßnahmen als Haupttreiber für Conversions. Sogar in der kurzen Liste zur Beschreibung der Vorteile des Angebots wird das Testergebnis »Fokus Money 19/2017: Bester Risikoschutz« als eines dieser aufgeführt.

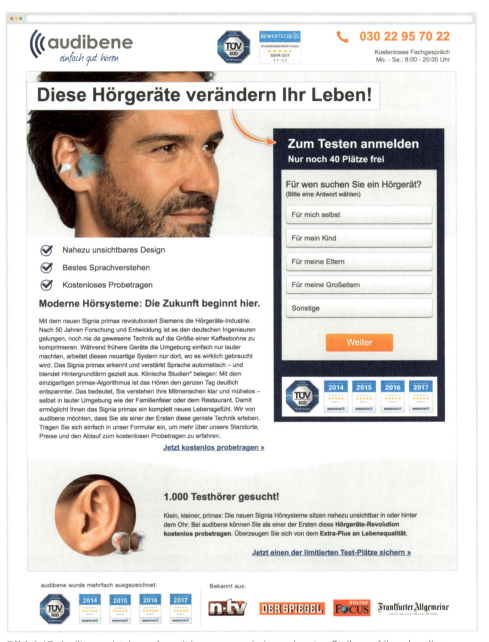

Bild 4.17 Audibene platzieren Auszeichnungen an drei prominenten Stellen auf ihrer Landing Page – auch in der mobilen Ansicht (Screenshot: audibene.de)

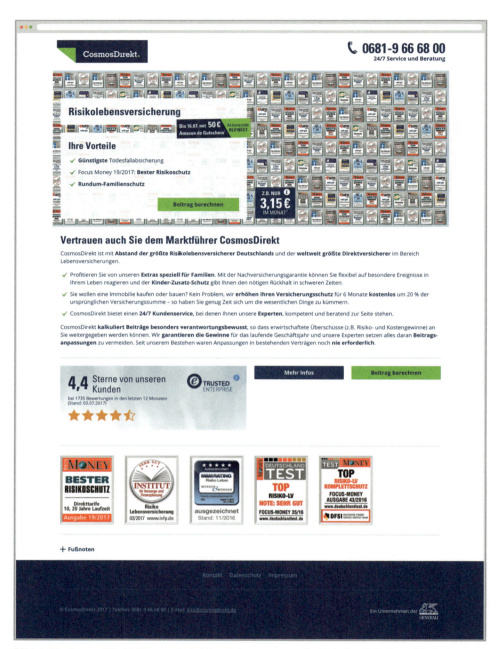

Bild 4.18 CosmosDirekt (Screenshot: *https://www.cosmosdirekt.de/marktfuehrer-risikolv/*)

4.3.3.4 Kundenbewertungen

Wie erwähnt, ist die Click-Through Landing Page von CosmosDirekt ein Paradebeispiel für den Einsatz von Social Proof. So bauen neben Testergebnissen auch Kundenbewertungen Vertrauen auf (siehe Bild 4.19). Diese halten auch einer näheren Betrachtung stand. Proaktiv listet CosmosDirekt auf, dass ihre Gesamtbewertung von 4,4 aus 5 Sternen auf »… 1735 Bewertungen in den letzten 12 Monaten« beruht. Ein Klick auf das dazugehörige Symbol von Trusted Enterprise öffnet eine Infobox, die auf »unzensierte Meinungen und Bewertungen« hinweist. Dadurch stellt das Unternehmen sicher, dass der Nutzer diese wichtige Zusatzinformation erhält, dafür aber nicht die Landing Page verlassen muss. Möchten Besucher mehr Details über die einzelnen Bewertungen erfahren, müssen Sie den Weg zur entsprechenden Seite – in diesem Fall Trusted Enterprise – auf sich nehmen; was sicherlich nicht jeder tun wird. Doch schon die Möglichkeit der Überprüfung reicht, um zusätzliches Vertrauen aufzubauen.

Bild 4.19 Die Integration positiver Kundenbewertungen über (unabhängige) Drittanbieter schafft Vertrauen (Screenshot: *www.cosmosdirekt.de/marktfuehrer-risikolv/*)

4.3.3.5 Sicherheitszertifikate

Generell ist es wichtig, Sicherheitsmaßnahmen, von denen Ihre Kunden profitieren, zu kommunizieren. Diese Form des Social Proof ist jedoch noch wichtiger, wenn Ihre Zielgruppe …

1. besonders sensibel ist, wenn es um die Eingabe persönlicher Daten geht. Darunter fallen neben Kontaktdaten vor allem transaktionsrelevante Informationen wie Konto- und Kreditkartennummern. Sie finden praktisch keinen Onlineshop, der die Datensicherheit nicht ausweist.
2. eine Leistung bei Ihnen einkauft, bei der Datensicherheit eine ausschlaggebende Rolle spielt, beispielsweise wenn Ihr Kunde nicht nur die eigenen, sondern auch die Daten seiner Kunden bei Ihnen verwaltet.

Rapidmail, ein Anbieter für E-Mail-Marketing-Software, verwendet im sichtbaren Bereich das Zertifikat des TÜV Saarland (siehe Bild 4.20). Daneben platzieren sie ein Schloss-Icon mit dem Begleittext: »Sichere Daten & Serverstandort Deutschland«. Zusammen mit dem

TÜV-Symbol entsteht das Gefühl, dass sich der Kunde um die Datensicherheit keine Sorgen machen muss. Unterschätzen Sie nicht die Wirkung, die die Platzierung einzelner Elemente in unmittelbarer Nähe erzeugt. Denn dadurch wirken sie wie eine Einheit, und ihre individuelle Wirkung wird sozusagen multipliziert. Wir erinnern nochmals an das Gesetz der Nähe in Kapitel 2, Abschnitt 2.1.3.

Interessant ist auch, wie rapidmail die Zertifikate hervorhebt, indem diese in einer Ausbuchtung den Hero Shot überlappen. Die diagonale Linie wirkt wie ein Wegweiser. Beides sind Methoden, um die Aufmerksamkeit von Elementen zu steigern (siehe Abschnitt 4.4.1 »Conversion-Centered Design« und Abschnitt 4.4.3 »Attention-Driven Design«).

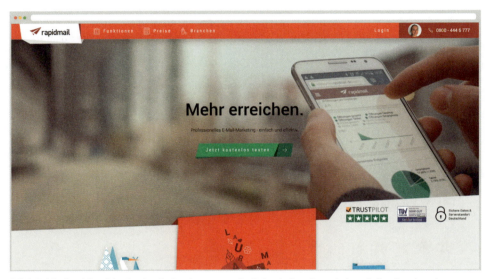

Bild 4.20 Rapidmail lenkt durch das Layout zusätzliche Aufmerksamkeit auf die eingebundenen Zertifikate (Screenshot: rapidmail.de)

Experteer, die bereits bei den Testimonials glänzten, binden im eingekapselten Formularbereich das Sicherheitszertifikat von GlobalSign[5] ein, um auf die SSL-Verschlüsselung hinzuweisen (siehe Bild 4.21). Zertifikate als Social Proof im Formularbereich dienen dazu, Nutzern, die kurz vor dem Klick auf den Call-to-Action Button stehen, die letzten Bedenken zu nehmen. Diese Bedenken drehen sich nach der Eingabe der Kontaktdaten nicht mehr darum, ob die angebotene Leistung einen Mehrwert bietet, sondern vielmehr um die Datensicherheit. Deswegen kann sich jedes Element, das diese Datensicherheit kommuniziert, positiv auf die Conversion-Wahrscheinlichkeit auswirken.

---

[5] *https://www.globalsign.com/de-de/*

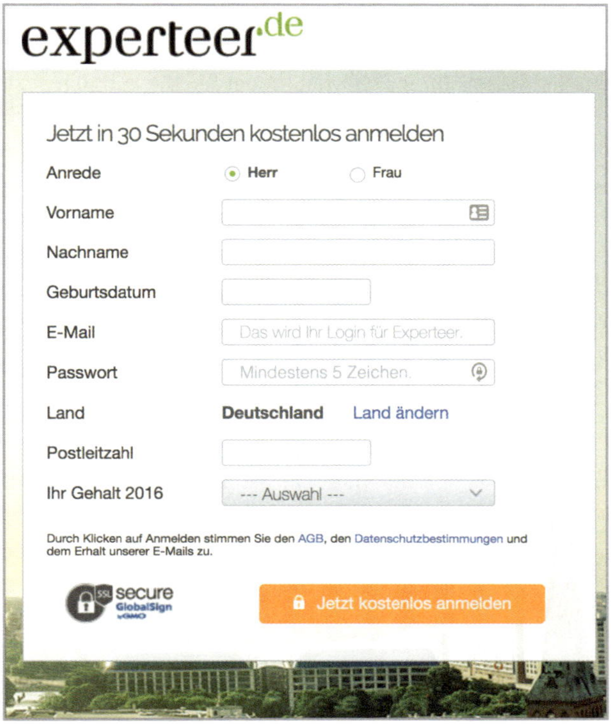

Bild 4.21 Einbindung des GlobalSign-Zertifikats im Formularbereich (Screenshot: experteer.de)

4.3.3.6 Social Signals

In den Bereich Social Signals fallen Indikatoren dafür, dass ein Unternehmen, ein Produkt oder ein Service Anklang in den sozialen Netzwerken findet. Zu diesen Indikatoren zählen die Anzahl der Follower, Shares oder Likes. Achten Sie darauf, dass die ausgewiesenen Zahlen eine beeindruckende Wirkung haben und nicht im Gegenteil vermitteln, dass wenig Interesse an Ihrem Angebot besteht. Generell bergen soziale Signale Risiken, wenn Sie diese als interaktive Elemente auf Ihrer Landing Page einbinden, da ...

- sie unter Umständen für Ihr spezielles Angebot mit wenigen oder sogar keinen sozialen Signalen starten. Das ist insbesondere dann der Fall, wenn der Zähler nur die Interaktion auf Ihrer dedizierten Landing Page berücksichtigt.

- soziale Netzwerke eine Ablenkung darstellen können. Denken Sie an die gewünschte Aufmerksamkeitsrate von 1:1 (siehe Abschnitt 4.1). Sobald Sie Verbindungen zu Facebook, Instagram & Co. herstellen, platzieren Sie Elemente, die Nutzer potenziell animieren, Ihre Seite zu verlassen. Selbst wenn Nutzer dann zunächst auf Ihren Social Media-Profilen landen, sollten Sie das nicht überbewerten. Denn so wie Sie, versuchen auch soziale Plattformen die Nutzer auf der eigenen Plattform zu behalten – und sind dabei aufgrund ihrer Größe, Content-Vielfalt oder anderen Argumenten meistens erfolgreicher als Sie. Spätestens, wenn dem Nutzer die ersten Notifikationen angezeigt werden, gerät Ihr Angebot schnell in Vergessenheit.

Sollten Sie Social Signals auf Ihrer Landing Page einbinden wollen, raten wir Ihnen generell zu folgenden Maßnahmen:

- Präsentieren Sie die Anzahl Ihrer Follower, indem Sie die von den sozialen Netzwerken vorgegebenen einbettbaren Elemente nachbilden. Beachten Sie jedoch die für den rechtskonformen Einsatz notwendigen Datenschutzhinweise.

- Nutzen Sie Bestätigungsfenster oder -seiten, die erst nach dem Klick auf Ihren Call-to-Action Button erfolgen, um zur Interaktion mit sozialen Netzwerken einzuladen. Dadurch stellen Sie sicher, dass die Einbindung von Social Signals nicht von Ihrem Angebot ablenkt, sondern als vertrauensbildendes Element wirkt.

Ben hat dieses Prinzip in Zusammenarbeit mit Julia Lehwald, unserer Expertin für Webinar-Marketing (siehe Kapitel 3, Abschnitt 3.4.4), auf der Landing Page der virtuellen Konferenz Digital Marketing Kickoff 2017 eingesetzt (siehe Bild 4.22). Rund 1600 Personen, die sich zur Konferenz anmeldeten, wiesen über Social Media auf die Konferenz hin, und weitere 276 haben die Veranstaltung *nach dem Absenden der Registrierungsdaten* über ein soziales Netzwerk empfohlen. Dabei kam unter anderem das Argument zum Einsatz, dass der Erfolg der Konferenz dazu beiträgt, dass weitere kostenfreie Webinare veranstaltet werden können.

Die steigende Anzahl der Empfehlungen wiederum signalisierte registrierten Personen im Nachgang, dass sich bereits eine Vielzahl von Interessenten angemeldet haben – was wiederum das Bedürfnis verstärkt, live bei diesem Online-Event dabei zu sein.

Bild 4.22 Einsatz von Social Signals im Bestätigungsfenster (Screenshot: *http://dmk.unbounce. com/de/*)

4.3.3.7 Bleiben Sie bei der Wahrheit – oder zahlen Sie den Preis

Ben spricht seit Jahren auf Konferenzen über die Optimierung von Landing Pages. Bei seinen Recherchen und eigenen Onlineshopping-Erlebnissen stößt er immer wieder auf unglaubwürdigen, um nicht zu sagen *gefälschten*, Social Proof.

Ein Beispiel: Nach dem Check-out in einem Onlineshop erfolgte die Weiterleitung auf eine Landing Page mit dem Angebot, den »Einkauf vollständig abzusichern« (siehe Bild 4.23). Die angebotene Versicherung soll den Nutzer vor nicht integren Verkäufern schützen. Bei jedem Shop, der das Trusted Shops-Gütesiegel trägt, springt die Versicherung im Schadensfall ein, um den Warenwert zu erstatten. Soweit ist das nichts Ungewöhnliches, doch bei näherer Betrachtung der Testimonials unterhalb des CTA-Buttons wurde Ben misstrauisch …

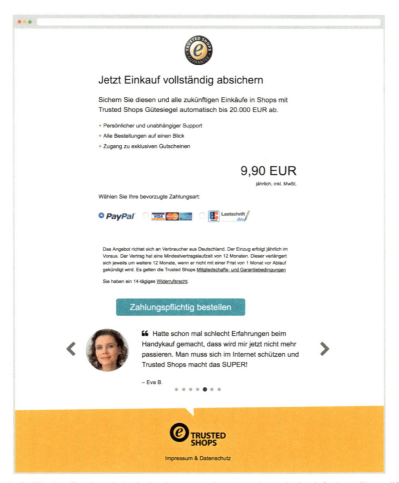

Bild 4.23 Gefälschte Testimonials sind schwer zu erkennen, aber relativ einfach zu überprüfen

Eine Eva B. posaunt: »Man muss sich im Internet schützen und Trusted Shops macht das SUPER!«. Wilfried H. ist vor Freude so erregt, dass er die Kommasetzung ignoriert: »Trusted Shops ist sehr empfehlenswert,es wird einem sofort geholfen wenn es ein Problem mit dem Lieferanten gibt, großes Lob!« Und Lutz P. gibt dann auch noch einen Satz zum Besten, der das Herz eines Werbetexters höher schlagen lässt: »Mein vom Händler nicht zurückerstattetes Geld wurde von Trusted Shops ohne große Formalitäten anstandslos ersetzt.« Weitere Zitate von Susanne K., Hans-Jürgen M. und Sally B. reihen sich in puncto Überschwänglichkeit nahtlos ein.

Die Anonymisierung des Nachnamens erschwert die Überprüfung der Kunden, um sicherzustellen, dass es sich um reale Personen handelt. Doch es gibt glücklicherweise noch eine andere Möglichkeit, um die Authentizität der Testimonials zu überprüfen – die Bildersuche von Google (*https://images.google.de/*). Dort können Sie nämlich Bilder hochladen oder auf eine URL verweisen und sich ähnliche Bilder im Web anzeigen lassen.

Sie ahnen nun, was kommt und auch Ben war nicht wirklich überrascht: Alle sechs (!) Bilder der Testimonials können in Bilddatenbanken käuflich erworben werden (siehe *https://shutr.bz/2uYTVIA*). Es ist daher kaum verwunderlich, dass die Damen und Herren auch auf anderen Webseiten zu finden sind – trauriger Weise ebenfalls als Fake Testimonials.

Verabschieden Sie sich schnellstmöglich von dem Gedanken, dass nur Marketing-Experten dieser Betrug auffällt. Testimonials sind kein künstliches Element, das Sie nach Belieben gestalten können!

Ein weiteres Beispiel für den misslungenen Einsatz von Testimonials ist Homejoy, eine Buchungsplattform für Reinigungsdienste aus den USA. Homejoy verwendeten für ihre deutsche Webseite dieselben Testimonial-Fotos wie im nordamerikanischen Raum und veränderten lediglich den Namen und den Wohnort der Personen. Es hat nicht lange gedauert, bis ein Screenshot (siehe Bild 4.24) über Facebook und mit dem Kommentar: *»Irgendetwas sagt mir, dass ich euren Testimonials nicht trauen kann ...«* die Runde machte und den Schwindel aufdeckte. Inzwischen lassen sich natürlich weder der Screenshot noch die gefälschten Testimonials wiederfinden, aber der Fall hat ordentlich Wellen geschlagen. Online-Medien wie Gründerszene.de[6] oder WIRED[7] griffen das Thema (mehrfach) auf, und die Berichterstattung weitete sich aus. Das führte schnell dazu, dass weitere Unternehmen wie jurato (eine Anwaltsvermittlung) sowie die beiden Allianz X-Töchter Coverion und Suprsafe sich für irreführende Testimonials rechtfertigen mussten.

Uns ist nicht bekannt, dass das Verhalten der oben genannten Unternehmen rechtliche Konsequenzen hatte, Fakt ist jedoch, dass Homejoy zuerst in Deutschland die Türen schloss und kurz darauf in den USA die Insolvenz anmeldete.

Falls Sie noch immer nicht davon überzeugt sind, dass unethisches Verhalten im Umgang mit Social Proof direkte Konsequenzen für Sie und Ihr Unternehmen haben kann, dann betrachten Sie den folgenden Fall:

---

[6] Wirminghaus, Niklas, Sind Fake-Testimonials eigentlich in Ordnung?, 2014, *https://www.gruenderszene.de/allgemein/fake-testimonials-jurato-homejcy*

[7] Penke, Michel, Fake-Testimonials: Wie deutsche Startups zufriedene Kunden erfinden, 2017, *https://www.wired.de/collection/business/fake-testimonials-wie-deutsche-startups-zufriedene-kunden-erfinden*

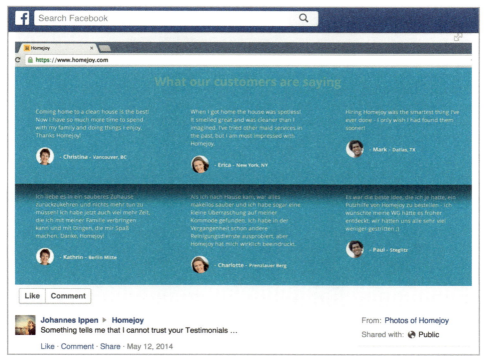

Bild 4.24 Ein Screenshot beweist den dreisten Testimonial Fake von Homejoy auf ihrer deutschen Webseite (Quelle: Johannes Ippen, facebook.com)

Mitarbeiter von Bell Mobility, einem nordamerikanischen Anbieter für Telekommunikation, manipulierten das Rating (und damit auch das Ranking) der Bell Mobility App im App Store, indem sie selbst unzählige 5-Sterne-Bewertungen abgaben. Der Buchautor und Podcaster Scott Stratten kam dieser systematischen Täuschung allerdings auf die Schliche und ging damit in einem Blog-Artikel an die Öffentlichkeit. Ein Jahr nachdem er den Artikel *For Whom The Bell Mobility Tolls: Employee 5-Star App Reviews*[8] veröffentlicht hatte, einigten sich Bell Mobility mit der kanadischen Wettbewerbszentrale über die folgenden Auflagen[9]:

- Die Verbesserung und Aufrechterhaltung ihres Corporate Compliance-Programms, mit einem besonderen Fokus auf das Verbot der Bewertung, Ranking-Beeinflussung oder Rezension von Apps in App Stores durch Mitarbeiter oder Vertragspartner.
- Die Zahlung einer administrativen Geldstrafe von 1 250 000 Kanadischen Dollar (das entsprach damals etwa 842 000 Euro).

---

[8] Stratten, Scott, For Whom The Bell Mobility Tolls: Employee 5-Star App Reviews, 2014, *http://www.unmarketing.com/2014/11/24/for-whom-the-bell-mobility-tolls-employee-5-star-app-reviews/*

[9] Competition Bureau, Bell Canada reaches agreement with Competition Bureau over online reviews, 2015, *http://www.competitionbureau.gc.ca/eic/site/cb-bc.nsf/eng/03992.html*

Bell Mobility musste – im wahrsten Sinne des Wortes – für ihren Betrug bezahlen. Auch in diesem Fall blieb die Berichterstattung in Medien wie CBC News nicht aus[10], weshalb diese unethische Handlung Bell noch eine ganze Weile nachhing. Womöglich hätten sich die Fake-Bewertungen ohnehin nicht gelohnt, kommentierte eine Leserin Scott Stratten's Artikel, denn falsche Versprechungen werden den Kunden früher oder später sowieso verärgern. Ihn derart zu täuschen, macht es nur noch schlimmer. Bell Mobility hätte sich, wie so viele andere Unternehmen, besser um ein gutes Produkt bemüht, das die Bedürfnisse der Kunden befriedigt. Positive Rezensionen folgen dann nämlich meist von selbst oder können zumindest guten Gewissens direkt beim Kunden erbeten werden.

 Ein Video mit einem ausführlichen Vortrag von Scott Stratten über den Fall Bell Mobility finden Sie auf *http://bit.ly/cd_stratten*.

Wenn Sie sich fragen, weshalb wir dem Element des Social Proof einen so ausführlichen Abschnitt über ethisches Verhalten und rechtliche Konsequenzen widmen, dann lassen Sie uns wie folgt darauf antworten: Wir wollen Sie dafür sensibilisieren, dass ein gutes Produkt und gute Bewertungen zwei völlig verschiedene Dinge sind. Missbrauchen Sie Content Design nicht zu Marketingzwecken, wenn Sie Ihre Kunden am Ende mit einem grauenhaften Produkt enttäuschen. Fokussieren Sie sich lieber gleich auf ein großartiges Produkt, einen herausragenden Service oder, falls Sie im Zuge Ihrer Kundenakquise Content gegen Kontaktdaten eintauschen, überragende Inhalte – egal ob Text, Bild oder Video. Denn nur dadurch entstehen zufriedene Kunden, durch die Sie Ihr Marketing erst richtig ankurbeln können.

4.3.4 Weitere Vorteile des Angebots

Nachdem Sie Ihren Besucher mittels Headline und Hero Shot in Ihren Bann gezogen haben, sollten Sie gleich überzeugende Argumente nachlegen, um ihn weiter in Richtung Conversion zu dirigieren. Erläutern Sie weitere Vorteile Ihres Angebots über zusätzliche Textabschnitte – entweder in Form von Stichpunkten und Listen oder ausführlichen Beschreibungstexten.

Ausgehend von einer Funktionsübersicht Ihres Produkts können Sie den folgenden zwei Schritten folgen, um daraus eine Liste zu erstellen, die die Vorteile für den (potenziellen) Kunden verständlich herausstellt. Diese zwei Schritte basieren auf einem ursprünglich vierstufigen Prozess aus dem Landing Page Conversion Course von Unbounce und Copyblogger (*http://thelandingpagecourse.com*). Wir haben diesen Prozess für das Beispiel eines Smartphone-Angebots auf Schritt 1 und 4 des ursprünglichen Modells gekürzt.

Schritt 1: Listen Sie alle Funktionen Ihres Produkts auf. Grenzen Sie die Auswahl ein, indem Sie die Funktionen auswählen, die zu den stärksten Ihres Produkts zählen – und zwar nicht ausschließlich nur Ihrer Meinung nach, sondern bestenfalls auch der Meinung

---

[10] Harris, Sophia, Bell hit with $1.25M fine for planting 4-star reviews for phone apps, CBC News, 14.10.2015, http://www.cbc.ca/news/business/bell-hit-with-1-25m-fine-for-planting-4-star-reviews-for-phone-apps-1.3271222

von Kunden zufolge. Das könnten für ein Smartphone beispielsweise die folgenden Aspekte sein:

- Bis zu 256 GB Speicherplatz,
- wasserdicht bis zu einer Tiefe von 20 Metern,
- kabelloses Aufladen.

Schritt 2: Ergründen Sie den wahren Vorteil jeder Funktion, indem Sie herausfinden, was diese Funktionen auf emotionaler Ebene für Ihren potenziellen Kunden bedeuten. In diesem Schritt geht es darum, zu erklären, *wie genau* der Kunde von den einzelnen Funktionen profitiert. Daraus entstehen Aussagen wie …

- Stressfreie Nutzung dank maximal 256 GB Speicher. Damit haben Sie immer ausreichend Platz für Ihre Videos, Fotos, Apps und alles andere, was Sie immer bei sich tragen möchten.
- Genießen Sie die Freiheit, auch bei Regen und im Badeurlaub durch das wasserdichte Gehäuse mit der Welt verbunden zu sein.
- Ersparen Sie sich durch kabelloses Aufladen nervigen Kabelsalat und den Verschleiß von Anschlüssen.

Jede aufgelistete Funktion hat die Aufgabe, ein Problem Ihrer Zielgruppe auf emotionaler Ebene zu adressieren und die Lösung zu präsentieren. Erschaffen Sie Bilder im Kopf des Lesers, die eine positive Empfindung hervorrufen. Die vollständige Anleitung, wie Sie in insgesamt vier Schritten Funktionsbeschreibungen in Vorteilsbekundungen umformulieren, finden Sie unter *http://bit.ly/cd_conversioncopy*.

Mit hoher Wahrscheinlichkeit fangen Interessenten nun aber nicht nur an zu träumen, sondern stellen sich auch die eine oder andere Frage …

- »Bis zu 256 GB Speicherplatz? Wieviel Speicher ist denn nun enthalten? Wie kann ich diesen erweitern?«
- »Kann ich das wasserdichte Gehäuse wirklich im Wasser versenken? Wie tief? Wie lange? Kann ich unter Wasser scharfe Fotos und Videos machen? «
- »Wie genau funktioniert kabelloses Laden? Wie weit darf ich von der Ladestation entfernt sein? Ist die Ladestation genauso portabel wie mein Ladekabel?«

Beantworten Sie derartige Fragen in übersichtlichen Abschnitten auf Ihrer Landing Page, um mögliche Stolpersteine von vornherein aus dem Weg zu räumen. Der wichtigste Punkt bei der Auflistung von Spezifikationen und Funktionen Ihres Angebots ist und bleibt jedoch der Fokus auf die Vorteile für den Nutzer. Merken können Sie sich das auf folgende Weise:

- Die Vorteile des Angebots beschreiben, welches Problem Sie lösen.
- Funktionsbeschreibungen erklären, was Ihr Produkt kann und wie es das Problem löst.

Der Verkaufsprozess auf Ihrer Landing Page beginnt damit, dass Sie Ihre Besucher emotional erreichen. Ergänzen Sie daher Bilder, Grafiken und Screenshots, um die einzelnen Vorteile und Funktionen zu visualisieren.

4.3.5 Der Handlungsaufruf (Call-to-Action)

Ihre potenziellen Kunden fühlen sich von Ihrer Headline angesprochen. Sie scrollen hoch und runter, scannen den Inhalt. Sie lesen sogar ein paar Absätze über die Vorteile Ihres Angebots und schauen sich ein paar Bilder genauer an … und verlassen die Landing Page dann wieder. Es sei denn, Sie sagen ihnen ausdrücklich, welchen Schritt sie als nächstes gehen sollen.

Gehen Sie niemals davon aus, dass Ihre Besucher wissen, was sie auf Ihrer Landing Page oder nach dem Lesen Ihrer E-Mail tun sollen. Dieser Irrglaube kann den Erfolg Ihres Angebots ruinieren – und Sie wären nicht der Erste, dem es so ergeht. Ihre Besucher sind auf einen Call-to-Action (kurz CTA), eine verständliche und überzeugende Handlungsaufforderung angewiesen. Im Marketing ist der CTA ein an Ihr Publikum gerichteter Aufruf, der eine sofortige Reaktion provoziert. In der Regel werden dafür Verben im Imperativ eingesetzt, beispielsweise: »Kontaktiere jetzt einen Berater.«, oder »Besuche noch heute unsere Filiale.«

Wenn Sie einen CTA im Marketing einsetzen, ist er automatisch das wichtigste Element Ihres Content Designs. Er bildet das Zentrum Ihres Angebots, und alle anderen Bestandteile einer Landing Page arbeiten ihm zu. Platzieren Sie den Handlungsaufruf daher so, dass er in Reichweite ist, wenn alle anderen Elemente ihre Überzeugungsarbeit geleistet haben. Wir bezeichnen den CTA auch gerne als den Superstar, um den sich alles dreht. Egal, ob Sie eine E-Mail oder AdWords-Anzeige verfassen oder eine Landing Page erstellen. Insbesondere auf Letzterer ist der CTA Ihr Conversion-Ziel. Es ist die eine Handlung, die Sie sich von Ihrem Besucher wünschen, um beispielsweise eines der folgenden Ereignisse auszulösen:

- Die Eingabe von Kontaktdaten zur Leadgenerierung.
- Die Anmeldung für die Testversion Ihres Produkts oder Ihrer Dienstleistung.
- Die Platzierung eines Artikels im Warenkorb.
- Den Verkaufsabschluss.

Bestandteile eines Call-to-Action

Viele denken beim Call-to-Action an einen Button mit einem Text darauf. Das ist der offensichtliche Teil, aber Ihr Handlungsaufruf steht nicht alleine auf der Bühne. Wie wir bereits erwähnten, ist Ihr CTA ein Superstar und kommt nicht selten in Begleitung von Background-Tänzern, die eine fulminante Show garantieren. Seien Sie aber immer vorsichtig mit allen Elementen, die Sie in der Nähe Ihres CTA-Buttons platzieren. In dessen Umgebung können andere Elemente erheblichen Einfluss auf die Wahrnehmung Ihres Angebots haben und Ihrer Conversion sowohl helfen als auch erheblich schaden. Der CTA kann prinzipiell aus den folgenden drei Elementen bestehen (siehe Bild 4.25):

1. Der Lead-in ist eine Art Intro, die auf den Button vorbereitet. Mit diesem kurzen Text räumen Sie Bedenken aus und bauen Vertrauen auf.

2. Der CTA-Button beinhaltet Ihren Handlungsaufruf.

3. Der Lead-out ist so etwas wie Ihre finale Chance, den Besucher zum Klicken zu bewegen. Oftmals wird an dieser Stelle auf die Datensicherheit oder den Grund hingewiesen, weswegen der Webnutzer überhaupt Daten eingeben muss.

Bild 4.25 Ein Call-to-Action mit Lead-in, Button und Lead-out (Bildquelle: Unbounce Blog, *http://bit.ly/cd_cta*)

Marcel Licht von konversionsKRAFT weist in einem Artikel darauf hin, wie wichtig Lead-Outs für die Orientierung der Nutzer sind. Er beschreibt einige gute Content Design-Beispiele sowie einige schlechte. Letztere zeichnen sich häufig dadurch aus, dass im Zuge eines Website-Relaunchs Texte unter Buttons – wahrscheinlich aus ästhetischen Gründen – entfernt werden (siehe Bild 4.26). Dadurch wird jedoch eine wichtige Maßnahme entfernt, die mögliche Bedenken der Nutzer ausräumen soll.[11] Denken Sie daher beim Design Ihrer Handlungsaufforderung immer daran, dass Klarheit das oberste Ziel ist. Diesem Grundsatz hat sich die Ästhetik unterzuordnen.

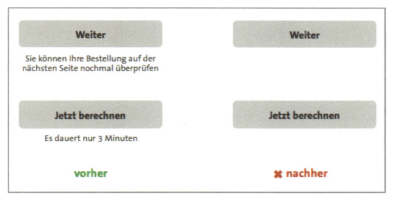

Bild 4.26 Vorsicht beim Relaunch einer Website: Fehlende Lead-outs sind typische Fehler, die die Conversion Rate mindern (Bildquelle: *http://bit.ly/cd_cta-leadout*)

Den textbasierten Lead-out können Sie übrigens durch Social Proof ersetzen oder ergänzen. Da Webnutzer, die kurz vor dem Klick stehen, scheinbar schon vom Angebot überzeugt sind, ist es eine übliche Methode, mit Zertifikaten, wie in Bild 4.27 zu sehen, ein Gefühl der (Daten-)Sicherheit zu vermitteln.

---

[11] Licht, Marcel, konversionsKRAFT, NEU = BESSER?! – 21 Beispiele für gute & schlechte Relaunch-Ansätze, 2016, *https://www.konversionskraft.de/checklisten/relaunch-21-gute-und-schlechte-ansaetze.html*

Bild 4.27 Social Proof in Form von Zertifikaten unterstützen Ihren CTA (Bildquelle: Unbounce Blog, *http://bit.ly/cd_cta*)

Der Call-to-Action als Button im Formular

Wahrscheinlich kommt es Ihnen selbstverständlich vor, wenn wir Ihnen dazu raten, Formularfelder und den Button zum Absenden des Formulars in unmittelbarer Nähe zueinander zu positionieren. Über die Hintergründe dessen haben wir Sie ja bereits in Kapitel 2 ausführlich informiert. Dennoch möchten wir Ihnen nachfolgend ein paar Tipps geben, wie Sie diese Zusammengehörigkeit noch stärker betonen können. Eine bewährte Methode ist das Einkapseln des Formulars; im Englischen sprechen wir von »encapsulation« (siehe auch Abschnitt 4.4.1).

Die Inbound-Experten von HubSpot setzen die Einkapselung auf ihrer Landing Page zur Lead-Generierung gekonnt ein (siehe Bild 4.28). Der Formularbereich ist eine kleine Insel, die autonom funktioniert. Sie wissen, was Sie bekommen, was Sie eingeben müssen und worauf Sie klicken müssen, um die Design-Vorlagen zu erhalten.

Vielleicht könnten HubSpot noch bessere Ergebnisse erzielen, wenn sich der Button farblich besser abheben würde – beispielsweise in einem für HubSpot typischen Orange – und die Beschriftung konkreter formuliert ist, beispielsweise mit »Designvorlagen jetzt herunterlagen«. Auf diese beiden Punkte gehen später wir noch detaillierter ein.

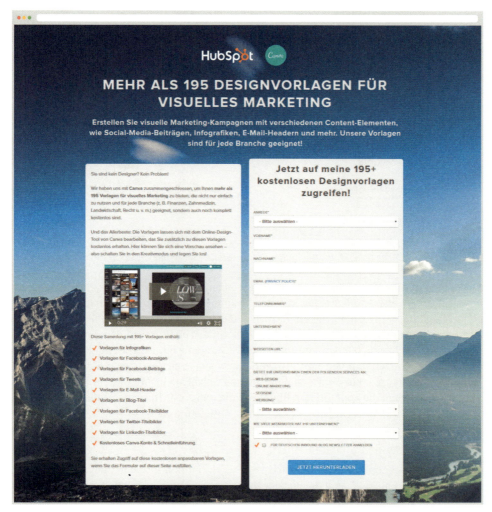

Bild 4.28 Der Call-to-Action und alle Elemente im Formular von HubSpot funktionieren autonom (Screenshot: *https://offers.hubspot.de/designvorlagen-visuelles-marketing*)

Der Call-to-Action als alleinstehender Button auf einer Click-Through Landing Page

Click-Through Landing Pages sollen Besucher für Ihr Produkt oder Ihre Dienstleistung begeistern (im Fachjargon sprechen wir von »Aufwärmen«), bevor Sie diese tiefer in den Verkaufstrichter leiten. Je nach Komplexität Ihres Produkts kann es notwendig sein, eine längere Landing Page zu erstellen. Da Sie jedoch nur eingeschränkt Einfluss darauf haben, wann welches Argument oder Element Ihren Besucher überzeugt, sollten Sie Ihren Call-to-Action mehrfach platzieren. Als Faustregel können Sie sich merken, dass er *immer in Reichweite* sein sollte, wenn Nutzer bereit sind, Ihr Angebot anzunehmen. N26 rufen auf ihrer Startseite zweimal per CTA-Button zur Handlung auf. Einmal ganz oben und ein zweites Mal ganz unten. Aber auch während des Scrollens ist ein CTA-Button in der Navigation am oberen Bildschirmrand stets klickbereit, wie im folgenden Bild oben rechts zu sehen.

Bild 4.29 Bei N26 ist der CTA-Button immer in Reichweite (Screenshot: *https://n26.com, 2016*)

Sie können mit Ihren Handlungsaufrufen sogar noch spezifischer werden. Platzieren Sie in unmittelbarer Nähe zu Elementen wie der Headline, Ihrem Hero Shot oder Social Proof einen Handlungsaufruf, der direkten Bezug auf das jeweilige Element nimmt. Dadurch variieren Sie die Argumente und erhöhen die Chance, dass eines davon den Nutzer endgültig überzeugt. Gleichzeitig bleiben Ihr Conversion-Ziel und die eigentliche Handlung – nämlich der Klick des Nutzers auf den CTA – unverändert. Über die Zeit lernen Sie, welche Argumente am ehesten zu einer Conversion führen und welche nicht. Mit diesem Wissen können Sie dann wiederum die anderen Handlungsaufrufe und sogar Ihren gesamten Sales Funnel einschließlich Ihrer Werbeanzeigen und E-Mails optimieren.

Einen Call-to-Action formulieren

Mit Ihrem Call-to-Action richten Sie sich zwar direkt an den Besucher, dennoch sollte Ihr Handlungsaufruf nicht wie ein Befehl oder Ihr eigener Gedankengang klingen. Formulieren Sie den CTA wie einen fortgeführten inneren Monolog Ihres Besuchers.

Betrachten wir zum Beispiel den online buchbaren Massage-Service massagio (siehe Bild 4.30). Aus der Headline und Subheadline geht der Nutzen des Angebots deutlich hervor: Sie können bei einer professionellen Massage entspannen, und das sogar bei Ihnen zu Hause. Wenn Sie jetzt also damit liebäugeln, dieses Angebot in Anspruch zu nehmen, dann startet Ihr Gedanke vielleicht mit einem: »Oh ja! Ich will …«. Der passende Handlungsaufruf beendet diesen Satz mit »Massage wählen«.

Vermeiden Sie bitte generische Handlungsaufrufe wie »Download«, »Absenden« oder »Kaufen«. Zum einen ist das kein klar formulierter Gedanke und zum anderen sagen solche Buttons nicht genug über das aus, was *nach* dem Klick passiert. Jegliche Verunsicherung lässt Ihre Besucher zögern. Sie müssen nachdenken, ob sie einen Fehler begehen, und jegliche kognitive Anstrengung wirkt sich – wie Sie aus Kapitel 2 wissen – negativ auf Ihre Conversions aus. Bessere Formulierungen wären beispielsweise …

Bild 4.30 Formulieren Sie den Handlungsaufruf als Gedankengang Ihres Besuchers (Screenshot: www.massagio.de)

- für einen E-Book-Download: »Den Reiseführer kostenlos als PDF herunterladen«
- für eine Webinar-Anmeldung: »Kostenlos meinen Webinar-Platz sichern«
- für eine Anmeldung zur Testversion: »[Produktname] risikofrei 30 Tage testen«
- für einen Kaufabschluss: »Jetzt kaufen und 25 % sparen«
- für einen Kostenvoranschlag: »Unverbindliches Angebot einholen«

Formulieren Sie den Handlungsaufruf am besten so, dass er für sich isoliert eine Aussagekraft besitzt. Scheuen Sie sich nicht davor, bereits vorhandene Passagen, zum Beispiel aus der Überschrift in Ihren Button-Texten, zu wiederholen. Zerbrechen Sie sich nicht unnötig den Kopf. Bei der Beschriftung von Button-Texten geht es nicht um Kreativität, sondern um Klarheit.

 Im E-Commerce gelten in Deutschland besondere Regelungen für Call-to-Action-Buttons, die eine zahlungspflichtige Handlung nach sich ziehen. Diesem Thema widmet sich Christian Kleemann in seinem Artikel »3 Tipps für besser konvertierende Call-to-Actions im Checkout« unter http://bit.ly/cd_kleemann.

Dringlichkeit und Verknappung einsetzen

Jetzt wo Sie Ihren Handlungsaufruf klar formuliert haben, sollte die Conversion Rate doch eigentlich in die Höhe schießen, oder? Schön wär's. Zwar haben Sie Ihrem Nutzer den nächsten Schritt aufgezeigt, trotzdem fehlt ihm oft noch ein triftiger Grund, diesen auch *jetzt sofort* zu gehen. Vermitteln Sie Ihren Besuchern den entstehenden Nachteil, wenn sie zögern. Dringlichkeit und Verknappung, zwei Prinzipien des Conversion-Centered Design (siehe Abschnitt 4.4.1), können die Entscheidungsfindung erheblich beeinflussen. Lesen Sie die folgenden Beispiele, und versuchen Sie zu verstehen, was sozusagen zwischen den Zeilen steht:

Beispiel 1: »Jetzt kostenlos Webinar-Platz sichern!« – Hier wird suggeriert, dass die Teilnehmerzahl begrenzt ist. Das ist bei Webinar-Software tatsächlich häufig der Fall, wenngleich eine entsprechende Aussage meist primär Marketing-Zwecken dient. Sie können den Aufruf noch verstärken, indem Sie die maximale Teilnehmerzahl dazuschreiben: »Jetzt kostenlos einen von 100 Webinar-Plätzen sichern!«.

Beispiel 2: »Heute buchen und 150 Euro sparen!« – In diesem Fall ist die Dringlichkeit klar formuliert. Auch wenn es nicht explizit da steht, so kann der Nutzer doch davon ausgehen, dass die Ersparnis ab dem nächsten Tag entfällt. Auch hier könnten Sie durch eine Formulierung wie: »Nur heute ...«, noch konkreter werden.

Absolute Zahlen funktionieren in der Regel besser als prozentuale oder relative Angaben, da der Nutzer den Gewinn beziehungsweise Verlust nicht erst selbst errechnen muss.

Wir raten Ihnen allerdings davon ab, offensichtlich künstlichen Druck aufzubauen. Fliegt Ihr »Trick« nämlich auf, hat das unter Umständen nicht nur rechtliche Konsequenzen, sondern beschädigt auch nachhaltig Ihre Reputation. Verzichten Sie auf gnadenlos heruntertickende Counterdowns, wenn diese beim erneuten Laden der Seite von vorne starten. Ebenso ist es fraglich, weswegen ein E-Book in seiner Stückzahl limitiert sein sollte ... haben wir alles schon erlebt!

Farbe und Form wählen

Sie kennen vielleicht schon Fallbeispiele von A/B-Tests, bei denen der rote Button den grünen schlägt – oder anders herum. Hüten Sie sich davor, solche Ergebnisse ohne eigene Vergleichstests auf Ihrer Landing Page zu replizieren. Der dänische Conversion-Experte Michael Aagaard fasst treffend zusammen:

> »Der beste Rat, den ich geben kann, ist die Erfahrungen anderer soweit wie möglich als Inspiration für Experimente mit der eigenen Landing Page zu nutzen. Am besten funktioniert das, wenn man zunächst das zugrunde liegende Prinzip versteht, wodurch eine Veränderung zum Erfolg geführt hat. Anschließend muss man ausprobieren, wie man dieses Prinzip auf die eigene Landing Page anwenden kann.«

Sie können eine Farbe nicht pauschal auf- oder abwerten. Die Webinar-Landing Page von Unbounce beispielsweise (siehe Bild 4.31) setzt einen orangefarbenen Button ein, nicht weil diese Farbe besser funktioniert als etwa Grün oder Violett, sondern weil der Button durch die Exklusivität der Farbe hervorsticht.

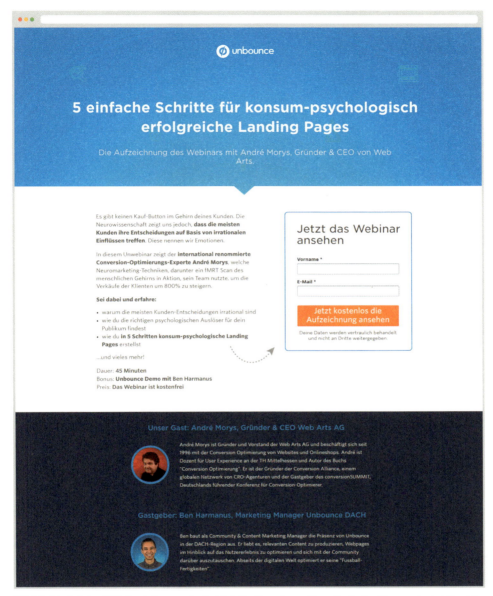

Bild 4.31 Bei der CTA-Gestaltung entscheidet die Umgebung über die Farbe (Screenshot: *http://bit.ly/unbouncelp*)

Wählen Sie die Farbe Ihres Buttons so, dass Sie einen deutlichen Kontrast zur direkten Umgebung, aber auch insgesamt zum Farbschema Ihrer Landing Page erzeugen. Das bedeutet, dass Sie unter Umständen gegen die Vorgaben der Corporate Identity Ihres Unternehmens verstoßen müssen – zugunsten einer höheren Conversion Rate! Achten Sie zudem darauf, dass Ihr CTA auch durch seine Form als solcher erkennbar ist. Die beste Orientierung dazu bietet das Modell zum Aufforderungscharakter (engl. »affordance«) von Steve Krug.

Schauen Sie sich in Bild 4.32 an, wie sich das Erscheinungsbild des Call-to-Action-Buttons von links nach rechts verändert: Der erste Button erzeugt durch farbliche Abstufungen und den Schatten einen 3D-Effekt. Die zweite Version besitzt ebenfalls abgerundete Ecken, verzichtet jedoch auf die plastische Darstellung. Der dritte Button ist durchsichtig und nimmt daher die Farbe des Hintergrunds an. Dieser sogenannte *Ghost Button*, wie Sie ihn bereits in Kapitel 2, Abschnitt 2.1 kennengelernt haben, signalisiert über den abgerundeten Rahmen, dass es sich um eine Schaltfläche handelt. Die vierte Variante besteht nur aus Text – die Interaktionsmöglichkeit wird visuell maximal durch die vom übrigen Text abweichende Farbe kommuniziert.

Bild 4.32 Durch die Gestaltung beeinflussen Sie den Aufforderungscharakter (Bildquelle: Unbounce E-Book »Attention-Driven Design: 23 Prinzipien für die visuelle Gestaltung von überzeugenden Landing Pages«)

Es ist ziemlich offensichtlich, dass die linke Version die geringste geistige Anstrengung benötigt, um als Button wahrgenommen zu werden. Jeder Nutzer weiß sofort, dass diese Fläche eine Funktion hat. Das heißt nicht, dass Sie ausschließlich Buttons mit 3D-Effekt einsetzen sollten, aber wählen Sie die Form Ihres Buttons nicht willkürlich. Entscheiden Sie sich nicht, wie viele Start-ups und inzwischen auch etablierte Unternehmen, für einen Ghost-Button, weil es modern und hip wirkt. Denken Sie an die Worte von Michael Aagaard und testen Sie selbst, was zu Ihrem Unternehmen – und natürlich Ihrer Zielgruppe – passt und in der Umgebung auffällt, in der Sie die Schaltfläche platzieren.

Ein ganz besonderer Call-to-Action begegnete uns auf einer Webpage der britischen Digitalagentur Koozai (siehe Bild 4.33). Der Button dort bestand aus zwei Teilen: Im linken Bereich weckte ein Video mit einer wild gestikulierenden Frau unsere Aufmerksamkeit. Diese deutete in einer Endlosschleife auf den rechten Bereich mit der Aufschrift »Submit« (auf Deutsch »Absenden«). Es ist praktisch unmöglich, diesen Handlungsaufruf zu ignorieren. Obwohl uns nicht genug Informationen vorliegen, wie erfolgreich solche CTA-Varianten sind, sehen wir großes Potenzial in mit Videos angereicherten Handlungsaufforderungen.

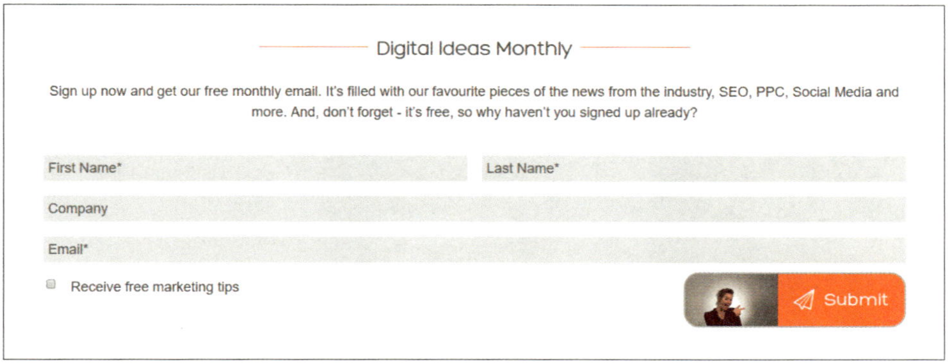

Bild 4.33 Call-to-Action mit Videoeinbindung (Screenshot: *http://bit.ly/2wrYRce*)

 Es gibt Fälle, in denen der Call-to-Action in Form eines Text-Links zu besseren Ergebnissen führt als ein auffällig gestalteter Button. Text-Links können unter anderem dann vertrauensfördernd wirken, wenn Sie eine technisch affine Zielgruppe, beispielsweise aus den Bereichen IT oder Web-Entwicklung, ansprechen.

4.3.6 Fazit: Vier Engel für den Call-to-Action

Es kommt nicht selten vor, dass erst sehr spät im Design-Prozess einer Landing Page der Handlungsaufruf definiert wird. Das ist so, also würden Sie beim Fischen zuerst die Angel auswerfen und sich erst dann darüber Gedanken machen, welchen Fisch Sie fangen möchten und welchen Köder Sie dafür benötigen. Wenn Sie eine Landing Page erstellen, dann haben Sie ein Conversion-Ziel. Sie möchten Kontakte beziehungsweise Nutzer generieren oder ein Produkt beziehungsweise eine Dienstleistung verkaufen. Die Festlegung dieses Ziels bestimmt Ihren Handlungsaufruf. Jedes weitere Element, das Sie auf Ihrer Landing Page hinzufügen, allen voran die vier Kernelemente Nutzenversprechen, Hero Shot, Social Proof und die weiteren Vorteile des Angebots, stehen im Dienst Ihres Call-to-Action. Setzen Sie die fünf Kernelemente als Blaupause für eine überzeugende Landing Page ein – das Schema dafür haben wir Ihnen in Bild 4.34 visualisiert. Hunderttausende von Landing Pages verdanken diesem seit 2009 bewährten Konzept Millionen generierte Conversions.

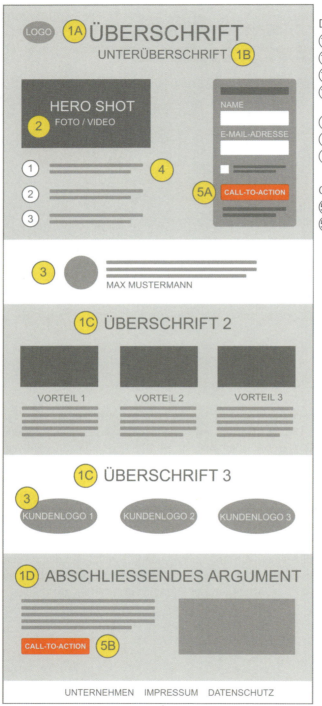

Bild 4.34 Ein Landing Page-Schema auf Basis der fünf Kernelemente

■ 4.4 Welche Design-Prinzipien lassen sich auf Landing Pages anwenden?

Aus der Marketingtheorie kennen Sie womöglich das AIDA-Modell von E. St. Elmo Lewis (1898). Dieses Akronym steht für Attention (Aufmerksamkeit), Interest (Interesse), Desire (Wunsch) und Action (Handlung). Es beschreibt vier Phasen, die ein Kunde bis zur endgültigen Kaufentscheidung durchläuft:

1. **Attract Attention** – Das Ziel ist aus Unternehmenssicht, die Aufmerksamkeit einer Person zu gewinnen.

2. **Maintain Interest** – Danach gilt es, die Aufmerksamkeit der Person zu halten und sie auf ein Produkt oder anderes Angebot zu lenken.

3. **Create Desire** – Im Anschluss wollen Sie beim Interessenten den Wunsch nach dem Besitz Ihres Produkts und dementsprechend eine Kauf- beziehungsweise, allgemein formuliert eine Handlungsabsicht wecken.

4. **Force Action** – Endgültig streben Sie an, den Interessenten zur Handlung (ergo dem Kauf) zu bewegen.

An diesen vier Phasen können wir uns bei der Gestaltung von Landing Pages orientieren. Dazu sei allerdings gesagt, dass das Modell auch kritisiert und in verschiedensten Formen abgewandelt werden kann. So entstanden beispielsweise zwei weitere Phasen:

- **Satisfaction** (AIDAS) – Das Ziel dieser fünften/letzten Phase ist es, den Kunden durch und nach dem Kauf zufriedenzustellen. Dazu gehört neben einer hohen Produktqualität auch ein guter Kundenservice; sowie gegebenenfalls sogar die Weiterentwicklung des verkauften Produkts (insbesondere bei Software).

- **Confidence/Conviction** (AIDCA) – Das Ziel dieser Phase ist, den Interessenten vom eigenen Produkt (im Vergleich zu anderen) zu überzeugen und ihn in seiner bevorstehenden Entscheidung zu unterstützen.

Diese Abwandlungen beeinflussen unser Gestaltungskonzept, wenn überhaupt, dann nur positiv, denn sie lenken den Fokus noch weiter auf die Bedürfnisse des Nutzers. Bedenken Sie auch, dass die Informationen nicht immer in der AIDA-Reihenfolge auftauchen müssen. Wichtig ist, dass sie prinzipiell vorhanden und für den Nutzer schnell zu finden und zu verstehen sind.

Im Folgenden zeigen wir Ihnen beispielhaft anhand einer Lehrgangs-Landing Page der Social Media Akademie (*https://bit.ly/cd_SMA*, siehe Bild 4.35), wie Sie das AIDA-Modell praktisch anwenden können. Das Layout der Webseite hat sich mittlerweile verändert, aber die AIDA-Elemente finden Sie immer noch wieder.

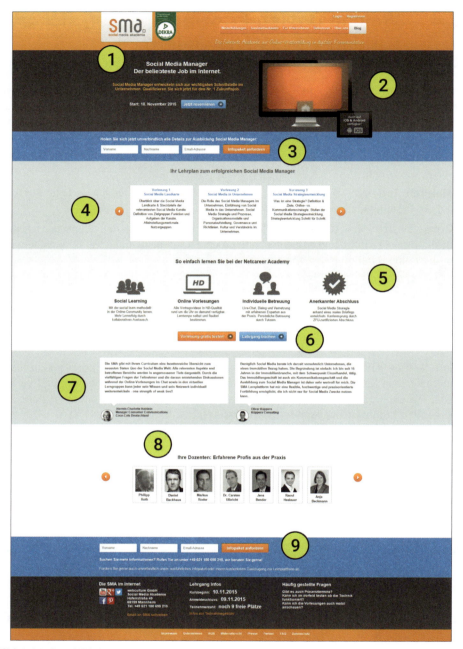

Bild 4.35 Das AIDA-Modell im Landing Page Design

1. Durch die Headline und Subheadline gewinnen Sie die Aufmerksamkeit Ihrer Besucher.
2. Das Video, direkt daneben, konkretisiert das Thema und weckt Interesse. Im Idealfall entsteht bereits hier der Wunsch, eine derartige Ausbildung zu absolvieren oder zumindest weitere Informationen anzufragen.

3. Die erste Handlungsaufforderung im direkt sichtbaren Teil der Webseite ist die Anforderung weiterer Kursinformationen. Es ist unwahrscheinlich, dass sich hier schon jemand für den Lehrgang anmelden möchte, daher macht ein informatives Angebot durchaus Sinn.
4. Falls der Besucher das Video nicht angeschaut hat oder dieses noch nicht genügend Informationen enthielt, um das Interesse zu wecken, so geschieht dies jetzt durch die detaillierte Beschreibung der Kursinhalte.
5. Die Präsentation der Alleinstellungsmerkmale des Anbieters sind dazu da, um endgültig den Wunsch nach der Ausbildung zu wecken.
6. Das macht die Stelle zu einem idealen Platz für den wertvollsten Call-to-Action: Die Kursbuchung.
7. Der Social Proof in Form von Kundenstimmen dient hier vor allem zur Vertrauensbildung, um den Nutzer bei seiner Kaufentscheidung zu bestärken.
8. Gleiches gilt für die Präsentation renommierter Dozenten, wobei hierdurch auch der Wunsch an sich nach der Ausbildung verstärkt wird. Wie oft ergibt sich schließlich die Chance, von so erfahrenen Personen zu lernen?
9. Den Abschluss bildet erneut ein Call-to-Action. Bis hierhin Unentschlossene werden mit weiterführenden Informationen zum Kursangebot zur Handlung motiviert. Vielleicht schafft es ja ein Mitarbeiter im persönlichen Gespräch, den Interessenten vom Lehrgang zu überzeugen.

> Sie haben vielleicht bemerkt, dass diese Seite keine idealtypische Landing Page ist, da viele »unnötige« Elemente wie Navigation und Fußleiste vorhanden sind. Dennoch funktioniert diese Seite ähnlich, da sie sich in ihrer Struktur am vorher vorgestellten Schema kampagnenspezifischer Landing Pages orientiert. Es liegt genau eine gewünschte Handlung im Fokus, nämlich die Anforderung des Infopakets. Die direkte Buchung ist eine zusätzliche Option, die getestet werden kann.

Bei der Gestaltung dieser Seite startete Robert bei null, also mit einer Blanko-Seite, da das vorhandene Gerüst ungeeignet war. Prinzipiell können Sie jedoch auch mit einem vorhandenen Template Ihrer Webseite arbeiten und es auf die zuvor beschriebenen Elemente reduzieren. Je nach Landing Page können Sie auch variieren. So werden oft spezifische, kurzfristig eingesetzte Kampagnenseiten mithilfe entsprechender Tools (siehe Kapitel 5) neu erstellt, während dauerhaft genutzte Landing Pages – etwa für die Newsletter-Anmeldung – der Einfachheit halber aus bestehenden Templates abgeleitet werden. Egal welchen Weg Sie wählen, das Ergebnis sollte stets dasselbe sein: Eine auf das Nötigste reduzierte Seite, die eine einzige, spezifische Handlungsaufforderung in den Vordergrund stellt. In der Praxis haben sich vier Gestaltungsansätze und -prozesse bewährt, die wir Ihnen im Folgenden näher vorstellen möchten.

4.4.1 Conversion-Centered Design

Der Grundgedanke des Conversion-Centered Designs (kurz CCD) ist die Konzentration aller gestalterischen und inhaltlichen Elemente auf eine spezifische, für Sie als Webseitenbetreiber profitable Handlung des Nutzers. Sei es die Anmeldung zu Ihrem Newsletter, dem Kauf einer Ihrer Produkte oder, in Bezug auf Click-Through Landing Pages, der Klick auf die nächste Seite. Zu diesem Zweck werden, wie zuvor beschrieben, sämtliche Alternativen entfernt, bis nur noch der eine Call-to-Action verbleibt. Dadurch führen Sie Ihre Benutzer durch den Content auf Ihrer Website, anstatt sie frei navigieren zu lassen – wohin auch, sie haben ja quasi keine Auswahl mehr.

Das Konzept stammt von Oli Gardner, Mitgründer von Unbounce und international renommierter Speaker. Es steht im Gegensatz zum User Centered Design, wo es darum geht, Besuchern das Erlebnis auf Ihrer Webseite möglichst umfangreich zu gestalten (Näher dazu in Abschnitt 4.4.2). Beim Conversion-Centered Design kommt es sehr stark auf **Klarheit** und **Glaubwürdigkeit** an, wobei diese jeweils vom Kontext abhängig sind. Nutzer, die mit Ihrer Marke bereits vertraut sind und lediglich eine Entscheidungsgrundlage suchen, bevorzugen womöglich konkrete, leicht verständliche Informationen. Nutzer hingegen, die Ihr Unternehmen noch nicht kennen, lassen sich vielleicht eher durch Testimonials oder Kundenstimmen überzeugen, als von Ihren eigenen deskriptiven Aussagen.

Das Konzept kombiniert insgesamt vier Design-Prinzipien mit drei psychologischen Prinzipien der Überzeugung. Den Großteil davon kennen Sie bereits aus unterschiedlichen Kapiteln dieses Buches, neu ist jedoch ihr Zusammenwirken:

1. **Einkapselung** – Durch die Einkapselung einzelner Elemente können Sie die Aufmerksamkeit Ihrer Besucher auf bestimmte Elemente lenken. Besonders in Kombination mit Gruppierungen lässt sich dadurch die Zahl der Conversions steigern. Bild 4.36 zeigt, wie das Prinzip zur Betonung des Formulars genutzt werden kann. Die Überschrift des Formulars, alle Formularfelder und der Handlungsaufruf ergeben durch die Einkapselung einen in sich geschlossenen Bereich, der auf der Landing Page heraussticht.

2. **Kontrast und Farbe** – Einzelne Elemente können Sie auch durch einen deutlichen Kontrast voneinander abgrenzen. Im erwähnten Beispiel können Sie die Aufmerksamkeit noch stärker auf das Formular lenken, indem Sie den eingekapselten Bereich beispielsweise durch einen hellen Grauton vom weißen Hintergrund abheben. Dadurch entsteht übrigens auch der Effekt, dass die weißen Formularfelder leichter als auszufüllende Felder erkennbar werden. Eine höhere Stufe der Aufmerksamkeitssteigerung erreichen Sie, indem Sie den Kontrast durch Farben erhöhen. So können Sie beispielsweise ein klares Signal senden, indem Sie den Call-to-Action-Button farblich kennzeichnen. Wir verwenden in unserem Beispiel einen Orangeton. Welche Farbe Sie wählen, hängt zum einen von der individuellen Farbgebung auf Ihrer Landing Page ab, zum anderen von der emotionalen Wirkung, auf die Sie abzielen (siehe Kapitel 2, Abschnitt 2.2).

Sie können die Farbe und den Kontrast übrigens nicht nur in Bezug auf Conversion-Elemente wie Formulare und Buttons optimieren, sondern auch bei der Gestaltung des Hintergrunds Ihrer Webseite nutzen, um dadurch einzelnen Bereichen mehr Bedeutung zu geben. Ein gutes Beispiel hierfür ist Wunderlist (*www.wunderlist.de*, siehe Bild 4.37), die im oberen Bereich der Webseite einen roten Hintergrund einsetzen, um diese erste Sektion zu betonen.

4.4 Welche Design-Prinzipien lassen sich auf Landing Pages anwenden?

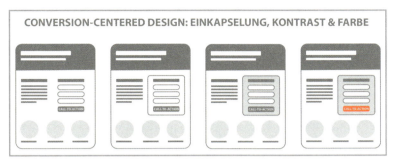

Bild 4.36 Formularfeld mit Einkapselung, Helligkeits- und Farbkontrast

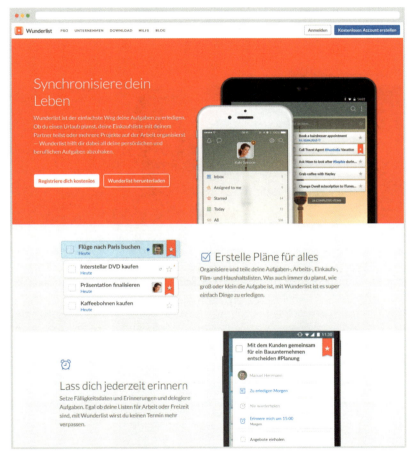

Bild 4.37 Nutzen Sie Farbkontraste, um Bereiche Ihrer Webseite – in ihrer Bedeutung – voneinander abzugrenzen (Screenshot: wunderlist.de)

3. **Richtungshinweise** – Durch richtungsweisende Elemente und Bilder (engl. »Directional cues«) lenken Sie die Aufmerksamkeit Ihrer Besucher auf bestimmte Bereiche Ihrer Webseite. Als Wegweiser können Pfeile oder pfeilähnliche Elemente zum Einsatz kommen.

Sie können jedoch auch subtiler beeinflussen, wohin die Augen Ihrer User wandern. Menschen haben die Veranlagung, den Blicken anderer zu folgen. Stellen Sie sich vor, dass Sie sich mit einer Person unterhalten. Die Blicke Ihres Gegenübers wandern immer wieder an Ihnen vorbei über Ihre rechte Schulter. Die Wahrscheinlichkeit ist sehr hoch, dass Sie sich irgendwann umdrehen oder zumindest fragen, was hinter Ihnen so spannend ist. Das Department of Developmental and Social Psychology von der University of Padua in Padua, Italien, hat per Eye-Tracking-Tests nachgewiesen[12], dass wir nicht nur in der realen Welt, sondern auch auf Webseiten den Blicken von Personen folgen (siehe Bild 4.38). Die Tests offenbarten, dass wir mit Menschen, die uns auf Webseiten anstarren, Augenkontakt halten. Das hat den Effekt, dass wir den umgebenden Content weitestgehend ignorieren. Texte und Bilder, beispielsweise Produktbeschreibungen und -abbildungen, geraten in einen toten Winkel. Wenn die Blickrichtung der abgebildeten Personen im gleichen Beispiel auf das Produkt gelenkt wurde, so folgten auch die Probanden dem Blick.

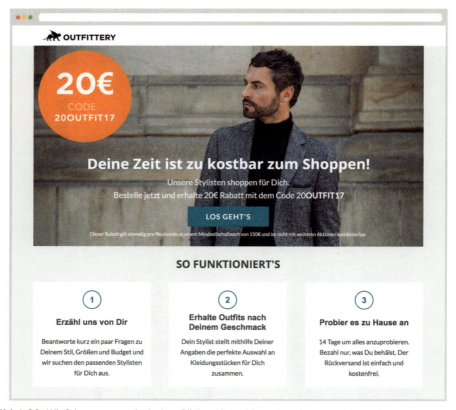

Bild 4.38 Wir folgen automatisch dem Blick anderer Menschen; bewusst oder unbewusst (Screenshot: *http://bit.ly/cd_outfittery*)

---

[12] Galfano, G. et al, Department of Developmental and Social Psychology, University of Padua, Padua, Italien, Eye gaze cannot be ignored (but neither can arrows), *http://www.ncbi.nlm.nih.gov/pubmed/22512343*

4. **Whitespace** – Die Idee hinter Whitespace ist, dass der Freiraum zwischen den Komponenten auf einer Webpage dem Betrachter mehr Übersicht verschafft. Besucher können durch das übersichtliche Design relevante Elemente schneller identifizieren und nutzen. Betrachten Sie die LINGsCARS.com (siehe Bild 4.39) – ein Paradebeispiel für die Überfrachtung einer Website. Diese Seite lässt dem Besucher keine Luft zum Atmen, da der Designer scheinbar das Ziel verfolgt, jeden Pixel mit Content zu belegen. Wüssten Sie, wohin Sie zuerst blicken sollen? Können Sie in wenigen Sekunden erfassen, welche Aktion sich das Unternehmen von Ihnen am ehesten wünscht?

Bild 4.39 Ohne Whitespace fehlt die Orientierung; der Betrachter ist überfordert (Screenshot: *www.lingscars.com*)

Es ist keine Besonderheit, dass Homepages im Gegensatz zu Landing Pages dem Problem der Überfrachtung ausgesetzt sind. Verinnerlichen Sie, dass Sie jedes Element auf Ihrer Seite entweder klar abgrenzen, kontextuell gruppieren oder die Einbindung prinzipiell überdenken.

Locafox, ein Anbieter für All-in-one-Kassensysteme, schafft durch großzügige Freiflächen auf der Seite eine klare Abgrenzung der einzelnen Abschnitte (siehe Bild 4.40). Es ist fast nicht notwendig, Trennlinien oder unterschiedliche Hintergründe einzusetzen.

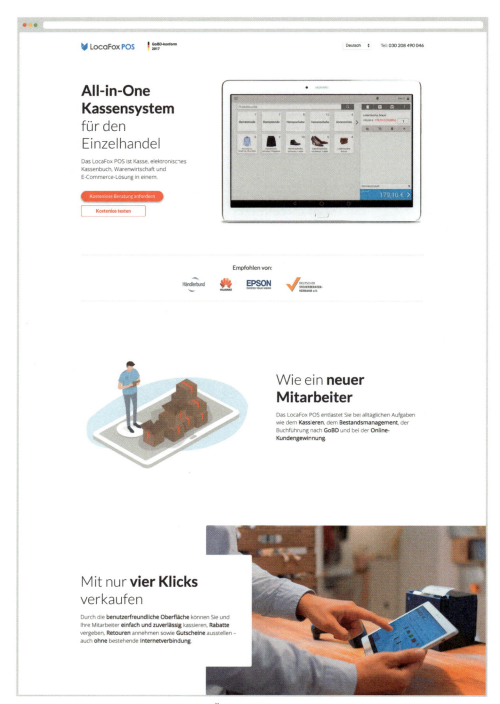

Bild 4.40 Whitespace erzeugt Ruhe und Übersicht (Screenshot: *www.locafox.de/pos/*)

5. **Verknappung und Dringlichkeit** – Die Verknappung eines Angebots führt zu einer spontanen Kaufentscheidung, da wir uns Sonderangebote nicht entgehen lassen wollen. Wir verspüren sogar einen gewissen Stolz, wenn wir ein limitiertes Produkt erworben haben. Die Verknappung geschieht entweder durch eine Begrenzung der zeitlichen Verfügbarkeit oder einer Limitierung der Stückzahl.

Dringlichkeit ist ein subtiles, aber effektives Kommunikationsmittel, um Interessenten schneller zum Kauf oder zur Eingabe persönlicher Daten zu bewegen. Ein augenscheinlich limitiertes Angebot wirkt nämlich begehrlicher als andere »dauerhaft« verfügbare (wobei dies vor allem unserer Wahrnehmung entspricht, nicht unbedingt der tatsächlichen Verfügbarkeit). Ein solches Beispiel kennen Sie sicherlich von Amazon, wo es quasi bei jedem Produkt heißt: »Lieferung morgen, 18-21 Uhr: Bestellen Sie innerhalb X Stunden und Y Minuten per Evening-Express« (siehe Bild 4.41). Eine derartige Deadline suggeriert, dass das Angebot nach Ablauf der Frist zumindest in dieser gegenwärtigen Form nicht mehr verfügbar ist. Dadurch werden wir unter Druck gesetzt und treffen die Kaufentscheidung unter Umständen schneller und weniger reflektiert.

Bild 4.41 Amazon erzeugt Dringlichkeit durch die schnelle Lieferbarkeit und Rabattangebote

Die Limitierung der Stückzahl ist ein beliebtes Mittel auf Buchungsportalen für Flüge, Hotels oder Events. Hier wird dem Nutzer glaubhaft kommuniziert, dass ein bestimmtes Angebot demnächst vergriffen sein wird. Oft wird die Mengenrestriktion sogar mit einer zeitlichen Restriktion kombiniert, und der Nutzer erhält Warnhinweise wie »Nur noch 3 Flugtickets verfügbar. Wir haben eines für Sie reserviert. Sie haben noch 5 Minuten Zeit, um Ihre Buchung abzuschließen.« Ein hervorragendes Beispiel, wie eine Seite den Nutzer durch gezieltes Content Design unter Druck setzen kann, ist booking.com. Machen Sie den Test: Wie viele »Druckmittel« erkennen Sie in Bild 4.42?

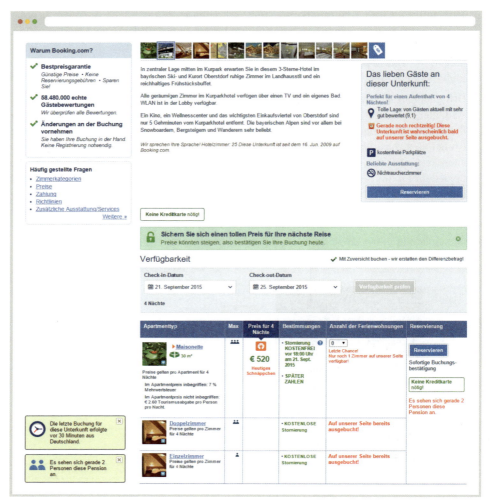

Bild 4.42 Wie fühlen Sie sich, wenn Sie eigentlich entspannt Ihren Urlaub buchen wollen und dann mit einer Seite wie dieser konfrontiert werden? (Screenshot: booking.com)

Im E-Commerce ist die Anwendung dieses Prinzips nur sinnvoll, wenn Interessenten dasselbe oder ein nahezu identisches Angebot nicht bei einem anderen Händler finden. Andernfalls könnten Sie durch die Limitierung sogar Kunden verlieren, anstatt den Absatz zu steigern. Ganz abgesehen davon, dass sich der permanente Einsatz von Warnhinweisen schnell negativ auf Ihre Glaubwürdigkeit auswirkt – geschweige denn der User Experience. Erst durch die Kombination mit einem Preisvorteil oder exklusiven Angebot kann das Prinzip der Verknappung seine volle Wirkung entfalten.

6. **Das Prinzip der Gegenseitigkeit** (Reziprozität) – Wir alle schauen uns Produkte an, bevor wir sie kaufen, egal ob Nahrungsmittel, Kleidung oder andere Gegenstände. Je mehr uns ein Anbieter bei unserer Recherche entgegenkommt, desto eher sind wir gewillt, den Kauf zu tätigen. Dieses Verhalten ist tief in unserer Gesellschaft verankert und spiegelt sich auch in vielen Sprichwörtern wie beispielsweise »Wer gibt, dem wird

gegeben« wider. Der Grund, warum dieses Prinzip auch im Online Marketing funktioniert ist der, dass wir eine moralische Verpflichtung verspüren, etwas zurückzugeben, wenn wir ein Geschenk erhalten. Kerstin Hoffmann betitelt das in ihrem gleichnamigen Buch als »Prinzip kostenlos« und schreibt: »Du kannst (fast) alles verschenken, was du weißt – wenn du das verkaufst, was du kannst!«

Gehen Sie in Vorleistung und bieten Sie beispielsweise eine Leseprobe Ihres Buches oder eine kostenlose (wenn möglich zeitlich, nicht funktional begrenzte) Testversion Ihrer Software an. Wichtig ist, dass Sie Ihrem Interessenten schon vor dem Kauf etwas an die Hand geben, denn erst dadurch entstehen die »Schuldgefühle«. Von einem kostenlosen Beratungsgespräch oder der Anmeldung zu einem kostenlosen (E-Mail-)Kurs ist es bis zur kostenpflichtigen Beratung beziehungsweise Kursbuchung in der Regel nicht mehr weit.

7. **Sozialer Beweis** (Social Proof) – Beispiele für die Wirkung und den Einsatz dieses Prinzips finden Sie im Abschnitt 4.3 zu den fünf Kernelementen von hochkonvertierenden Landing Pages.

4.4.1.1 Die Psychologie der Überzeugung

Die psychologischen Prinzipien des Conversion-Centered Design sind Robert Cialdinis »Psychologie des Überzeugens« entliehen. Der amerikanische Psychologe listet in seinem Buch insgesamt sieben psychologische Methoden auf, die Ihnen beim Content Design theoretisch nützlich sein können. Wir beschränken uns in diesem Kontext auf die folgenden drei.

Sympathie

Je sympathischer uns ein Anbieter ist, desto eher nehmen wir sein Angebot wahr. Dabei wird die Sympathie von mehreren Aspekten geprägt:

a) **Äußerliche Attraktivität:** Den Halo-Effekt kennen Sie bereits aus Kapitel 2. Gutaussehenden Menschen schreiben wir automatisch und unbewusst Eigenschaften wie Intelligenz, Freundlichkeit und Ehrlichkeit zu. Schönheit liegt zwar immer im Auge des Betrachters, doch wenn Sie beispielsweise mehrere Kundenstimmen zur Auswahl haben, so können Sie die »effektivsten« durch entsprechende Vergleichstests gezielt auswählen und einsetzen. Der Halo-Effekt funktioniert auch bei Webseiten im Ganzen. Achten Sie auf einen positiven Gesamteindruck, um die Chance zu steigern, dass dieser Eindruck auch auf Sie und Ihre Produkte abfärbt.

b) **Ähnlichkeit:** Das Erstaunen ist groß, wenn Sie plötzlich herausfinden, dass Ihr Gegenüber dieselben Hobbys hat, am gleichen Tag Geburtstag feiert oder im selben Ort zur Schule gegangen ist. Sie sind sich direkt sympathisch. Geben Sie also beim Verkauf von Produkten oder Dienstleistungen, ja im Grunde bei Ihrer gesamten Online-Präsentation, ruhig ein paar persönliche Details preis. Je mehr Ihre Interessenten über Sie erfahren können, desto größer ist die Wahrscheinlichkeit, dass sich Gemeinsamkeiten finden und die Sympathie steigt. Und je sympathischer Ihre Interessenten Sie einschätzen, desto eher werden sie zu Kunden. Denken Sie an Autorenbiografien, wie Sie sie in Blogs, Online-Magazinen oder auch in diesem Buch finden.

c) **Kontakt und Beziehung:** Vertrautheit führt (unbewusst) zu Zuneigung und ständiger Kontakt wirkt sympathiefördernd – solange positive Erlebnisse damit verbunden sind. Kontakt zu Interessenten herzustellen, ist eine Kernaufgabe im Marketing und letztendlich die Funktion von Landing Pages. Doch bereits im Vorfeld kann der Kontakt beispielsweise über soziale Medien oder durch Werbeanzeigen entstehen. Stellen Sie durch Kontext, Relevanz und das richtige Timing sicher, dass Ihr Kontaktversuch nicht negativ bewertet wird. Im Durchschnitt bedarf es übrigens acht solcher Werbekontakte, bis sich ein Interessent an Sie, Ihre Marke oder Ihr Produkt erinnern kann.

Einen Anwendungsfall kennen Sie sicherlich aus dem Apple oder Google App Store. Dort wird Ihnen nämlich nicht nur die Zahl der Nutzer angezeigt (ein sozialer Beweis), sondern auch explizit Personen aus Ihrem Bekanntenkreis (oder jene, deren Kontaktdaten Sie in Ihrem Smartphone gespeichert haben). Aufgrund der bereits bestehenden Beziehung »zweiten Grades« ist die Wahrscheinlichkeit höher, dass auch Sie die – Ihnen womöglich noch unbekannte – App installieren werden.

d) **Komplimente:** Welcher Impuls entsteht, wenn Ihnen jemand ein Kompliment macht? Wahrscheinlich verspüren Sie das Bedürfnis, es zu erwidern, oder? Dieses Prinzip können Sie in Verkaufsgesprächen – selbst wenn diese digital über Ihre Webseite stattfinden – ausnutzen. Gefallen Sie Ihren Interessenten, machen Sie Ihren Besuchern Komplimente und schmeicheln Sie ihnen. Dabei ist es egal, dass sich Interessenten gegebenenfalls über Ihre »Masche« bewusst sind, denn die positive Reaktion auf ein Kompliment scheint in uns vorprogrammiert zu sein. Echte Komplimente sind natürlich sowieso die besseren, aber das brauchen wir Ihnen ja nicht zu erzählen.

e) **Assoziation:** Assoziationen beeinflussen die Wahrnehmung, sowohl positiv als auch negativ. Nun können wir im Online Marketing zwar nicht auf die »Luncheon technique« zurückgreifen und potenziellen Kunden bei einem gemeinsamen Essen näherkommen (und unsere Angebote präsentieren), doch wir können unsere Produkte und Dienstleistungen mit anderen Dingen verknüpfen und dadurch die Wahrnehmung beim Interessenten beeinflussen. Was dachten Sie, warum hochwertige Autos auf Messen immer von ansehnlichen Damen präsentiert werden? Oder warum Marken Sportereignisse sponsern, obwohl sie mit der Sportbranche an sich nichts zu tun haben? Oder warum Unternehmen gerne mit bekannten Personen werben?

Machen Sie sich das Prinzip zunutze, indem Sie beispielsweise mit dem Namen eines bekannten Kunden (der Ihrer Zielgruppe sympathisch ist) für Ihre Angebote werben. Oder präsentieren Sie Ihre einzelnen Produkte zusammen mit anderen, die für Ihre Zielgruppe ebenfalls reizvoll sind. Evernote beispielsweise inszenierte die Nutzung der App eine Zeit lang auf einem Apple iPhone, welches als Sympathieträger fungiert (siehe Bild 4.43).

Das Assoziationsprinzip wirkt übrigens auch umgekehrt: Kunden outen sich eher als Nutzer oder sogar Fans Ihrer Produkte, je erfolgreicher – und vor allem allgemein sympathischer – die Marke insgesamt ist. Betrachten Sie bei all diesen Tipps Ihr Marketing daher niemals nur als verkaufsfördernde Maßnahme, sondern bedenken Sie stets die Markenbildung und kümmern Sie sich gleichzeitig um Ihr Image.

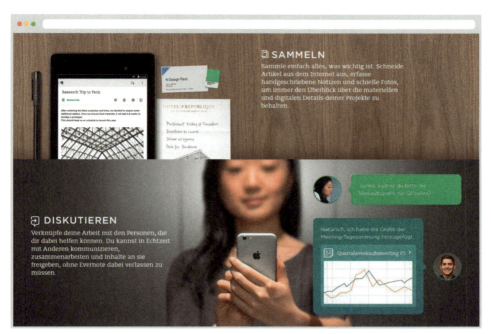

Bild 4.43 Evernote setzen auf Apple als Sympathieträger (Screenshot: evernote.de)

Um die Sympathie Ihrer Interessenten zu gewinnen ist es wichtig, dass diese zunächst Ihnen gefallen. Denn nur, wenn sie auch wirklich Ihrer Vorstellung eines Idealkunden entsprechen, werden Sie Spaß daran haben, mit ihnen zu arbeiten. Nur dann werden Sie Komplimente ernst meinen und nur dann wissen Sie genug, um ernsthafte und langfristige Beziehungen einzugehen. Nur dann bieten Sie genau das, was Ihren Interessenten fehlt. Die Praxis zeigt immer wieder, dass Geschäfte scheitern, weil sich Auftraggeber und Auftragnehmer schlicht unsympathisch sind. Ungeachtet dessen, dass sie rein objektiv betrachtet und in Hinblick auf ihre Bedürfnisse beziehungsweise ihr Angebot perfekt zueinander passen. Wählen Sie Ihre Kunden sorgfältig aus. Das mag zu Beginn vielleicht schwierig sein, weil Sie keine Auswahl haben, doch je wählerischer Sie sind und je besser Ihre Kunden zu Ihnen passen, desto fruchtbarer wird die Zusammenarbeit und desto besser wird das Ergebnis ausfallen.

Konsistenz und Hingabe

Wie Sie wissen, versucht unser Gehirn möglichst wenig beziehungsweise möglichst effizient zu arbeiten. Dazu gehört auch eine konsequente Aversion gegenüber neuen Entscheidungen. Wir tendieren dazu, uns in den meisten Fällen spontan festzulegen und (er)finden dann Gründe, um unsere Entscheidung zu rechtfertigen. Das erste – wenn auch nur gedankliche – »Ja« entscheidet, egal, ob sich im weiteren Verlauf die Bedingungen (speziell der Preis) ändern. Schließlich wollen wir zu unserem Wort stehen und nicht unentschlossen wirken. Im Online Marketing gibt es verschiedene Möglichkeiten, dieses erste kleine »Ja« zu provozieren:

- Sind Sie Dienstleister für Webprojekte (Gestaltung, Programmierung, Optimierung etc.), so bitten Sie Ihren Interessenten vor dem Erstgespräch um die Erlaubnis, eine kostenlose (!) Analyse seiner Webseite durchzuführen. Genau genommen bräuchten Sie diese Erlaubnis nicht, doch Sie entlocken Ihrem Interessenten dadurch eine erste positive Antwort. Auf diese Weise legen Sie ihn nicht nur in seinem Handeln gemäß des Konsistenzprinzips fest, sondern nutzen gleichzeitig das Prinzip der Reziprozität aus (siehe Punkt 2). Das zweite »Ja« ist Ihnen quasi sicher.
- Alternativ können Sie Ihrem Interessenten vor dem Erstgespräch eine Checkliste geben, die er bitte durcharbeiten soll – etwa zu Design-Vorstellungen, technischen Problemen oder sonstigen Wünschen. Diese Liste erspart nicht nur Zeit im eigentlichen Gespräch, sondern fördert das Kommittent und erhöht die Wahrscheinlichkeit, dass Ihr Interessent mit Ihrem Angebot einverstanden sein wird.
- Eine weitere Methode ist die Aufteilung der Investition. Bieten Sie Ihre Dienstleistungen beispielsweise in kleineren Teilprojekten an. Aufgrund der geringeren Investition und damit sinkenden Risikos fällt Ihrem Interessenten die erste Entscheidung womöglich leichter – das Ergebnis gemäß dem Konsistenzprinzip ist jedoch dasselbe.

Auch Tupper-Partys sind – abseits des Online Marketings – ein hervorragendes Beispiel für die Wirkung dieser Prinzipien. Denn bei solchen Partys erhält jeder Gast vorab ein Geschenk (Reziprozitätsprinzip), darf seine eigenen Produkte und deren Vorteile vorstellen (Hingabe) und bestätigt seinen Freunden durch den Kauf einzelner Produkte, dass diese begehrenswert sind (Social Proof).

Autorität

Das Ansehen innerhalb unserer Zielgruppe definiert unsere Autorität. Durch sie können wir andere in ihrem Denken und Handeln beeinflussen. Entweder durch Macht (etwa als Monopolist), unsere Fähigkeiten oder einen Wissensvorsprung. Eine gewisse Autoritätshörigkeit ist uns allen angeboren, darum hören wir automatisch auf unsere Eltern, Lehrer oder Ärzte. Doch auch völlig unbekannten Personen begegnen wir dann mit Gehorsam, wenn sie den Anschein erwecken, mehr Macht, besondere Fähigkeiten (und Rechte) oder ein umfangreicheres (Spezial)Wissen zu besitzen als wir.

Um eine Autoritätsperson zu werden, bedarf es vor allem der Präsenz, etwa als publizierter Autor, Referent auf Konferenzen oder Dozent in einer Bildungseinrichtung. Das ist natürlich auch in kleinerem Stil (ohne dem eine Wertung beizulegen) über einen Blog, regelmäßige Beiträge in Social Media oder Fachzeitschriften möglich. Wichtig ist, dass Sie sich dort positionieren, wo Ihre Zielgruppe Sie auch findet und wahrnimmt. Orientieren Sie sich an vorhandenen Autoritäten wie Mitbewerbern, Branchenauszeichnungen oder Online-Magazinen. Machen Sie sich dann bei der Produktion Ihres Informationsangebots (das, was wir als »Content« bezeichnen) das Wissen über Ihre Zielgruppe und ihre Bedürfnisse zunutze, beantworten Sie typische Fragen und diskutieren Sie relevante Themen. Entscheidend ist, dass Sie diesen Weg bewusst einschlagen und langfristig etwas dafür tun, denn erst dann werden Sie als Autorität anerkannt. Die Betonung auf »anerkannt werden« ist wichtig, denn schon ein Expertenstatus, als Vorstufe der Autorität (siehe nachfolgende Hinweisbox), ist die Konsequenz einer nachhaltigen Positionierung. Unser geschätzter Marketing-Kollege Mael Roth erklärt den Weg dorthin in seinem Blog[13] wie folgt:

»*In dem Moment, wo man sich selber als Experten oder Guru sieht, besteht die Gefahr, dass du aufhörst zu experimentieren oder zu lernen. Die Theorie kann man innerhalb einer Woche lernen, wie das in der Realität umgesetzt wird, lernt [man] über Jahrzehnte hinweg.*«

Haben Sie sich eine gewisse Autorität verdient, sollten Sie diese auch zeigen. Binden Sie Auszeichnungen, Erwähnungen in Medien oder Kunden, mit denen Sie bereits gearbeitet haben in Form von Logos oder Testimonials in Ihre Webseite ein – Sie wissen ja inzwischen wie das geht.

Olaf Kopp, Mitgründer der Aufgesang Agenturgruppe, differenziert zwischen Experte, Autorität und Marke (siehe Bild 4.44). Seiner Ansicht nach wird die Autorität durch Reputation, Vertrauenswürdigkeit und ein Qualitätsversprechen charakterisiert, während eine Marke zusätzlich eine gewisse Popularität vorweist. Ein Experte ist hingegen prinzipiell jeder, der eine gewisse Expertise besitzt, sprich dessen Leistungen und Erfahrungen auf einem Fachgebiet über dem Durchschnitt liegen.

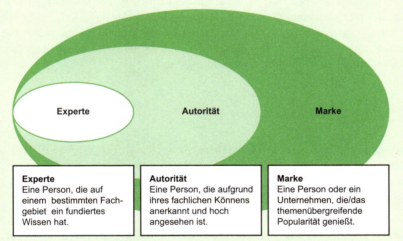

Bild 4.44 Unterscheidung zwischen Experte, Autorität und Marke (Bildidee: Olaf Kopp[14])

Diesen drei Kategorien ordnet Kopp in seinem Artikel spezifische Merkmale und Kennzahlen zu, wodurch sich der eigene Status grob bestimmen lässt. Bezeichnend für Autorität sind

---

[13] Roth, Mael, Wie du zum Content Marketing Experten wirst, 2015, http://maelroth.com/2015/07/wie-du-zum-content-marketing-experten-wirst/

[14] Kopp, Olaf, Die digitale Marke/Autorität: Bedeutung für SEO & Online Marketing und Kennzahlen (inkl. Brand Monitoring Dashboard), https://www.kopp-online-marketing.de/die-digitale-markeautoritaet-bedeutung-fuer-seo-online-marketing-und-kennzahlen-inkl-brand-monitoring-dashboard

- **Loyalität** (gemessen anhand der Aufenthaltsdauer, Absprungrate und dem Anteil wiederkehrender Besucher),
- **Reputation** (gemessen anhand Markenerwähnungen, Wiedergabe von Zitaten und Verweisen von anderen Webseiten) sowie
- **Interaktion** (gemessen anhand der üblichen Interaktionen wie Social Shares, Kommentaren oder Downloads, aber auch der Conversion Rate).

Conversion-Centered Design wird vor allem dann wirksam, wenn wir die sieben Prinzipien nicht nur für eine Handlungsaufforderung nutzen, sondern direkt im Anschluss eine weitere Handlung forcieren. Oli Gardner nennt dieses Vorgehen *Conversion Continuation*, also »Fortsetzung der Conversion«. Wenn ein Interessent ein erstes, und sei es noch so kleines »Ja« gegeben hat, dann ist die Hemmschwelle zum zweiten und dritten »Ja« deutlich kleiner. Sie können von diesem Verhalten bereits beim Texten Ihrer Webseite Gebrauch machen, indem Sie Ihre Worte so wählen, dass ein Interessent bereits gedanklich zustimmt – etwa wenn Sie sein Problem treffend formulieren oder genau seine Interessen ansprechen. Gedanken wie: »Ja super, genau diese Informationen habe ich gesucht!« oder »Oh ja, da haben Sie recht …«, sind genau die, die wir auslösen wollen, denn sie sind gleichbedeutend mit einem ausgesprochenen »Ja«. Darauf können Sie Ihre weitere Kommunikation aufbauen und zum Beispiel nach einer E-Mail-Adresse fragen. Wenn Sie diese Kette nicht abbrechen lassen, können Sie den Interessenten bis zu einer Kaufentscheidung führen oder nach einer Empfehlung fragen. Beachten Sie lediglich zu jedem Zeitpunkt Ihren Ausgangspunkt und knüpfen Sie immer wieder an den letzten Kontakt an.

4.4.2 User Centered Design

Im Gegensatz zum Conversion-Centered Design steht, wie eingangs erwähnt, das User Centered Design. Dabei dreht sich die inhaltliche und visuelle Gestaltung Ihrer Webseite nicht um das Conversion-Ziel, sondern um den Nutzer und die Erfahrung, die er auf Ihrer Webseite macht.

Beim User Centered Design (kurz UCD oder auch Human Centered Design genannt) liegt der gestalterische Fokus auf der User Experience und der Usability Ihrer Webseite. Der Nutzer soll beispielsweise durch eine intuitive Navigation zu jeder Zeit wissen, wo er sich gerade befindet und wohin er sich von dort aus bewegen kann. Sein Ziel ist es, Ihre Webseite selbständig zu erkunden und zu erleben, wofür er natürlich viele nützliche Inhalte braucht, die untereinander gut verlinkt sind. Dass diese Freizügigkeit keine ideale Voraussetzung für die Conversion-Maximierung ist (Stichwort: Attention Ratio), leuchtet Ihnen hoffentlich ein.

Oft wird in diesem Kontext auch von User Experience Design (UXD) gesprochen, was sehr stark durch Daten aus der Forschung gesteuert wird. Die aus Beobachtungen, Interviews und anderen Tests gewonnenen Informationen zum typischen Nutzerverhalten (vor allem Emotionen und Motivationen) bilden dabei die Grundlage für die Gestaltung einer Webseite, Software, App oder anderer Produkte. Dr. Susan Weinschenk, Chief of UX Strategy von Human Factors International, beschreibt UXD sehr treffend als »Science and art of designing a product«. Sie erklärt in ihrem YouTube-Video unter *https://bit.ly/cd_uxd*, warum sich UXD prinzipiell lohnt.

Beim UCD geht es primär um Usability, also die Qualität eines Systems (zum Beispiel einer Webseite) in Hinblick auf die Erlernbarkeit und Nutzbarkeit durch den User. Dabei spielt die emotionale Komponente eine wichtige Rolle, weshalb wir auch hier unbedingt die Psychologie der Nutzer berücksichtigen sollten. Denn prinzipiell rechnen die meisten Nutzer beim Besuch Ihrer Landing Page mit einer positiven Erfahrung. Das geschieht unabhängig davon, ob diese sich selbst als Optimisten oder Pessimisten einstufen. Die Erwartungshaltung ist im Kleinhirn verwurzelt und stets aktiviert. Werden die Erwartungen nicht erfüllt, wählt der Besucher eine von zwei Optionen: Er passt sich an, indem er Content, Kontext und die Navigation zu verstehen versucht, oder er »entflieht« der für ihn unangenehmen Situation, indem der die Landing Page verlässt[15].

Die Vorgehensweise beim User Centered Design ist nicht einheitlich, doch die grundlegenden Schritte sind in jeder Methode ähnlich. Der Prozess von Jeffrey Rubin, Autor des »Handbook of Usability Testing«, gilt in vielen Fällen als Muster. Wir bevorzugen zum Zweck der Erläuterung jedoch ein – speziell in der Anfangsphase – feingliedrigeres Modell (siehe Bild 4.45):

1. **Identifikation des Nutzungskontextes** – Im ersten Schritt geht es um Inspiration und das Sammeln und Strukturieren von Daten: Wer wird Ihr System, also Ihre Webseite nutzen, warum und unter welchen Bedingungen (zum Beispiel von einem mobilen Endgerät aus)? Identifizieren Sie den Kontext möglichst gründlich, um die Motivation und Erwartungen Ihrer Nutzer zu verstehen.

2. **Definition der Anforderungen an das System** – Was muss Ihre Webseite leisten, um sowohl für Sie als Betreiber als auch für den Nutzer nutzbar beziehungsweise »erfolgreich« zu sein? Definieren Sie sämtliche Anforderungen an die Webseite, auch wenn Sie nicht alle beim ersten Design-Prozess berücksichtigen können.

3. **Entwicklung von Design-Lösungen** – Entwickeln Sie auf Basis der ersten beiden Schritte Ihr Design. Dabei können Sie ebenfalls schrittweise vorgehen und mit Prototypen oder Test-Dummys arbeiten.

---

[15] Pate, Neil, Wie beeinflusst die Psychologie der Antizipation deine Conversion Rate?, 2015, *https://unbounce.com/de/conversion-optimierung/psychologie-der-antizipation-conversion-rate/*

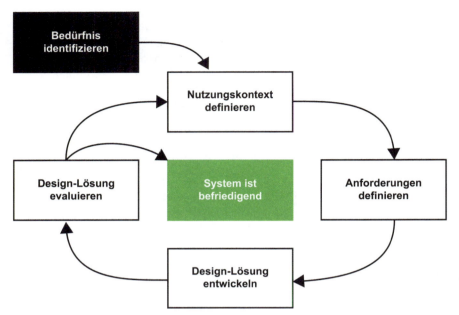

Bild 4.45 Der Prozess des User Centered Designs. Einen ausführlichen Leitfaden finden Sie unter *https://bit.ly/cd_ucd*

4. **Evaluation des Designs** – Prototypen helfen Ihnen dabei, in einem möglichst frühen Entwicklungsstadium Feedback zu generieren. Sobald Sie einen nutzbaren Test-Dummy entwickelt haben, können Sie Nutzer damit integrieren lassen und »echtes« Feedback einholen. Auch wenn noch keine klickbare Webseite vorhanden ist, könnten Sie Ihre Zielgruppe zum Beispiel schon vorab über eine Diskussion in Ihrem Blog an dem Gestaltungsprozess teilhaben lassen. Das ist wichtig, um von Beginn an in die richtige Richtung zu gestalten, anstatt Zeit und Geld in ein Produkt zu stecken, das den Anforderungen zuletzt doch nicht gerecht werden wird. In zeitkritischen Entwicklungsphasen könnten Sie auch auf Expertengutachten zurückgreifen.

Die Gestaltung – und damit ist an dieser Stelle sowohl die visuelle als auch technische Gestaltung gemeint – ist ein iterativer Prozess. Sie werden im weiteren Verlauf dieses Buches sehen, dass trotz einer gründlichen Vorbereitung und zielgerichteten Gestaltung Ihrer Webseite noch sehr viel Optimierungspotenzial vorhanden ist. Sollte das Ergebnis also nicht Ihre Zustimmung finden (oder die der Nutzer), dann beginnen Sie den Prozess – nicht die gesamte Entwicklung (!) – von vorn. Sammeln Sie zusätzliche Informationen, berücksichtigen Sie weitere Anforderungen und binden Sie, wann immer möglich, echte Nutzer frühzeitig in den Gestaltungsprozess ein.

Die Wirkung von User Centered Design messen

Im Hinblick auf die Profitabilität stellen Sie sich nun vielleicht die Frage, wieso Sie UCD im Vergleich zum Conversion-Centered Design überhaupt in Betracht ziehen sollten. Während sich CCD offensichtlich auf Ihre Unternehmensziele auswirkt, ist das beim User Centered Design auf den ersten Blick nicht unbedingt der Fall. Aber auch dieser Ansatz rentiert sich, denn durch die Optimierung der User Experience steigen Metriken, die sich positiv auf Ihre Ziele auswirken können. Dazu gehören unter anderem:

- Die Steigerung der Aufenthaltsdauer auf Ihrer Webseite, wodurch Ihre Marke länger erlebt wird und Nutzer immer mehr Inhalte und Produkte entdecken.
- Die Reduktion der Absprungrate beziehungsweise Abbruchquote, wodurch sich die Conversion Rate in der Regel deutlich verbessert und dementsprechend Ihr Umsatz steigt, beziehungsweise Ihre anderen operativen Ziele erreicht werden.
- Die Zahl der wiederkehrenden Besucher, was ein Indiz dafür ist, dass Sie ihr Interesse geweckt haben und sie nun durch die Bereitstellung weiterer relevanter Inhalte den Conversion-Trichter »nach unten« begleiten können.
- Die Zufriedenheit Ihrer Besucher, wodurch im Idealfall die Empfehlungsrate zunimmt und neue Besucher auf Ihre Webseite finden – Ihr sogenannter Referral Traffic steigt.

Die Ideallösung ist, so gesehen, nicht das eine oder das andere, sondern die Kombination, etwa von Conversion-Centered Design auf Basis der UCD-Methodik. Sie reduzieren also zum Beispiel die Elemente auf Ihrer Webseite, um Ablenkung zu vermeiden, und machen sich psychologische Prinzipien zunutze. Binden Sie aber gleichzeitig Ihre Zielgruppe frühestmöglich in den Gestaltungsprozess ein, testen Sie kontinuierlich Ihren Erfolg und optimieren Sie die einzelnen Elemente in Hinblick auf Ihre Ziele.

Hilfreiche Lektüre

Wenn Sie sich näher mit dem Thema User Experience (Design) und Usability beschäftigen wollen, dann empfehlen wir Ihnen die Lektüre von Blogs wie *www.usabilityblog.de*, *www.konversionskraft.de* oder *www.nutzerbrille.de/blog*. Im englischsprachigen Raum ist diese Liste natürlich weitaus größer; besonders empfehlenswert sind:

- http://www.uxbooth.com/
- http://uxmag.com/
- http://uxmyths.com/
- http://usabilitygeek.com/
- http://www.smashingmagazine.com/category/uxdesign/

4.4.3 Attention-Driven Design

Attention-Driven Design (ADD) ist der dritte Gestaltungsansatz (ebenfalls von Oli Gardner[16]), den wir Ihnen hier vorstellen. Das Primärziel ist im Vergleich zum CCD beziehungsweise UCD nicht die Conversion oder die User Experience, sondern schlicht und ergreifend Aufmerksamkeit. Aufmerksamkeit auf bestimmte Elemente, eine bestimmte Handlung, ein bestimmtes Ergebnis – Sie definieren, wohin Sie die Aufmerksamkeit lenken wollen.

---

[16] Sein E-Book zum Thema können Sie in der deutschsprachigen Fassung unter *https://bit.ly/cd_ADD-ebook* herunterladen

Gerade Blogger und andere Publisher, die Geld durch ihren Content verdienen, sind um Aufmerksamkeit bemüht – in Suchmaschinen, in Social Media und andernorts, wo viele Informationen aggregiert werden und nach Aufmerksamkeit schreien (Buzzfeed, RSS Feeds, Nachrichtenportale etc.). Meistens entscheidet die Headline und gegebenenfalls ein Vorschaubild darüber, ob ein Nutzer klickt oder nicht, doch danach muss der erste Eindruck Ihrer Webseite stimmen, um die Aufmerksamkeit des Interessenten nicht gleich wieder zu verlieren.

Stellen Sie sich das Konstrukt so vor: Ihre Werbung generiert Aufmerksamkeit in fremden Medien, die Headline auf Ihrer Webseite hält die Aufmerksamkeit (und verwandelt sie in Interesse), und das Design fokussiert beziehungsweise lenkt sie. Ziel der Gestaltung ist es, die drei W-Fragen *Was* (ist Ihr Angebot)? *Warum* (ist es für den Nutzer relevant)? und *Wo* (erhält der Nutzer es)? möglichst schnell zu beantworten. Das funktioniert am besten, wenn Sie die Aufmerksamkeit Ihrer Besucher beherrschen und durch den geschickten Einsatz diverser Gestaltungstechniken lenken. Im Kern geht es bei dieser Kombination um die Reduktion der visuellen Komplexität, um Nutzern das Verständnis für Ihre Webseite zu erleichtern.

- **Größe:** Je größer ein Element auf Ihrer Webseite ist, desto größer ist dessen Bedeutung. Die einzelnen Elemente innerhalb eines Bereichs auf Ihrer Landing Page stehen dabei jeweils in Relation zu allen anderen Elementen, nicht etwa nur zu denen in unmittelbarer Nähe.

- **Nähe:** Wenn Elemente nahe beieinanderliegen, beeinflussen sie den Nutzer darin, wie der Bereich als Ganzes wahrgenommen wird. Das ist beispielsweise der Grund dafür, dass Sicherheitshinweise und -symbole oftmals unmittelbar über oder unter dem Call-to-Action platziert werden. Die Betrachter werden oftmals unterbewusst beeinflusst, seien Sie daher vorsichtig mit Elementen, die Sie in der Nähe von Formularen und Handlungsaufforderungen platzieren. Nicht immer sind dieser der Conversion förderlich!

- **Kontakt:** Berühren sich mehrere Elemente, so werden diese, wie bei der Nähe, als zusammengehörig wahrgenommen. Der Effekt ist jedoch eindeutiger und die Einwirkung auf die Betrachter stärker.

- **Überlappung:** Steigern können Sie diesen Effekt durch die Überlappung von Elementen. Zum einen wird dadurch die Zusammengehörigkeit verdeutlicht, zum anderen erzeugt sie enorm viel Aufmerksamkeit. Typische Anwendungsbeispiele sind Preisschilder beziehungsweise die Auszeichnung von Rabatten. Linkbird setzen die Überlappung in Kombination mit Kontrast und Farbe ein, um die Vorteile ihrer Content Marketing-Lösung dem Status quo in den meisten Unternehmen gegenüberzustellen. Zwei Smileys legen sich separat über die eingekapselten Textpassagen, um eine Stimmung zu visualisieren. Beide Textfelder münden in einen überlappenden Button, der zum Test der Software aufruft (siehe Bild 4.46).

- **Bewegung** – Bewegung erregt unsere Aufmerksamkeit extrem schnell, das liegt in der Natur des Menschen. Auch wenn *Motion Design* nicht unbedingt beliebt ist, bleibt es doch ein sehr wirkungsvolles Mittel, um die Aufmerksamkeit des Nutzers zu gewinnen und zu lenken. Setzen Sie animierte Elemente jedoch nur ein, um beim Nutzer eine konversionssteigernde Handlung zu bewirken. Tappen Sie nicht in die Falle, Animation einzusetzen, da sie modern oder cool wirken. Erinnern Sie sich an das Beispiel mit dem Video innerhalb des CTA-Buttons? Die einzige Bewegung auf der Landing Page fordert zum Klicken der Schaltfläche auf.

4.4 Welche Design-Prinzipien lassen sich auf Landing Pages anwenden?

Bild 4.46 Zusammengehörigkeit durch Überlappung signalisieren (Screenshot: *www.linkbird.com/de/functions/overview/*)

- **Dominanz**: Einem Element wird eine umso größere Bedeutung zugesprochen, je deutlicher es sich von anderen Elementen unterscheidet. Dominanz können Sie erzeugen, indem Sie eines oder mehrere der Prinzipien von Attention-Driven Design oder auch Conversion-Centered Design einsetzen, beispielsweise Farbe und Kontrast. Dominanz ist aber auch möglich, indem Sie ein Element prinzipiell in der Form der benachbarten Elemente belassen, aber vergrößert darstellen. So können Sie beispielsweise Produkte, aber auch einen Referenten in einer Webinar-Agenda hervorheben (siehe Bild 4.47).
- **Richtungshinweise:** Nutzen Sie Pfeile, (gedankliche) Linien oder Blickrichtungsmuster, um die Aufmerksamkeit auf bestimmte Elemente zu lenken. Kombinieren Sie solche Elemente mit anderen Mitteln, etwa Bewegung, um den Effekt zu verstärken.
- **Kontrast:** Der Grund, warum ein orangefarbener Button im Vergleich zu einem grauen die Conversion Rate auf *www.toushenne.de* gesteigert hat, war nicht etwa die Farbe, sondern der dadurch entstandene Kontrast. Diese Unterscheidung ist wichtig, denn die Farbe ist in diesem Kontext so gut wie irrelevant. Inzwischen ist der Buttons übrigens wieder Grün ...
- **Hervorhebung:** Als Mittel zur selektiven Aufmerksamkeit können bestimmte Stellen – besonders in langen Texten – visuell hervorgehoben werden, etwa durch Fettschrift, Unterstreichung oder die Verwendung einer Hintergrundfarbe. Dadurch fallen Sie dem Leser schneller ins Auge und werden früher wahrgenommen. Gehen Sie sparsam mit diesem Element um, damit die Hervorhebung auch wirklich gewährleistet ist. Wir setzen bei dieser Liste hier zum Beispiel die Fettschrift jeweils zu Beginn eines jeden Stichpunkts ein. So können sich scannende Leser schnell einen Eindruck verschaffen, worum es geht.

Bild 4.47 Dominante Elemente stechen heraus (Screenshot: unbounce.com/digital-marketing-kickoff)

- **Aufforderungscharakter:** Diesen außerordentlich wichtigen Punkt haben wir bereits mehrfach im Buch erwähnt. Prinzipiell stellt er für den Betrachter heraus, dass es sich bei einem Element um eine interaktive Schaltfläche handelt. Steve Krug definiert den Aufforderungscharakter eines Elements wie folgt:

    »*Der Aufforderungscharakter ist der Kern eines visuellen User Interface. Zum Beispiel macht der dreidimensionale Charakter einiger Buttons deutlich, dass man sie anklicken soll.*«

    Damit Menschen auf Anhieb wissen, dass ein Element im Web anklickbar ist, muss mindestens eine dieser Bedingungen vorliegen:

1. Das interaktive Element orientiert sich an Objekten aus der Offline-Welt. Buttons im Web orientieren sich beispielsweise an Lichtschaltern, Türklingeln oder Tastaturen.
2. Der Nutzer hat bereits gelernt, dass ein bestimmtes Design auf ein anklickbares Objekt hindeutet. Das sogenannte Hamburger-Menü ist ein Element, das nur im Web, vor allem bei der Darstellung von Webseiten auf Mobilgeräten, eingesetzt wird. Inzwischen wissen

Nutzer, dass sich hinter dem Icon mit den drei Streifen für gewöhnlich das Menü mit weiteren anklickbaren Punkten verbirgt.

Die mobile Version von Taxi Berlin vereint drei unterschiedliche Varianten für Schaltflächen auf einem Screen (siehe Bild 4.48). Links oben sehen Sie das Logo in Form von Buttons, die sich durch die 3D-Gestaltung an Offline-Schaltern orientieren. Rechts oben sehen Sie das obligatorische Hamburger-Icon, welches per Klick weitere Schaltflächen offenbart. Am unteren Bildschirmrand wurde ein »Taxi rufen«-Button platziert. Dieser ist in seinem minimalistischen Design als rechteckiges grünes Kästchen im Kontext dieser Dienstleistung empfehlenswert, da Nutzer von Mobilgeräten diesen sofort als Anruftaste identifizieren.

Bild 4.48 Bei der unterschiedlichen Darstellung von interaktiven Elementen zählt primär der Kontext (Screenshots: taxi-berlin.de)

- **Konsistenz:** Nicht nur in Hinblick auf die (Link-)Farbe, sondern auch alle anderen Gestaltungsmittel ist eine gewisse Konsistenz hilfreich, um bestimmte Elemente voneinander abzugrenzen – und das nicht nur innerhalb Ihres eigenen digitalen Territoriums, sondern erst recht in Abgrenzung zur Konkurrenz. Konsistenz dient dem Branding, sowohl visuell als auch inhaltlich und reduziert dadurch die Verarbeitungszeit von Informationen, da sie dem Leser in Teilen bereits bekannt vorkommen. Da wir uns soeben den Schaltflächen gewidmet haben: Bleiben Sie konsistent, wenn es um die Farbe Ihrer Buttons geht. Nutzer, die öfter mit Ihnen in Kontakt treten, können sich so schneller orientieren (und konvertieren).

- **Kontinuität:** Die Reihenfolge Ihrer Informationen, die Struktur Ihrer Texte und der Aufbau Ihrer Storyline spielen eine entscheidende Rolle. Unterstützen Sie die Hierarchie Ihrer Landing Page durch Elemente, die kommunizieren, in welcher Reihenfolge Inhalte idealerweise konsumiert werden sollten. Schauen Sie sich an, wie der Header der fiktiven Landing Page in Bild 4.49 den Betrachter von einem Punkt zum nächsten Punkt leitet. Die Person im Hero Shot hilft durch ihre Orientierung dabei, den Betrachter auf Kurs zu halten. Weitere hilfreiche Maßnahmen können weniger subtile Richtungsweiser wie Pfeile oder durchnummerierte Aufzählungen sein. Es gibt zwei einfache Maßnahmen, um herauszufinden, ob Sie Ihre Geschichte in einer schlüssigen Reihenfolge erzählen:
    a) Lesen Sie alle Textpassagen nacheinander laut vor. So fällt Ihnen schnell auf, wenn Texte nicht sinnvoll aufeinander folgen.
    b) Markieren Sie Ihre Landing Page, wie im gezeigten Beispiel, mit Pfeilen, die den Pfad des Nutzers darstellen. Gleicht der Pfad einem Haufen Luftschlangen, sollten Sie Ihr Content Design überdenken.

Bild 4.49 Geben Sie Ihren Besuchern den Weg vor (Screenshots: *http://bit.ly/2wtFQWX*)

Lesen Sie mehr zur Kontinuität von Content in Roberts Blog unter *www.toushenne.de/buch/artikelstruktur*.

- **Unregelmäßigkeit:** In der Regel ordnen wir relevantere Elemente im Hitlisten-Verfahren von oben nach unten oder von links nach rechts an. Durch eine auffällige Anomalie können Sie jedoch auf Ihrer Landing Page herausstellen, dass ein Element wichtiger als die umgebenden Elemente ist. Wenn Sie zum Beispiel alle Produkte auf Ihrer Landing Page einkreisen und nur eines in ein Quadrat setzen, so hebt sich dieses Element ab, obwohl es ansonsten wie alle anderen angeordnet wurde. Sie erinnern sich an Kapitel 2, Abschnitt 2.1?
- **Gruppierung:** Durch die Nähe zueinander, eine einheitliche Größe, Einkapselung oder gar der Kombination dieser Design-Techniken, können Sie die inhaltliche Zugehörigkeit oder ähnliche Aufgaben von Elementen unterstreichen. Das reduziert den mentalen Aufwand, der nötig ist, um die ansonsten verstreuten Informationen gedanklich zu verknüpfen. Denken Sie hierbei beispielsweise an Formularfelder, die dicht beieinanderstehen

(gleiche Aufgabe) und mit einem angegliederten CTA-Button (inhaltliche Zugehörigkeit) abschließen. Oftmals befinden sich auch noch Informationen zum Datenschutz und Sicherheitssiegel in unmittelbarer Nähe. In Onlineshops ist es eine sinnvolle Praxis, produktrelevante sowie zahlungsrelevante Informationen zu gruppieren, was Sie am Beispiel von OTTO in Bild 4.50 sehr gut erkennen können.

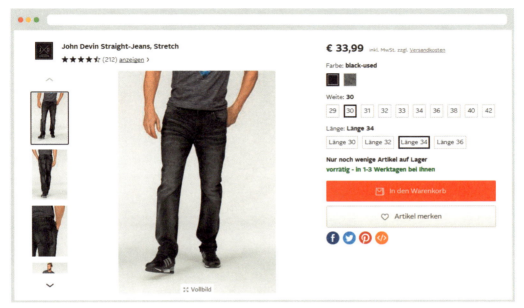

Bild 4.50 Auf otto.de werden zusammengehörige Informationen spaltenweise gruppiert, wodurch dem Besucher die Orientierung auf der Seite leichter fällt.

- **Visuelle Eingrenzung:** Im selben Beispiel sehen Sie auch, dass diese Informationen nicht nur durch ihre Nähe ihre Zugehörigkeit signalisieren, sondern auch noch durch die Einkapselung vom restlichen Content auf der Seite getrennt werden. Denken Sie jetzt auch nochmal an die eben erwähnten Formularfelder. Die visuelle Eingrenzung durch eine Einrahmung hilft Nutzern bei der Orientierung und hebt die Eingabefelder hervor.

- **Whitespace** (visuelle Abgrenzung): Dem Whitespace haben wir uns bereits an einigen anderen Stellen in diesem Buch gewidmet. An dieser Stelle zeigen wir Ihnen zusätzlich an einem Beispiel aus dem E-Commerce, einer Produktdarstellung auf bonprix.de (siehe Bild 4.51), welchen Vorteil leere Flächen im Verkauf haben können. Die verschiedenen Schuhvarianten, die vergrößerte Ansicht des Produkts und weitere Informationen wie Größe, Preis und Lieferkonditionen sind deutlich voneinander getrennt – ohne spezielle Design-Elemente. Ein aufgeräumtes Design hilft bei der Orientierung und verringert die Überforderung des Betrachters:

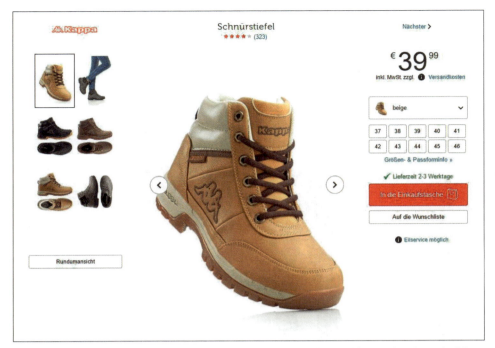

Bild 4.51 Ordnung erfordert nicht viel Gestaltung; weniger ist oft mehr (Screenshot: bonprix.de)

- **Unterbrechung:** Ähnlich wie Whitespace können Sie Unterbrechungen einsetzen, um Elemente klar voneinander abzugrenzen. Das Ergebnis erzielen Sie jedoch nicht nur, wenn Sie freien Raum schaffen, sondern Elemente so anordnen, dass ein Muster durchbrochen wird. Durch diese Unterbrechung wird dem Betrachter klar, dass inhaltlich etwas Neues folgt; seine Aufmerksamkeit wird geschärft. Nutzen Sie Unterbrechungen vor allem dort, wo Sie viele Informationen kommunizieren wollen (oder müssen), beispielsweise in Listen. Das Problem hier ist nämlich, dass wir uns aufgrund des Primäreffekts vor allem an den ersten und aufgrund des Rezenzeffekts vor allem an den letzten Punkt einer Liste erinnern. Durch Unterbrechungen können wir den Fokus jedoch auch auf weitere wichtige Einträge lenken, wie das folgende Beispiel demonstriert (siehe Bild 4.52).
- **Schachtelung:** In Bezug auf Listen bietet es sich außerdem an, diese zu verschachteln und wichtige Elemente in der ersten Ebene zu integrieren.
- **Wiederholung:** Listen folgen zudem dem Prinzip der Wiederholung, wodurch sich Fokuspunkte generieren lassen. Erst recht dann, wenn Sie mehrere Listen innerhalb einer Seite oder eines Artikels verwenden. Des Weiteren lassen sich Wiederholungen auch innerhalb von Texten integrieren, zum Beispiel in Form von Alliterationen. Sehr wirkungsvoll können Sie Alliterationen in Überschriften einsetzen. Diese erregen Aufmerksamkeit und verleiten zum Klicken.
- **Symmetrie:** Ähnlich wirkt auch die Symmetrie auf unsere Wahrnehmung, denn symmetrische Elemente wirken deutlich attraktiver als andere. Apple beispielsweise (*http://www.apple.com/de/macbook/*) ist sich dieser Tatsache bewusst und setzt sie gezielt in der Produktkommunikation ein (siehe Bild 4.53).

> - **Hier findet sich die wichtigste Funktion des Produkts.**
> - Weitere Inhalte der Liste
> - Weitere Inhalte der Liste
> - Weitere Inhalte der Liste
>   - ✓ **Dieser Punkt hebt sich durch Unterbrechung von den anderen ab.**
> - Weitere Inhalte der Liste
> - Weitere Inhalte der Liste
> - **Der letzte Punkt der Liste ist besonders wirkungsvoll, weil er das abschließende Argument darstellt und von einer klaren visuellen Zäsur gefolgt wird.**

Bild 4.52 Unterbrechungen sorgen für Aufmerksamkeit (Bildquelle: Unbounce Attention-Driven Design E-Book)

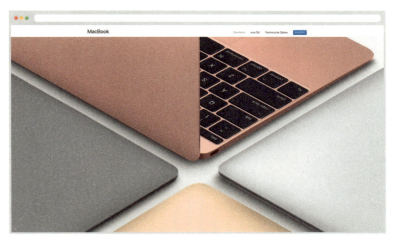

Bild 4.53 Bei Apple dreht sich alles um die Produktpräsentation; Symmetrie begünstigt die positive Wahrnehmung (Screenshot: *www.apple.com/de/macbook/*)

- **Ausrichtung:** Durch die einheitliche Ausrichtung einzelner Elemente entsteht eine gewisse visuelle Ruhe, die sich positiv auf die Erfahrung Ihrer Nutzer auswirkt. Sie erleichtert die Orientierung und bildet gleichzeitig die Grundlage für »Ausreißer«. Wie Sie in Bild 4.54 sehen können, richten Zipjet die Vorteile ihres Angebots horizontal aus. In dieser Ausrichtung ist kein Vorteil dem anderen eindeutig untergeordnet, auch wenn wir in Ländern, in denen die Schreibrichtung und damit die Leserichtung auf der lateinischen Schrift beruht, von links nach rechts erfolgt. Im nächsten Abschnitt der Seite wird der Service erneut erklärt, wobei der Fokus nun stärker auf den Funktionen, nicht auf den Vorteilen liegt. Der Ablauf des Abhol- und Reinigungsservices wird in drei Punkten beschrieben und chronologisch angeordnet. Die vertikale Ausrichtung dient zu, dass die Leser die einzelnen Punkte in der richtigen Reihenfolge durchgehen.

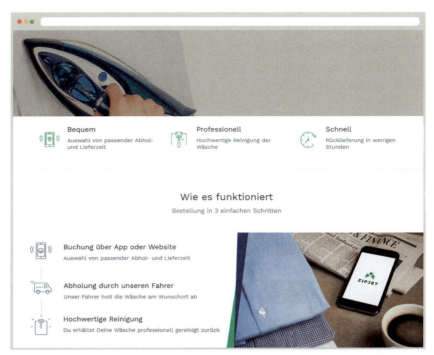

Bild 4.54 Die Ausrichtung von Content schafft visuelle Ruhe (Screenshot: zipjet.de)

- **Perspektive:** Hier geht es nicht um Ihre persönliche Perspektive, die auf einem geistigen Blickwinkel basiert. Es geht vielmehr um die Perspektive, die sich dadurch ergibt, dass sich Elemente im Vordergrund oder im Hintergrund befinden (siehe auch Kapitel 2, Abschnitt 2.1.1). Der Fahrdienst Uber schafft es, den Fokus auf den freundlichen Fahrer zu lenken, obwohl sich dieser hinter der Person befindet, die den Fahrdienst bestellt (siehe Bild 4.55). Sie erreichen das über die Tiefenschärfe im Foto. Umgekehrt können Sie auch Elemente im Vordergrund hervorheben, indem der Hintergrund verschwimmt.

- **Ablenkung:** Im Gegensatz zu allen anderen Prinzipien wollen Sie Ablenkung vermeiden. Elemente, die die Aufmerksamkeit des Nutzers erregen, aber nicht dem übergeordneten Conversion-Ziel der Landing Page dienen, müssen Sie kompromisslos entfernen. Denken Sie an Ihre Attention Ratio: Je größer die Ablenkung, desto geringer die Wahrscheinlichkeit einer Conversion. Zum besseren Verständnis listen wir Ihnen einige Elemente auf, die Sie in jedem Fall auf eine ablenkende Wirkung hin untersuchen oder erst gar nicht einbinden sollten:
    - Gesichter von Menschen, insbesondere Babys und Kleinkindern, die den Besucher anstarren
    - Animierte Elemente wie automatische Slideshows
    - Automatisch startende Videos oder Hintergrundmusik
    - Verlinkungen zu Ihren Social-Media-Auftritten oder Share-Buttons
    - Navigationselemente, die keinen Einfluss auf die Conversion haben

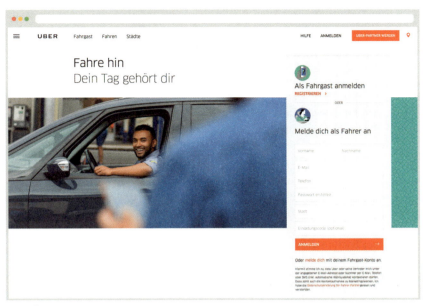

Bild 4.55 Über die visuelle Perspektive lenken Sie die Aufmerksamkeit auf relevante Elemente (Screenshot: uber.com/de)

Vergessen Sie bei all diesen Gestaltungsmitteln nicht, welches Ziel Sie eigentlich mit Ihrem Content Design verfolgen. Denn wenngleich Sie durch diese Methoden die Aufmerksamkeit des Betrachters gewinnen, liegt es auch an Ihnen, diese Aufmerksamkeit zu nutzen, sprich in eine Handlung zu überführen. Am Ende muss sich der ganze Aufwand schließlich auch (finanziell) für Sie lohnen.

4.4.4 Growth-Driven Design

Zum Abschluss dieses Kapitels stellen wir Ihnen noch das Prinzip von Growth-Driven Design (GDD) vor. Im traditionellen Webdesign wird ein vollständiger Webauftritt oder eine einzelne Landing Page konzipiert, erstellt und im Web veröffentlicht. Als beendetes Projekt wird die Webseite jahrelang nicht mehr angerührt. Das hat viele Gründe, beispielsweise verschlingt die Konzeption nach dem Wenn-sie-live-geht-muss-sie-perfekt-sein-Prinzip in einem Unternehmen extrem hohe Budgets und viele personelle Ressourcen. Jeder ist froh, wenn das Webdesign-Projekt dann endlich beendet wird und Ergebnisse einbringt, die auf das Unternehmenswachstum einzahlen. Der Fokus liegt jetzt auf dem Ausbessern von Bugs.

Irgendwann wird aber immer der Zeitpunkt erreicht, an dem irgendjemand im Unternehmen es für notwendig hält, dass die Webseite erneuert wird. Es fallen Kommentare wie: »Die Seite muss moderner wirken.« oder: »Wir brauchen so etwas wie Mitbewerber X.« Der Bedarf für Veränderungen entsteht auf einer emotionalen Ebene, nicht auf Basis von Daten, die entsprechende Erkenntnisse über Optimierungspotenziale liefern. Schnell wird eine Agentur beauftragt, ein neues Konzept zu erstellen, das die Wünsche einzelner Personen im Unternehmen erfüllt. Leider nicht zwangsläufig auch die der Kunden ... und hier kommt

Growth-Driven Design ins Spiel (siehe Bild 4.56). Es besteht im Wesentlichen aus drei Schritten:

1. **Sie arbeiten eine Strategie aus.** Analysieren Sie Ihre Unternehmensziele und überlegen Sie, wie Ihre Webseite helfen kann, diese zu erreichen. Nutzen Sie quantitative und qualitative Nutzerforschung, um mehr über Ihr Publikum zu erfahren. Falls Sie noch keine Personas (siehe Kapitel 1, Abschnitt 1.2) einsetzen, so erstellen Sie diese spätestens jetzt. Am Ende des ersten Schritts wissen Sie, was in der ersten Version Ihrer Webseite enthalten sein muss. Diverse Taktiken zur Bewerbung der Webseite integrieren Sie, falls sinnvoll, jetzt schon, beispielsweise eine SEO- oder Social Media-Strategie.

2. **Der Launch der ersten Version Ihrer Webseite** findet nach 30 bis 40 Tagen statt. Diese ist auf circa drei bis fünf Seiten reduziert. Sie beinhaltet nur die Pages, von denen sich Ihr Unternehmen den größten Nutzen für Conversions, zum Beispiel Leads oder Transaktionen, verspricht. Durch die schnelle und schlanke Live-Schaltung vermeiden Sie, dass Sie Ihre Zeit damit vergeuden, im Dunkeln zu tappen. Eine Webseite, die monatelang auf einer Festplatte schlummert, erwirtschaftet keinen Cent. Das bedeutet übrigens nicht, dass Sie mit einer halbfertigen Webseite starten! Ihre Besucher werden nicht wahrnehmen, dass es sich um eine Webpräsenz handelt, die auf eine schnelle Weiterentwicklung ausgelegt ist.

3. **Kontinuierliche Optimierungen** steigern den Erfolg Ihrer Webseite. Stellen Sie sicher, dass alle Elemente Ihrer Webseite einen Nutzen für Ihre Besucher aufweisen, und auch problemlos nutzbar sind. So halten Sie Ihr Publikum und wandeln es in Multiplikatoren um, die Ihre Page mit anderen teilen. Erweitern Sie den Content um Elemente, welche die vorhandenen um einen Mehrwert ergänzen, sodass Sie Ihre Conversion Rate steigern.

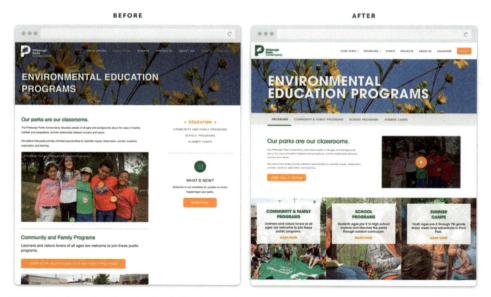

Bild 4.56 Growth-Driven Design heißt: Das Ziel vor Augen und dann Schritt für Schritt darauf zugehen (Bildquelle: *http://bit.ly/cd_gdd*)

Vergleichen Sie den Prozess des traditionellen Webdesign mit dem des Growth-Driven Design (siehe Bild 4.57). Die orangefarbene Treppe visualisiert, wie GDD durch fortwährende Content-Optimierung die Leistung einer Webseite steigert. Die vielen kleineren Optimierungen wirken sich direkt positiv auf Ihr Inbound Marketing und den Vertriebserfolg aus.

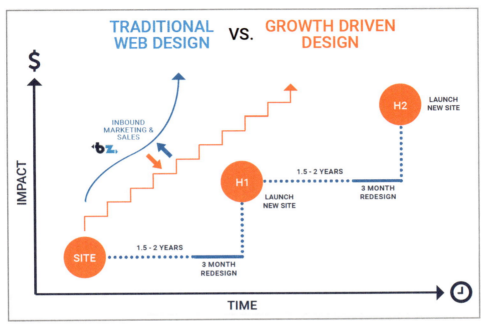

Bild 4.57 Traditionelles Webdesign versus Growth-Driven Design
(Bildquelle: *http://bit.ly/cd_gddprozess*)

Im traditionellen Webdesign vergehen Jahre, bis Veränderungen über mehrmonatige Re-Design-Prozesse implementiert werden. Dadurch wird viel Zeit vergeudet, in der Mitbewerber, die Growth-Driven Design anwenden, kontinuierlich aufholen oder den Vorsprung ausbauen.

Wie Sie womöglich bereits bemerkt haben, unterscheidet sich Growth-Driven Design von den anderen Design-Prinzipien darin, dass es sich um einen Prozess handelt, nicht um potenziell für Außenstehende erkennbare Maßnahmen, die die Conversion Rate beeinflussen. Selbst ein Designer oder Conversion-Optimierer könnte eine per GGD-optimierte Webseite nicht als solche erkennen. Wir führen das Prinzip deswegen in diesem Kapitel auf, weil es sich nicht nur auf vollständige Webseiten beschränkt, sondern auch langfristig genutzte Landing Pages betrifft. Niemand, ja wirklich keiner, bringt eine perfekte Landing Page an den Start; es hat immer Luft nach oben. Doch das volle Potenzial Ihrer Kampagne beziehungsweise Ihrer kampagnenspezifischen Landing Page schöpfen Sie erst aus, wenn Sie am lebenden Objekt operieren. Nur die Interaktion mit realen Nutzern offenbart, was für Ihr Unternehmen, Ihre Marke, Ihr Produkt oder Ihr spezielles Angebot in Kombination mit Ihrem Wunschpublikum am besten funktioniert.

4.4.5 Zusammenfassung

Sie kennen nun vier der bekanntesten und womöglich erfolgreichsten Gestaltungsansätze des Content Designs zur Steigerung der Conversion Rate. Wann Sie welches Prinzip anwenden, bleibt Ihnen überlassen, da es stark vom Zweck Ihres Angebots, Ihrer Webseite sowie Ihrer Zielgruppe abhängig ist. Wir empfehlen Ihnen, die Psychologie hinter den einzelnen Aspekten zu verstehen und herauszufinden, warum Ihre Nutzer dem Handlungsaufruf folgen oder auch nicht. Mit dem geschärften Fokus darauf, dass Ihr Conversion-Ziel und das Nutzererlebnis im Einklang stehen, vermeiden Sie unnötige Fallstricke.

Wenn Sie nun darauf brennen, mehr über die Optimierungsprozesse von Content zu erfahren, springen Sie direkt in das fünfte Kapitel »Conversion-Optimierung«.

Mit Data Driven Design (3D) stellte Oli Gardner 2017 sein drittes Framework zur Optimierung von Landing Pages vor. Data Driven Design hilft Marketing Teams, bestehend aus Online Marketern, Designern und Textern, schnell relevante Daten zu aggregieren, sie zu verstehen und so zu nutzen, dass das Nutzererlebnis von Marketing-Kampagnen verbessert wird. Ein Video und downloadbare Vorlagen finden Sie unter *http://bit.ly/cd_3D*.

4.5 Weitere Design-Elemente zur Conversion-Optimierung

Ergänzend zu den vorangegangenen Webdesign-Prinzipien wollen wir Ihnen abschließend ein Set an Design-Elementen vorstellen, um – auf Landing Pages und auch darüber hinaus – noch mehr (oder überhaupt) Conversions zu erzielen. Alle in diesem Abschnitt erwähnten Maßnahmen dienen dazu, den Besucher Ihrer Website auf ein spezielles Angebot hinzuweisen. Sie eignen sich sehr gut für die Bewerbung von Newsletter-Abonnements, Rabattangeboten oder Lead-Magneten wie E-Books.

Es ist überaus verlockend, Seiten um ein Dutzend solcher Conversion-Maßnahmen zu ergänzen, wir raten Ihnen jedoch ausdrücklich davon ab. Für eine Handvoll Conversions den Großteil Ihrer Besucher mit einem Dauerfeuer an werblichen Inhalten zu nerven ist die Mühe nicht wert. Der Schaden für Ihre Marke ist schnell größer als der Gewinn. Betrachten Sie aktuelle Entwicklungen rund um die Adblocker-Diskussion oder die *Coalition for Better Ads* (*www.betterads.org*), der auch Facebook und Google angehören: Je stärker Ihr werblicher Content den Nutzer bei einer Tätigkeit unterbricht oder zu Handlungen nötigt, die er eigentlich nicht vornehmen möchte, desto negativer beeinflussen Sie das Nutzererlebnis. Und wie Sie wissen, setzen Unternehmen wie Google und Facebook die User Experience über alle anderen Interessen, denn schwindende Nutzer bedeuten auch schwindende Werbeeinnahmen.

Spätestens mit der Einführung des integrierten Adblockers im Chrome-Browser von Google Anfang 2018 werden Sie sich wohl den Vorgaben der *Coalition for Better Ads* (siehe *www.betterads.org/standards*) unterwerfen müssen. Nutzen Sie diese als Orientierung und tun Sie sich selbst einen Gefallen, indem Sie zukünftig keine störende Werbung auf Ihrer Website integrieren. Genervte Besucher bleiben genervte Besucher, egal ob der Grund dafür technische Blockaden wie Fullscreen-Popups oder automatisch abspielende Werbevideos sind. Wir zeigen Ihnen stattdessen eine Auswahl an Werbemaßnahmen mitsamt ihrer Vor- und Nachteile und erklären Ihnen, wie Sie diese möglichst nutzerfreundlich einsetzen.

4.5.1 Overlays

Bei Overlays handelt es sich um Fenster, die sich auf einer Seite überraschend für den Besucher öffnen. Im Gegensatz zu Popups, die sich in einem neuen Browserfenster öffnen und von Google wie auch von Nutzern gleichermaßen verschmäht werden, legen sich Overlays, wie der Name vermuten lässt, als eigenständiges Element über die derzeit geöffnete Website. Sie verschwinden wieder, sobald der Nutzer das Angebot per Klick annimmt, ablehnt oder manchmal auch, wenn er neben das Overlay klickt.

Bild 4.58 Overlay im Kontext des Seiteninhalts (Screenshot: *https://dmk.unbounce.com/de*)

Verwechseln Sie Overlays bitte nicht mit sogenannten »Lightboxes«, die zusätzliche Informationen zu einem Element auf einer Webseite offenbaren. Lightboxes werden durch eine bewusste Aktion des Nutzers ausgelöst, beispielsweise den Klick auf oder zumindest die Mausbewegung über ein bestimmtes Feld.

Je nachdem wie Sie Overlays einsetzen, können Sie also entweder von einer hohen Conversion Rate profitieren, oder das Gegenteil bewirken und mit Rankingverlusten in der Suchmaschine von Google bestraft werden. Beachten Sie die folgenden Tipps, um Overlays gewinnbringend einzusetzen:

- Blenden Sie Overlays nicht sofort ein, wenn Nutzer Ihre Webseite öffnen. Das ist störend, da Nutzer mit einer gewissen Erwartungshaltung zu Ihnen gelangt sind und mit hoher Wahrscheinlichkeit an dem Content interessiert sind, den das Overlay verdecken würde. Zudem werden derartig getaktete Overlays von Google als nervige Werbung eingestuft und fließen als Faktor in die Bewertung Ihrer Suchmaschinen-Rankings ein.
- Setzen Sie bevorzugt auf Exit-Intent-Overlays. Die Einblendung dieser wird automatisch ausgelöst, wenn Besucher Ihre Webseite verlassen wollen. Zu diesem Zeitpunkt können Sie nämlich davon ausgehen, dass Nutzer Ihren Content bereits konsumiert haben; oder nicht konsumieren wollten, aber dann stört auch das Overlay nicht mehr.
- Ihr Overlay sollte auf ein Angebot hinweisen, das inhaltlich einen Bezug zum Content herstellt. Blenden Sie beispielsweise statt des obligatorischen Overlays zur Bewerbung Ihres Newsletter ein hochwertiges Content-Angebot wie ein E-Book oder ein Webinar ein, um Ihr Publikum zu konvertieren. Das Overlay auf der Veranstaltungsseite des Digital Marketing Kickoff 2017 (siehe Bild 4.58) bietet Besuchern, die die Seite verlassen wollten, an, sich die Aufzeichnung der Konferenz kostenlos per E-Mail zusenden zu lassen. Auf diese Weise wurden zusätzlich zu den Anmeldungen über das Landing-Page-Formular über 15 Prozent aller Besucher konvertiert. Damit lag die Conversion Rate weit über dem Durchschnittswert von sieben Prozent für Leadgenerierungs-Overlays.
- Vermeiden Sie zu große Overlays. Overlays, die größer als 800 × 500 Pixel sind, können für manche Browser – insbesondere auf Notebooks und Ultrabooks – zu groß sein. Sieht der Nutzer nur noch wenig oder gar nichts von Ihrer eigentlichen Website kann sich das negativ auf die Effektivität Ihres Overlays auswirken.
- Blenden Sie Overlays nicht auf Mobilgeräten ein. Damit ein Overlay auf einem Mobilgerät überhaupt etwas kommunizieren könnte, müsste es schon bildschirmfüllend sein. Doch genau von diesen Overlays sind mobile Nutzer schnell genervt, weil sie die kleinen Kreuze zum Wegklicken mit ihrem Finger wesentlich schwerer treffenals mit dem Mauszeiger auf einem großen Bildschirm.
- Zielen Sie auf Klicks statt Conversions ab. Setzen Sie Overlays ein, um den Nutzer auf ein Angebot auf einer dedizierten Landing Page weiterzuleiten. So vermeiden Sie, dass Ihr Overlay durch einen Mangel an Informationen in Kombination mit Formularfeldern abschreckend wirkt.
- Verwenden Sie intelligente Targeting-Technologien. Nicht jeder Besucher muss jedes Ihrer Overlays sehen. Entsprechende Tools ermöglichen eine zielgruppenspezifische Ein-

blendung, zum Beispiel auf Basis der URL-Quelle oder eines Cookies, durch das Sie beziehungsweise das Tool Nutzer identifizieren kann. Wenn beispielsweise im deutschsprachigen Raum ein Hinweis ausschließlich Besuchern aus Österreich vorbehalten ist, können Sie solche Overlays für Nutzer aus der Schweiz oder Deutschland deaktivieren.

4.5.2 Sticky Bars

Als »Sticky Bars« werden Banner bezeichnet, die auf einer Seite am Bildschirmrand eingeblendet werden und beim Scrollen durch ihre Fixierung immer im Sichtfeld bleiben. Meistens befinden sich Sticky Bars am oberen oder unteren Bildschirmrand (siehe Bild 4.59). Sie sind weniger prominent als Overlays und bieten durch die verhältnismäßig kleine längliche Fläche wenig Spielraum.

Bild 4.59 Sticky Bar als Hinweis auf einen Lead-Magneten oder Apps (Screenshots: neilpatel.com; spiegel.de)

Beachten Sie auch hier wieder die folgenden Tipps, um Sticky Bars gewinnbringend einzusetzen:

- Während Overlays auf Mobilgeräten das Nutzererlebnis durch die großflächige Abdeckung negativ beeinflussen und für Google ein rotes Tuch sind, fügen sich Sticky Bars auf mobilen Geräten dezent ins Content Design ein.

- Nutzen Sie die Sticky Bar, um mehr Social-Media-Shares für Ihren Content zu generieren. Platzieren Sie Share-Buttons, beispielsweise für das Teilen über Facebook, Twitter oder E-Mail, auf der Sticky Bar. So regen Sie Besucher zum Teilen Ihrer Inhalte an. Alternativ zu Shares können Sie auch die Generierung von Followern oder Likes anstreben.

- Blenden Sie Ihre Sticky Bar immer ein. Natürlich sollten Sie auch bei Sticky Bars testen, was je nach Fall und Zielgruppe am besten funktioniert, generell sind Sticky Bars jedoch so dezent, dass Sie diese auch beim Eintreffen des Besuchers auf Ihrer Webseite einblenden können.

- Weisen Sie auf Ihre App hin. Falls von Ihrer Webseite oder Ihrem Angebot eine Mobile App für verfügbar ist und Sie es bevorzugen, dass Ihr Content darüber konsumiert wird, weisen Sie über eine Sticky Bar am oberen Bildschirmrand auf den entsprechenden Download hin.

4.5.3 In-Line-CTA

Ein sogenannter »In-Line-CTA« ist ein Angebot mit einem Handlungsaufruf, das innerhalb Ihres Content eingefügt wird. Da In-Line-CTA in der Regel nicht-werblichen Content unterbrechen, beispielsweise einen Artikel in Ihrem Blog, ist es wichtig, dass Ihre Promotion einen Bezug zu diesem Content aufweist. In vielen Corporate Blogs im B2B-Bereich werden In-Line-CTA eingesetzt, so auch im Blog von Unbounce. Dort wird, je nach Blog-Kategorie und Artikel-Inhalt, auf ein Content-Angebot verwiesen, das für den Leser zu diesem Zeitpunkt relevant sein könnte. Wie in Bild 4.60 zu sehen wird zum Beispiel im Artikel über AdWords-Landing-Pages ein passendes Handbuch zum Download angeboten.

Folgende Tipps können wir Ihnen für die Gestaltung von In-Line-CTA mitgeben:

- Integrieren Sie Formularfelder direkt in den In-Line-CTA. Falls die Leadgenerierung Ihr Ziel ist, testen Sie Lead-Magnete, bei denen der Nutzer den Artikel nicht verlassen muss, um die Kontaktdaten einzugeben und den Content herunterzuladen.

- Platzieren Sie In-Line-CTA weit oben im Content, denn ein Großteil Ihrer Besucher liest nicht bis zum Ende. Sie haben bei diesen Lesern trotzdem eine gewisse Chance, sie zu einer entsprechenden Handlung zu bewegen. Ein In-Line-CTA, der schon nach wenigen Absätzen Ihren Content unterbricht und auf ein Angebot hinweist, zeigt in der Regel eine höhere Conversion Rate als Handlungsaufrufe, die sich weiter unten oder ganz am Ende Ihrer Seite befinden.

- Für In-Line-CTA ist Kontext ein absolutes Muss; Der Bezug zum Inhalt des Artikels muss gegeben und für den Nutzer klar erkennbar sein. Schließlich unterbricht Ihr In-Line-CTA den Lesefluss zugunsten eines Angebotshinweises. Wenn der Kontext stark ist, ist auch die Conversion wahrscheinlicher, da Ihr Leser gedanklich nicht springen muss und sofort den Mehrwert erkennt.

4.5 Weitere Design-Elemente zur Conversion-Optimierung

Bild 4.60 In-Line-CTA fügen sich nahtlos in den Content ein (Screenshot: unbounce.com/de/blog)

Sie vermuten wahrscheinlich schon richtig, dass noch eine Vielzahl weiterer Conversion-Maßnahmen existiert, die wir in diesem Buch nicht aufführen. Die drei erwähnten Methoden sind bewährt und im Gegensatz zu vielen anderen zukunftssicher – wenn Sie sie weise (das heißt gemäß der erwähnten Vorgaben) einsetzen. Von Maßnahmen wie Interstitials, die den Nutzer zuerst auf eine Zwischenseite führen und dann quasi zwingen, Werbung anzusehen, bevor er den eigentlich gewünschten Content konsumieren kann, raten wir ab. Wir weisen nochmals darauf hin, die Webseite der Coalition for better Ads zu besuchen und die Hinweise zu den verschiedenen Werbeformaten zu verinnerlichen. Es ist nicht auszuschließen, dass in Zukunft weitere Werbeformate auf dieser »Blacklist« landen.

Wir wissen, dass Sie als Online-Marketer Ziele beziehungsweise Zielvorgaben haben. Denken Sie jedoch nicht nur an den kurzfristigen Erfolg oder Quartalsergebnisse. Jeder Conversion steht ein Vielfaches an nicht-konvertierten Nutzern gegenüber. Sorgen Sie dafür, dass auch diese Nutzer wiederkehren und bewahren Sie sich damit die Chance auf einen zweiten (dritten, vierten, …) Versuch, sie doch noch zu konvertieren.

4.6 Exkurs: E-Mails

Bis hierher ging es vor allem darum, wie Sie den Traffic auf Ihren Landing Pages in Leads oder zahlende Kunden konvertieren können. Wo dieser Traffic herkommt, ist jedoch ein ganz eigenes Thema. Eines, auf das wir uns in diesem Buch nicht fokussieren können, wenngleich wir einen solchen Kanal doch nicht unerwähnt lassen wollen. Wir sprechen von E-Mails, die immer noch zu den konversionsstärksten Kanälen im Online Marketing zählen. Wenn Sie einen E-Mail-Verteiler besitzen, wissen Sie, dass es viel Zeit und Ressourcen gekostet hat, diesen aufzubauen; und wenn Sie regelmäßig E-Mails an Ihre Abonnenten versenden, werden Sie auch wissen, dass nur ein Bruchteil der Abonnenten Ihre E-Mails öffnet, geschweige denn Ihrem Handlungsaufruf folgt (sofern Sie denn einen integriert haben). Der Erfolg Ihres E-Mail-Marketings ist jedoch nicht nur von der Qualität Ihres Verteilers abhängig, sondern gleichermaßen von der Qualität Ihrer E-Mails. Damit Ihre E-Mails auch wirklich im Posteingang Ihrer Abonnenten landen, wahrgenommen, geöffnet und bestenfalls sogar die enthaltenen Links angeklickt werden, stellen wir Ihnen einige Strategien vor, die sich in der Praxis bereits bewährt haben.

4.6.1 So landet Ihre E-Mail im Posteingang

Es ist nicht selbstverständlich, dass Abonnenten Ihre E-Mails im Posteingang vorfinden. Filter von E-Mail-Anbietern, wie Google Mail, GMX, Web.de, aber auch unternehmenseigene Filter, sorgen dafür, dass Spam oder Werbebotschaften in separaten Eingängen oder direkt im Papierkorb landen. Hinzu kommt, dass wohl leider nur die wenigsten Abonnenten auf Ihre E-Mails warten und daher auch nicht nachforschen, wenn Sie zumindest vermeintlich längere Zeit nichts von sich hören lassen. Durch gezieltes Content Design können Sie vermeiden, dass Ihre E-Mails von Spam-Filtern aussortiert werden.

4.6.1.1 Zweckgebundene Absender-Adressen

Unter anderem wird von Google Mail empfohlen[17], dass Sie nicht für jede verschickte E-Mail dieselbe Absender-Adresse verwenden. Verschicken Sie beispielsweise Produkt-Updates einerseits und neue Blog-Artikel andererseits, verwenden Sie dafür am besten zwei unterschiedliche E-Mail-Adressen. Diese könnten etwa *produkt@ihrunternehmen.de* und *blog@ihrunternehmen.de* lauten oder alternativ die Namen unterschiedlicher Personen enthalten, die in Ihrem Unternehmen den jeweiligen Bereich verantworten. Namen sind übrigens tendenziell immer die zu bevorzugende Alternative, da sie von Spam-Filtern so gut wie nie betroffen sind.

4.6.1.2 Text statt HTML

HTML-E-Mails bieten Ihnen bei der Gestaltung viel Freiraum, sowohl die Struktur betreffend als auch die Einbindung von Medien, wie Bilder oder Videos. Da HTML-E-Mails (siehe Bild 4.61) aber in der Regel nicht von Privatpersonen versendet, sondern eher von Unter-

---

[17] Google, Richtlinien für Absender von Massen-E-Mails, *https://support.google.com/mail/answer/81126*

nehmen für Massen-Mailing eingesetzt werden, sind sie für E-Mail-Filter ein Indikator für Werbung beziehungsweise tendenziell unerwünschte Post.

Bei vielen Anbietern für E-Mail-Marketing-Software, wie MailChimp, CleverReach oder Mailjet, können Sie wählen, ob Sie Ihre Mailings im HTML-Format oder als reine Text-E-Mail (engl. Plain Text Email) verschicken. Entscheiden Sie sich für Letzteres, sind Ihre Möglichkeiten in Hinblick auf das Content Design deutlich eingeschränkt. Ihnen bleiben im Grunde nur die Funktionen, die Sie aus dem persönlichen E-Mail-Verkehr gewohnt sind – wenn nicht noch weniger. Denn schon eine fette Hervorhebung von Begriffen in HTML erfordert viel Aufwand, und das Erstellen von Listen ist in diesem Format gar nicht möglich. Ebenso wenig die Integration von Bildern oder Buttons. Da die meisten von uns inzwischen jedoch Apps, Software wie Outlook oder Browser-Pendants à la Gmail nutzen, ist standardmäßig immerhin die Textauszeichnung möglich. Das heißt, Sie können Textpassagen beispielsweise verlinken, fett und kursiv schreiben und Listen erstellen.

Der Verzicht auf Bilder und eine ausgefallene Gestaltung kann sich sogar vorteilhaft auf die Klick-Statistik auswirken, wie Sie in Abschnitt 4.6.3 noch im Detail erfahren werden.

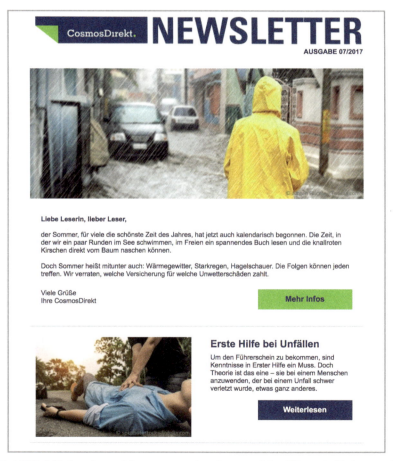

Bild 4.61 HTML-E-Mails sehen schöner aus, werden aber von vielen Filtern als Werbung gekennzeichnet (Screenshot: Ausschnitt eines E-Mail-Newsletters von CosmosDirekt)

4.6.1.3 Sichere Betreffzeilen

Neben der Absender-Adresse fließt auch Ihre Betreffzeile in die Bewertung Ihrer E-Mail durch Spam-Filter ein. Vermeiden Sie daher Wörter oder Wortkombinationen, die regelmäßig in Phishing- und Spam-E-Mails verwendet werden. Dazu gehören unter anderem Begriffe wie *Bargeld, 100 % kostenlos* oder *Deal*. Auch Verschleierungen wie *D.eal* oder *[k]ostenlos* schützen Sie nicht vor der Klassifizierung als Spam, sondern bewirken das genaue Gegenteil. Ganz abgesehen davon, dass diese seltsame Schreibweise spätestens den Empfänger Ihrer E-Mail stutzig machen dürfte.

In der Tabelle von Mailjet finden Sie eine Auswahl von kritischen Wörtern, bei denen Spam-Filter genauer hinsehen (siehe Bild 4.62).

Finanziell	Glücksspiel	Gesundheit	Shopping	Dating
Rechnung	Sie haben gewonnen	Haarausfall behandeln	Schnäppchen	Singles kennenlernen
Paypal	Gewinn einlösen	Besser im Bett werden	Sonderangebot	Heiße Männer/Frauen
Visa/Mastercard	Casino	Viagra	Jetzt sichern	Date
€€€	Glücksspiel	Falten entfernen	Jetzt zugreifen	Lieber Freund
Bargeld	Glückwunsch	Leicht abnehmen	Chance nicht verpassen	Nicht mehr alleine sein
Begünstigter	Garantierter Gewinn	Schnarchen behandeln	Preisknüller	Freunde finden
Völlig kostenlos	Kein Schwerz	Medikamente	Preissensation	Partner finden
Viel Geld sparen	Spielgeld	Valium	Limitiertes Angebot	Traummann/frau
Bargeld-Bonus	Cash	Abnehmen über Nacht	Jetzt zuschlagen	Sex
Holen Sie Ihren Gewinn	Sie wurden ausgewählt	Online Apotheke	Nur heute verfügbar	Treffen
Anlage	Klicken, um Ihr Geschenk	Therapie	Countdown läuft	Exklusives Kennenlernen
Hypothek	Risikofrei	Wunderheilung	Angebot endet heute	Kennenlernen
Einkommen verdoppeln	Exklusive Gewinne	Schnell Gewicht verlieren	Angebote läuft ab	Fetisch
Verdiene "x" pro Woche	Kein Spam	Gras	Greifen Sie zu	Nude
Einkommen von Zuhause	Black Jack	Weed	Ausverkauf	Sexy
Extra Bargeld verdienen	Poker	Drogen	Alles muss raus	Attraktiv
Kontosicherheit	Wette	Glatze	Abverkauf	
100% kostenlos	Keine Abzocke	Cellulite	Deal	
100% gratis				
Cash				
Rendite				
Versteckte Kosten				

Bild 4.62 Wörter, bei deren Gebrauch Sie vorsichtig sein sollten (Bildquelle: *https://www.mailjet.de/blog/news/worter-die-den-spam-alarm-auslosen/*)

Die Verwendung derartiger Begriffe führt glücklicherweise nicht automatisch zu einer Kennzeichnung als Spam. Ausschlaggebend dafür ist vielmehr die Summe der herangezogenen Indikatoren. Weitere Fehler und vermeintliche Tricks, die Sie in Ihrer Betreffzeile vermeiden sollten, sind …

- der inflationäre Einsatz von Ausrufezeichen. Wie heißt es so schön: *Ausrufezeichen sind keine Rudeltiere!!!*
- eine durchgehende GROSSSCHREIBUNG,

- eine vorgetäuschte laufende Konversation, indem Sie Abkürzungen wie »AW: « (die Kurzform von Antwort) oder »RE:« (für »reply«) in Ihrem Betreff verwenden. Spam-Filter können feststellen, ob Ihre E-Mail wirklich eine Antwort auf eine vorangehende Konversation darstellt oder nicht,
- unrealistische Versprechungen, wie sie von Spammern eingesetzt werden. Ein typisches Beispiel sind Betreffzeilen wie: »So werden Sie ohne große Mühe reich«.[18]

4.6.1.4 Kündigung des E-Mail-Abos ermöglichen

Wahrscheinlich irritiert Sie diese Empfehlung, Sie möchten schließlich mehr Abonnenten erreichen, nicht noch weniger. Doch zum einen ist es ein absolutes Muss, Ihrem Empfänger diese Option zur Verfügung zu stellen und zum anderen (und genau deshalb) prüfen Anbieter Ihre versendeten E-Mails dahingehend. Spam-Filter sind laut Klick-Tipp mittlerweile sogar in der Lage zu erkennen, ob Sie diese Option vor Ihrem Empfänger zu verbergen versuchen. Sparen Sie sich die Mühe.

Nutzen Sie die bei vielen Anbietern integrierte Funktion und kommunizieren Sie Ihrem Empfänger transparent, wie er Ihren Newsletter abbestellen kann. Verlassen Sie sich darauf, dass das nicht passieren wird, wenn Ihr Content relevant bleibt.

4.6.2 So werden Ihre E-Mails geöffnet

Den Spam-Test zu bestehen und ungehindert im Posteingang Ihres Empfängers zu landen, ist nur der erste Schritt. Damit dieser Ihre Mail im nächsten Schritt auch öffnet, müssen Sie den menschlichen Filter überstehen. Auch wir sortieren E-Mails nach – teilweise unterbewussten – Kriterien gnadenlos aus.

4.6.2.1 Absender personalisieren

Eines dieser Kriterien ist natürlich der Absender, einschließlich der **Absender-Adresse**. Dass Sie Letztere personalisieren beziehungsweise dem Kontext Ihrer jeweiligen E-Mail anpassen, haben wir bereits erwähnt. Doch auch den angezeigten **Absender-Namen** sollten Sie festlegen. Beispiele hierfür sind in Bild 4.63 dargestellt. Manche E-Mail-Clients zeigen generell nur den Absender-Namen anstelle der Adresse an; insbesondere auf Mobilgeräten.

Wenn Sie Ihre E-Mails von einer personalisierten Adresse wie *ben.harmanus@coolefirma.de* versenden, können Sie als Absender beispielsweise »Ben Harmanus«, »Ben, Coole Firma« oder einfach nur kurz »Ben« anzeigen lassen. Sollten Sie eine nicht personalisierte Absender-Adresse verwenden, überlegen Sie, wie Sie den Firmennamen ergänzen können. Meltwater, ein Anbieter für Media Intelligence Lösungen, versendet E-Mails beispielsweise als »Team Meltwater«.

---

[18] 5 typische Anfängerfehler, die Sie unbedingt vermeiden müssen, Klick-Tipp, *https://www.klick-tipp.com/handbuch/fuenf-anfaengerfehler-die-sie-vermeiden-muessen*

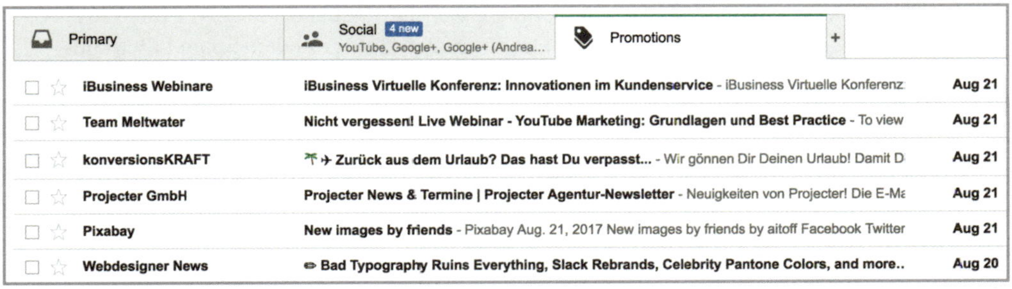

Bild 4.63 Beispiele von Absender-Namen und Betreffzeilen (Screenshot: Gmail)

4.6.2.2 Betreffzeile optimieren

Ein weiteres Kriterium ist die Betreffzeile. Sie haben bereits erfahren, welche Fehler Sie vermeiden sollten, um nicht schon beim Spam-Filter hängen zu bleiben. Das reicht allerdings noch nicht aus, um auch einen menschlichen Leser anzusprechen und zum Klick zu bewegen. Probieren Sie die folgenden Maßnahmen aus, um im Posteingang herauszustechen.

- **Personalisieren Sie Ihre Ansprache** – Eine Studie von MailChimp ergab, dass personalisierte E-Mail-Betreffzeilen im Durchschnitt höhere Öffnungsraten erzielten. Mit einem entsprechenden E-Mail-Tool können Sie diese aufsetzen, beispielsweise nach einem der folgenden Schemata:
  - Marketing-Konferenz im Januar: Persönliche Einladung für [Vorname] [Nachname]
  - [Vorname] [Nachname], haben Sie schon Ihr Ticket?
  - Sehr geehrte/r [Herr/Frau] [Vorname] [Nachname], bitte aktualisieren Sie Ihre Kontaktdaten

  Die exakte Formatierung ist von Ihrem E-Mail-Dienstleister abhängig, und Sie benötigen natürlich die entsprechenden Informationen Ihrer Kontaktperson, damit Ihre E-Mail personalisiert beim Empfänger eintrifft.

- **Heben Sie sich durch Emojis ab** – Wir werden Ihnen nicht sehr oft dazu raten, aber legen Sie unser Buch kurz zur Seite und betrachten Sie Ihren Posteingang. Sie werden feststellen, dass sehr wenige Absender Emojis einbinden. Dabei sind Emojis beinahe universelle Symbole, die in der Kommunikation – ob über den Messenger, in Social Media oder E-Mails – dabei helfen, eine Botschaft innerhalb von Millisekunden zu erfassen.

  KonversionsKRAFT beispielsweise ergänzen Ihre E-Mails regelmäßig um Emojis im Kontext zum E-Mail-Inhalt (siehe Bild 4.63). Dadurch wird die Betreffzeile: »Zurück aus dem Urlaub? Das hast Du verpasst …«. durch eine Palme und ein Flugzeug eingeleitet. Betrachten Sie die Betreffzeile aber vor allem auch im Umfeld anderer werblicher E-Mails, die keine Emojis verwenden: Sie sticht durch Ihr Design heraus und regt zum Klicken und Lesen an.

  Viele Tools, wie HubSpot (siehe Bild 4.64), bieten inzwischen die Möglichkeit, Emojis mit nur wenigen Klicks in E-Mails einzubinden – so wie Sie es auch von Ihrem Smartphone gewöhnt sind.

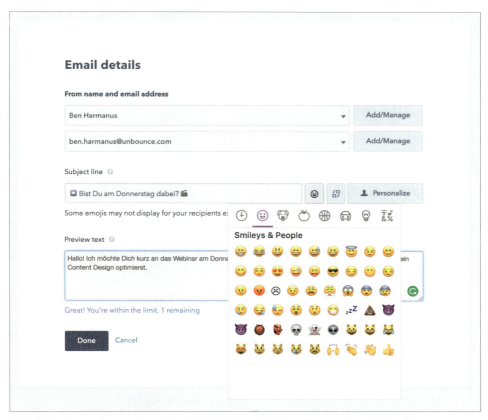

Bild 4.64 Integration von Emojis im E-Mail-Tool von HubSpot (Screenshot: HubSpot)

- **Fassen Sie sich kurz** – Die Wahrscheinlichkeit, dass die Mehrheit Ihrer Empfänger über ein Mobilgerät auf Ihre E-Mail stoßen, ist relativ hoch. Limitieren Sie Ihre Betreffzeile daher auf circa 40 Zeichen, damit diese auch auf einem Smartphone vollständig angezeigt wird. Alternativ verfassen Sie die Betreffzeile so, dass der sichtbare Teil genügend Kontext herstellt, um den Empfänger zum Öffnen zu bewegen. Relevante Keywords, von denen Sie sich einen Klickreiz versprechen, sollten Sie am Anfang Ihrer Betreffzeile integrieren.
- **Formulieren Sie individuelle Inhaltsangaben** – Generische Betreffzeilen wie »Newsletter Januar 2018«, »Pressemitteilung 427« oder »Neue Produkte« geben keinen Aufschluss über den Inhalt der E-Mail und gehen im Posteingang entweder unter oder werden direkt gelöscht. Schreiben Sie hingegen so viel (oder auch wenig), dass Sie die Neugier Ihres Empfängers wecken, stehen die Chancen gut, dass er Ihre Mail öffnen wird, um an alle Informationen zu gelangen.

Hinweis: Wenn Sie sich ausführlich mit Betreffzeilen beschäftigen möchten, empfehlen wir Ihnen die folgenden Artikel:

- »Warum deine Mails schlechte Öffnungsraten haben (und was du dagegen tun kannst)« unter *http://bit.ly/cd_openrate1*.
- »7 ungewöhnliche E-Mail-Betreffzeilen, um deine Öffnungsrate anzuheben« unter *http://bit.ly/cd_openrate2*.

4.6.2.3 Pre-Header anlegen

Der Pre-Header ist eine Textzeile, die ergänzend zur Betreffzeile angezeigt wird (siehe Bild 4.65). Nutzen Sie dieses zusätzliche Textfeld, um die Betreffzeile um weitere Informationen zu ergänzen, die den Leser zum Öffnen Ihrer E-Mail motivieren. Wenn Sie keinen Pre-Header explizit anlegen, ziehen sich die meisten E-Mail Clients den Vorschautext aus dem Inhalt Ihrer E-Mail; in der Regel den Text, mit dem Ihre E-Mail beginnt. Da das häufig generische Informationen, Floskeln oder schlimmstenfalls HTML-Codes sind, führt diese Methode schnell zu unbrauchbaren Ergebnissen.

Während GoToMeeting, Internet World und Zalando Ihre Betreffzeilen wie in Bild 4.65 um persönliche Ansprachen oder Zusatzinformationen im Pre-Header anreichern, vergibt das Marketing Team des Girokontoanbieters yomo diese Chance. Wie bei den E-Mails von vielen anderen Unternehmen wird stattdessen der Hinweis angezeigt, was bei einer fehlerhaften Darstellung zu tun ist. Vermeiden Sie derartig unnötige Fehler im Content Design. Die meisten E-Mail-Tools bieten schließlich eine entsprechende Funktion an. Wie bei HubSpot (siehe Bild 4.64) wird der Pre-Header oft auch als »Preview Text« bezeichnet.

Bild 4.65 Pre-Header ergänzen die Betreffzeile und steigern die Chance Ihrer E-Mail, geöffnet zu werden (Screenshot: Microsoft Outlook App)

4.6.3 So werden Ihre Links angeklickt

Ihre E-Mails schaffen es nun in den Posteingang und werden geöffnet, aber freuen Sie sich nicht zu früh! Es ist nicht ungewöhnlich, dass sich die Öffnungsrate im zweistelligen Bereich befindet, während die Klickrate in den unteren einstelligen Prozentbereich absackt. Der Großteil der Personen, die eine E-Mail öffnen, wird nämlich erfahrungsgemäß nicht auf integrierte Links klicken. Damit das passiert, richten Sie Ihr Content Design mithilfe der folgenden Tipps entsprechend auf einen Handlungsaufruf aus.

1. **Rufen Sie zu einer Handlung auf** – Egal, was Sie in Ihrer E-Mail anpreisen, rufen Sie stets zu einer konkreten Handlung auf. In den seltensten Fällen verfolgt eine E-Mail das Ziel, einfach nur gelesen zu werden. Orientieren Sie sich an den Tipps aus Abschnitt 4.3.5, um Ihren Call-to-Action zu gestalten.

2. **Verlinken Sie Ihre Header-Bilder** – Wenn Sie eine HTML-E-Mail versenden und im Header ein Bild mit Bezug zum Inhalt Ihrer E-Mail verwenden, verlinken Sie es auf eine entsprechende Webseite – zum Beispiel Ihren Blog mit weiterführenden Informationen oder eine Produktdetailseite in Ihrem Onlineshop. Wir sehen unzählige E-Mails, bei denen sich nach dem Klick das Bild lediglich vergrößert oder, noch schlimmer, in einem neuen Tab öffnet. Davon profitieren weder Sie noch Ihr Leser; ihn kostet es sogar unnötig Zeit. Sorgen Sie sich an dieser Stelle unbedingt um ein positives Nutzererlebnis und verstärken Sie den Call-to-Action, auf das Bild zu klicken, indem Sie eine Schaltfläche oder entsprechenden Text darüberlegen.

3. **Verwenden Sie Buttons** – Natürlich können Sie nicht nur das Header-Bild verlinken, sondern auch klassische CTA-Buttons in Ihre E-Mail einbinden. Testen Sie, wie Ihre Leser grundlegend darauf reagieren.

4. **Platzieren Sie mehrfach den gleichen Link** – Um die Klickrate noch weiter zu steigern, können Sie denselben Link mehrfach in Ihrer E-Mail platzieren. So können Sie Ihre Leser über verschiedene Botschaften, die letztendlich zum selben Ziel führen, abholen. Betrachten Sie die Clickmap mit einer prozentualen Auswertung der Link-Klicks, wie sie in HubSpot nach dem Versand einer E-Mail zur Verfügung steht (siehe Bild 4.66). Sie sehen, dass sich 95,3 Prozent aller Klicks auf die vier Links im Hauptteil der E-Mail verteilen – einschließlich des verlinkten Header-Bilds. Diese Links führen alle zu ein und derselben Kampagnen-Landing Page. Der Call-to-Action: »Jetzt kostenlos Live-Teilnahme und Präsentationen sichern«, bewegte 44,3 Prozent der Leser zum Klicken. Der zweite Call-to-Action: »..., lass Dir die Aufzeichnungen zusenden«, motivierte immerhin 21,8 Prozent der Leser zum Klicken. Womöglich hatten diese am Veranstaltungstag keine Zeit für ein Live Webinar, wurden aber von der Möglichkeit, sich die Aufzeichnungen zu sichern, davon überzeugt, doch noch zu klicken.

Nutzen Sie verschiedene Argumente in Ihren E-Mails, um den Leser zum Klicken zu bewegen. Seien Sie jedoch vorsichtig mit der inflationären Platzierung von Links. Zu viele Links könnten den Leser wiederum überfordern. Die Unentschlossenheit, welcher Link geklickt werden soll, könnte dazu führen, dass kein Link angeklickt wird (Stichwort: Hick'sches Gesetz, siehe Kapitel 2).

Bild 4.66 Clickmaps verraten Ihnen, welche Links die meisten Klicks generieren (Screenshot: HubSpot)

5. **Verwenden Sie visuelle Trigger und sprechende Links** – Bedenken Sie, dass eine Verlinkung auch immer ein visueller Trigger ist, den Sie durch Unterstreichung, Fettschrift oder farbliche Unterscheidung hervorheben. Dadurch stechen Sie beim Öffnen der E-Mail sofort ins Auge. Wenn Sie Text-Links und CTA-Buttons so formulieren, dass ersichtlich wird, wohin der Link führt beziehungsweise was nach dem Klick passiert, steigern Sie die Chance, dass Ihre Abonnenten dem Link folgen – vielleicht sogar auch ohne Ihre E-Mail vollständig gelesen zu haben.
6. **Verzichten Sie auf HTML, als wäre es eine persönliche Nachricht** – Wir hatten Ihnen bereits HTML-freie E-Mail-Designs ans Herz gelegt, um den Spam-Filter zu umgehen. Doch noch ein weiterer Grund spricht für die Nutzung von Text-Mails: Abhängig natürlich davon, wie Sie Ihren Text strukturieren und verfassen, wird eine solche Mail mit hoher Wahrscheinlichkeit als persönliches Anschreiben wahrgenommen. Wenn Sie auf eine Rabattaktion, eine Veranstaltung oder einen interessanten Artikel hinweisen, entsteht in Kombination mit geschickten Formulierungen ein Eindruck von Exklusivität.

Neil Patel ist ein Meister darin, mit persönlichen Text-Mails auf seine neuen Blog Posts oder Videos hinzuweisen (siehe Bild 4.67). Auch er verweist dabei mehrmals auf dieselbe Webseite. Zuerst verlinkt er den Abschnitt »until I learned this«, um darauf hinzuweisen, dass er seine persönlichen Erkenntnisse teilt. Dann ruft er über den eindeutigen Aufruf »read this« zum Lesen, ergo Klicken auf. Obwohl Neil sicherlich an eine Vielzahl hochqualifizierter Marketing-Experten kommuniziert, ist die gesamte E-Mail so formuliert, als würde er mit einem Freund sprechen. Er verzichtet in seiner knappen E-Mail sogar auf eine Einleitung.

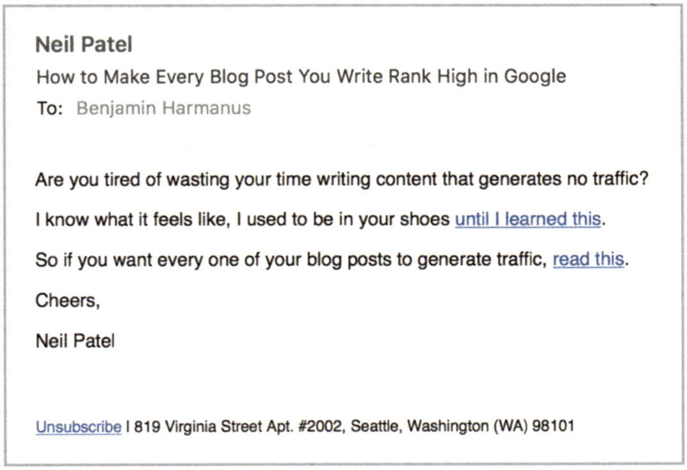
Neil Patel
How to Make Every Blog Post You Write Rank High in Google
To: Benjamin Harmanus

Are you tired of wasting your time writing content that generates no traffic?

I know what it feels like, I used to be in your shoes until I learned this.

So if you want every one of your blog posts to generate traffic, read this.

Cheers,

Neil Patel

Unsubscribe I 819 Virginia Street Apt. #2002, Seattle, Washington (WA) 98101

Bild 4.67 Minimalistische und persönliche Text-E-Mail von Neil Patel

Sicherlich können Sie diese Strategie nicht für jeden Verwendungszweck einsetzen. Behalten Sie diese Möglichkeit der Ansprache jedoch immer im Portfolio Ihrer E-Mail-Marketing-Taktiken.

7. **Gleichen Sie Betreffzeile, Pre-Header und Content an** – Versprechen Sie in der Betreffzeile und im Pre-Header nur das, was Ihr Content auch wirklich liefert. Wir raten Ihnen vom sogenannten »Clickbait« ab, bei dem der Empfänger mit reißerischen Betreff-

zeilen geködert, in der E-Mail die Spannung jedoch nicht aufrechterhalten und der Leser dementsprechend enttäuscht wird. Bemühen Sie sich lieber um Konsistenz, die sich sogar (nach dem Klick) auf Ihrer Landing Page fortsetzt (Stichwort: Message Match, siehe Kapitel 5, Abschnitt 5.5.1).

4.6.4 Fazit

Wie Sie sehen, hängt der Erfolg Ihres E-Mail-Marketings nicht nur von Ihrem Produkt oder Ihrem speziellen Angebot ab. Durch optimiertes Content Design steigern Sie die Anzahl der E-Mails, die Ihr Publikum erreichen, geöffnet und geklickt werden. Trotz aller Erfahrung und allgemeingültigen Empfehlungen raten wir Ihnen dazu, die beschriebenen Taktiken selbst zu testen. Nicht jede eignet sich zwangsläufig für Ihre Situation und bedarf eventuell der Anpassung. Probieren Sie aus, messen Sie die Performance und optimieren Sie Ihr Content Design. Das ist kein Projekt mit Anfang und Ende, sondern ein fortlaufender Prozess. Vergessen Sie das bitte nicht.

5 Conversion-Optimierung

Begleitwort von André Morys

Liebe Freunde der gepflegten Conversion! Guter Content bringt guten Traffic – aber was nutzt es, wenn die Besucher nicht klicken, konvertieren oder kaufen?

Der Begriff »Conversion Optimierung« zieht sich als nebulöse Bezeichnung für eine unbekannte und vermeintlich neue Disziplin schon seit einigen Jahren durch die digitale Branche. Umso mehr erfreut es mich, dass immer mehr Fachleute auf das Thema eingehen und mit einer ganzheitlichen Betrachtung und konkreten Tipps Licht ins Dunkel bringen. Ohne Conversion gibt es keinen Return on Investment und daher gehört das Thema als inkrementeller Bestandteil auch zur Disziplin Content Marketing dazu.

So war es bei konversionsKRAFT (www.konversionskraft.de) auch: Jahrelang haben wir nützlichen Content rund um Conversion-Optimierung produziert und uns über immer mehr Traffic und positive Resonanz gefreut. Es hat eine ganze Weile gedauert, bis wir – trotz unseres Fachwissens als Conversion-Optimierer – selbst begannen, mit speziellen Maßnahmen unser Content Design für die Conversion des Traffics zu optimieren. Recht schnell wurde uns klar, dass es nicht mit der Einbindung eines Kontaktformulars getan war. Aus anonymen Besuchern müssen Leads werden, und dabei zählt nicht nur die Menge, sondern auch die Qualität.

Durch erfolgreiches Content Marketing hat sich unser Umsatz seit dem Start unseres Blogs vervierfacht und unser Content ernährt ein Team von fast 70 Consultants an vier Standorten. Unsere Content-Strategie war in den letzten Jahren derart erfolgreich, dass konversionsKRAFT als Marke inzwischen deutlich bekannter und positiver belegt ist als unser ursprünglicher Firmenname Web Arts AG. Als Resultat dieses Erfolgs ziehen wir unsere Services und Produkte nach und nach zur neuen Marke konversionsKRAFT um.

Was lernen Sie aus dieser Geschichte? Es lohnt sich, ein funktionierendes System zur Lead-Generierung zu entwickeln und das Content Design kontinuierlich zu optimieren. Es reicht jedoch nicht aus, den sagenumwobenen BOB, den »Big Orange Button« auf jeder Seite zu integrieren. Ohnehin wird in der gesamten Branche viel zu viel über Gestaltung, Ästhetik und die Frage, ob die Website responsive sein soll, diskutiert, anstatt den wahren Wert von gutem Content zu erkennen und in einer entsprechenden Strategie umzusetzen. Conversion-Optimierung ist keine Disziplin, sondern eine Art zu Denken und zu Handeln. Sie erfordert Wissen über den Nutzer, Erfahrung mit der Psychologie aus Konsumentensicht und einen sicheren Umgang mit datengetriebenen Methoden. Verstehen Sie Conversion-Optimierung als Kombination der richtigen Methoden und Disziplinen zu einem Ziel: Aus Traffic Kunden gewinnen.

Ich freue mich daher sehr über dieses Buch, in dem Robert Weller und Ben Harmanus das komplexe Thema aus einer ganzheitlichen und nutzerzentrierten Sicht beleuchten.

Ich wünsche Ihnen viel Spaß beim Lesen!

André Morys

In den vorherigen Kapiteln haben wir Ihnen eine Vielzahl an Gestaltungstipps aufgeführt, mit denen Sie die Performance Ihrer Inhalte steigern. Wir nehmen an, dass Sie sich nun bestens für die Erstellung von Content oder die Optimierung von bestehenden Inhalten gewappnet fühlen. Das freut uns sehr, nur dürfen Sie jetzt nicht den Fehler begehen und Experten (wie uns) alles bedingungslos zu glauben …

Seien Sie unbesorgt, die aufgeführten Methoden und Designregeln sind bewährt. Es gibt bei der Anwendung jedoch einiges zu beachten. Betrachten Sie jeden Tipp wie einen Profifußballer, der Ihnen auf dem Transfermarkt zur Verfügung steht. Für sich betrachtet hat jeder Spieler seine Qualitäten. Als Manager oder Trainer können Sie jedoch selbst mit einem unbegrenzten Budget nicht uneingeschränkt jeden Spieler ins Team holen und später in willkürlicher Kombination auf den Platz stellen. Da wäre zum Beispiel die Frage, welches Spielsystem Sie anwenden. Und dann gibt es Spieler, die generell nicht in die (aufgestellte) Mannschaft passen. Unter Umständen unterliegt Ihr teurer Kader einem wesentlich günstigeren Gegner, weil Ihr Team als Summe nicht harmonisiert. Sie erinnern sich an Aristoteles' Satz: *»Das Ganze ist mehr als die Summe seiner Teile«*?

Im Content Design stehen Ihnen unzählige Taktiken zur Verfügung. Welche Sie einsetzen und wie, das hängt zum Beispiel vom Markenerlebnis ab, das Sie anstreben. Wie wollen Sie Ihre Marke präsentieren, und wie definieren Sie Ihren Wunschkunden? Alleine diese beiden Fragen führen vor Augen, dass *Sie* für Ihre Marke der Experte sind beziehungsweise werden müssen. Wenn Sie die Zukunft Ihres Unternehmens sichern möchten, ist es essenziell, dass Sie das Online-Erlebnis Ihrer Marke stetig prüfen.

Schon 2009 schrieb André Morys, Gründer und Vorstand der Web Arts AG und Autor von »Conversion-Optimierung« (entwickler.press, 2011): *»Das stetige Zurückgehen des organischen Wachstums im Internet lässt den Conversion-Hype explodieren, schließlich können sich Portalbetreiber und Onlinehändler nicht mehr auf dem explosionsartigen Wachstum der Märkte aufgrund des Internetwachstums ausruhen.«*[1] An verschiedenen Stellen im Internet setzt ein Sättigungseffekt ein:

- In Deutschland verzeichneten wir 2016 den größten Zuwachs bei der Internetnutzung seit langem, der Anteil der regelmäßigen Internetnutzer stieg von 79,5 auf 83,8 Prozent.[2] Bleibt das Wachstum konstant, wird die Zahl der Internetnutzer hierzulande in vier bis fünf Jahren nicht mehr dramatisch ansteigen.

- Lange Zeit lag der Marketing-Fokus auf der Auffindbarkeit in den organischen Suchergebnissen von Suchmaschinen wie Google. Je nach Branche ist es für Ihr Unternehmen jedoch nahezu unmöglich geworden, für die gewünschten Keywords auf der ersten Seite von Google zu erscheinen. Selbst Longtail-Keywords sind besetzt, und der Kampf um gute Rankings erfordert viele Ressourcen und verursacht dementsprechend hohe Kosten.

- Daher nutzen viele Unternehmen Pay-per-Click-Kampagnen und schalten beispielsweise AdWords-Anzeigen bei Google. Doch auch hier tummeln sich inzwischen unzählige Anzeigenkunden, wodurch die Klickpreise je nach Branche in den zweistelligen Euro-Bereich wandern können. Das klingt zunächst nicht besonders dramatisch, summiert

---

[1] André Morys, Conversion-Optimierung, Kapitel 1.1: Die Konversionsrate als Skalierungsfaktor
[2] ARD/ZDF Onlinestudie 2016, Kern-Ergebnisse, Projektgruppe ARD/ZDF-Multimedia, 12.10.2016: *http://bit.ly/2s8PUzy* (PDF)

sich über die Zeit aber durch die Vielzahl unterschiedlicher Anzeigen, die pro Keyword notwendig sind, um die gewünschten Ergebnisse zu erzielen.

- Soziale Netzwerke wie Facebook bieten ebenfalls die Anzeigenschaltung nach dem Pay-per-Click-Verfahren an. Doch inzwischen reichen der Newsfeed, die rechte Spalte, oder Erweiterungen auf Instagram und das Audience Network nicht mehr aus, um die Vielzahl an geschalteten Anzeigen unterzubringen. Facebook testet die Anzeigenschaltung in Gruppen und wird zukünftig weitere Möglichkeiten erschließen, um Werbung auszuspielen. Wird sich die Sättigung verstärken, beschleunigt sich die Steigerung der Anzeigenpreise.

Dieses Spiel wird sich fortsetzen. Neue Kanäle tauchen auf, werden von Pionieren getestet, eine Zeit lang erfolgreich (und kostengünstig) genutzt und als Wettbewerbsvorteil gefeiert. Erfolgsgeschichten machen die Runde, und konservative Unternehmen stürzen sich nach und nach auf neue Wege, Klicks und Traffic zu generieren. Sie können diese einseitige Strategie verfolgen, über mehr Traffic zu steigenden Umsätzen zu gelangen. Damit würden Sie jedoch nur einen Hebel betätigen, um den Erfolg Ihrer einzelnen Webseiten (im Folgenden auch *Webpages* genannt) zu steigern.

Aber was wäre, wenn Sie Ihren Traffic nicht steigern, sondern vielleicht sogar verringern und dennoch mehr Interessenten anlocken und höhere Umsätze generieren könnten? Oder anders gefragt: Was wäre Ihnen lieber: 100 Menschen in Ihrem Laden, von denen zehn kaufen und 90 sich nur umsehen, oder 50 im Laden, von denen 20 kaufen? In Anbetracht der Conversion Rate ist die Antwort ziemlich eindeutig:

100/100×10=10% Conversion Rate

100/50×20=40% Conversion Rate

Im zweiten Fall werden 40 Prozent Ihrer Besucher zu Kunden, während es im ersten nur zehn Prozent sind. Unter der Annahme, dass der Wert der Warenkörbe pro Person derselbe ist, steigen Ihre Umsätze nicht nur in absoluten Zahlen, sondern Sie verkaufen auch wesentlich effizienter. Der geringere Personenandrang könnte Ihren Personalaufwand verringern, wodurch sich Ihr Deckungsbeitrag senkt und sich Ihr Gewinn um ein Vielfaches erhöht. Bedenken Sie daher immer, dass Besucher, die nicht kaufen, nicht nur keine Umsätze generieren, sondern unter Umständen Kosten verursachen. Dieser Aspekt gilt im stationären wie auch im Online-Handel.

Prinzipiell ist es keine Meisterleistung, den Traffic auf eine Webpage zu steigern. Sie können etwa durch ein höheres Budget für Suchmaschinenanzeigen neue Besucher relativ leicht kaufen. Die größere Kunst liegt darin, über strukturierte Prozesse den Quotienten derer zu verbessern, die auf Ihrer Webpage die von Ihnen gewünschte Tätigkeit vornehmen. Das ist die Conversion-Optimierung.

 Die Bedeutung des Begriffs »Conversion« ist dehnbar. Die meisten Beispiele, so auch viele in diesem Buch, setzen die Eingabe von Kontaktdaten oder einen Kaufabschluss mit einer Conversion gleich. Die Conversion beschreibt, dass ein User durch die Interaktion mit Ihrem Content konvertiert ist, beispielsweise vom anonymen User zum Kunden, der Kontakt- und Zahlungsdaten eingegeben hat. Zwischenschritte auf dem Weg zu einer Conversion werden als »Micro Conversions« bezeichnet. Je nach Kontext und Blickwinkel kann die gleiche Handlung sowohl eine Conversion als auch eine Micro Conversion sein. Während der Content Marketer die Bewegung des Users vom Content in den Checkout-Prozess als Conversion betrachtet, bewertet ein Vollzeit-Conversion-Optimierer diese Aktion nur als Micro Conversion in der Kette von Handlungen, die notwendig sind, damit aus einem anonymen User ein zahlender Kunde wird. Die Unterscheidung zwischen Conversion und Micro Conversion ist daher abhängig von Ihrem Arbeitsbereich, Ihren Quartals- oder Ihren Kampagnenzielen. Wichtig bei der Bewertung von Micro Conversions ist, dass Sie die tatsächlichen Auswirkungen auf die Gesamt-Conversion betrachten. Die folgenden Beispiele veranschaulichen die unterschiedlichen Definitionen:

- **Lead-Generierung**: Der Besucher gibt seine Kontaktdaten ein, so dass Sie diesen später zu Marketing-Zwecken kontaktieren können.
- **Anmeldung für eine Testversion**: Der Besucher registriert sich für eine 14-tägige Testversion Ihres Produkts.
- **Einrichtung eines Nutzerkontos**: Die Besucherin legt ein Nutzerkonto für Ihren kostenfreien Service an, beispielsweise ein soziales Netzwerk.
- **App-Installation**: Der Besucher lädt sich Ihre App herunter und installiert diese auf seinem Smartphone.
- **Checkout**: Die Besucherin begibt sich von Ihrem Content in den Checkout-Prozess.
- **Verkaufsabschluss**: Die Besucherin gibt Ihre Kontakt- und Zahlungsdaten ein und erwirbt Ihr Produkt.

Wir sind bei weitem nicht die ersten Autoren, die sich dem Thema Conversion-Optimierung widmen. Es gibt viele ausgezeichnete Nachschlagewerke wie das bereits erwähnte Buch »Conversion Optimierung« von André Morys oder »Landing Pages« von Tim Ash. Sie alle beleuchten sehr gut, wie Sie die Conversion Rate einer Webpage steigern können. Auch wir werden Ihnen in diesem Kapitel zeigen, wie Sie die Performance einzelner Content-Erlebnisse steigern können.

Was wir jedoch sehr oft vermissen, ist der Blick auf die gesamte Content-Design-Erfahrung. Content Design ist nichts, was wir isoliert betrachten dürfen. Content Design ist eine Erfahrung, die zum Beispiel bei Ihrem Unternehmenslogo anfängt, das Produkt formt und letztlich jegliche Kommunikation mit Ihrer Zielgruppe beeinflusst; und die Conversion-Optimierung ist in unseren Augen nicht nur etwas für zahlenverliebte Spezialisten, die in Ihrem eingegrenzten Aufgabengebiet an Rädchen drehen, um das letzte Mehr an Conversions herauszupressen.

Damit Ihr Content Design den Nutzer bis zur Conversion führt, müssen alle Bestandteile ineinandergreifen. Stellen Sie sich vor, jeder Fußballer in einem Team hätte seinen eigenen Trainer: Wird dadurch jeder einzelne isoliert optimiert oder werden alle in Hinblick auf ein reibungsloses Zusammenspiel trainiert?

Wir haben beide schon in und für Unternehmen gearbeitet, in denen die Mitarbeiter aus Social Media, Suchmaschinen-Marketing, E-Mail-Marketing & Co. kaum miteinander kommunizierten. Das Resultat ist ein Content Design, das nicht einheitlich kommuniziert und demnach nicht optimal funktioniert. Zwar mag jedes Design einzelner Abteilungen für sich eine klare Botschaft senden, doch miteinander verglichen, sprechen die Designs ebenso wenig wie die Belegschaft des Unternehmens ein und dieselbe Sprache. Dieser Design- und Kommunikationsbruch wirkt sich als Ganzes negativ auf das Endergebnis aus.

■ 5.1 Testen und Optimieren

Sie sind prinzipiell auf dem richtigen Pfad, wenn Sie regelmäßig Änderungen am Content vornehmen, um die Performance zu steigern. Im Grunde können Sie jeden Bestandteil des Content-Erlebnisses optimieren: Von Social-Media-Anzeigen und E-Mails über und Landing Pages bis hin zu Videos. Genau genommen können Sie sogar jedes Content-Element optimieren, wie etwa Überschriften, Buttons oder die Anordnung. Sie haben die Qual der Wahl, aber denken Sie immer daran, dass die Conversion-Optimierung kein Selbstzweck ist. Sie ist ein fortwährender Prozess, um Unternehmenswachstum zu sichern. Sie erfordert eine intelligente Hypothese, durch welche Maßnahme, welches Ergebnis erzielt werden soll, und sie erfordert einen strukturierten Prozess, ohne den Sie Daten erhalten, die nur eine geringe bis gar keine Aussagekraft besitzen. Denn stellen Sie sich vor, Sie verkaufen Schneeschaufeln. Eine Landing Page, die Sie im November erstellen, erreicht eine Conversion Rate von einem Prozent. Jetzt verändern Sie etwas an der Landing Page und testen diese im Dezember. Zufälligerweise fällt nun dreimal so viel Schnee wie im Vormonat. Die Nachfrage steigt, ohne dass Sie darauf Einfluss haben. Die Conversion Rate Ihrer veränderten Landing Page liegt nun bei fünf Prozent. Damit offenbaren Ihnen Ihre Analyse-Tools eine Conversion-Steigerung von 500 Prozent. Sie merken hoffentlich selbst, dass diese Zahlen kein Grund zum Feiern sind. Den Anstieg der Conversions haben Sie schließlich nicht durch Ihre Änderungen herbeigeführt.

Schließen Sie niemals aus, dass Sie sich gewaltig irren. Oder wie es die Conversion-Expertin Talia Wolf *(http://getuplift.co)* im Interview mit Robert so schön formulierte: *»Don't be too convinced of what you think is going to work. Always be prepared to be wrong.«*

Je mehr Erfahrung Sie in der Optimierung von Inhalten sammeln, desto besser werden Sie künftig entscheiden, welche Elemente Sie einem Test unterziehen sollten. Verinnerlichen Sie die Konzepte in diesem Buch, sodass es keine offensichtlichen Schwachstellen im Content Design gibt. Ist es eine gute Idee, einen Call-to-Action-Button rot zu färben, wenn die gesamte Webpage in Rot erstrahlt? Eher nicht. Ist es offensichtlich, dass stark anonymisierte Testimonials wie beispielsweise »Max M. aus Berlin« weniger glaubwürdig sind als Personen, für deren Existenz es Beweise gibt? Ja, natürlich. Ebenso wenig ergibt es Sinn, vor Details strotzende Bilder für Social-Media-Anzeigen zu nutzen, die den Betrachter nicht in ein Thema hereinziehen, sondern überfordern.

Unser Beispiel ist bewusst plakativ gewählt, denn es gibt unzählige weniger offensichtliche Anomalien, die den Erfolg von Content steigern oder senken können. Deswegen müssen Sie in einem Testraum agieren, der gegen solche Einwirkungen, die einen Vergleich unmöglich machen, immun ist. A/B-Tests, die Ihren bestehenden Content und eine vermeintlich optimierte Variante im gleichen Zeitraum per Zufallsverfahren Ihrem Publikum vorsetzen, schaffen diesen Testraum (siehe Abschnitt 5.4.4). Doch eines nach dem anderen. Auf den nächsten Seiten zeigen wir Ihnen Schritt für Schritt, wie Sie wachstumssteigernde Tests an Ihrem Content Design durchführen.

■ 5.2 Optimierung anhand des SEE-THINK-DO-CARE-Framework

Jedes Unternehmen sollte mindestens eine konkrete Zielperson vor Augen haben. Gehen Sie nochmal zurück zu Abschnitt 1.2 und widmen Sie sich Ihren Personas. Welchen Content benötigen Sie für welche Persona? Welche Intention verfolgt Ihr Publikum, wenn es mit Ihrem Content in Kontakt kommt?

5.2.1 Content an Intentionen ausrichten

Ihr gesamtes Content Design unterwirft sich den unterschiedlichen Nutzerabsichten, dem sogenannten »User Intent« (vom englischen Begriff »intention«). Je nachdem, mit welcher Absicht, mit welchem Ziel, ein Nutzer im Web surft, müssen Sie ein passendes Conversion-Ziel anbieten. Natürlich ist Ihr übergeordnetes Ziel, den Umsatz zu steigern. Das ist vernünftig, doch auf dem Weg dorthin konvertiert Ihre Zielgruppe auf unterschiedlichen Teilstrecken (Stichwort: Micro Conversions). Diese Teilstrecken bilden völlig unterschiedliche Intentionen ab. Daher befasst sich die Conversion-Optimierung nur zu einem sehr geringen Anteil mit dem Klick auf den Kaufen-Button – oder dem eigentlichen Check-out-Prozess.

Als Ergänzung zu den strategischen Grundlagen aus Kapitel 1 (insbesondere Abschnitte 1.3 und 1.4) möchten wir Sie an dieser Stelle inspirieren, sich mit dem »SEE-THINK-DO-CARE-Framework« von Avinash Kaushik, Digital Marketing Evangelist von Google, auf echtes Nutzerverhalten einzustellen. Denn statt nur Pfade vorzugeben, die direkt auf den Kauf abzielen, widmet sich dieses Framework den verschiedenen Bedürfnisphasen, in denen sich Ihre Zielgruppe befinden kann. Kurz zusammengefasst definiert Kaushik diese Gruppen folgendermaßen:

1. Die SEE-Gruppe definiert das größtmöglich anzusprechende qualifizierte Publikum. Seien Sie hier möglichst spezifisch, um in allen anderen Phasen Ihre Conversions zu steigern.

2. Die THINK-Gruppe ist der Bruchteil Ihres qualifizierten Publikums, das sich in einer Recherchephase mit Kaufabsicht befindet.

3. Die DO-Gruppe steht kurz vor dem Kaufabschluss. Es fehlen nur noch wenige Impulse, damit diese User ihr Geld investieren.

4. Die CARE-Gruppe besteht aus Ihren Kunden. Konzentrieren Sie sich nicht nur auf die Neukundenakquise. Es ist wesentlich günstiger, einen Kunden zum erneuten Kauf zu bewegen oder den Vertrag zu verlängern, als Neukunden zu gewinnen.

Die Details einzelner Gruppen erklären wir am besten anhand eines fiktiven Beispiels … (siehe auch Bild 5.1).

Beispiel: Edelfein Reisen

SEE-Gruppe: Edelfein Reisen bieten exotische Luxusreisen an. Dadurch wird die Zielgruppe Reisender von vorn herein eingegrenzt. Das qualifizierte Publikum besteht aus denjenigen, die gerne exotische Orte im Ausland besuchen und Luxus gewohnt sind; und sich diesen entsprechend leisten können und wollen. Auf der Festlegung dieser Buyer Persona – sowie weiteren Kriterien, auf die wir an dieser Stelle nicht näher eingehen – basiert die gesamte digitale Business-Strategie des Anbieters.

Content für die SEE-Gruppe beschäftigt sich mit Themen, die in die Lebenswelt der Zielgruppe passen. Das könnte zum Beispiel ein Video über die zehn luxuriösesten Baumhaus-Hotels sein. Dieser Content spricht Menschen an, die noch keine Kaufabsicht haben und womöglich noch nie von Edelfein Reisen gehört haben. Das Ziel ist die Inspiration und ungezwungene Auseinandersetzung mit Content von Edelfein Reisen.

THINK-Gruppe: Das THINK-Publikum befindet sich bereits in einer Recherchephase, in der sich die Luxusurlauber nach neuen Zielen umsehen. Diese Recherche findet auf der Webseite oder einer Landing Page von Edelfein Reisen statt. Für dieses Publikum bietet der Reiseveranstalter Möglichkeiten, mit dem eigenen Angebot zu interagieren. Solche Interaktionen umfassen beispielsweise die Möglichkeit, …

… sich für einen Newsletter anzumelden.

… in einem Baukasten eine Reise zusammenzustellen und vorzumerken.

… ein E-Book zu den zehn abgelegensten Sandstränden herunterzuladen.

In der THINK-Phase verschmilzt die Rechercheabsicht der Zielgruppe mit dem eigenen Angebot. Doch Vorsicht: Es geht darum, behilflich zu sein, nicht, sich aufzudrängen. Denken Sie an die Möglichkeit, auf Amazon Listen zu erstellen. Nicht nur verkauft Amazon dadurch mehr, sondern auch der Nutzer profitiert von dieser Funktion.

DO-Gruppe: Die DO-Gruppe sind Luxusurlauber, die sich dazu entschlossen haben, *jetzt* eine Urlaubsreise zu buchen. Über die beiden vorangegangenen Phasen hat der Reiseanbieter diese Zielgruppe für den eigenen Content begeistert, die Interaktion mit dem Angebot forciert und schließlich für die Kauferwägung »aufgewärmt«.

Ob ein Kauf stattfindet, hängt nun sehr stark davon ab, ob Edelfein Reisen das Content Design so optimiert hat, dass der Besucher zum Kaufabschluss animiert wird. Jetzt kommt zum Beispiel der Call-to-Action, der das ultimative Conversion-Ziel als Handlungsaufforderung definiert, zum Einsatz. In diesem Fall lautet er beispielsweise: Jetzt Traumurlaub auf Hawaii buchen und ungestört am Privatstrand entspannen.

CARE-Gruppe: Die CARE-Gruppe umfasst die Kunden von Edelfein Reisen, also jene Personen, die schon mindestens zwei Reisen über Edelfein Reisen gebucht haben. Wer erst einmal über Edelfein Reisen gebucht hat, hat das Angebot lediglich getestet. Wer wiederkommt, für den scheinen Edelfein Reisen der richtige Anbieter zu sein.

 Über die Definition eines »Kunden« entscheiden Sie im Anwendungsbereich der Conversion-Optimierung natürlich selbst. Schließlich gilt im herkömmlichen Sprachgebrauch jede Person als Kunde, die schon ein einziges Mal ein kostenpflichtiges Angebot wahrgenommen hat. Die interne Unterscheidung ist jedoch sinnvoll, weil so gesehen, erst der Wiederkauf positiv für Sie als Anbieter spricht.

Für die CARE-Gruppe schnürt Edelfein Reisen ein anderes Content-Paket. Beispielsweise müssen sie weniger auf Elemente setzen, die sie als vertrauenswürdigen Anbieter positionieren. Diese Vertrauensbasis sollte spätestens mit dem ersten Kauf in der DO-Phase hergestellt sein. Wichtiger ist es für den Anbieter, die Begeisterung der Kunden aufrechtzuerhalten. Basierend auf den bisherigen Buchungen präsentieren sie relevante Reiseberichte als Artikel oder E-Books. Auch könnten Top-Kunden zu lokalen Community-Treffen oder exklusiven Reisen eingeladen und zum Mittelpunkt einer Treue-Kunden-Story werden (Stichwort: Testimonial). Denkbar sind auch E-Mails mit exklusiven Angeboten, die für einen begrenzten Zeitraum und nur für Kunden verfügbar sind. Werden Sie kreativ und bieten Sie Ihren Kunden etwas, dass sie woanders nicht kriegen.

	SEE	THINK	DO	CARE
CONTENT	Für Menschen, die gerne Urlaub im Ausland machen, Luxus gewohnt sind und sich für exotische Orte begeistern, und/oder darüber berichten.	Für Luxusurlauber, die nach neuen Zielen suchen.	Für Luxusurlauber, die nach neuen Zielen suchen, und sich in kurz vor der Kaufentscheidung befinden.	Für Personen, die schon mehrfach eine Luxusreise über XYZ Luxusreisen gebucht haben.

Bild 5.1 Content für Edelfein Reisen auf Basis des SEE-THINK-DO-CARE-Frameworks von Avinash Kaushik

Sie wissen nun, dass Sie für die verschiedenen Intent-Gruppen unterschiedliche Inhalte bereitstellen müssen. Aber wissen Sie auch, über welche Kanäle Sie Ihren Content und Ihre Zielgruppe zusammenführen?

5.2.2 Passende Distributionskanäle wählen

Wenn Sie den maximalen Erfolg Ihres Contents erzielen möchten, legen Sie zuerst fest, was für einen Inhalt Sie für welche Nutzerabsicht erstellen. Dann wählen Sie den Kanal, über den Sie diesen Content ausspielen. Haben Sie Content und Kanal definiert, legen Sie fest, welche Kennzahlen zur Messung des Erfolgs dienen.

Wir weisen an dieser Stelle darauf hin, dass Sie nicht in Kanälen denken dürfen. Nur weil regelmäßig Plattformen und Apps wie beispielsweise Snapchat als der letzte Schrei gehypt werden, müssen Sie Ihren Content nicht zwanghaft in diesen Kanal pressen. Die in Ihrer Content-Strategie verankerten Personas bestimmen die Kanäle und das Design, niemals sollten Sie es andersherum angehen.

Denken Sie an die Luxusurlauber, die der fiktive Anbieter Edelfein Reisen ins Auge gefasst hat. Um die Aufmerksamkeit der SEE-Gruppe zu gewinnen, ist ein Video über die zehn luxuriösesten Baumhaus-Hotels angedacht. Da Webnutzer ohne unmittelbare Kaufabsicht angesprochen werden, eignen sich soziale Netzwerke für die Distribution des Videos. Die entsprechenden Kanäle könnten somit YouTube und Facebook sein. Hier geben Nutzerprofile Aufschluss über die Vorlieben und können für ein gezieltes Targeting eingesetzt werden.

Die THINK-Gruppe taucht bereits in die Recherche nach Reisezielen ein. Sie legt Ihre Nutzerabsicht durch die Eingabe von Suchbegriffen in den einschlägigen Suchmaschinen wie Google, Bing oder auch die größte Suchmaschine für Video-Content, YouTube, offen. Je nach dem, was Sie verkaufen, sollten Sie übrigens auch Amazon als Suchmaschine in Betracht ziehen. Bei Suchanfragen zu den »luxuriösesten Hotels der Welt« kann Edelfein Reisen seinen Content platzieren.

Da die DO-Gruppe bereits mit der Kreditkarte winkt, kann ein verkaufsstarker Kanal wie E-Mail zum Einsatz kommen. Wenn Edelfein Reisen genug Signale erhält, dass die Kaufabsicht vorhanden ist, kann ein konkretes Angebot verschickt werden. Da über Marketing-Automation-Tools sehr genau dokumentiert wird, wer welche E-Mails und welchen Content konsumiert hat, eignet sich dieser Kanal bestens für den Impuls, den Nutzer zum Kauf zu bewegen.

Da die CARE-Gruppe bereits zum Kundenstamm zählt, verfügen Sie in der Regel über die E-Mail-Adressen aller Personen in dieser Gruppe. Da E-Mail (immer noch) einer der stärksten Kommunikationskanäle ist, nutzen Sie diesen, um Ihre Beziehung zu intensivieren. Weitere Kanäle, die sich oftmals auf Kunden beschränken, sind Push- und In-App-Nachrichten. Netflix informiert seine Kunden über Serien und Filme, die aufgrund der bisherigen Sehgewohnheiten relevant sein könnten. Software-as-a-Service-Anbieter wie Intercom können über In-App-Nachrichten Content zur Fortbildung anbieten (siehe Bild 5.2).

Bild 5.2 Netflix (links) und Intercom (rechts) weisen über In-App-Nachrichten auf relevanten Content hin

Auf der einen Seite kann die Vielzahl an Marketing-Kanälen Ihren Kopf zum Rauchen bringen. Auf der anderen Seite war es nie komfortabler, die passende Botschaft im richtigen Moment Ihrer Zielperson zu senden. Evaluieren Sie stets, auf welchen Kanälen Sie die jeweilige Gruppe antreffen und welchen Content Sie in welcher Form ausspielen (siehe Bild 5.3).

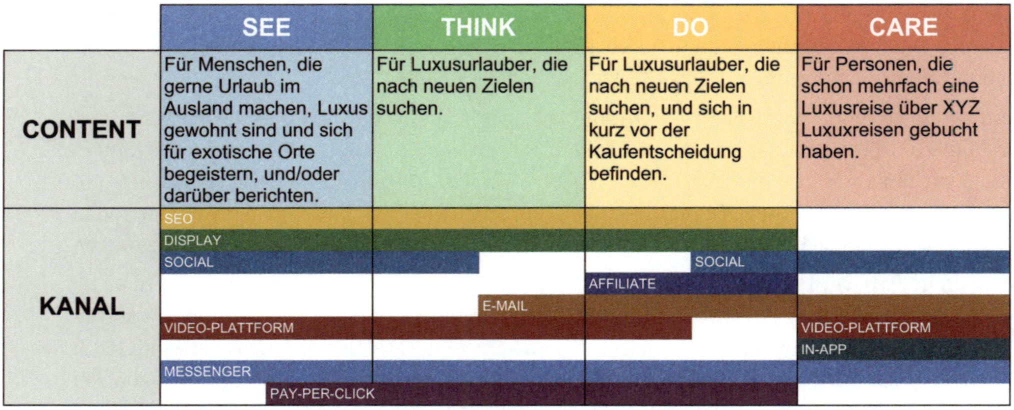

	SEE	THINK	DO	CARE
CONTENT	Für Menschen, die gerne Urlaub im Ausland machen, Luxus gewohnt sind und sich für exotische Orte begeistern, und/oder darüber berichten.	Für Luxusurlauber, die nach neuen Zielen suchen.	Für Luxusurlauber, die nach neuen Zielen suchen, und sich in kurz vor der Kaufentscheidung befinden.	Für Personen, die schon mehrfach eine Luxusreise über XYZ Luxuxreisen gebucht haben.
KANAL	SEO / DISPLAY / SOCIAL / E-MAIL / VIDEO-PLATTFORM / MESSENGER / PAY-PER-CLICK		AFFILIATE / SOCIAL	VIDEO-PLATTFORM / IN-APP

Bild 5.3 Wählen Sie die passenden Kanäle für Ihren Content

5.2.3 Kennzahlen zur Erfolgsmessung festlegen

Menschen schwirren mit sehr unterschiedlichen Intentionen durchs Web, bewegen sich nicht mehr im klassischen Verkaufstrichter dem Erwerb Ihres Produkts entgegen. Dementsprechend benötigen Sie eine Vielzahl an Kennziffern zur Erfolgsmessung Ihres Content Designs.

Wir wollen das SEE-THINK-DO-CARE-Framework daher in einem dritten Schritt um die Zeile »Messung« (siehe Bild 5.4) erweitern. Legen Sie je Gruppe und Kanal die Kennzahlen fest, um vor der Content-Erstellung festzuhalten, woran Sie den Erfolg Ihres Contents messen werden.

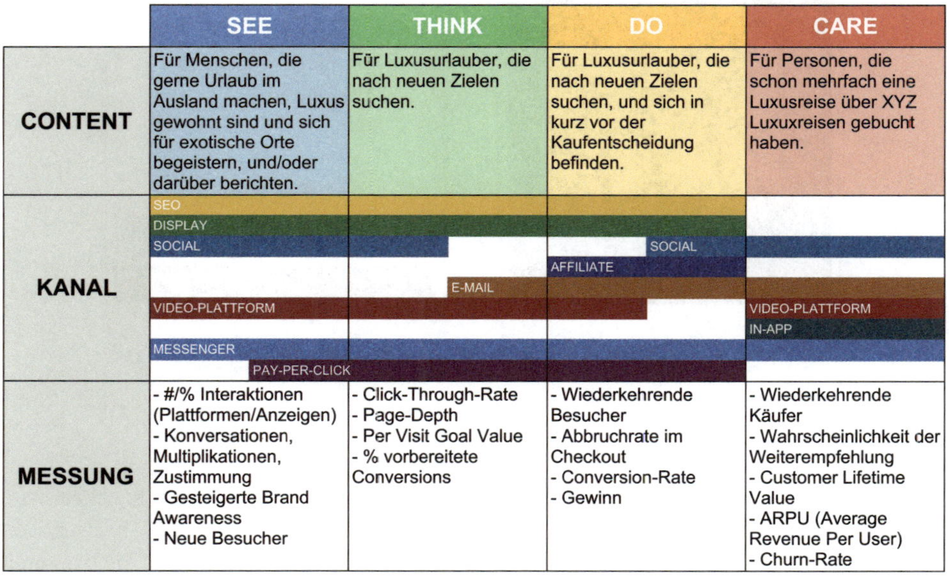

	SEE	THINK	DO	CARE
CONTENT	Für Menschen, die gerne Urlaub im Ausland machen, Luxus gewohnt sind und sich für exotische Orte begeistern, und/oder darüber berichten.	Für Luxusurlauber, die nach neuen Zielen suchen.	Für Luxusurlauber, die nach neuen Zielen suchen, und sich in kurz vor der Kaufentscheidung befinden.	Für Personen, die schon mehrfach eine Luxusreise über XYZ Luxuxreisen gebucht haben.
KANAL	SEO / DISPLAY / SOCIAL / E-MAIL / VIDEO-PLATTFORM / MESSENGER / PAY-PER-CLICK		AFFILIATE / SOCIAL	VIDEO-PLATTFORM / IN-APP
MESSUNG	- #/% Interaktionen (Plattformen/Anzeigen) - Konversationen, Multiplikationen, Zustimmung - Gesteigerte Brand Awareness - Neue Besucher	- Click-Through-Rate - Page-Depth - Per Visit Goal Value - % vorbereitete Conversions	- Wiederkehrende Besucher - Abbruchrate im Checkout - Conversion-Rate - Gewinn	- Wiederkehrende Käufer - Wahrscheinlichkeit der Weiterempfehlung - Customer Lifetime Value - ARPU (Average Revenue Per User) - Churn-Rate

Bild 5.4 Legen Sie fest, wie Sie den Erfolg von Content messen

Bedenken Sie bei der Festlegung, dass Sie die Zahlen ganzheitlich betrachten müssen. Setzen Sie Ihren Fokus nicht auf die sogenannten »Vanity Metrics« wie Likes, Views oder Follower, die Ihr Unternehmen nach außen populär erscheinen lassen, aber oftmals in keinem Zusammenhang mit Ihren Umsätzen stehen. *»Die Energie muss sich auf Kennzahlen richten, die helfen, die wirklich wichtigen Entscheidungen zu treffen«*, sagt Matthias Hornberger, Finanzvorstand der Venture Capital-Gesellschaft KIZOO Technology Capital GmbH und ehemaliger Vorstand des Business Development der WEB.DE AG.[3]

Nehmen wir an, dass Sie bei der Distribution von Blog-Content Social-Media-Anzeigen einsetzen. Sie wissen, dass zehn Prozent der Blog-Besucher von einem Artikel auf Ihre Produktseite wechseln. Daher fokussieren Sie sich bei der Optimierung Ihrer Anzeigen nicht primär auf Shares, sondern Link-Klicks.

Wir wissen, wie schmerzhaft es sich anfühlt, wenn ein beworbener Artikel nur wenige Likes bekommt und selten geteilt wird. Wenn wir im Gegenzug jedoch sehen, dass ein soziales Netzwerk wie Facebook unserem Content eine maximale Relevanzbewertung[4] von zehn Punkten verleiht und sich unsere Klickkosten – mit Klicks als unserem Primärziel – dadurch in einem Bereich von wenigen Cents befinden, dann tröstet uns das allemal über den Schmerz hinweg. Je besser Sie Ihr Content Design (und das Anzeigen-Targeting) optimieren, desto mehr Besucher locken Sie folglich auf Ihren Blog und folglich auch auf Ihre Produktseite.

Ein weiteres Optimierungsziel wäre beispielsweise die Click-Through-Rate in Ihren Blog-Artikeln. Denn je mehr Besucher von dort weiter auf Ihre Produktseiten klicken, desto höher ist folglich auch die Chance, dass diese zu Kunden konvertieren.

Sie verstehen nun hoffentlich, dass eine ganzheitliche Betrachtung der Wertschöpfungskette nötig ist, um wirklich das volle Potenzial auszuschöpfen und die Effektivität Ihres Contents zu maximieren.

Entscheidend ist, dass Sie wirklich relevante Kennzahlen festlegen. Solche, die Sie nicht nur durch höhere Werbebudgets oder zusätzlichen Personalaufwand beeinflussen können. Die folgende Auflistung soll Ihnen als erste Orientierung dienen. Sie ist aber sicherlich nicht vollständig, da sich die Bedürfnisse je nach Produkt, Content, Kanal, Ihrem Arbeitsbereich und weiteren Faktoren stark unterscheiden. Nutzen Sie die Liste, um Ihre bisher genutzten Kennzahlen auf ihr Potenzial, auf das Unternehmenswachstum einzuzahlen, zu überprüfen.

- **Absprungrate** (Bounce Rate) – Die Absprungrate gibt an, welcher prozentualer Anteil an Besuchern, die von einer Quelle außerhalb Ihres Webauftritts auf Ihrer Webpage landen, nach kurzer Zeit diese wieder verlassen.
- **Ausstiege** (Exits) – Die Exit Rate ähnelt der Absprungrate. Sie inkludiert jedoch auch Besucher einer Webpage, die bereits innerhalb Ihres Webauftritts navigierten und so zu dieser gelangten.

---

[3] Vanity Metrics: Fegefeuer der Eitelkeiten, Matthias Hornberger, 13.03.2016, *http://bit.ly/2scV8uk*
[4] Relevanzbewertung der Werbeanzeige: *https://www.facebook.com/business/a/ads-relevance-score*

- **Verweildauer** (Time on Site) – Die Verweildauer gibt an, wie lange ein Besucher vom Eintritt bis zum Verlassen auf einer Webpage verbracht hat.

- **Link-Klicks** – Die Anzahl der Link-Klicks, die Sie mit Ihrem (begrenzten) Budget, beispielsweise über eine Social-Media-Anzeige, generieren.

- **Klickkosten** (Cost-per-Click, kurz CPC) – Die Klickkosten eines einzelnen Klicks auf die Anzeigen, Banner oder Posts, die Sie für die Distribution Ihres Contents einsetzen.

- **Kosten pro Aktion** (Cost-per-Action, kurz CPA) – Die Summe der Klickkosten einer Anzeige, eines Banners oder Posts, die anfallen, bis daraus die von Ihnen gewünschte Aktion eines Users entsteht. Beispielsweise könnten zehn klickende Webnutzer notwendig sein, bis einer davon sich auf Ihrer Landing Page für ein Webinar registriert.

- **Neue Besucher** (New Visitors) – Messen Sie, ob Sie Ihr Publikum erweitern, indem Sie den Anteil von neuen Besuchern, beispielsweise im Blog, regelmäßig abgleichen. Je nach Traffic lohnt sich ein wöchentliches oder monatliches Monitoring.

- **Wiederkehrende Besucher** (Returning Visitors) – Wiederkehrende Besucher deuten darauf hin, dass Sie interessanten Content anbieten, der zur Rückkehr bewegt.

- **Einzelne Besucher** (Unique Visitors) – Dieser Wert gibt an, wie viele unterschiedliche Nutzer eine Webpage besucht haben.

- **Klickrate** (Click-Through-Rate, kurz CTR) – Die Click-Through-Rate, auch Klickrate genannt, entspricht dem prozentualen Anteil der User, die den von Ihnen gewünschten Button anklicken, und somit ein von Ihnen festgelegtes Ziel erreichen. Bei der Optimierung von E-Mails, Social-Media-Anzeigen oder auch Landing Pages spielt die CTR eine essenzielle Rolle.

- **Seitentiefe** (Page Depth) – Die Seitentiefe gibt die durchschnittliche Anzahl der Seiten an, die innerhalb einer Sitzung von einem Nutzer besucht werden.

- **Conversions** – Über Conversions haben wir mehrfach, auch zu Beginn dieses Kapitels, gesprochen. Da sie eine der wichtigsten Kennzahlen ist, frischen wir Ihre Erinnerung nochmal auf: Eine Conversion findet beispielsweise statt, wenn ein User durch die Interaktion mit Ihnen vom anonymen User zum Newsletter-Abonnenten oder zum Kunden wird.

- **Conversion Rate** – Auch die Conversion Rate haben wir Ihnen bereits vorgestellt: Sie ist eine wichtige Kennzahl, die das Verhältnis von Besuchern einer Webpage zu den Conversions prozentual abbildet.

- **Wiederkehrende Käufer** – Die Akquise von Neukunden ist um ein Vielfaches teurer, als einen Kunden zum erneuten Kauf zu bewegen. Steigern Sie den Anteil der Käufer, die wiederholt eine Transaktion bei Ihnen durchführen.

- **Net Promoter Score** (NPS) – Der Net Promoter Score (kurz: NPS) ist eine Kennzahl, die den Erfolg und die Kundenzufriedenheit Ihres Unternehmens abbildet. Fragen Sie Ihre Kunden regelmäßig, wie wahrscheinlich diese Ihren Service weiterempfehlen, indem Sie eine Skala von eins (sehr wahrscheinlich) bis uehn (sehr unwahrscheinlich) vorgeben.

- **Durchschnittlicher Umsatz pro Nutzer** (Average Revenue Per User, kurz ARPU) – Der ARPU gibt den durchschnittlichen Wert pro User/Kunde in einem begrenzten Zeitraum für ein Unternehmen an. Meist wird der ARPU in Bereichen ermittelt, in denen ein Unternehmen ein Produkt im Abonnement oder mit einer Vertragslaufzeit anbietet. Beispiele sind Streaming-Services wie Netflix oder Mobilfunkanbieter wie Vodafone.

- **Durchschnittlicher Umsatz pro (zahlendem) Nutzer** (Average Revenue Per Paying User, kurz ARPPU) – Alternativ zum ARPU können Sie den ARPPU messen, bei dem nur die zahlenden Kunden einbezogen werden. Bei Services wie Spotify, die auch einen kostenfreien Account anbieten, ergeben sich signifikant unterschiedliche Werte.
- **Kunden(ertrags)wert** (Customer Lifetime Value, kurz CLV) – Der Customer Lifetime Value entspricht dem Wert, den eine Kunde über den gesamten Zeitraum seiner Kundschaft für ein Unternehmen darstellt. Dabei werden sowohl alle bisher erfolgten monetären Umsätze wie auch potenziell zukünftige berücksichtigt.
- **Abwanderungsquote** (Churn-Rate) – Die Churn-Rate gibt an, in welchem Verhältnis die Anzahl von Kunden, die das Unternehmen in einem gewissen Zeitraum verliert, zum bestehenden Kundenstamm steht. Steigt Ihre Verlustrate, hemmt das Ihr Unternehmenswachstum.

Link-Tipps

Auf ausführliche Informationen, Beispiele und Tools zur Datenerhebung verzichten wir an dieser Stelle, verweisen Sie aber mit besten Empfehlungen auf folgende Webseiten:

- **Ryte Magazine & Wiki** unter *https://de.ryte.com/magazine/* beziehungsweise *https://de.ryte.com/wiki/*
- **XOVI Wiki** unter *https://www.xovi.de/wiki/*
- **Gründerszene Lexikon** unter *https://www.gruenderszene.de/lexikon/begriffe*

5.3 Erfolgsmessung nach dem OKR-Prinzip

Bevor Sie in den Prozess der Conversion-Optimierung von Content eintauchen, stellen wir Ihnen noch eine Managementmethode vor, die Ihnen bei der Zielerreichung hilft: Das »OKR-Prinzip«. Es wurde von Intel-Mitgründer Andy Grove erdacht und wird von Unternehmen wie Google, Oracle oder LinkedIn eingesetzt, um Ziele zu definieren, diese auf Unternehmens-, Team- und Mitarbeiterebene abzustimmen sowie den Fortschritt im Auge zu behalten und Ziele messbar zu machen. Sie werden beispielsweise vor Beginn eines neuen Quartals definiert und setzen sich aus Objectives und Key Results zusammen – daher die Abkürzung.

Objectives sind Ihre übergeordneten Ziele. Sie sind …

- ambitioniert und zwingen Sie dazu, Ihre Komfortzone zu verlassen.
- in der Regel nicht zu erfüllen. Erreichen Sie 70 Prozent, sind Sie im grünen Bereich.
- zu einfach gesetzt, wenn Sie 100 Prozent erreichen.

Key Results sind einzelnen Objectives zugeordnete messbare Ergebnisse. Sie ...

- verdeutlichen, dass Sie Ihr Ziel erreichen können.
- sind quantifizierbar.
- helfen dabei, die Arbeit an Ihrem Objective nach einem festgelegten Zeitraum zu bewerten.

Wir empfehlen Ihnen, das OKR-Prinzip um die Komponente der **Key Initiatives** zu erweitern. Diese beschreiben im Detail Maßnahmen, die zu den gewünschten Key Results führen sollen. Diese Initiativen müssen Sie nicht zwangsläufig durchführen. Sie dienen Ihnen oder Ihrem Team als mögliche Aktionen, die Sie angehen können. Ben hat beispielsweise im Content Marketing für Unbounce schon mehrfach eine Key Initiative im Quartal gestrichen, um den Fokus stärker auf eine andere Aktion zu legen, die seinen Objectives eher die gewünschten Ergebnisse einbringt.

Beispiel: Edelfein Reisen

Wenden wir uns hierzu wieder unserem fiktiven Unternehmen Edelfein Reisen zu und betrachten beispielhafte OKR für ein Quartal: Das übergeordnete Unternehmensziel ist die Positionierung von Edelfein Reisen als Recherchequelle für und Anbieter von Luxusreisen.

Objective 1: Steigere die Brand Awareness und vergrößere die Community.

Key Results:

1. Die Anzahl der Blog-Newsletter-Abonnenten verdoppeln.
2. Blog-Traffic über Pay-per-Click-Quellen bei gleichbleibendem Budget um 25 Prozent steigern.

Key Initiatives:

1. Ein neues E-Book zum Download anbieten.
2. Auf jeder Seite des Blogs Overlays (Pop-ups) mit Lead-Magneten beziehungsweise Content Upgrades einbinden.
3. Portfolio von Lead-Magneten erweitern, beispielsweise um Checklisten.
4. Neue Anzeigen-Formate und Targeting-Optionen auf Facebook testen.

Objective 2: Bei der Community die Wahrnehmung der Reiseangebote steigern.

Key Results:

1. Die Click-Through-Rate vom Blog Content zu den Reiseangeboten verdreifachen.
2. Die Zahl der Anmeldungen für den Reiseangebote-Newsletter um 50 Prozent steigern.

Key Initiatives:

1. Thematischen Bezug von Blog-Inhalten zu Reiseangeboten verstärken.
2. Inline-CTA zu den Reiseangeboten im Blog Content platzieren.
3. Blog-Newsletter-Abonnenten per E-Mail auf den Reiseangebote-Newsletter aufmerksam machen.

Es hat sich bewährt, seinen Aufgabenbereich pro Quartal auf maximal drei Objectives zu beschränken. Da Sie in der Regel mehrere Key Results festlegen, um ein Objective am Ende eines festgelegten Zeitraums zu bewerten, verlieren Sie sonst zu schnell den Fokus. Die Liste der Key Initiatives hingegen kann beliebig lang sein, da Sie nur als Orientierung dienen.

5.3.1 OKR bewerten

Streben Sie an, Ihre Objectives zu 60 bis 70 Prozent zu erfüllen. Auf der für OKR genutzten Skala von null bis eins sollten Sie demnach in Summe zwischen 0,6 und 0,7 liegen. Erzielen Sie weniger, so waren Ihre Anstrengungen zu gering. Erzielen Sie mehr, hätten Sie bei der Festlegung Ihrer Key Results ambitionierter herangehen müssen. Am Beispiel von Edelfein Reisen zeigen wir Ihnen, wie Sie am Ende des Bemessungszeitraums zu einer Gesamtpunktzahl für Ihr OKR, vorangegangen natürlich für die einzelnen Objectives, gelangen.

Objective 1: Steigere die Brand Awareness und vergrößere die Community.

Key Results:

1. Die Anzahl der Blog-Newsletter-Abonnenten verdoppeln.

    Ergebnis: 19 200 Abonnenten im Vergleich zu 12 000 im vorangegangenen Zeitraum. Das entspricht einer Steigerung von 60 Prozent und dementsprechend einem Score von 0,6.

2. Blog-Traffic über Pay-per-Click-Quellen bei gleichbleibendem Budget um 25 Prozent steigern.

    Ergebnis: 60 000 Unique Visits im Vergleich zu vorher 50 000. Das entspricht einer Steigerung von 20 Prozent und einem Score von 0.8.

Die durchschnittliche Gesamtpunktzahl für ein Objective berechnet sich dann ganz einfach aus dem Mittelwert der Key Results und entspricht in diesem Fall 0,7 (aus (0,6 + 0,8)/2).

> **Versuchen Sie es für das zweite Objective doch einmal selbst:**
>
> **Objective 2:** Bei der Community die Wahrnehmung der Reiseangebote steigern.
>
> **Key Results:**
>
> 1. Die Click-Through-Rate vom Blog Content zu den Reiseangeboten verdreifachen.
>
>   Ergebnis: CTR = 1,8 % im Vergleich zu vorher CTR = 1 %.
>
>   Steigerung: _____
>
>   Score: _____
>
> 2. Die Zahl der Anmeldungen für den Reiseangebote-Newsletter um die Hälfte steigern.
>
>   Ergebnis: 1500 im Vergleich zu vorher 1000
>
>   Steigerung: _____
>
>   Score: _____
>
> Damit liegt die durchschnittliche Gesamtpunktzahl für Objective 2 bei _____.
>
> Die Gesamtpunktzahl für Ihr OKR im Betrachtungszeitraum bildet der Mittelwert aller Objectives, in diesem Fall 0,7. Haben Sie richtig gerechnet?

In der Regel vergleichen Sie Ihre Kennzahlen mit denen aus dem vorangegangenen Quartal. Es kann aber auch sinnvoll sein, andere Zahlen heranzuziehen, beispielsweise die Werte aus demselben Quartal des Vorjahrs, um saisonale Faktoren einspielen zu lassen, die in Ihrer Branche üblich sind. Damit Sie die OKR-Managementmethode sofort einsetzen, laden Sie sich kostenlos ein Spreadsheet zur Festlegung und Bewertung Ihrer OKR von perdoo unter *www.perdoo.com/blog/okr-spreadsheet-template/* herunter. Perdoo bieten übrigens auch ein Browser basiertes Tool an, um OKR auf Unternehmensebene abzustimmen und transparent zu verwalten. Jetzt sind Sie endgültig gewappnet, um den Schritt in die praktische Conversion-Optimierung zu gehen.

■ 5.4 Grundbausteine der Conversion-Optimierung von Content

Da das Internet eine dynamische Zone ist, in der sich Nutzer, Mitbewerber und Technologien ständig verändern, kann die Conversion-Optimierung kein endliches Projekt, sondern nur ein Prozess sein. Lange vorbei sind die Zeiten, in denen Unternehmen eine digitale, aber statische Visitenkarte ins Netz stellten. Heute kommt es darauf an, die Wirkung Ihres Content Designs – durch smarte Prozesse zur Conversion-Optimierung – stetig zu verbessern. Einen möglichen Ansatz hierfür stellen wir Ihnen jetzt vor.

5.4.1 Die Analyse

Ihre Optimierung sollte nicht (ausschließlich) zum Ziel haben, dass etwas schöner oder moderner wirkt. Wenn Sie auf Ihren Content blicken, dann sollten Sie überlegen, welches betriebswirtschaftliche Ziel Sie mit Ihrer Optimierung erreichen wollen. Wie können Sie den Nutzer dazu motivieren, dass er Ihrem Ziel entgegenkommt? Welche Erwartungen Ihres Nutzers müssen Sie erfüllen? Mit welchen Seiten und Elementen kommt der Nutzer in Kontakt, bevor er sein, und damit Ihr Ziel, erreicht? Untersuchen Sie, an welchen Stellen welche Absprungraten vorliegen und aus welchem Grund ein Abbruch stattfindet. Es ist wichtig, dass Sie sich zu Beginn Ihrer Conversion-Optimierung die richtigen Fragen stellen. Wenn Ihnen das schwer fällt, helfen Ihnen Conversion-Optimierungs-Tools wie iridion (siehe Bild 5.5) dabei, Ideen zu generieren.

Jeder weitere Schritt im Prozess der Conversion-Optimierung baut auf dem vorherigen auf. Setzen Sie sich daher die falschen Ziele oder beziehen für Ihre Analyse nicht alle relevanten Daten mit ein (siehe auch Abschnitt 5.6), verschwenden Sie Ihre Zeit womöglich mit sinnfreien Tests. Sie erledigen während der Analyse also zwei Aufgaben:

1. Sie legen ein Conversion-Ziel fest. Das kann auch das Ziel für einen Abschnitt der Reise Ihrer Zielgruppe sein.
2. Sie identifizieren ein Problem und formulieren ein passendes *Problem-Statement*.

Bild 5.5 Mithilfe der »Ideenfabrik« von iridion Ideen generieren (Screenshot: *www.iridion.com*)

Nur wenn Sie Ihr Ziel kennen und einen Reibungspunkt identifiziert haben, der Ihre Besucher von der Erfüllung dieses Ziels abhält, können Sie im nächsten Schritt mit der Formulierung Ihrer Test-Hypothese beginnen.

5.4.2 Die Hypothese

Bei der Conversion-Optimierung ist die Test-Hypothese die grundlegende Annahme, auf der Ihre potenziell optimierte Variante aufbaut. Sie umfasst das, was Sie am Content Design ändern möchten als auch die Auswirkung, die Sie durch diese Modifikation erwarten. Basierend auf der Festlegung Ihres Conversion-Ziels und dem Problem-Statement im Analyseschritt, erarbeiten Sie nun zwei wesentliche Bestandteile:

1. Einen Lösungsvorschlag.
2. Die erwarteten Ergebnisse, die diese Lösung bewirkt.

Die insgesamt vier Aufgaben aus der Analyse- und der Hypothesephase veranschaulichen wir am besten an einem Beispiel:

Angenommen, Sie bieten auf einer Landing Page ein E-Book an, das sich Nutzer durch das Ausfüllen eines Formulars herunterladen können. Ihr Wunsch ist es, dadurch Kontaktdaten Ihrer Besucher einzusammeln, um ihnen später ein kostenpflichtiges Produkt anbieten zu können. Leider nehmen nur sehr wenige Besucher Ihrer Landing Page das Angebot wahr. Trotz ausreichendem Traffic bleiben die Conversions aus. Ihre Analyse hat ergeben, dass Besucher nur den oberen Teil Ihrer Webpage betrachten – den sogenannten Bereich oberhalb der Falz (auf Englisch »above the fold«). Weder geben sie jedoch ihre Daten ein noch klicken sie auf Ihren CTA. Diese Informationen haben Sie durch die Betrachtung von Scrollmaps und Heatmaps sowie die Auswertung des Klickverhaltens erhalten. Die vier Aufgaben können Sie nun wie folgt lösen:

1. **Conversion-Ziel:** Kontaktdaten von Personen einsammeln, denen später ein kostenpflichtiges Angebot offenbart wird.
2. **Problem-Statement:** Die Nutzer erkennen den Mehrwert des E-Books nicht. Sie sind nicht gewillt, Ihre Daten einzugeben und auch nicht daran interessiert, sich weiteren Content anzusehen.
3. **Lösungsvorschlag:** Den Nutzen des E-Books im direkt sichtbaren Bereich der Landing Page deutlicher herausstellen.
4. **Ergebnis:** Die Motivation, sich weitere Argumente für das E-Book auf der Landing Page anzusehen, wird gesteigert. Die Anzahl der scrollenden Besucher wird verdoppelt. Die Wahrnehmung des zusätzlichen Contents überzeugt die User davon, die Daten einzugeben und das E-Book herunterzuladen. Die Conversion Rate nimmt um 25 Prozent zu.

An dieser Stelle wollen wir Sie warnen: Schützen Sie sich bitte davor, dem Bestätigungsfehler (im Englischen »confirmation bias«), einer gefährlichen kognitiven Verzerrung, zu unterliegen. Suchen Sie bei der Auswertung der Testergebnisse nicht ausschließlich nach Beweisen, die die Richtigkeit Ihrer Hypothese untermauern. *»Das Ziel lautet nicht, zu beweisen, dass man recht hat, sondern Einsichten zu erhalten und etwas zu lernen«*, lautet das Credo des Conversion-Experten Michael Aagaard, der sich in vielen Vorträgen und Artikeln kognitiven Verzerrungen widmet, die Nutzerverhalten und unsere Arbeitsweise beeinflussen können.

5.4.3 Der Optimierungsansatz

Es gibt praktisch unendlich viele Möglichkeiten, den Nutzwert Ihres E-Books im oberen Teil Ihrer Landing Page herauszustellen. Sie müssen sich nun für einen Optimierungsansatz entscheiden. Testen Sie aber bloß nicht zu viel auf einmal. Grenzen Sie die Content-Optimierungen ein, ansonsten wissen Sie nicht, welche Veränderung am Ende des Testzeitraums tatsächlich zur Steigerung der Conversion Rate geführt hat. Sie könnten in diesem Fall beispielsweise …

- überzeugendere Texte schreiben, die den Mehrwert für den Nutzer deutlicher herausstellen.
- visuelle Wegweiser integrieren (sogenannte »directional cues«), die zum E-Book-Download-Button führen und auch darauf hinweisen, dass es weitere Inhalte im unteren Bereich der Landing Page gibt.
- Bilder mit stärkerem Bezug zum Thema Ihres E-Books verwenden.
- die Verständlichkeit genutzter Icons erhöhen oder überhaupt mit derartigen Symbolen arbeiten, um Ihrem Text eine visuelle Komponente zu ergänzen.
- Farben und Kontrast so anpassen, dass wichtige Elemente, beispielsweise der Download-Button, stärker hervorstechen.

- die Anzahl der Eingabefelder des Formulars reduzieren (dadurch sinkt häufig die Hemmschwelle des Nutzers).
- vertrauenssteigernde Elemente einbinden (siehe Abschnitt 4.3.3).
- die Reihenfolge der Bestandteile des Storytellings überarbeiten.
- Dringlichkeit und/oder Verknappung einsetzen (siehe Abschnitt 4.4.1).
- die Navigation und allgemeine Benutzbarkeit verbessern.

Grenzen Sie die Auswahl ein, indem Sie sich für das gewünschte Verhältnis von Aufwand und Wirkung (ergo Einfluss auf das Conversion-Ziel) entscheiden. Betrachten Sie hierzu in Bild 5.6 das 4-Felder-Modell des A/B-Testings von konversionsKRAFT[5]:

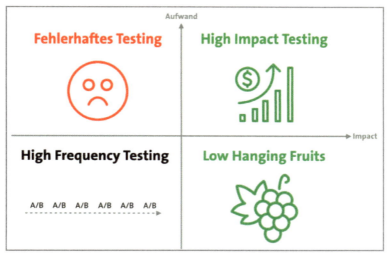

Bild 5.6 Die vier Felder des A/B-Testings (Bild: konversionsKRAFT)

- **Fehlerhaftes Testing** – In diesem Testing-Feld möchten Sie sich nicht bewegen. Sie betreiben einen hohen Aufwand, arbeiten dabei jedoch fehlerhaft. Das passiert beispielsweise dann, wenn Sie in die Falle des eben erwähnten Bestätigungsfehlers tappen oder den Testzeitraum (dazu kommen wir gleich) zu kurz ansetzen. Das Resultat ist ein niedriger oder nicht spürbarer Impact.
- **High Impact Testing** – Beim High Impact Testing ist Ihr Aufwand hoch, da Sie ein durchdachtes Konzept verfolgen. Durch Ihre Erfahrung in der Conversion-Optimierung zahlt sich der hohe Aufwand aus, da Ihre Tests einen verhältnismäßig hohen Impact aufweisen.
- **High Frequency Testing** – Sie reihen viele Tests mit eher geringem Impact aneinander. Der Aufwand hält sich in Grenzen, da Sie beispielsweise nur eine Button-Farbe oder Überschrift verändert haben. Der Impact eines jeden Tests spiegelt diesen Aufwand wider. Die hohe Frequenz Ihrer kleinen Tests führt jedoch auf lange Sicht zu starken positiven Auswirkungen bei der Optimierung auf Ihr Conversion-Ziel.

---

[5] André Morys, Conversion Whiteboard 3: Das 4-Felder-Modell des A/B-Testings, *http://bit.ly/2sAALXy*

- **Low Hanging Fruits** – Wenn Sie sich bisher noch nicht viel mit der Optimierung von Content beschäftigt haben, können Sie noch viele der Low Hanging Fruits abgreifen. Bei diesen Tests ist der Aufwand gering, der Impact hingegen erfreulicherweise hoch.

Falls Sie neu im Bereich der Optimierung von Content sind, raten wir Ihnen natürlich mit den Low Hanging Fruits zu beginnen. Testen Sie Elemente, die Sie in Minuten modifizieren können, sobald Sie eine auf Ihrer Analyse basierende Hypothese formuliert haben.

5.4.4 Der Test

Nehmen wir an, Sie hätten ein neues Bild mit stärkerem Bezug zum Thema Ihres E-Books als Optimierungsansatz gewählt. Nun müssen Sie den Test implementieren. Die Conversion-Optimierung liefert jedoch keine nutzbaren Testergebnisse, wenn Sie einfach nur Elemente verändern und dann die neue mit der alten Content Performance vergleichen. Wir hatten bereits zu Beginn des Kapitels erwähnt, dass Sie verschiedene Varianten, die miteinander verglichen werden, niemals nacheinander testen dürfen. Sie benötigen eine Testumgebung, die es Ihnen ermöglicht, Ihren Besuchern nach dem Zufallsverfahren eine der beiden Varianten im gleichen Zeitraum über dieselbe Adresse zu zeigen. Ein solcher Test wird als A/B-Test oder Split-Test bezeichnet. Es gibt auch Tests mit mehr als zwei Varianten, davon raten wir Ihnen als Einsteiger jedoch ab, da Sie dafür wesentlich mehr Traffic, Conversions und nicht zuletzt auch Erfahrung benötigen, um zu verwertbaren Ergebnissen zu gelangen.

Der Testzeitraum

Zu allererst sollten Sie einen Testzeitraum festlegen. Eine pauschale Zeitangabe dafür existiert allerdings nicht. Es gibt Unternehmen, die innerhalb von sieben Tagen einen Test abschließen, andere benötigen Wochen oder Monate. Behelfen Sie sich mit Testdauerkalkulatoren wie beispielsweise den von Visual Website Optimizer (siehe Bild 5.7). Anhand Ihrer Eingaben berechnet das Tool einen Zeitraum, innerhalb dessen Sie mit Ihrem Test ein aussagekräftiges Ergebnis erhalten werden.

Der Wert, der die Aussagekraft eines bisher vorliegenden (Zwischen-)Ergebnisses angibt, wird Konfidenz-Level (Englisch »confidence level«) genannt. Dieser wird in der Regel auf einer Skala von null bis einhundert angezeigt. Je höher der Wert, desto höher die Wahrscheinlichkeit, dass die Conversion Rate ein realistisches Verhältnis von Nutzern zu Conversions angibt. Experten setzen auf einen möglichst hohen Konfidenz-Level. Bei niedrigem Traffic würden diese nicht einmal empfehlen, die Conversion zu testen, sondern den Fokus auf die Traffic-Generierung zu setzen. Wir sind der Meinung, dass es immer sinnvoll sein kann, das Content Design zu messen und zu testen. Seien Sie aber vorsichtig, wenn Sie Tests und Optimierungen vornehmen, die sich in der Customer Journey nahe dem Kaufabschluss befinden. Denn so groß der Impact einer Conversion-Steigerung sein kann, genauso groß ist auch das Risiko eines Verlusts. Hier raten wir Ihnen zu einem hohen Konfidenz-Level jenseits der 90-Prozent-Marke.

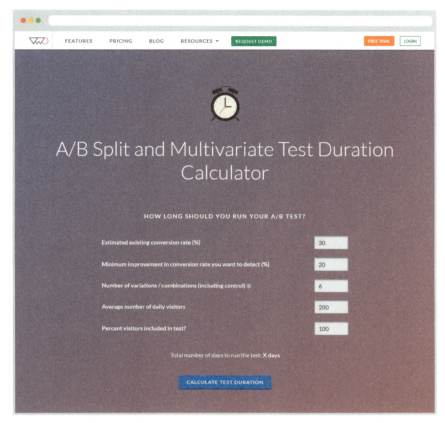

Bild 5.7 Berechnen Sie die erforderliche Länge des Testzeitraums mithilfe des VWO-Rechners (Screenshot: *https://vwo.com/ab-split-test-duration/*)

Ansonsten hält es vor allem Ben wie Amazon-CEO Jeff Bezos, der in einem Brief an alle Shareholder schrieb: *»Die meisten Entscheidungen sollten mit circa 70 Prozent der Informationen getroffen werden, die man sich gewünscht hätte. Wenn Sie jedoch auf 90 Prozent warten, bewegen Sie sich in den meisten Fällen wahrscheinlich zu langsam.«*[6] Stellen Sie sich deswegen immer zwei Fragen:

1. Welchen maximalen Schaden verursachen Sie, wenn Sie die falsche Entscheidung treffen?
2. Wie schnell können Sie eine Korrektur vornehmen, falls Sie eine Fehlentscheidung getroffen haben.

Die Testumgebung

Für den A/B-Test selbst gibt es spezielle Tools, die das Aufsetzen der Testumgebung erleichtern und mit Blick auf das verfügbare Personal einem möglichen Ressourcenengpass vorbeugen. Denn Sie benötigen dann weder die Hilfe von Webdesignern noch von Programmie-

---

[6] Business Insider, Jeff Bezos explains the perfect way to make risky business decisions: *http://www.businessinsider.de/jeff-bezos-explains-the-perfect-way-to-make-risky-business-decisions-2017-4*

rern oder Ihrer IT und können die insgesamt schneller testen. Unsere Empfehlungen für Tools finden Sie in Abschnitt 5.6.

Sobald Sie eine Testumgebung eingerichtet haben, können Sie den Test durchführen. Leiten Sie dazu Nutzer auf Ihre Landing Page, indem Sie beispielsweise Social-Media-Anzeigen schalten. Achten Sie dabei aber unbedingt auf den »Message Match« (siehe Abschnitt 5.5.1), damit Ihnen die Besucher nicht schon deswegen abspringen, weil Sie die Kommunikation von Werbung und Landing Page nicht abgestimmt haben. Und lassen Sie den Test unbedingt über den gesamten angesetzten Zeitraum laufen, auch wenn Ihnen das Ergebnis bereits vor Ende der Testphase eindeutig erscheint. Ben hat schon oft erlebt, dass eine Landing Page bereits nach wenigen Tagen eindeutig besser konvertiert. In solch einem Fall ist die Versuchung groß, diese Variante sofort als neuen Standard zu verwenden. Doch das ist ein Fehler, der Ihrem Unternehmen nachhaltig schaden kann – wie das folgende Beispiel verdeutlicht.

Werfen Sie einen Blick auf die Conversion Rate einer E-Book-Landing-Page in Bild 5.8. Zu Beginn gibt es einen mächtigen Ausschlag nach oben, der für Variante C, also die vorher bestehende Landing Page, spricht. Dann fallen die Konversionsraten für beide Varianten nach unten. Der weitere Verlauf ist ein wechselhaftes Auf und Ab beider Varianten, bis schließlich Variante D die Führung übernimmt und sie seitdem hält.

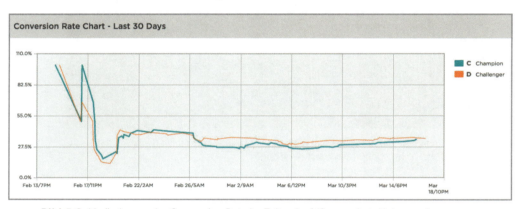

Bild 5.8 Veränderung der Conversion Rate im Zeitverlauf (Screenshot: Unbounce)

An verschiedenen Stellen des Testzeitraums hätten Sie abwechselnd jeweils die eine oder andere Variante zum Gewinner erklären können. In Anbetracht des Bestätigungsfehlers und der kognitiven Verzerrung ist die Gefahr sehr groß, dass wir den Test durch ein frühzeitiges Beenden unbewusst negativ beeinflussen; weil wir womöglich eine Variante bevorzugen und die vorhandenen Daten zugunsten dieser interpretieren. Gehen Sie lieber immer auf Nummer sicher und warten Sie den gesamten im Vorfeld errechneten Testzeitraum ab. Auf diese Weise arbeiten Sie statistisch korrekt und schließen *persönliche* Fehler weitestgehend aus.

Die Interpretation von Testergebnissen

Wenn Sie den Test ordnungsgemäß durchgeführt haben, erhalten Sie ein Ergebnis, das Sie nun interpretieren müssen. Zum einen vergleichen Sie, welche Variante im Hinblick auf das festgelegte Conversion-Ziel erfolgreicher war. In unserem E-Book-Beispiel ist für uns relevant, welche Landing Page die höhere Conversion Rate aufweist. Nehmen wir an, dass die neue Variante im Testzeitraum ein besseres Ergebnis erzielte, also im Verhältnis zu den Besuchern mehr Downloads stattfanden, dann liegt damit der Beweis für die Richtigkeit der Hypothese vor – oder nicht? Seien Sie mit dieser Interpretation vorsichtig. Ihre Veränderungen bewirkten eine Steigerung der Conversion Rate, doch vielleicht war der positive Effekt Ihrer Optimierungen ein ganz anderer als der, den Sie erzielen wollten.

Ein Beispiel: Sie haben ein neues Foto integriert, von dem Sie sich versprechen, dass der stärkere Bezug zum Angebot zu mehr Downloads führt. Tatsächlich weist die Variante mit dem neuen Bild am Ende des Tests die höhere Conversion Rate auf. Aber war es wirklich das Bildmotiv, das den Unterschied ausmachte, oder vielleicht einfach nur der durch das neue Bild verbesserte Kontrast zum darauf liegenden Text? Denn wie Sie aus Kapitel 2 wissen, führt ein starker Kontrast zu mehr Aufmerksamkeit, der in Bezug auf Ihre Headline womöglich in einem besseren Verständnis für Ihr Angebot resultierte. Ausschlaggebend für die Steigerung der Conversion Rate war in diesem Falle also nicht unbedingt das Bild an sich, sondern die dadurch verstärkte Wahrnehmung der Überschrift. Seien Sie also vorsichtig bei Ihren Interpretationen. Kleinste Veränderungen können sich auf die Wirkung aller Content-Elemente auswirken!

Fehlinterpretationen vermeiden

Nutzen Sie Tools, um herauszufinden, was Ihre Besucher tun und vor allem warum sie es tun. Wenn Sie beispielsweise sehen, dass Nutzer ein Formularfeld ausfüllen, das Formular aber nicht abschicken, dann wissen Sie, was Ihre Nutzer tun (beziehungsweise was nicht). Warum sie etwas tun oder nicht, erfahren Sie allerdings erst, wenn Sie Ihre Nutzer befragen.

Dafür haben sich vor allem »Exit-Intent-Overlays« oder allgemein verhaltensbasierte Pop-ups bewährt. Blenden Sie zum Beispiel eine simple Frage wie: »Was hält Sie vom Download unseres E-Books ab?« ein, wenn Nutzer Ihre Seite verlassen wollen. Auf diese Weise lernen Sie die Beweggründe Ihrer Nutzer kennen und können Ihre Tests dahingehend anpassen.

5.4.5 Das Ausrollen (Roll out)

Haben Sie durch den Test eine Siegervariante ermitteln können, so richten Sie diese nun als Standard für alle Nutzer ein und schalten die andere ab. Ihre Arbeit ist damit jedoch nicht getan, denn die Optimierung von Content ist keine Kampagne, sondern ein Kreislauf. Den Optimierungsprozess zu durchlaufen, bringt nicht nur ein Testergebnis, sondern inspiriert zu weiteren Experimenten. Denken Sie an die vielen Optimierungsmaßnahmen, die Ihnen zur Verfügung stehen, um nur eine Hypothese zu verifizieren. Da Sie nicht alle Maßnahmen gleichzeitig testen sollten, bietet sich wahrscheinlich mindestens eine davon für den nächsten Test an. Anregungen für weitere Tests gewinnen Sie womöglich auch aus der Interpretation Ihrer Testergebnisse. Diese sind unter Umständen zielführender, um Ihren Content weiter zu optimieren, als Ihre ursprünglichen Ideen. Entscheidend ist, dass Sie stetig und ständig testen. Denn an jedem Tag, an dem Sie nicht optimieren, tut es einer Ihrer Mitbewerber.

Dokumentieren Sie alles!

Sie wissen nun, welche Variante das bessere Testergebnis erzielt und nutzen Daten aus quantitativen und qualitativen Erhebungen, um das Ergebnis korrekt zu interpretieren. Aber haben Sie bis hier hin auch mitgeschrieben? Es ist wichtig, nicht nur die Analyse, die Hypothese, den Optimierungsansatz und den Test schriftlich festzuhalten, sondern auch Ihre Erkenntnisse zu dokumentieren. Falls Sie diese Dokumentation nicht für notwendig erachten, weil Sie ein Ein-Mann-Unternehmen führen oder der einzige sind, der sich im Unternehmen mit der Optimierung von Content befasst, so denken Sie immer daran, dass …

- Sie sich nach einiger Zeit nicht mehr an alle Details des Tests erinnern können. Sie laufen Gefahr, einen Test zu wiederholen oder führen einen Test nicht durch, da Sie annehmen, diesen bereits durchgeführt zu haben.
- andere nur dann von Ihren Tests lernen und profitieren können, wenn sie den Prozess bis ins Detail nachvollziehen können anstatt nur das Ergebnis zu kennen.

5.5 Bereichsübergreifende Optimierung

Wir hatten zu Beginn dieses Kapitels erwähnt, dass uns in der Conversion-Optimierung oftmals *der Blick aufs Ganze* fehlt; weil der Fokus auf einzelne Kennzahlen diesen verschleiert. Der Social-Media-Manager optimiert die Facebook-Anzeigen so, dass er mehr Klicks bei gleichbleibendem Budget generiert. Der Content-Marketing-Manager optimiert den Blog so, dass er mehr Newsletter-Abonnenten bei gleichbleibendem Traffic generiert; ähnlich isoliert betrachtet unter Umständen auch der Sales Manager seine Konversionsraten. Jede Instanz entlang der Customer Journey schwächt den eigenen Einfluss auf den Unternehmenserfolg, wenn die positive Entwicklung der eigenen Kennzahl nicht auch die anderen Kennzahlen positiv beeinflusst, die von ihr abhängig sind.

Ein Beispiel: Als Anbieter für haushaltsnahe Dienstleistungen fokussiert sich Ihr Content Marketing auf das Thema »Wohnen und Leben in der Großstadt«. Neben Ihrem Energiesparratgeber sorgen vor allem Ihre Reinigungstipps für soliden Traffic. Da Sie Putzdienstleistungen anbieten, freuen Sie sich über Besucher, die sich für ein sauberes Zuhause interessieren. Sie produzieren in Folge mehr Content mit Reinigungstipps, worauf hin die Generierung von Newsletter-Abonnenten ordentlich Fahrt aufnimmt. Doch leider konvertieren diese nicht zu Kunden. Ihr Fokus auf den schnellen Erfolg, mehr Newsletter-Abonnenten zu gewinnen, hat sich nicht auf die Neukundengewinnung ausgewirkt. Hat sich also rückblickend der Aufwand für den hochkonvertierenden Content gelohnt?

Ein falscher Fokus bremst nicht nur den Erfolg, sondern verursacht manchmal auch Unkosten. Die Akquise von Personen, die nicht Ihrer Zielgruppe entsprechen, kann Ressourcen im Community Management, im Vertrieb und im Kundenservice in Anspruch nehmen. Würden Sie diese Zeit nicht lieber in den absoluten Wunschkunden investieren?

Achten Sie bei Optimierungsmaßnahmen darauf, dass diese nicht nur der Steigerung einer einzelnen Kennzahl dienen. Es stehen Ihnen schließlich genügend ganzheitliche Optimierungsansätze zur Verfügung …

5.5.1 Message Match

An mehreren Stellen im Buch haben Sie den Begriff »Message Match« bereits gelesen, darum wird es nun Zeit für einen Einblick auf die Details. Anhand von positiven wie auch negativen Beispielen wollen wir Ihnen das Prinzip erklären und einen detaillierten Handlungsleitfaden an die Hand geben. Wir sind uns ziemlich sicher, dass Sie sich gleich mit der flachen Hand auf die Stirn schlagen werden und erkennen, wie leicht Sie Ihre Kommunikation und damit den Erfolg von Content steigern können.

Das Message Match definiert sich als Maß dafür, wie gut Ihre Landing Page in ihrer Kommunikation zum Content passt, der den Besucher zu Ihnen gebracht hat. Das Ziel des Message Match ist es demnach, ein Gespräch, das woanders begonnen wurde, auf der Landing Page fortzusetzen.

Halten Sie sich vor Augen, dass Sie Tage, Wochen oder Monate mit Ihrer Kampagne beschäftigt sind. Der Nutzer aber sieht Ihre Marke, Ihr Produkt beziehungsweise Ihre Dienstleistung oder Kampagne mit hoher Wahrscheinlichkeit zum ersten Mal. Diesen ersten Eindruck dürfen Sie nicht unterschätzen. Jede Unstimmigkeit beim Wechsel des Nutzers von einem Touchpoint zum anderen kann sich negativ auf Ihre Conversion Rate auswirken.

Stellen Sie sich vor, Sie bummeln ohne Kaufabsicht durch die Stadt. Plötzlich erregt ein Paar wirklich schicke Turnschuhe Ihre Aufmerksamkeit. Begeistert betreten Sie das Kaufhaus und finden sich zwischen der Schmuck- und der Parfümabteilung wieder. Noch orientierungslos steuern Sie die Rolltreppe an, um die Schilder mit den Informationen zu den einzelnen Stockwerken zu studieren. Sie fragen sich, ob Sie die Turnschuhe in der Sportabteilung im Untergeschoss oder im dritten Stock in der Herrenabteilung (respektive Damenabteilung) finden. Da Sie sich nicht gleich für ein Stockwerk entscheiden können und eigentlich auch nicht dringend neue Turnschuhe benötigen, verlassen Sie das Kaufhaus wieder.

Im geschilderten Szenario spielt die **Psychologie der Antizipation** eine große Rolle (siehe Bild 5.9). Wenn Menschen sich in einer neuen Situation befinden, wählen Sie entweder die Anpassung oder die Flucht. Die Flucht muss dabei nicht sofort erfolgen, sondern kann auch erst nach mehreren Versuchen der Anpassung geschehen.

Nun liegt es in der Natur der Dinge, dass jedes größere Kaufhaus nicht jeden Menschen vom Objekt der Begierde im Schaufenster nahtlos in die entsprechende Abteilung und von dort zur Kasse leiten kann. Im Web hingegen können wir sehr wohl vermeiden, dass unsere Zielgruppe in der falschen Abteilung landet. Von unserem Schaufenster, also unserer Facebook-Anzeige (oder auch Google-Textanzeige, Werbebanner, E-Mail etc.), zur richtigen Abteilung, sprich, unserer kampagnenspezifischen Landing Page, können wir die Reibung minimieren.

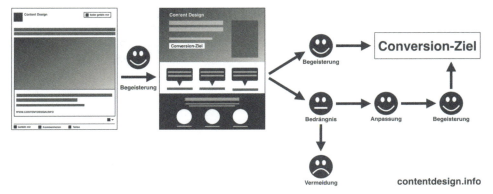

Bild 5.9 Einfluss der Psychologie der Antizipation auf Landing Page Conversions

Bei Facebook sind wir auf eine Kampagne der Deutschen Bahn gestoßen, die keinen guten Message Match aufwies. In ihrem Beitrag (siehe Bild 5.10) stellt die Bahn den Gewinn einer BahnCard 100 in Aussicht, wenn Sie dem Konzern zeigen, wie Sie Ihre Zeit in der Bahn nutzen. Um genau zu sein, weist die Bahn in drei Textpassagen auf den Gewinn hin: im Text oberhalb und unterhalb der Collage sowie im Bild selbst. Durch das Abbild der BahnCard innerhalb der Collage materialisiert sich der Gewinn – er ist quasi zum Greifen nahe. Auch die Bildmotive der Collage sind gut gewählt. Faktisch ein gelungener Beitrag des Social-Media-Teams.

Bild 5.10 Facebook-Beitrag der Deutschen Bahn (Screenshot: facebook.com)

Die Qualität des Posts relativiert sich jedoch schnell, wenn Sie die Landing Page betrachten, auf der Sie nach dem Klick landen (siehe Bild 5.11). Die edel anmutende BahnCard 100 als prominentes Lockmittel verschwindet aus der Kommunikation, und plötzlich geht es darum, wie »andere ihre Zeit in der Bahn nutzen«. Der Fokus verschiebt sich weg vom Gewinnspiel hin zu User generated Content rund um das Thema »Zeit im Zug«. Es mag eine kühne Theorie unsererseits sein, doch wir vermuten, dass Sie – der eben noch auf Facebook surfende Nutzer – das Hauptargument (den Gewinn einer BahnCard 100) vermissen, das Sie überhaupt dazu bewogen hat, das Netzwerk zu verlassen.

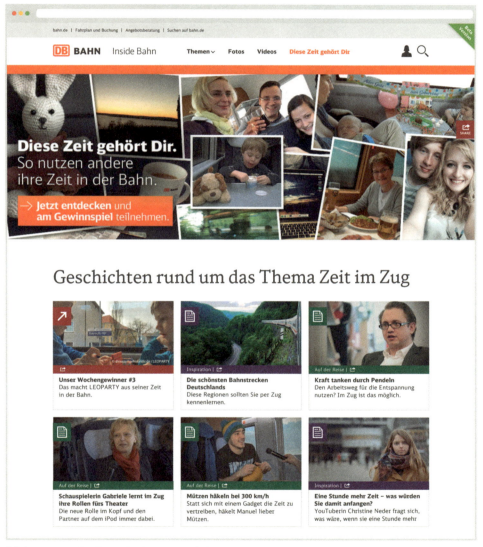

Bild 5.11 Landing Page der Deutschen Bahn rund um das Thema »Zeit im Zug«

Erst der Klick auf die Handlungsaufforderung »Jetzt entdecken und am Gewinnspiel teilnehmen« führt zu einer Landing Page, die Sie wieder in den Mittelpunkt stellt und Sie fragt, was Sie aus Ihrer Zeit in der Bahn machen (siehe Bild 5.12). Auch die Handlungsaufforderung auf dieser Seite widmet sich wieder der BahnCard 100.

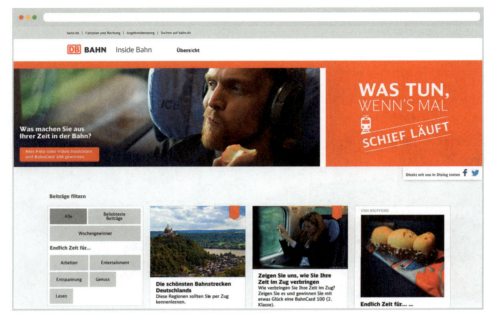

Bild 5.12 Aktionsseite der Deutschen Bahn

Während der Facebook-Beitrag und die erste Landing Page einen klaren Kommunikationsbruch begehen, knüpft erst die zweite an beide Argumente (die Nutzung Ihrer Zeit sowie die BahnCard) an. Obwohl sich also die Besucherzahlen der ersten Landing Page positiv entwickeln dürften, führt diese weder Sie als Nutzer an sein Ziel noch die Deutsche Bahn, die bemüht darum ist, neue User generated Content zu gewinnen.

Wenn Content Menschen begeistern soll, dann ist Irreführung sicherlich kein Weg zu einem nachhaltig verbesserten Marken- und Content-Erlebnis. Setzen Sie lieber auf einen Abgleich der Touchpoints, indem Sie das Design und die Texte aufeinander abstimmen.

Das folgende Beispiel von Timeular, Anbieter des Zeiterfassungsgeräts ZEI°, zeigt, wie so ein Abgleich zwischen einer Facebook-Anzeige und der verlinkten Landing Page aussehen kann (siehe Bild 5.13). Das Gerät ist sowohl in der Facebook-Anzeige als auch auf der Landing Page das zentrale visuelle Element. Durch das dunkle Farbschema hebt sich das helle Gerät bestens vom Hintergrund ab. Auch das Thema Zeiterfassung wird wiederholt angesprochen, und die textlichen Unterschiede sind so minimal, dass Verwirrungen so gut wie ausgeschlossen sind. Der Einleitungstext der Anzeige und die zweite Überschrift der Landing Page verwenden sogar exakt den gleichen Wortlaut und kommunizieren den Mehrwert des Geräts unmissverständlich.

Bild 5.13 ZEI° demonstriert einen perfekten Message Match (Screenshots: facebook.com; timeular.com/de)

Der Message Match, wie wir ihn bisher beschrieben haben, ist in gewisser Weise auch ein »Design Match«, da eine Botschaft auch visuell kommuniziert wird. Ihr Content Design wirkt noch stärker, wenn nicht nur der Text Parallelen aufweist, sondern auch die Gestaltung von Anzeige und Landing Page übereinstimmt.

Textlich können Sie beispielsweise Ihr Alleinstellungsmerkmal, bestimmte Vorteile Ihres Angebots, den Call-to-Action, Social Proof und natürlich allgemein die Tonalität angleichen.

Gestalterisch können Sie etwa das Logo, das Bildmotiv, sofern Sie denn eines verwenden, und auch insgesamt das Farbschema angleichen.

Je mehr visuelle Übereinstimmungen der Nutzer erkennt, desto besser fühlt er sich abgeholt. Und dadurch verringern Sie in der Regel die Absprungrate auf Ihrer Landing Page, wodurch logischerweise die Chance auf eine Conversion steigt. Unternehmen wie Shopify haben auf diese Weise mit Facebook-Kampagnen, die auf Ihre Landing Pages abgestimmt sind, den Cost-per-Lead auf ein Zehntel gesenkt[7] – es ist also allemal einen Versuch wert.

---

[7] Fomenoff, Tia, Unbounce, How to Run Social Media Campaigns That Actually Convert, 2014, *https://unbounce.com/social-media/social-media-campaigns-that-actually-convert/*

5.5.2 Erfolgsmessung mit Tracking-Links

Es ist sehr erfreulich, wenn viele Menschen Ihren Content konsumieren, aber nur in den seltensten Fällen werden diese dann auch Ihr (kostenpflichtiges) Angebot wahrnehmen. Während Sie einen Teil dafür begeistern können, so ist der andere lediglich an Ihrem Content selbst interessiert. Denken Sie zurück an Edelfein Reisen, unseren fiktiven Anbieter für Luxusreisen, der gut beraten ist, nicht alle reiseinteressierten Menschen anzusprechen. Ihr Content sollte nur diejenigen anziehen, die sich für Luxusreisen interessieren und dementsprechend auch über die Kaufkraft verfügen. In der Praxis werden Nutzer – beziehungsweise Kontaktpersonen – deshalb typischerweise unterschiedlich gruppiert:

1. **Abonnent (Subscriber)** – Ein Abonnent hat durch seine Anmeldung ein ausdrückliches Interesse an Ihrem Content geäußert. Die Person hat beispielsweise Ihren Newsletter abonniert, an einem Webinar von Ihnen teilgenommen oder ein E-Book heruntergeladen. Ihnen liegt nur eine E-Mail-Adresse vor, und es gibt keine Hinweise darauf, dass Ihr Produkt für den Abonnenten geeignet sei.
2. **Marketing Qualified Lead** (MQL) – Ein MQL hat Interesse an Ihrem Content gezeigt, ist aber im Gegensatz zu einem Abonnenten keine anonyme Person. Sie verfügen über den vollständigen Namen, eventuell zusätzliche Kontaktdaten wie die Telefonnummer, für welches Unternehmen die Person arbeitet und welche Position sie in diesem innehat. Sie verfügen über alle Informationen, die diese Person als potenziellen Interessenten für Ihr Produkt qualifizieren.
3. **Sales Qualified Lead** (SQL) – Ein SQL hat Ihren Content mehrfach konsumiert und durch das bisher protokollierte Nutzerverhalten, beispielsweise durch den Besuch Ihrer Preis- und Produktdetailseite, eine Kaufabsicht signalisiert. Das Marketing-Team übergibt den SQL an den Vertrieb, der diesen kontaktiert und den Verkaufsprozess einleitet.

> **Lead Mangement in der Praxis**
>
> Die Einteilung in Marketing Qualified Leads und Sales Qualfied Leads erfolgt über das sogenannte Lead Scoring. Nach individuell in Ihrem Unternehmen festgelegten Kriterien vergibt ein System Punkte für die Interaktion mit Ihrem Content (Marketing Automation). Erreicht ein Kontakt eine von Ihnen festgelegte Punktzahl, so verändert sich seine Lifecycle-Phase beispielsweise in den Status MQL, SQL oder Kunde.

Je nach Content und Produkt kann vom Erstkontakt bis zum Kaufabschluss sehr viel Zeit vergehen. Wir sprechen hier von Wochen oder Monaten, bei sehr komplexen und/oder kostenintensiven Produkten sogar von Jahren. Messen (und dokumentieren) Sie daher unbedingt, wodurch der Erstkontakt zustande kam und an welchen Touchpoints der Nutzer bis zum Kaufabschluss mit Ihnen (Ihrer Marke, Ihrem Content etc.) in Berührung kam. Sogenannte Tracking Links sind hierbei eine große Hilfe. Sie basieren auf der Webadresse zu Ihrem Content, werden aber um spezifische Parameter erweitert. Ein Tracking Link sieht dann beispielsweise so aus:

https://www.edelfeinreisen.de/ebook/australien?utm_source=facebook&utm_medium=cpc&utm_campaign=sommer2017&utm_term=luxushotels%2Baustralien&utm_content=variante1.

Im ersten Moment erscheint das ziemlich kryptisch. Dahinter verbirgt sich jedoch ein einfaches System. Die ursprüngliche URL wird mit nachfolgendem Schema erweitert:

Kampagnenquelle	utm_source	Erweitern Sie Ihre URL mindestens um diesen Wert. So wissen Sie grob, welche Quelle den Nutzer zu Ihnen führte, beispielsweise `google`, `facebook`, `linkedin` oder `newsletter`.
Kampagnenmedium	utm_medium	Nun bestimmen Sie das Medium. Geben Sie beispielsweise unter Kampagnenquelle ein soziales Netzwerk an, so können Sie hier für Anzeigen den Begriff `cpc` (Cost-per-Klick) und für Posts im regulären Newsfeed `organic` eingeben.
Kampagnenname	utm_campaign	Hier geben Sie einen Begriff ein, um eine spezielle Kampagne zu identifizieren. Für Ihre Sommerkampagne geben Sie zum Beispiel `sommer2017` ein.
Kampagnenterm (Keyword)	utm_term	Einen Term legen Sie nur fest, wenn Sie Werbeanzeigen in den Ergebnissen von Suchmaschinen schalten. Dieser Kampagnenterm besteht aus den Keywords der Anzeige, beispielsweise `luxushotels+australien`.
Kampagnen-Content	utm_content	Der Content-Parameter wird für A/B-Tests eingesetzt, um auch nach der Conversion unterscheiden zu können, welchen Weg Leads oder Kunden eingeschlagen haben, beispielsweise über die Werte `variante1` und `variante2`. Zudem können Sie zwischen Links im Content unterscheiden, die zum gleichen Ziel führen, beispielsweise einem `bildlink`, `ctabuttonlink` oder `textlink`.

Machen Sie den Test: Können Sie anhand dieser Tabelle unseren Beispiellink von Edelfein Reisen decodieren?

Damit Sie genau wissen, woher Ihre Besucher stammen, die konvertieren, sollten Sie bei jeder Anzeige einen individuellen Tracking Link verwenden. Wenn Sie wirklich alle Details wissen wollen, dann tracken Sie so auch reguläre – also nicht monetär unterstützte – Verweise auf Ihre Webseite (zum Beispiel Social-Media-Posts, Links in Blog-Kommentaren etc.). Tracking Links können Sie sehr bequem mit dem Campaign URL Builder von Google erstellen, siehe *https://ga-dev-tools.appspot.com /campaign-url-builder/*.

5.6 Empfehlenswerte Tools zur Conversion-Optimierung

Für die Optimierung Ihres Content Designs sind Tools essenziell. Falls Sie sich bereits nach entsprechenden Lösungen umgesehen haben, werden Sie bemerkt haben, wie groß die Auswahl doch ist. In einer ursprünglichen Fassung dieses Kapitels hatten wir zunächst eine einfache Liste mit Tools erstellt. Dann fiel uns jedoch auf, wie viele Überschneidungen es bei den Anbietern faktisch gibt, und dass diese Ihnen die Auswahl womöglich erschweren. Die endgültige Liste haben wir deshalb auf Basis unterschiedlicher Funktionen und Anwendungsbereiche für Sie strukturiert. So können Sie sich die vielen verschiedenen Möglichkeiten zur Optimierung durchsehen, eine Liste mit notwendigen Features erstellen und dann mit Ihrer Checkliste nach Anbietern suchen. Die hier empfohlenen Tools nutzen wir selbst regelmäßig, dazu listen wir vergleichbare Alternativen. Nicht immer gibt es ein *besser* oder *schlechter*; vielmehr liegen die Unterschiede im Detail der Funktionen und natürlich dem Preis. Treffen Sie Ihre Entscheidung am besten auf Basis Ihrer eigenen Erfahrung, Sie können nämlich fast alle Tools eine Zeit lang kostenlos testen und sich vom Anbieter durch die Software führen lassen.

5.6.1 Prozesse und Management

Die Optimierung von Content beginnt damit, dass Sie sich die richtigen Fragen stellen, Ideen für Tests generieren und diese dann priorisieren. Es mag vielleicht trivial klingen, aber bereits für diese Phase der Optimierung gibt es Tools – sowohl zur Ideengenerierung als auch zur Dokumentation Ihrer Prozesse. Wir raten Ihnen unbedingt dazu, diese zu nutzen. Denn während sich Ihre Mitbewerber vielleicht noch auf offensichtliche Optimierungsansätze stürzen, können Sie mit den entsprechenden Tools die langjährige Erfahrung von Optimierungsexperten wie André Morys, Nils Kattau oder David Odenthal ausnutzen.

Iridion – Conversion Management

Mit **iridion** *(www.iridion.com)* haben die Conversion-Optimierer von konversionsKRAFT, der größten Conversion-Optimierungs-Agentur im deutschsprachigen Raum, ein eigenes Tool zur Abbildung von Prozessen und der Dokumentation von Optimierungsmaßnahmen entwickelt. Hierbei kommt die 7-Ebenen-Analyse von Gründer und Vorstand André Morys zum Einsatz (siehe Bild 5.14), welche sich bereits über viele Jahre hinweg als Framework zur Analyse von Webseiten bewährt hat. Das Tool bietet Ihnen über eine Schnittstelle sogar die Möglichkeit, Daten aus anderen Testing Tools wie etwa VWO oder Optimizely zu importieren, sodass Sie diese nicht händisch eintragen müssen.

5.6 Empfehlenswerte Tools zur Conversion-Optimierung

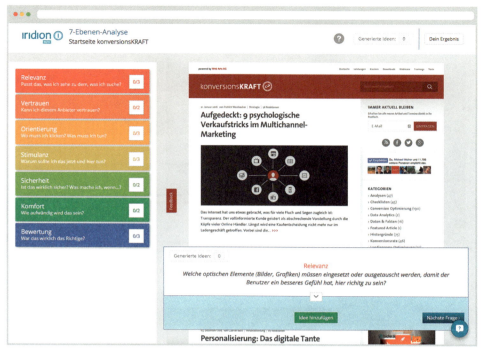

Bild 5.14 Mit iridion analysieren Sie Ihre Webseite auf sieben Ebenen – natürlich visuell (Screenshot: iridion)

overheat – Conversion-Ratgeber

Der Conversion-Ratgeber im Tracking- und Optimierungs-Tool **overheat** (*www.overheat.de*) verfolgt einen anderen Ansatz: er entspricht einer filterbaren Datenbank voller Optimierungstipps. Mit wenigen Klicks können Sie beispielsweise hinsichtlich Medium, Ziel oder dem Schwierigkeits-Level der Umsetzung sortieren und sich relevante Artikel anzeigen lassen (siehe Bild 5.15).

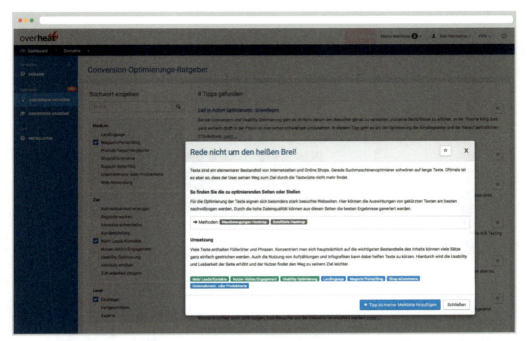

Bild 5.15 Der Conversion-Ratgeber von overheat liefert Antworten auf Ihre Fragen oder inspiriert Sie von Grund auf (Screenshot: overheat.de)

5.6.2 Landing Pages (per Baukasten)

Welche Design-Tricks und psychologischen Mittel Sie einsetzen können, um die Performance Ihrer Landing Page zu verbessern, wissen Sie bereits. Damit Sie diese aber auch tatsächlich schnell umsetzen, greifen Sie zur Erstellung von Landing Pages am besten auch auf speziell hierfür entwickelte Tools zurück. Landing-Page-Baukästen, wie die von **Unbounce** (*www.unbounce.com*, siehe Bild 5.16) oder **LeadPages** (*www.leadpages.net*), bieten die Möglichkeit, die Erstellung und Publikation, das Testen und die Optimierung in die Hände des Marketing-Verantwortlichen zu legen – ganz ohne zusätzliche Arbeit für Grafiker oder Programmierer. Am einfachsten wählen Sie eine der für Conversions optimierten Vorlagen und passen die Inhalte in Form von Text, Bildern, Farben, Formularfeldern etc. an Ihre Kampagne an. Per Drag-and-Drop können Sie weitere Elemente einfügen oder die vorhandenen verschieben – ganz nach Ihren Vorlieben und natürlich stets in Form von A/B-Tests, damit Sie die Wirkung einzelner Änderungen auch exakt nachvollziehen können.

Bild 5.16 Mit Unbounce erstellen, testen und optimieren Sie Landing Pages auch ohne Programmierkenntnisse (Screenshot: unbounce.com)

5.6.3 A/B-Testing

Wirklich effizient optimieren Sie Ihren Content, wie Sie wissen, nur durch A/B- beziehungsweise Split-Tests. Entsprechende Tools ermöglichen es Ihnen, zwei oder mehr verschiedene Varianten von Content unter derselben URL im gleichen Zeitraum miteinander zu vergleichen. Dabei können Sie entscheiden, wie viel Traffic jeweils den einzelnen Varianten zukommt. Haben Sie beispielsweise Angst, dass sich eine Variante negativ auswirken könnte, Sie aber dennoch sichergehen und den Test durchführen wollen, so könnten Sie nur einen kleinen Teil Ihres Traffics auf diese Variante leiten. Der Großteil der Besucher landet dann weiterhin auf der ursprünglichen Seite. Bedenken Sie aber, dass sich hierdurch der Testzeitraum verlängert. Denn je weniger Traffic Sie auf eine Variante leiten, desto länger müssen Sie warten, bis Sie ausreichende Daten gesammelt haben, um eine aussagekräftige Bewertung vornehmen zu können.

Professionelle A/B-Testing-Tools wie der **Visual Website Optimizer** *(www.vwo.com)* bieten die Möglichkeit, Modifizierungen an Ihrer Webseite direkt über die Maske vorzunehmen – ganz visuell eben (siehe Bild 5.17). Sie müssen auch hier keinen Webdesigner, Developer oder andere IT-Experten involvieren. Wie uns der Gründer Paras Chopra in einem Interview verriet, war übrigens genau das auch eine der ursprünglichen Intentionen, ein solches Tool zu entwickeln. Denn das damals populäre Testing Tool von Google, der Google Website Optimizer, war ihm einfach zu kompliziert und nicht intuitiv genug. Mit Optimize *(https://optimize.google.com)* bietet Google übrigens inzwischen eine kostenfreie Alternative, die insbesondere für kleinere Unternehmen interessant ist.

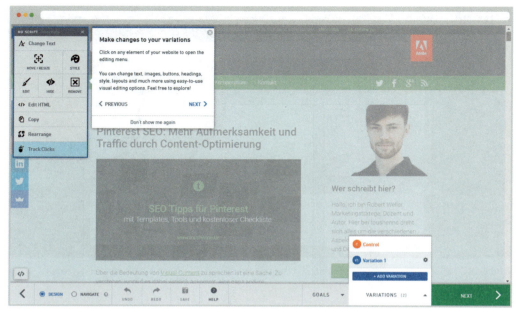

Bild 5.17 Mit VWO erstellen Sie Varianten Ihrer Webseite direkt im integrierten visuellen Editor (Screenshot: vwo.com)

Mittlerweile sind die etablierten Testing Tools allerdings nicht mehr nur auf A/B-Tests beschränkt. Anbieter wie **Optimizely** *(www.optimizely.com)* oder **AB Tasty** *(www.abtasty.com)* bieten über ihre übersichtliche grafische Oberfläche ein breites Funktionsspektrum zur Conversion-Optimierung, einschließlich Optionen zur Personalisierung und Durchführung von multivariaten Tests (bei denen mindestens drei Varianten einer Webseite zeitgleich getestet werden).

Auch der eben erwähnte Landing-Page-Baukasten von Unbounce beinhaltet eine A/B-Test-Funktion. Mit wenigen Klicks duplizieren Sie Ihre Landing Page, nehmen Veränderungen an der zweiten Variante vor, teilen den Traffic auf und starten die Testphase. Diese Methode ist besonders hilfreich, wenn ein Marketingteam in einem geschlossenen (virtuellen) Raum Methoden der Lead-Generierung testet, während mit den eben erwähnten dedizierten A/B-Testing Tools sensible Webseiten wie die Homepage optimiert werden. Durch den Einsatz unterschiedlicher Tools für unterschiedliche Zwecke kommen sich die Verantwortlichen nicht so schnell in die Quere, wobei auch dann eine laufende Abstimmung, Dokumentation und natürlich übergreifende Optimierungsstrategie unabdingbar ist.

5.6.4 Heatmaps

Bevor Sie verschiedene Varianten Ihrer Webpages testen, ist es ratsam, mehr über das Nutzerverhalten Ihrer Besucher zu erfahren. Es reicht nicht, dass Sie in Google Analytics wissen, wie hoch die Absprungrate ist oder welche Seiten Ihre Besucher in welcher Reihenfolge aufsuchen. Sie können so viel mehr darüber lernen, wie Ihre Besucher mit Ihrem Content interagieren.

Heatmaps helfen bei der quantitativen und qualitativen Analyse. Mit ihrer Hilfe finden Sie heraus, welche Elemente die größte Aufmerksamkeit erhalten oder welchen Weg Ihre Nutzer auf Ihrer Website gegangen sind. Sie sehen beispielsweise, in welcher Reihenfolge Elemente in den Fokus des Betrachters rücken. Daraus können Sie Annahmen über die Wirkung von Elementen ableiten, Reibungen erkennen und letztendlich Hypothesen für die Conversion-Optimierung formulieren. Empfehlenswerte Tools sind unter anderem **CrazyEgg** *(www.crazyegg.com)*, **Hotjar** *(www.hotjar.com)*, **Sumo** *(www.sumo.com)* und auch das bereits erwähnte Tool overheat.

Clickmaps (oder auch »Click Heatmaps«) (siehe Bild 5.18) im Speziellen weisen auf, welche Elemente am häufigsten angeklickt werden. Die Visualisierung wird dem Begriff Heatmap gerecht, da neben den Klickzahlen verschiedene Farbtöne auf heiße Zonen hinweisen. Der feurig rote Farbton weist auf intensives Klicken hin. Je weiter sich der Farbton einem Blau nähert, desto kälter ist diese Zone und wird dementsprechend weniger angeklickt. Durch Clickmaps finden Sie nicht nur heraus, welche Schaltflächen wie oft geklickt werden, sondern auch, welche Elemente, die eigentlich keine Schaltflächen sind, angeklickt werden. So erkennen Sie, welchen Elementen Ihre Besucher eine interaktive Funktion zusprechen – und dann enttäuscht werden. Testen Sie in so einem Fall Varianten, die Interaktionsmöglichkeiten eindeutig (visuell) kommunizieren.

Bild 5.18 Clickmaps zeigen, wo und wie oft Besucher Elemente anklicken (Screenshot: overheat.de)

Eine weitere Form von Heatmaps, sogenannte »Scrollmaps« (siehe Bild 5.19), zeigen Ihnen, wie tief Ihre Besucher auf Ihrer Webseite scrollen. So können Sie herausfinden, in welchem Maße Content, der sich nicht im direkt sichtbaren Bereich befindet, von Ihrem Publikum wahrgenommen wird. Sie können davon ausgehen, dass mit zunehmender Scroll-Tiefe die Anzahl der Besucher abnimmt, die Ihren Content gesehen haben.

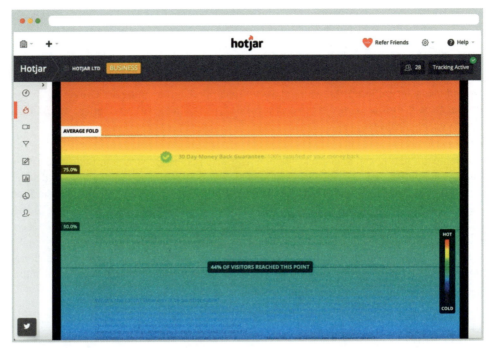

Bild 5.19 Scrollmaps spiegeln die Aufmerksamkeit wider, die vertikale Bereiche Ihrer Webseite erhalten (Screenshot: hotjar.com)

Betrachten Sie Ihre Scrollmaps nicht als Silos, sondern setzen Sie verschiedene Daten in ein Verhältnis. Wenn zum Beispiel nur fünf Prozent aller Seitenbesucher das Ende einer Seite erreichen, dort jedoch zu 100 Prozent das vorhandene Formular ausfüllen, dann kann das ein relativ guter Wert sein. Vielleicht musste Ihre Seite für diesen geringen, aber sehr skeptischen Anteil von Besuchern einfach etwas mehr Überzeugungsarbeit leisten. Anders sieht es natürlich aus, wenn niemand nach unten scrollt und somit auch niemand Ihrer Handlungsaufforderung im unteren Bereich der Seite folgt.

Eine weitere Form von Heatmaps sind sogenannte »Confetti Maps«. Auch hier ist der Name Vorbote dessen, wie die Interaktivität auf Ihrer Webpage visualisiert wird. Confetti Maps separieren das Klickverhalten nach Traffic-Quellen. Sie können damit beispielsweise das Nutzerverhalten derer vergleichen, die über Facebook oder Twitter auf Ihre Seite gelangen. Das wahrscheinlich bekannteste Tool ist CrazyEgg (siehe Bild 5.20), das von den erfolgreichen Serial Entrepreneuren Neil Patel und Hiten Shah entwickelt wurde.

Überlegen Sie sich gut, aus wie vielen unterschiedlichen Traffic-Quellen Sie Besucher auf ein und dieselbe Landing Page lenken. Je nachdem, mit welcher Intention Nutzer im Web unterwegs sind, unterscheiden sich auch die Erwartungen an Ihre Webseite. Ein Nutzer, der über die Google-Suche zu Ihnen kam, weist womöglich ein ganz anderes Verhalten auf als ein Nutzer, der ohne Suchabsicht über Ihren Beitrag im Facebook-Newsfeed auf Ihr Angebot gestoßen ist. Alle Nutzer, die Sie gezielt auf eine Webseite, vor allem eine kampagnenspezifische Landing Page, lenken, sollten diese mit der gleichen Intention aufsuchen. Denn andernfalls werden Sie sich schwertun, die Seite für ein einziges Ziel zu optimieren.

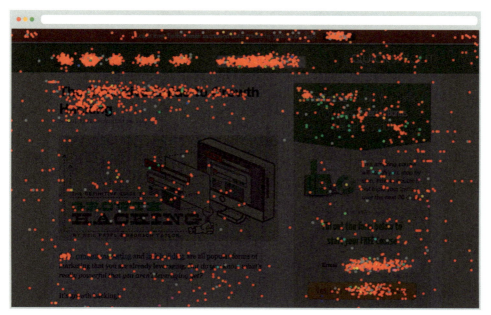

Bild 5.20 Farben in einer Confetti Map stehen für unterschiedliche Traffic-Quellen (Screenshot: crazyegg.com)

 Mobile Tracking

Heatmaps können Sie natürlich auch für das Nutzerverhalten auf mobilen Geräten erstellen. Allerdings unterscheiden sich die Tracking-Techniken, da es logischerweise keine Mausbewegungen gibt. Mit Hotjar oder overheat können Sie jedoch das Antippen des Bildschirms und das Scroll-Verhalten tracken.

Derzeit ist overheat übrigens weltweit das einzige Tool, das für die Aufzeichnung Ihrer Besucher keine Cookies setzt. Alle Daten werden am Serverstandort Düsseldorf gespeichert, womit overheat schon jetzt die ab 2018 geltenden EU-Datenschutzgesetze erfüllt.

Eye Tracking

Eine Sonderform des Heatmappings ist Eye Tracking. Dabei wird die Blickrichtung eines Probanden von einer Kamera erfasst und mit dem Content der Webseite abgeglichen. Ähnlich wie bei der Mausverfolgung erfahren Sie so, wohin der Proband *schaut*. Eye Tracking hat den Vorteil, dass Sie erfahren, welche Bereiche Ihres Contents in welcher Reihenfolge und wie lange angesehen werden. Dadurch ergänzen Sie das Tracking von Mausbewegungen und Klicks um einen wichtigen Dateneckpfeiler: Die Messung der Interaktion der Augen des Besuchers mit Ihren Webpage-Elementen. Angenommen Ihr Publikum ignoriert Ihren Call-to-Action, so können Sie daraus schließen, dass nicht der Button-Text versagt, sondern der Button als Ganzes nicht wahrgenommen wird. Sie können somit testen, den Kontrast des Buttons zu verstärken oder vermehrt wegweisende Elemente wie Pfeile einzubinden.

Der Nachteil von Eye Tracking besteht darin, dass der Nutzer sich des Tests bewusst ist. Schließlich können Sie dieses Verfahren nur einsetzen, wenn Sie den Probanden um seine Einwilligung und aktive Mithilfe bitten. Eine Beeinflussung des Nutzerverhaltens durch die künstliche Situation ist daher nicht auszuschließen. Zudem sind Eye-Tracking-Studien traditionell sehr aufwendig, da diese entweder in einer speziellen Einrichtung erfolgen oder aufwendig am Wunschort vorbereitet werden müssen.

Erst seit Kurzem existieren webbasierte Lösungen, die keine physische Nähe von Proband und Tester voraussetzen. Das Karlsruher Start-up **eyezag** *(www.eyezag.de)* bietet eine Lösung, mit der Eye-Tracking-Studien an jedem Computer mit Internetzugang und Webcam durchgeführt werden können. Beeindruckend ist, dass die Lösung auch auf Mobilgeräten funktioniert. Das Ergebnis sind Heatmaps, wie Sie sie bereits kennengelernt haben (siehe Bild 5.21).

Bild 5.21 Eye-Tracking-Heatmap auf einer Webseite (Bildquelle: *https://eyezag.de/usability-ux/*)

Theoretisch kann die Stichprobenzahl durch den reduzierten logistischen Aufwand und die dadurch niedrigeren Kosten so weit gesteigert werden, wie die Datenbank von eyezag Testpersonen bereitstellt. Mit dem Dienst können Sie auch komplette Videos, Ausschnitte oder Rohmaterial testen (siehe Bild 5.22). Finden Sie heraus, welche Bildelemente Aufmerksamkeit erhalten und welche nicht. So können Sie Content schon vor der Veröffentlichung testen und optimieren.

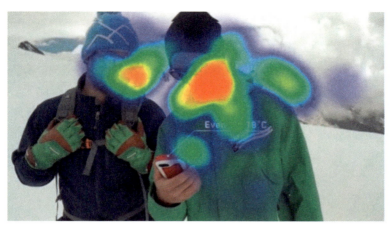

Bild 5.22 Eye-Tracking bei der Video-Optimierung (Bildquelle: *https://eyezag.de/solutions/market-research.html*)

5.6.5 Umfragen und der direkte Draht zu Nutzern

Sie haben sehr viele Möglichkeiten, um automatisiert Daten zu erheben, ohne dass Ihre Besucher aktiv daran teilhaben, geschweige denn, sich dessen bewusst sind. Je mehr relevante Daten Sie auswerten können, desto besser. Doch vergessen Sie nicht, dass es eine uralte und bewährte Methode gibt, um mehr über die Beweggründe eines Menschen zu erfahren: Fragen stellen!

Mit **Qualaroo** *(www.qualaroo.com)* beispielsweise, einem Tool von Mitgründer und Growth-Hacking-Vorreiter Sean Ellis, erstellen Sie mit wenigen Handgriffen Kurzumfragen, die Sie am Bildschirmrand Ihrer Webseite einblenden können (siehe Bild 5.23). Durch die Antworten Ihrer Nutzer lernen Sie Details kennen, die Ihnen Daten niemals hätten liefern können. Sie lernen dadurch quasi, *warum* sich Ihre Nutzer so verhalten wie sie es tun. Eine ähnliche Funktion bieten auch overheat, Hotjar oder **Survicate** *(www.survicate.com)*.

Neben offenen Fragen können Sie auch Multiple-Choice- oder Bewertungsumfragen, etwa zum Net Promoter Score, einbinden. Diese Informationen können Sie für neue Hypothesen verwenden, oder um während eines laufenden Tests mehr Einblicke in die Handlungsmotive Ihrer Besucher zu gewinnen.

Einen direkten Draht zu Ihren Kunden und Interessenten haben Sie wahrscheinlich auch via E-Mail. Nur weil sich der Großteil um die Optimierung von Website-Content dreht, dürfen Sie Ihre anderen Kanäle nicht vernachlässigen. Denn Ihre Website-Besucher finden selten nur über Social Media oder Suchmaschinen zu Ihnen, sondern werden auch durch E-Mails von Ihnen auf Ihren Content aufmerksam. Noch immer weist dieser Kanal übrigens die höchsten Klick- und Konversionsraten auf!

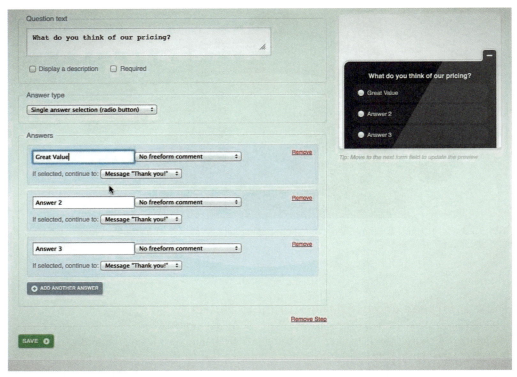

Bild 5.23 Mit dem Baukasten von Qualaroo erstellen Sie Umfragen im Handumdrehen (Screenshot: Qualaroo Produktvideo, *https://qualaroo.com/product/*)

Aus Kapitel 4 kennen Sie die vielen Möglichkeiten, um Ihr Publikum mit überzeugenden E-Mails zu einer gewünschten Handlung zu bewegen. Doch auch für E-Mail-Marketing gibt es keine Schablone, denn Ihr Unternehmen und vor allem Ihre spezielle Zielgruppe definiert, was erfolgreich ist und was nicht. Auch hier gilt daher: Testen, testen, testen.

Besonders hilfreich sind die in E-Mail-Marketing-Tools wie **HubSpot** *(www.hubspot.de)* oder **MailChimp** *(www.mailchimp.com)* integrierten Clickmaps. Nach dem Versand Ihrer E-Mail können Sie sich ansehen, welcher Link prozentual die meisten Klicks erhielt. Das kann sehr spannend sein, wenn Sie beispielsweise denselben Link mehrfach in einer E-Mail integrieren. Unterschiedliche Argumente für dasselbe Angebot führen manchmal zu einer breiten Verteilung der Klicks, in anderen Fällen zu einer eindeutigen Tendenz. In jedem Fall lernen Sie etwas über Ihre Zielgruppe und können auf Basis dieser Erkenntnisse, analog zum Website-Testing, Hypothesen zur Optimierung Ihrer E-Mail-Kommunikation formulieren und in A/B-Tests verifizieren. Die erwähnten Tools bieten eine entsprechende Funktion an, ebenso die deutsche Alternative **CleverReach** *(www.cleverreach.com)*.

Wie Sie in Bild 5.24 sehen, können Sie Ihre Varianten auch zuerst an einem kleineren Segment Ihres Verteilers testen. Nehmen wir an, Sie haben über 50 000 Personen in Ihrem Verteiler, dann könnten Sie die beiden Varianten Ihrer E-Mail nur an 5000 Abonnenten jeweils verschicken. Je nachdem, welchen Performance Indikator Sie festgelegt haben, sendet das Tool die Gewinnervariante an die verbliebenen 40 000 Personen in Ihrem Verteiler.

5.6 Empfehlenswerte Tools zur Conversion-Optimierung

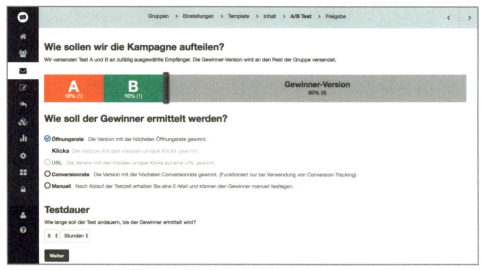

Bild 5.24 Ermittlung eines Testsiegers in CleverReach (Screenshot: *http://bit.ly/cd_cleverreach*)

Bisher schicken Sie eine E-Mail wahrscheinlich an alle Abonnenten und werten diese im Anschluss aus. Ihre Ideen zur Optimierung implementieren Sie dann aber erst in der nächsten E-Mail – die inhaltlich oder in Bezug auf ihr Ziel womöglich komplett vom Vorgänger abweicht. Mithilfe entsprechender Tools können Sie einzelne E-Mails quasi während des Versands – komplett automatisiert – optimieren und steigern damit von vorn herein Ihre Erfolgschance. Lang lebe die Technik!

Tools zur Conversion-Optimierung im Überblick

12 Seiten kurz gefasst, hier sind unsere Tool-Tipps im Überblick:

Iridion (www.iridion.com)	Tool zur Abbildung von Prozessen und Dokumentation von Optimierungsmaßnahmen
overheat (www.overheat.de)	All-in-one-Conversion-Tool, inklusive Conversion-Ratgeber (Wissenstipps)
Google Optimize (https://optimize.google.com)	Umfangreiche Plattform für Website-Tests; einschließlich eines Visual Editors und einer Vielzahl an Targeting- und Reporting-Funktionen
Unbounce (www.unbounce.com)	Landing-Page-Baukasten, inklusive Pop-up- und A/B-Testing-Features sowie großer Template-Datenbank
LeadPages (www.leadpages.net)	Landing-Page-Builder, inklusive A/B-Testing- und Lead-Generierungs-Features
Visual Website Optimizer (www.vwo.com)	Führende Plattform für A/B-Testing und Conversion-Optimierung, inklusive Heatmaps und Personalisierungs-Features

Optimizely *(www.optimizely.com)*	Experimentation-Plattform zur Conversion-Optimierung, inklusive Funktionen zur Personalisierung und für Produktempfehlungen
AB Tasty *(www.abtasty.com)*	All-in-one-Plattform für Conversion-Optimierung durch A/B-Tests und Personalisierung, inklusive Engagement-Features (unter anderem Pop-ups)
CrazyEgg *(www.crazyegg.com)*	Führendes Tool für Heatmaps (Clickmaps, Scrollmaps, Confettimaps)
Hotjar *(www.hotjar.com)*	Umfangreiches Analyse- und Feedback-Tool, inklusive Heatmaps, Visitor Recordings, Formularanalyse und Umfragen
Sumo *(www.sumo.com)*	On-Page-Tool zur Lead-Generierung und Conversion-Optimierung mittels Heatmaps
Eyezag *(www.eyezag.de)*	Webbasiertes Eye Tracking Tool
Qualaroo *(www.qualaroo.com)*	Umfrage-Tool mit Widgets zur Integration auf Ihrer Website
Survicate *(www.survicate.com)*	Umfrage-Tool mit Widgets zur Integration auf Ihrer Website und vielen vordefinierten Umfragen
HubSpot *(www.hubspot.de)*	Umfangreiches »Growth Marketing« Tool, inklusive Content Management-System, E-Mail-Marketing-, A/B-Testing- und Performance Marketing Features
MailChimp *(www.mailchimp.com)*	E-Mail-Marketing-Tool, inklusive Automation- und A/B-Testing Features
CleverReach *(www.cleverreach.com)*	Deutsches E-Mail-Marketing-Tool mit A/B-Testing Features

Bitte verstehen Sie diese Liste nur als Orientierung und Anreiz, sie ist keineswegs vollständig. Zum einen kennen wir nicht alle Tools und nutzen sie selbst regelmäßig, sodass wir sie guten Gewissens empfehlen können, zum anderen ist der Markt sehr dynamisch, und es tauchen immer wieder neue Tools auf. Eine alternative Anlaufstelle ist die regelmäßig aktualisierte Liste von konversionsKRAFT unter *www.konversionskraft.de/conversion-tools/a-b-testing-tools-personalisierungstools-im-vergleich.html*. Grenzen Sie Ihre Auswahl einfach auf Basis funktioneller Kriterien ein und entscheiden Sie sich dann für die Tools, mit denen Sie am besten arbeiten können.

5.7 Zusammenfassung

Nutzen Sie Tools, um sich die Umsetzung von Conversion-Optimierungsmaßnahmen zu erleichtern. Nutzen Sie sie aber nicht, um sich selbst möglichst wenig mit dem Thema beschäftigen zu müssen. Sie sind der Experte für Ihre Marke und für Ihr Produkt, das kann Ihnen kein Tool abnehmen. Dementsprechend muss die Denkleistung im Sinne der Dateninterpretation und des Aufstellens sinnvoller Hypothesen zur Optimierung von Ihnen ausgehen.

Dieser verhältnismäßig kurze Einblick in die Conversion-Optimierung soll Ihnen eine Starthilfe sein, um Ihren gut gestalteten Content zusätzlich datengetrieben zu optimieren. Denn Content, der gesehen und konsumiert wird, ist gut. Content, der konvertiert und Kunden generiert, ist noch besser. Am besten ist jedoch Content, der Ihre Wunschkunden begeistert. Lassen Sie daher keinen Tag ohne Test vergehen und hören Sie niemals auf, Ihr Content Design zu optimieren.

6 Danksagungen

Ben Harmanus

Tief in mir ruhte schon länger das Bedürfnis, mein Wissen über Design im Kontext zu Marketing und Verkauf, in eine kompakte Buchform zu bringen. Insofern ist es wenig verwunderlich, dass ich mit einer Zusage nicht lange zögerte, als Robert mir anbot, als Co-Autor meine Erfahrungen in der Optimierung von Content in dieses Buch einfließen zu lassen. Daher gebührt mein Dank an erster Stelle ihm, der dieses Projekt ins Leben rief, und ohne dessen Erfahrung als Buchautor die Schlafzyklen in der heißen Phase der Fertigstellung noch kürzer geworden wären.

Des Weiteren danke ich folgenden Personen, die auf unterschiedliche Weise zu diesem Buch beigetragen haben:

- Sylvia Hasselbach vom Hanser Verlag, die in den letzten eineinhalb Jahren viel Geduld aufbringen musste, bis bei mir der Stein ins Rollen kam und sie vollständige Kapitel von mir zu sehen bekam.

- Oli Gardner von Unbounce, der mich mit seinem Anspruch an User Experience und Content Design begeistert und wahrscheinlich keinen blassen Schimmer davon hat, wie sehr seine Arbeit mich seit Jahren antreibt, immer wieder über mich hinauszuwachsen.

- André Morys von konversionsKRAFT, dessen Bescheidenheit mindestens so ausgeprägt ist, wie seine Motivation, sein Wissen über Conversion-Optimierung zu teilen. Vielen Dank für die Unterstützung beim Kapitel über die Optimierung von Content.

- Tina Nord von Zalando, bei der ich mich bei jedem Lunch-Date verpflichtet fühle, die Rechnung zu übernehmen, weil der rege Austausch mit ihr über Content Marketing einem einstündigen Inspirations-Workshop gleichkommt - nur viel angenehmer ist.

- Julia Lehwald von GoToWebinar, die in den letzten zwei Jahren sehr viel zu meiner steilen Lernkurve im Webinar-Marketing beigetragen hat. Mit ihr habe ich die virtuelle Konferenz Digital Marketing Kickoff ins Leben gerufen und bin guter Dinge, dass wir noch sehr oft gemeinsam vor der (Web-)Kamera stehen werden.

- Christina Keller von Facebook und Philipp Roth von allfacebook.de, die mir beim Kapitel über Facebook Videos halfen, den Schwerpunkt zu verlagern und wichtige Entwicklungen nicht zu verpassen.

- Gero Hartmann und Oliver Schürrer von vierzwei.de, die mich vor beinahe 15 Jahren unter Ihre Fittiche nahmen und mich im Umgang mit professionellen Webdesign-Tools schulten. Die Zeit mit Euch ist ebenso wie Eure Unterstützung unvergessen.

- Meiner Frau Birte, die mir besonders in der fünf Monate andauernden Endphase der Arbeit an diesem Buch den Rücken frei hielt, und mit viel Ruhe und Besonnenheit meiner durch Schlafmangel verstärkten Vergesslichkeit und meinen Launen begegnete. Darüber hinaus hat sie mich in den letzten acht Jahren in unzähligen Belangen zu einem besseren Menschen werden lassen. Sie als Leser können sicher sein, dass, obwohl Birte sich nicht annähernd so für Content, Design und Marketing begeistert wie ich, einen großen Anteil daran hat, wer und wo ich heute bin. Ergo würden Sie dieses Buch, ob als Print- oder Digital-Version, ohne sie nicht in Ihren Händen halten.

- Meiner Mutter Regina, die eine unglaubliche Disziplin und Hartnäckigkeit an den Tag legen kann, wenn sie sich ein Ziel setzt. Sie ist eine Frau, die sich nie gescheut hat, sich im Berufsleben Gegenwind einzufangen, um für ihre Überzeugung einzustehen. Irgendwie habe ich das Gefühl, dass ihre Dickköpfigkeit und ihre Geht nicht, gibt's nicht-Mentalität stark auf mich abgefärbt haben. Es ist ein Erbe, mit dem ich sehr gut leben kann.

- Meinen Schwiegereltern Annelie und Willi, die mich wie einen Sohn behandeln. Sie können zwar nicht nachvollziehen, wie Content Marketing funktioniert, und wieso mein Arbeitgeber mich dafür bezahlt, Expertenwissen kostenfrei preiszugeben, unterstützen mich jedoch immer dabei, meinen Weg zu gehen und Projekte wie dieses Buch umzusetzen.

Ich bin mir dessen bewusst, dass sich die Liste der Menschen, die mich geprägt, inspiriert und unterstützt haben noch seitenweise fortführen ließe. In diesem Moment gilt mein Dank jedoch primär den eben genannten Personen, da diese den maximalen Anteil daran haben, dass dieses Buch über Content Design mit mir als Co-Autor existiert.

Robert Weller

Ein Buch zu schreiben war auch für mich lange Zeit undenkbar, doch ich verspürte schon lange den Drang danach, mein Wissen und meine Erfahrung zu teilen. Mein Blog – in seiner Urform 2007 ins Leben gerufen – war sicherlich der erste Schritt in diese Richtung. Die Tätigkeit als Dozent und Referent an diversen Bildungseinrichtungen sowie als Speaker auf Konferenzen war ein weiterer und meine berufliche Station als Teamleiter sicherlich auch nicht der letzte. Mit diesem Buch geht für mich ein Traum in Erfüllung, auch wenn es genau genommen nicht mein erstes ist.

Mein Dank geht an dieser Stelle daher zunächst an Michael Firnkes und den mitp Verlag, mit denen ich mein erstes Buch »Blog Boosting« schrieb. Die dabei gesammelte Erfahrung kam mir bei diesem Buch sehr zugute.

Mein anschließender Dank gebührt natürlich Ben, der dieses Buch um seine Erfahrung und Leidenschaft wahrlich bereichert hat. Ich bereue die Entscheidung, aus »meinem Buch« »unser Buch« zu machen, nicht im Geringsten. Ohne ihn wäre zwar ein Buch entstanden, aber definitiv nicht in diesem Umfang und dieser fachlichen Tiefe.

Bedanken will ich mich ebenfalls beim Carl Hanser Verlag und unserer Lektorin Sylvia Hasselbach, die uns die letzten anderthalb Jahre begleitet hat. Auch meiner ehemaligen Lektorin Sieglinde Schärl will ich danken, da ihre Anfrage, ob ich nicht ein Buch schreiben möchte, damals wie ein Ritterschlag für mich war. Es ist sicherlich nicht leicht, nebenberufliche Autoren, wie Ben und ich es nun mal sind, zu begleiten, ich habe daher umso größeren Respekt vor ihrer Arbeit und ihrem Engagement.

Des Weiteren will ich folgenden Personen danken, die mich, auf ihre ganz eigene Art und Weise und vielleicht sogar unwissentlich, bei diesem Projekt unterstützt haben:

- Babak Zand von Pixum, der nicht nur einen schriftlichen Beitrag geleistet hat, sondern immer ein offenes Ohr und einen guten Rat für mich parat hatte. Seine Erfahrung und sein Tun waren stets eine Quelle der Inspiration für mich – und sind es noch immer.
- Mirko Lange von Scompler, auf dessen Ideen wichtige Grundlagen dieses Buches basieren. Ich ziehe meinen Hut vor seiner Arbeit in Bezug auf strategisches Content Marketing und danke ihm auch dafür, dass er den Markt in Deutschland so unersättlich vorantreibt.
- Diversen Branchenkollegen, etwa Klaus Eck, Doris Eichmeier, Mael Roth, Carsten Rossi, Dr. Stefan Thiersch, Meike Leopold oder Andreas Quinkert, die mir in zahlreichen Gesprächen wertvolle Impulse für dieses Buch gaben. Mein Dank geht in diesem Sinne auch an Kunden und Geschäftspartner, durch die ich in den letzten Jahren so viel Erfahrung sammeln konnte.
- Meinen zwei besten Freunden Andrej und Michael, die mit meinem Junggesellenabschied gewartet haben, bis die heiße Phase des Buches abgeschlossen war und ich beim geplanten Wochenendausflug kein schlechtes Gewissen haben musste.
- Meinen Eltern, die dieses Projekt interessiert verfolgt und mich zur richtigen Zeit immer wieder ermutigt haben – auch wenn sie deshalb selbst hin und wieder zu kurz kamen. Von ihnen habe ich vieles gelernt, was mich im Leben weitergebracht hat – nicht zuletzt die Einstellung, stets meinem Herzen zu folgen und meinen eigenen Weg zu gehen.
- Meinen Schwiegereltern, die mich wie selbstverständlich in die Familie aufgenommen haben und mir ein zweites Zuhause geben – indem ich nicht nur ungestört Bücher schreiben kann, sondern auch immer einen guten Rat finde.
- meiner Frau Katharina, die über zwei – einschließlich Blog Boosting drei – Jahre hinweg die Leidtragende meiner vielen abendlichen Schreibstunden und gelegentlichen Motivationslöcher war, mich aber trotz dessen – oder erst recht deswegen – stets unterstützt und angetrieben hat. Die letzten zehn gemeinsamen Jahre waren unglaublich und ich freue mich sehr darauf, ihr an meinen nun wieder freien Abenden etwas von dem zurückgeben zu können, was sie für mich getan hat.

Abschließend, wenngleich die Liste damit bei Weitem nicht vollständig ist, will ich den Lesern unserer Blogs sowie den vielen Experten danken, deren Arbeit wir in diesem Buch zitiert haben. Jeder einzelne von ihnen trägt dazu bei, den Stellenwert von Content, Design und Conversion-Optimierung im Kontext des Marketings zu vergrößern – wovon wir am Ende alle profitieren. Mit diesem Gedanken der gemeinschaftlichen Leistung will ich dieses Buch beenden und hoffe sehr, dass es auch Ihnen nützlich ist.

7 Die Experten im Buch

Oli Gardner

Unbounce-Mitbegründer Oli Gardner ist ein weltweit anerkannter Vordenker zu den Themen Digital Marketing, Conversion-Optimierung und User Experience. Er hat mehr Marketing-Landing Pages gesehen als irgendjemand anderes auf dieser Welt.

Oli ist besessen von der Enthüllung und Umkehrung schlechter Marketing-Praktiken und seine Verachtung für Online-Marketer, die Kampagnen-Traffic auf die Homepage leiten, ist legendär. Als internationaler Keynote Speaker ist Oli auf einer Mission, die Welt von mittelmäßigem Marketing zu befreien. Hierbei setzt er auf den Einsatz von datengestützten Texten, Design, Interaktion und Psychologie, um positive Nutzererlebnisse für Online-Marketer und Kunden gleichermaßen zu schaffen.

Babak Zand

Babak Zand (@BaZaKom) ist Scrum-Master und Agile Coach bei Pixum. Als Scrum-Master begleitet er das Content-Marketing-Team bei der Umsetzung ihrer Content-Strategie, als Agile Coach unterstützt er das Unternehmen bei der Einführung und Umsetzung von agilen Strukturen und Prozessen. Auf *www.babak-zand.de* bloggt er über die Themen Content-Strategie, Agile Management und Creative Leadership. Als Dozent unterrichtet er bei der Rheinischen Fachhochschule Köln das Modul »Content-Strategie«.

Tina Nord

Tina Nord (@NordT2) ist Content Strategin, Sprecherin und Autorin. Die Kommunikationswirtin beschäftigt sich seit mehr als sieben Jahren mit Corporate Publishing und Performance Content Management. Ihr Arbeitsschwerpunkt liegt in der Leitung internationaler Redaktionsteams von E-Commerce-Unternehmen. Als zertifizierte YouTube-Content-Strategin managt sie seit April 2015 die Videoproduktion im Content Marketing bei Zalando. Darüber hinaus leitet Tina das Strategie-Team und erforscht in diesem Rahmen die Auswirkungen neuer Technologien wie maschinelles Lernen auf Content.

Julia Lehwald

Als Corporate Marketing Manager verantwortet **Julia Lehwald** (@julia_lenhard) bei LogMeIn (ehemals Citrix Online) seit Mitte 2014 Lead-Generierungs- und Content-Marketing-Kampagnen sowie das Webinar-Programm für den deutschsprachigen Raum. Mit über 200 selbst geplanten und durchgeführten Webinaren hat sie weitreichende Erfahrungen mit dem Marketing-Instrument Webinar und seiner Macht bei der Generierung und Weiterqualifizierung von Leads. Neben Ihrem Anspruch den Mehrwert von Webinaren allen Unternehmen nahezubringen möchte sie die Content-Marketing-Welt durch immer neue Webinar-Formate und virtuelle Events bereichern. Kontinuierliches Testen von Ideen, Konzepten und Designs ist dabei das A und O.

André Morys

André Morys (@morys) ist Vorstand der Web-Arts AG, Initiator und Gründer der Global Optimization Group, der internationalen Allianz für Conversion Optimierung sowie Organisator und Veranstalter des growth marketing SUMMIT, einer jährlichen Fachkonferenz zum Thema Marketing-Optimierung. Darüber hinaus ist er als Dozent an der Fachhochschule Würzburg tätig und hält zahlreiche Keynotes und Vorträge auf nationalen und internationalen Kongressen zu den Themen E-Commerce, Optimierungsstrategien und Conversion Optimierung. Sein Buch »Conversion Optimierung« (2011) gilt als eines der Standardwerke.

8 Lösung des Worträtsels

Wie viele Begriffe haben Sie im Worträtsel aus Kapitel 3.2.1 gefunden? Wir haben insgesamt 27 verschiedene Begriffe versteckt, horizontal wie vertikal und sowohl in als auch gegen die Leserichtung.

A	C	O	N	T	E	N	T	Y	H	P	T	E	X	T
B	P	C	B	I	L	D	X	D	E	S	I	G	N	O
S	N	I	C	O	N	F	T	O	L	Z	B	U	C	H
A	E	T	F	G	E	S	T	A	L	T	U	N	G	P
T	P	I	X	E	L	X	G	A	L	H	C	S	M	U
Z	T	A	S	Y	F	A	R	B	R	A	U	M	X	I
L	I	S	T	E	T	K	N	U	P	T	E	X	T	E
P	S	C	H	R	I	F	T	F	A	R	B	E	L	N
N	M	Z	E	I	L	E	N	A	B	S	T	A	N	D
E	S	O	E	S	F	P	Y	R	A	M	I	D	E	U
S	T	R	U	K	T	U	R	A	N	M	P	L	X	N
E	O	I	L	E	S	E	R	I	C	H	T	U	N	G
L	F	Z	E	I	C	H	E	N	Y	T	K	N	U	P
O	F	L	A	T	T	E	R	S	A	T	Z	R	G	V
K	E	S	T	S	U	C	H	B	E	G	R	I	F	F

Horizontal: Content, Text, Bild, Design, Icon, Buch, Gestaltung, Pixel, Farbraum, Liste, Texte, Schriftfarbe, Zeilenabstand, Pyramide, Struktur, Leserichtung, Zeichen, Flattersatz, Suchbegriffe, Umschlag, Satz, Punkt(e), SEO

Vertikal: Absatz, Lesen, Stoffe(e), Endung

Wer weiß, vielleicht haben auch wir Wörter übersehen und Sie finden weitere? Schicken Sie uns in dem Fall gerne eine Mail oder twittern Sie uns Ihren Begriff mit dem Hashtag #ContentDesignBuch (gerne mit einem Screenshot, wo genau Sie ihn gefunden haben). Auch unabhängig davon freuen wir uns natürlich über Ihre Rückmeldung zum Buch und dem Thema Content Design!

Index

Symbole

4-Felder-Modell des A/B-Testings 357
– High Frequency Testing 357
– High Impact Testing 357
– Low Hanging Fruits 358
123RF 157
360°-Video 179, 196

A

Aagaard, Michael 356
Abonnent (Subscriber) 368
Absprungrate (Bounce Rate) 349
AB Tasty 374
A/B-Test 358
– Challenger 128
– Defender 128
Abwanderungsquote (Churn-Rate) 351
Accordion 61
Adblocker 322
Affordance
– Aufforderungscharakter 288
Agile 18
AIDA-Modell 291
Airbnb 143
Allianz 4
Amazon Prime Video 190
Anchor Links 248
Ash, Tim 342
ASOS 170
Assoziationsprinzip 302
Attention-Driven Design 309
Attention Ratio 247
Audibene 268
Audience Network 341

Ausstiege (Exits) 349
Auszeichnungen 268
Autoplay 190
Autorität 304

B

Bedürfnispyramide 3
Behance 144
Bell Mobility 277
Bestätigungsfehler (confirmation bias) 356
Bezos, Jeff 359
Bild-im-Bild-Funktion 200, 205
Borsutzky, Silvana 25
Brand-Guidelines 124
Breadcrumb Navigation 29
Brown, Tim 20
Bucket Brigades 134
Buyer Personas 10
Buzzfeed 207

C

Call-to-Action 216, 280
– Lead-in 280
– Lead-Out 280
Captcha 50
Cartier-Bresson, Henri 166
Chatbooks 184
Cialdini, Robert 301
Cinemagramm 215
Cinemagraph 215
Clark, Brian 91
CleverReach 329, 380
Clickbait 337

Click Dummies 33
Click-Through-Rate 350
Cliffhanger 133
Clipfish 189
Coalition for Better Ads 322
Content Marketing Institute 14
Content Polygon 88
– Community (Contributed) Content 94
– Conversion Content 91
– Curated Content 88
– Story Content 90
– Trust Content 91
Content-Portfolio 82
Content Recycling 241
Content Scoring 140
Content Upgrades 16
Conversion 341
Conversion-Centered Design 294
Conversion Continuation 306
Conversion-Optimierung 341
– Problem-Statement 354
– Test-Hypothese 355
Conversion Rate 341
Cost-per-Action 350
Cost-per-Click 350
CrazyEgg 29, 261, 375
Customer Journey 13
– Buyer's Journey 13
– User Journey 13
Customer Lifetime Value 351

D

Decoy-Effekt 252
Design Match 367
Design Patterns 33
Design Thinking 20
Deutsche Post 68
Directional cues 295, 356
Dominanz 311
Dringlichkeit 285
Dr. Oetker 143
Dropbox 30
Duplicate Content 147

E

Eck, Stephanie 26
Einkapselung 282, 294

Emergenz 47
Emojis 129
Emotionstheorie 66
Endkarte 174
Evergreen Content 79
Evernote 302
Exit-Intent-Overlays 361
Experteer 266
Eye-Tracking 377
eyezag 378

F

Facebook 360 196
Facebook Collections 203
Facebook Live 198
Facebook Marketplace 202
Facebook Watch 190
Fanta 68
Farbsystem 64
Fibonacci-Reihe 45
Firnkes, Michael 2, 136
First-Level-Support 30
FISH-Modell 84
– Follow Content 84
– Highlight Content 85
– Inbound Content 84
– Search & Sales Content 85
Fleschindex 139
Flickr 158
F-Muster 105
Fokuspunkte 45
Fotolia 144, 157

G

Gallinaro, Christina 89
Gestalttheorie 47
– Gesetz der Ähnlichkeit 53
– Gesetz des gemeinsamen Schicksals 61
– Gesetz der Geschlossenheit 58
– Gesetz der guten Fortsetzung 59
– Gesetz der Nähe 57
– Gesetz der Prägnanz 51
gettyimages 144
Ghost Button 48, 288
Giphy 148
GMX 328
Godin, Seth 14

Google Mail   328
Google Website Optimizer   373
GoPro   181
GoToMeeting   334
Graap, Andreas   243
Gratisography   158
Green Screen   200
Growth-Driven Design   319

H

Hahn, Martin   63
Halligan, Brian   14
Halo-Effekt   40, 301
Hanacek, Viktor   158
Heatmaps   197, 374
– Clickmaps   375
– Confetti Maps   376
– Scrollmaps   375
Heineken   68
Help, Hub & Hero Content   78
Henrici, Matthias   254
Hero Shot   260
Hexadezimalcode   65
Hick'sche Gesetz   45
Hierarchie   314
Hingabe   303
von Hirschfeld, Sascha Tobias   16
Hoffman, Donald   49
Homejoy   276
Hootsuite   203
Hotjar   375
HubSpot   14, 212, 380

I

Icons   56
IKEA   68
Inbound Marketing   15
Infografiken   152
Infokarten   182
In-Line-CTA   326
Instagram   144
Instructographics   151
Intercom   347
Interstitials   327
Intro Bumper   174
Inverted Pyramid   102
Iridion   370

iStock   144, 157
Itten, Johannes   74

J

Janschitz, Mario   27
Jantsch, John   91
Jawbone   30
Jimdo   107
Jobs, Steve   1
Josche, Tanja   16
Joy of Use   30

K

Kattau, Nils   200
Kat von D.   182
Kaushik, Avinash   344
Keller, Christina   193
Kelley, David   20
Key Colour   64
Key Performance Indicators (KPI)   17, 220
Kippfigur   51
KISSmetrics   29
Knorr   68
Konfidenzlevel   358
Konsistenz   304, 313
Korthaus, Claudia   63
Kroeber-Riel, Werner   143
Krug, Steve   25
kununu   268

L

Landing Pages   245
– Lead Capture Pages   256
– Longform Landing Pages   249
Lange, Mirko   17
Leadgenerierung   342
Lead-Magnet   322
Lead Nurturing   256
LeadPages   372
Lead Scoring   368
Lehwald, Julia   220
Leifer, Larry   20
Lesbarkeitsindex   138
Licht, Marcel   281
Limbic®   5

Limbic® Sales Types 6
Lingk, Mark 69
linkbird 139
Link Neal 207
Livestreaming 191
Locafox 297
Löffler, Miriam 2, 102
LogMeIn 220
Longtail-Keywords 340
Lufthansa 68
Luncheon technique 302

M

Macro Space 43
Macy's 183
MailChimp 329, 380
Mailjet 329, 330
Markensprache 123
Marketing Qualfied Lead (MQL) 368
Maslow, Abraham 3
McGuire, Ryan 158
McLaughlin, Rhett 207
Media Markt 67
Meiert, Jens Oliver 28
Meltwater 331
Mendelsohn, Nicola 189
Mercedes 174
Message Match 141, 363
Micro Content 35
Micro Conversions 341
Micro Experiences 249
Micro Interactions 33
Micro Space 43
Minuskeln 129
Moodboard 72
Morys, André 340
Motion Design 310
Mr. Porter 171
Multistabilität 49
MyVideo 189

N

Native Advertising
– Distribution Network 102
Native Advertisting 101
Necker-Würfel 49
Netflix 190, 347
Net Promoter Score (NPS) 350

Nielsen, Jakob 25
Nike 4
Nikon 68
Node Maps 153
Nord, Tina 169
Norman, Donald 30

O

OKR-Prinzip 351
– Key Initiatives 352
– Key Results 352
– Objectives 351
Onepager 107, 248
Open Broadcaster Software 200
Opportunities 220
Optimizely 374
Orderbird 263
Outtakes 174
overheat 371
Overlay 216
Overlays 323

P

Parrott, W. Gerrod 66
Patel, Neil 337
Permission Marketing 14
Personas 10
Pexels 158
Picjumbo 158
Picture Superiority Effect 38
Pinterest 146
– Pins 147
– Pinwand 146
– Rich Pins 146
Pixabay 144, 158
Pixelio 158
Plutchik, Robert 66
Popups 323
Pre-Header 334
Primäreffekt 316
Primärtriade 71
Priming-Effekt 213
– Eingangsreiz 213
Progressive Profiling 223
Prototypen 33
ProvenExpert 268
Pulizzi, Joe 14, 88

Q

Qualaroo 379
Quintly 190

R

Rankingfaktoren 99
Rapidmail 271
Red Bull 4, 54
Referenzen 265
Referral-Traffic 309
Reifikation 48
Rezenzeffekt 316
Reziprozität 300
Ries, Eric 21
Rogers, Steve 242
Rohles, Björn 63
Roth, Mael 305
Rubin, Edgar 51
Rubin'scher Kelch 51

S

Sales Qualified Lead (SQL) 368
Scanning 103
Schachtelung 316
Schwartz, Barry 251
Schwenke, Thomas 157
Screensharing 200
Scrum 18, 20
SEE-THINK-DO-CARE-Framework 344
Seitentiefe (Page-Depth) 350
Sephora 182
Shah, Darmesh 14
Shutterstock 144, 157
Sicherheitszertifikate 271
Siebert, Sören 157
Sinek, Simon 22
Skimming 103
SlideShare 149
Smith, Mari 214
Snackable Content 175
Snapchat 194
Social Proof 265
Social Signals 273
Solmecke, Christian 157
Split-Test 358
Spool, Jared 2

St. Elmo Lewis, Elias 291
Stern, Corey 31
Sticky Bars 325
Storytelling 133
– Visual Storytelling 143
Stratten, Scott 277
Stream-Schlüssel 199
Styleguide 124
Sumo 375
Survicate 379
Sutherland, Jeff 18
Sympathie 301
Synchronität 61

T

Tagging 208
Targeting 189
Telescope 202
Testimonial 265
Textanalyse 121
Textbriefing 122
Textbroker 266
Tonalität 120
Tracking-Link 368
Trial Requests 239
Triggerworte 136
Trusted Shops 275
Typographie 110
– Grauwert 115

U

Überlappung 310
Überschriften 125
UHU 68
Unbounce 372
Unique Selling Proposition 257
Unsplash 158
Untertitel 210
Usability 24, 25
Usabilla 29
User Centered Design 20, 30, 306
User Experience 30
– User Experience Design 32
User Flow 33
User Intent 344
User Interface Design 26
User Testing 32

V

Vanity Metrics 349
Vaughn, Vince 159
Verknappung 285
Versalien 129
Verweildauer (Time on Site) 350
Virtual Reality 179
Visual Website Optimizer 373
Vlogger 170
VR-Headset 196

W

Waas, Daniel 224
Walmart 171
Warteraum 221
Watchtime 173
WDF*IDF-Analyse 119, 140
Webinar 219
Weller, Nathan 248
WhatsApp 194
Whitespace 42, 297
– Blank Space 42
– Macro Space 43
– Micro Space 43
Wiebe, Joanna 128
Wiener Sachtextformel 138
Winograd, Terry 20
WIRED 276
Wireframe 21
Wistia 216
Wolf, Talia 343
Wortliga 121
Wunderlist 45

Y

yomo 334

Z

Zand, Babak 18
Zeldman, Jeffrey 1
Zero Moment of Truth 15
ZipJet 259
Z-Muster 106